Ina Willi-Plein
Vorformen der Schriftexegese
innerhalb des Alten Testaments

Ina Willi-Plein

Vorformen der Schriftexegese innerhalb des Alten Testaments

Untersuchungen zum literarischen Werden
der auf Amos, Hosea und Micha zurückgehenden Bücher
im hebräischen Zwölfprophetenbuch

W
DE
G

Walter de Gruyter · Berlin · New York
1971

CBPac

Beiheft zur Zeitschrift für die alttestamentliche Wissenschaft

Herausgegeben von Georg Fohrer

123

ISBN 3 11 003845 5

Meinen Eltern

Vorwort

Die vorliegenden Untersuchungen wurden im Frühjahr 1969 der evangelisch-theologischen Fakultät der Universität Tübingen vorgelegt und nach Abschluß des Promotionsverfahrens im Februar 1970 durch Herrn Professor D. Dr. G. Fohrer zur Aufnahme in die Beihefte der Zeitschrift für die Alttestamentliche Wissenschaft akzeptiert. Obwohl der Druck erst mehr als zwei Jahre nach Abschluß der Arbeit vollendet wird, sind praktisch keine Veränderungen am Manuskript mehr vorgenommen worden, wenn man von der Berichtigung einiger im Dissertationsexemplar versehentlich fehlerhaft angeführter Stellenangaben und der Bezugnahme auf ganz wenige, an den Fingern abzählbare und an ihrem jüngeren Erscheinungsdatum leicht zu identifizierende Titel neuerer wissenschaftlicher Veröffentlichungen absieht. Es ist also bewußt auf das Einarbeiten neuerer Literatur verzichtet worden, obwohl gerade zum Zwölfprophetenbuch, wenn auch nicht zum speziellen Thema dieser Studien, laufend neue Publikationen zu verzeichnen sind. Vor allem liegt seither der Amoskommentar von H. W. Wolff vollständig vor, der nicht selten ganz andere Wege geht.

Wer aber die Sekundärliteratur verfolgt, wird ohnehin selbst wissen, wo deren Ergebnisse von den hier vertretenen abweichen. Dies jedesmal mitzuteilen, hätte leicht ins Uferlose führen können, zumal auch mit der vor Abschluß der Arbeit bekannten Forschung nicht so verfahren wurde. Die Arbeit enthält sich von vornherein bibliographischer Ambitionen und gibt schon aus praktischen Gründen nur solche Notizen, die zur direkten Auseinandersetzung mit den vorgetragenen Thesen dienen. Vollends wäre es kaum zu verantworten gewesen, ein so wichtiges Werk wie etwa den Wolffschen Kommentar, aber auch andere jüngere Publikationen, nur vollständigkeitshalber erwähnend der fertigen Arbeit, deren Voraussetzungen und Ergebnisse nach wie vor unverändert vertretbar scheinen, aufzupfropfen. Eine solche nachträgliche und darum in diesem Fall letztlich nur scheinbare Auseinandersetzung würde dem Leser keinen Dienst leisten und die Meinung anderer gerade nicht mit der nötigen Seriosität behandeln. Es sei darum lediglich der Hoffnung Ausdruck gegeben, die hier dargelegten Methoden und Ergebnisse möchten ihrerseits nach ihren eigenen Voraussetzungen überprüft werden.

Zwischen der Zusage der Veröffentlichung in dieser Reihe und Druckbeginn ergab sich außerdem ein Austausch des Manuskripts mit jenen

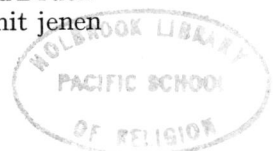

der neueren Untersuchungen von T. Lescow zur dreistufigen Tora (jetzt ZAW 82 [1970], 362—379) und vor allem zur redaktionsgeschichtlichen Analyse von Mi 1—5 und Mi 6—7 sowie ein kurzer Briefwechsel, in dem die grundsätzliche Verschiedenheit der methodischen Ansätze auf beiden Seiten deutlich wurde. Auch hier bleibe weitere Diskussion und vielleicht Klärung der Zukunft überlassen.

Wenn somit die Dissertation praktisch unverändert zum Abdruck gelangt, so sei auch jetzt an erster Stelle dem damaligen Doktorvater und weiteren tatkräftigen Förderer zur Drucklegung Herrn Professor Dr. Dr. H. Donner gedankt für die einstige Ermunterung zur Hinwendung zum Alten Testament, die Unterweisung in seinem Studium und für Hilfe, Ermutigung und Geleit bei der Arbeit. Dank gebührt aber auch dem Leiter des Göttinger Septuaginta-Unternehmens Herrn Professor Dr. Dr. R. Hanhart für die Einführung in Methoden, Probleme und Schönheiten der Arbeit mit der Septuaginta, ohne die die vorliegenden Untersuchungen sicher anders aussähen, sowie Herrn Professor D. Dr. G. Fohrer, der als Herausgeber über die Aufnahme der Arbeit in die Reihe entschied und während der Drucklegung stets zu raschem und klärendem Rat bereit war.

Seit Juvenals 7. Satire ist in Kürze formuliert, was als bange Frage nicht nur die Poeten bewegt: Quis tibi Maecenas? So möchte ich mich schließlich mit freudigem Dank für die großzügige Bereitschaft zur finanziellen Förderung des Druckes der Geschwister-Boehringer-Stiftung in Stuttgart erkenntlich zeigen.

Eichberg, den 27. Juni 1971   Ina Willi-Plein

Inhaltsverzeichnis

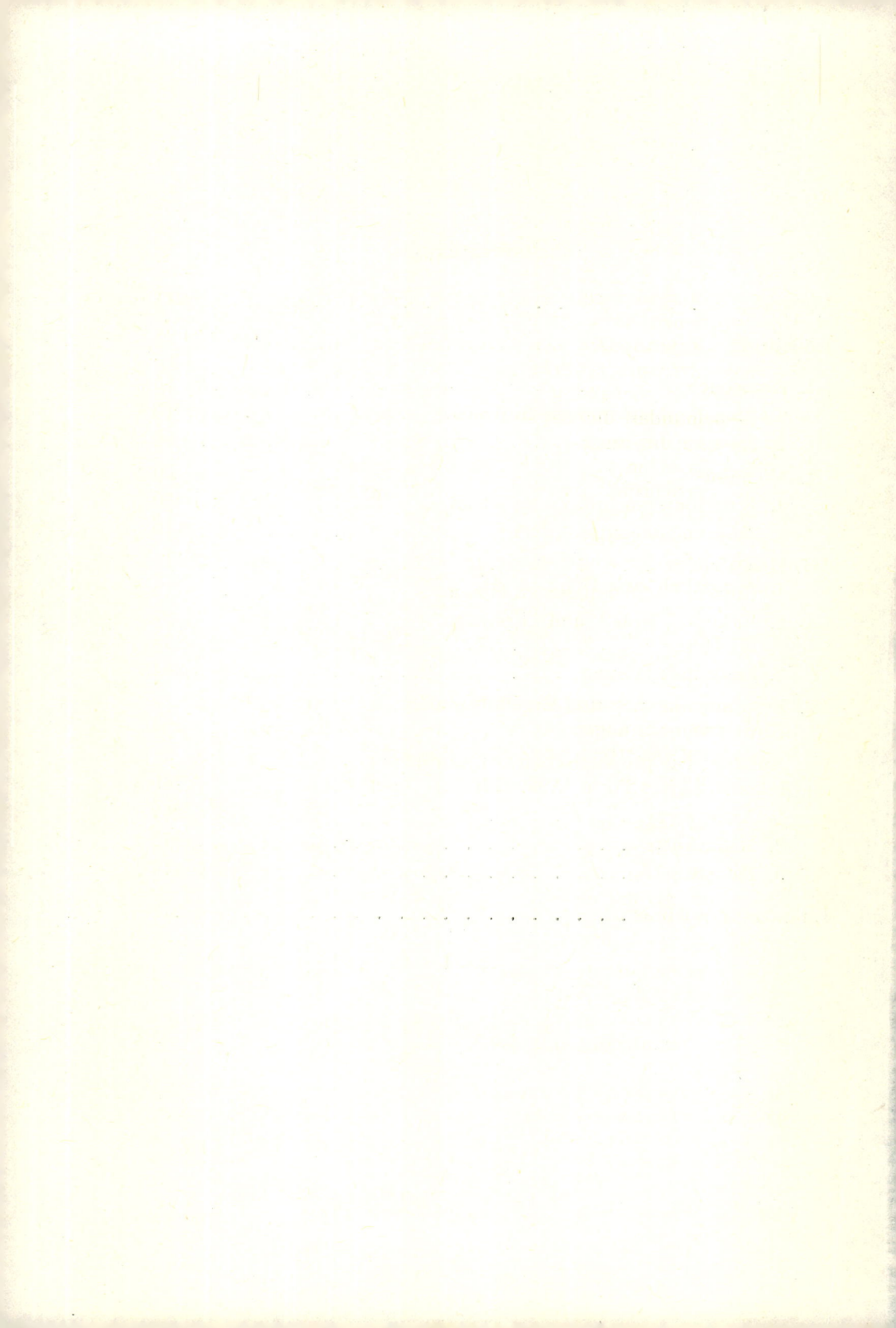

Einleitung

Die historisch-kritische Erforschung des Alten Testaments hat, nach bescheidenen Anfängen, besonders seit der zweiten Hälfte des vergangenen Jahrhunderts den Exegeten immer differenziertere und, wie zu hoffen ist, auch zuverlässigere Methoden an die Hand gegeben, je nach Lage der behandelten biblischen Bücher die verschiedenen Quellen voneinander, den Grundbestand von den Bearbeitungen der Redaktion oder das ursprüngliche Wort von seinen späteren Erläuterungen und Zusätzen zu trennen. Ziel dieser Arbeit ist in den prophetischen Büchern primär die zumindest als Ideal vorstellbare Auffindung der »ipsissima vox« des Propheten.

Freilich, »wer tiefer in den Aufbau der hebräischen Bibel eindringt, hat ein in der Welt-Literatur einzigartiges Phänomen vor sich: Es sind eigentlich zwei Bibeln«[1].

So will denn das Dickicht der Überarbeitung durch Spätere gelichtet werden, ehe sich der Blick auf das mehr oder weniger ursprüngliche Wort richten kann. Daß dieses Dickicht dennoch nicht einfach ausgerodet und beiseite geworfen werden kann, hat seinen Grund in einem Phänomen, dessen Bedeutung sich nach der dogmatischen wie der historischen Seite hin entfalten läßt: dem des Kanons. Nicht nur im Hinblick auf die Arbeit einer schriftbezogenen systematischen Theologie, sondern auch für die historische Erforschung der alttestamentlichen Literatur selbst stellt sich die Forderung nach einer »nachkritischen Exegese«[2] der im Kanon erhaltenen Schriften.

H. Gunkels Satz, es habe »die Literaturgeschichte Israels der Natur der Sache nach weniger mit der Entstehung der *Bücher* als solcher zu tun, als mit derjenigen der einzelnen Elemente der Schriften«[3], kann, so fruchtbar dieser Ansatz innerhalb der Wissenschaftsgeschichte gewirkt hat, nicht uneingeschränkt übernommen werden.

Denn da eine Grundgegebenheit dieser die alttestamentliche Wissenschaft beschäftigenden Literatur, ja das einzige sie wirklich einende Band ihre Kanonizität ist, da ferner diese selbst noch weit stärker als beim Neuen Testament, dem der theologische Begriff des Kanons

---

[1] E. Auerbach, VT Suppl. 1, 1 (zur Zitationsweise der Literatur s. u. S. 13 f). Inwieweit das doch auch für andere literarische Werke, v. a. etwa den Koran, zutreffen könnte, soll hier nicht untersucht werden.

[2] Vgl. R. Smend, Parrhesia, 215—237.

[3] H. Gunkel, Literatur, 4.

bereits durch das Alte Testament vorgegeben war, historisch gewach-
sen ist, kann die kritische Forschung ebensowenig wie die Dogmatik
den Kanon und sein geschichtliches Wirken außer acht lassen. Neben
der Suche nach dem ursprünglichen Wort muß also die Untersuchung
seiner sekundären Ausformung und Überarbeitung bis zu der in MT
vorliegenden Endgestalt stehen[4].

Ein wesentlicher, vielleicht der überwiegende Teil der alttestamentlichen Literatur ist seinem literarischen Charakter nach sekundäre Bezugnahme auf älteres Gut. Es gibt also bereits innerhalb der
biblischen Literatur das, was man im allgemeinsten Sinne Auslegung
nennen könnte. Die Nachgeschichte biblischer Texte[5] hat ihre Wurzeln
selbst in biblischen Texten; der Kanon enthält bereits Zeugnisse für
die quasi kanonische Geltung bezeugten Wortes[6].

Trotzdem sind die Arbeiten, die sich mit dieser Seite etwa der
prophetischen Überlieferung positiv, d. h. nicht nur zur Freilegung
des Grundwortes, befassen, gering an Zahl. Für das spezielle Problem
prophetischer Texte nimmt H. W. Hertzbergs Studie über die »Nachgeschichte alttestamentlicher Texte innerhalb des AT« einen Platz
von exemplarischer Isolation ein. Sie bildete für die vorliegende Untersuchung, deren Thema als solches freilich bereits bestimmt war, einen
Ausgangspunkt. Es soll also versucht werden, der Nachgeschichte[7]
prophetischer Worte oder Zusammenhänge von ihrer ersten Niederlegung bis zu der endgültigen Fixierung im masoretischen Konsonantenbestand des jeweiligen Prophetenbuches nachzuspüren. Diese

---

[4] Damit soll keine theologische Rechtfertigung, sondern eine mögliche methodische
Richtung der literarkritischen Arbeit am Alten Testament angezeigt werden.

[5] H. W. Hertzberg, BZAW 66, 110—121.

[6] Das früheste greifbare Zeugnis dieser Art dürfte das Zitat von Mi 3 12 in Jer 26 18
sein. Zu nennen ist außerdem vor allem die Bezugnahme des Sacharja (1 12) auf
Jer 25 11 29 10.

[7] Die Art der im folgenden besprochenen Texterweiterungen, -beschädigungen und
-korrekturen scheint dafür zu sprechen, daß der überwiegende Teil der Überlieferung
nicht in mündlicher Tradition, sondern am bereits geschriebenen Wort vor sich ging.
Damit unterscheidet sich die Arbeit bereits im Ansatz von den Voraussetzungen
der sogenannten »skandinavischen Schule« und deren Rechnen mit weitgehend mündlicher Tradition. Die Beispiele, die H. S. Nyberg in seinen grundlegenden »Studien
zum Hoseabuch«, 7 f., für mündliche Tradition im Orient gibt, brauchen nicht unbedingt gegen eine literarische Art der Überlieferung zu sprechen. Der literarische
Charakter bleibt dann erhalten, wenn z. B. die Gedächtnisleistung so vorgeht, daß
sie in der von Nyberg angeführten Weise buchstabengetreu bis zum möglichen
Nichtverstehen ist. In diesem Fall ist die Gedächtnisspeicherung eine potentielle
Form des Buches, die an der Eigenart literarischer Überlieferung nichts ändert. So
haben bis in die Neuzeit gerade Menschen, die das AT im Sinne einer strengen Buch-
religion übernahmen, dessen Text ganz oder teilweise auswendig gekannt. Das
gleiche gilt z. B. vom Koran.

Arbeit unterscheidet sich von der des üblichen Kommentars, setzt sie aber voraus und bildet die Gegenbewegung: Der Erarbeitung des »echten« durch Ausscheidung des »unechten« Gutes soll die Interpretation des »Unechten« in seiner eigenen Aussage unter Außerachtlassung des »Echten« in seiner historischen Einmaligkeit folgen. Natürlich lassen sich beide Arbeitsgänge nicht sauber voneinander trennen; kein Kommentar kann oder soll auf das als ursprünglich angesehene Prophetenwort ohne alle Glossen und Zusätze beschränkt werden; diesen wiederum wird man nicht ohne Kenntnis und Voraussetzung der Eigenart des Grundwortes gerecht werden. Die Akzente jedoch können je verschieden gesetzt werden.

Die Frage nach den Methoden und Voraussetzungen, nach etwaigen historischen, geistesgeschichtlichen oder theologischen Anstößen zur Erweiterung des vorgegebenen Textes ist nicht primär gleichzusetzen mit solchen literarkritischen Bemühungen, die versuchen, die Traditions- oder Redaktionsgeschichte der biblischen Bücher zu erhellen.

Wäre nämlich das, was sich vielleicht am Ende aller Untersuchungen mit ergeben könnte, von vornherein ihr einziger oder hauptsächlicher Gegenstand, so wäre zu befürchten, daß die Suche nach der Einheit in der Vielfalt, nach dem Verbindenden im Disparaten allzu rasch ein zu grobmaschiges Netz der Beobachtung schüfe, als daß nicht viele geringfügig scheinende Details ihm entgehen könnten. Eine Idee dessen, was »Redaktion« sei, könnte zu voreilig von dem her geprägt werden, was man am Text überflüssig findet oder vermißt, und so zu einer nur auf den ersten Blick frappierenden Gesamtkonzeption führen[8].

Die Frage nach Hinweisen auf redaktionelle, d. h. einheitlich überarbeitete Partien der in Rede stehenden Bücher soll darum, wenn überhaupt, jeweils erst am Ende der Einzelerörterungen versuchsweise gestellt werden; es ist nicht beabsichtigt, in die Diskussion um die Redaktion des Zwölfprophetenbuches oder seiner Teile[9] um ihrer selbst willen einzutreten.

R. E. Wolfes Aufsatz[10] hat deutlich genug gezeigt, welche Gefahren der Schematisierung und des Systemzwanges die Redaktionsgeschichte als Primärobjekt der Exegese in sich birgt und ist von G. Fohrer[11] mit Recht in dieser Hinsicht kritisiert worden.

Um eine zu frühe Einengung zu vermeiden, darf die Untersuchung der sogenannten »Glossen« auch nicht von der Textkritik getrennt

---

[8] Eine exemplarische Demonstration dieser Gefahren bietet der Aufsatz von K. Budde, ZAW 39, 218—229.

[9] Dazu allgemein z. B. K. Budde a. a. O.; A. Jepsen, ZAW 56, 85—100; 57, 242—255; 61, 95—114; R. E. Wolfe, ZAW 53, 90—129. Zum Amosbuch: S. Jozaki, Kwansei Gakuin UAS. 4, 27—100; W. H. Schmidt, ZAW 77, 168—193.

[10] ZAW 53, 90—129.   [11] ZAW 63, 46 Anm. 34.

werden, es sei denn, man hielte deren Gegenstand ausschließlich für
das Produkt einer Reihe zusammenhangloser Zufälle. Auch hier sollte
nicht versäumt werden, von einer gleichsam nachkritischen Position
aus den in MT gegebenen Konsonantenbestand möglichst weitgehend
aus sich heraus verstehen zu wollen. Die masoretische Endgestalt des
Textes als die vorgegebene Form des Kanons kann deshalb nicht beiseite geschoben werden, weil auch sie ein Zeugnis — und zwar das
letzte — für sein historisches Werden ist. Die Textkritik von vornherein außer acht zu lassen, hieße, die vorläufig historisch sicherste
Ausgangsposition für das Verständnis der »Glossen« zu verlassen.

Was aber ist unter »Glossen« überhaupt zu verstehen? Nach
H. Gunkel[12] ist eine Glosse ganz allgemein ein »fremdes Einschiebsel«
in den ursprünglichen Text, d. h. ein Wort, Satz oder größerer Zusammenhang, dessen Autor nicht mit der Person identisch ist, der man
den Hauptteil oder zumindest den ihren Namen bestimmenden Teil
eines oder mehrerer Bücher oder Quellen zuzuschreiben pflegt. Für
die prophetischen Bücher würde das bedeuten, daß alles literarische
Gut, das zwar unter dem Namen eines der klassischen Schriftpropheten
überliefert wird, jedoch nicht wirklich auf ihn zurückgeht, als Glosse
zu bezeichnen wäre. Wo es sich jedoch um praktisch selbständige
Bücher wie bei II-Jesaja, III-Jesaja und II-Sacharja handelt, wäre
eine solche, auch von H. Gunkel nicht beabsichtigte Klassifikation
natürlich schon darum absurd, weil keine »Einschiebsel« vorliegen.

Diese Unterscheidung ist allerdings eine mehr oder weniger quan-
titative, so daß bei den drei im Dodekapropheton vereinten Propheten
des achten Jahrhunderts vorderhand alles, was als literarisch sekundär
betrachtet werden muß, d. h. auch die Buchschlüsse, unter den rein
praktisch zu verwendenden Begriff der Glossierung fallen soll.

Nach welchen Gesichtspunkten theologischer oder sachlich-inhalt-
licher Art wurde die in den Glossen erkennbare Arbeit am noch nicht
abgeschlossenen biblischen Text vorgenommen? — Gewiß wäre es
keine Hilfe, einer verstehenden Beantwortung dieser Frage näherzukommen, wenn man von der Position außerhalb der Geschichte des
Textes aus wertende Maßstäbe an ihn herantrüge und etwa mit F.
Delitzsch[13] von »entbehrlichen« und »ungerechtfertigten Zusätzen«
spräche. Offenbar hielten die Glossatoren ihre Arbeit weder für ent-
behrlich noch gar für ungerechtfertigt, sondern für notwendig; jedoch
stimmten ihre Methoden naturgemäß nicht mit denen der historisch-
kritischen Forschung überein.

Auf der Suche nach textimmanenten Kriterien der Kommentie-
rung oder Glossierung wendet sich G. Fohrer[14] nun der rabbinischen

[12] RGG² II, 1250.
[13] F. Delitzsch, Schreibfehler Nr. 159—160.
[14] ZAW 63, 33—53.

Exegese unter der an sich überzeugenden Voraussetzung zu, sie sei »letztlich der konkrete Ausdruck einer bestimmten Art der Textauffassung und -behandlung, die bereits vorhanden war und geübt wurde, bevor sie ihren Niederschlag in den exegetischen Normen fand«[15].

Es unterliegt jedoch Bedenken, diesem im Prinzip einleuchtenden Vorgehen gerade die 32 Normen des Tannaiten R. Eliezer ben Jose des Galiläers zugrunde zu legen. Zwar weist G. Fohrer selbst darauf hin, daß die heutige Fassung dieser Normen nicht R. Eliezer (etwa 130—160 n. Chr.) allein zugeschrieben werden darf[15], doch hält er Bedenken dieser Art nicht für so gravierend, daß sie nicht von Argumenten für das Alter der hermeneutischen Normen überwogen würden. Was jedoch die 32 Normen[16] von den sieben Regeln Hillels und den dreizehn R. Ismaels (etwa 100—130 n. Chr.) unterscheidet, ist nicht nur der Hang zur Perfektionierung des hermeneutischen Systems, sondern auch die für manche Regeln geradezu konstitutive Voraussetzung des bis auf den Konsonantenbestand abgeschlossenen kanonischen Textes[17].

Eine gewisse Anzahl der Sätze Eliezers stellt auch strenggenommen gar keine hermeneutischen Regeln auf, sondern formuliert aus der Auslegung gewonnene, also sie bereits voraussetzende Beobachtungen der deskriptiven Grammatik und Stilistik. Diese eigentlich philologischen Merksätze lassen sich fast immer mit einem Parallelbegriff aus der klassischen Philologie umschreiben:

Eliezer 9: Brachylogie/Ellipse,
Eliezer 18: Pars pro toto (auf die Auslegungsmethode angewandt in Nr. 19),
Eliezer 21: Metapher als Teilvergleich,
Eliezer 24: Epexegese,
Eliezer 28: Paronomasie,
Eliezer 31: Hysteron proteron.

---

[15] A. a. O. 45.

[16] Vgl. die Zusammenstellung der drei Reihen bei H. L. Strack Kap. 11 (S. 95ff.). Im Folgenden werden die Regeln unter dem betreffenden Namen zitiert, also z. B. Hillel 2 = Nr. 2 der 7 Regeln Hillels.

[17] Vor allem Eliezer 1—4 (die aus der Schule Akibas hervorgegangene Behandlung bestimmter Partikeln, die auch in der Ausgabe κατὰ τὸ ἀκριβές des A' zum Ausdruck kommt), 10 (דבר שהוא שנוי, d. h. Deutung aus wiederholtem Vorkommen durch Addition), 26 (משל, d. h. Allegorese aller urspr. nicht bildlich gemeinten Einzelheiten), 29 und 30 (גימטריא und נוטריקון, d. h. Buchstaben- und Zahlensymbolik am Konsonantenbestand). Lediglich die Sonderform des Notarikon, die ein Wort in zwei oder mehr zerteilt, dürfte sehr alte Wurzeln haben (vgl. Enūma eliš VII und den assyrischen Kommentar zu den 50 Namen des Marduk) und liegt bereits in der LXX-Wiedergabe von צלמות mit σκιὰ θανάτου vor.

In diese Kategorie der philologischen Erarbeitung des gegebenen Textes gehören auch

> Eliezer 14: Bedeutendes wird mit Geringem verglichen[18], um ein deutlicheres Verständnis zu erzielen,
> Eliezer 16: Wortwahl als Aussagemittel.

Es erscheint trotz der bei G. Fohrer[19] durchgeführten Aufstellung problematisch, diese rein beschreibenden Lehrsätze unmittelbar zur Erhellung des der Glossierung zugrunde liegenden Verhaltens heranziehen zu wollen.

Auch Eliezer 20 und 32 sind Teilaspekte philologischer Arbeit im engeren Sinne. Auf Profanliteratur angewandt, hätten sie auch in der Antike zur kritischen Textherstellung gedient. Insofern sind sie also in die Suche nach Prinzipien der Glossierung[20], d. h. der Entstehung von MT, einzubeziehen. Eliezer 20 lautet: דָּבָר שֶׁנֶּאֱמַר בָּזֶה וְאֵינוֹ עִנְיָן לוֹ אֲבָל הוּא עִנְיָן לַחֲבֵרוֹ, d. h. eine Aussage paßt nicht zu der Stelle, an der sie steht, sondern muß auf eine andere bezogen werden.

Eliezer 32[21]: מְקֻדָּם וּמְאֻחָר שֶׁהוּא בְּפָרָשִׁיּוֹת, d. h. ein Abschnitt setzt eine frühere Zeit voraus als der ihm vorangehende Abschnitt. Eigentlich müßten beide Abschnitte umgestellt werden. Eliezer 17 und 19 bilden praktisch die rein haggadischen Entsprechungen zu Hillel 2 und 6, beruhen also auch auf dem Analogieprinzip. Trotzdem verdienen sie für die Frage der Glossierung besondere Beachtung:

Nr. 17: דָּבָר שֶׁאֵינוֹ מִתְפָּרֵשׁ בִּמְקוֹמוֹ וּמִתְפָּרֵשׁ בְּמָקוֹם אַחֵר, d. h. Einzelheiten, die einer Erzählung fehlen, können aus einem detaillierten Bericht an anderer Stelle entnommen werden. Ganz ähnlich sagt Nr. 19: דָּבָר שֶׁנֶּאֱמַר בָּזֶה וְהוּא הַדִּין לַחֲבֵרוֹ, d. h. eine sich auf einen Gegenstand beziehende Aussage kann auch auf einen ihm parallel zu ordnenden Gegenstand bezogen werden. Die logische Struktur dieses Gedankens entspricht dem einfachen Syllogismus: $a = b$,

$$\frac{b = c,}{a = c.}$$

Mehr grammatischer Art sind schließlich die über Hillel und Ismael hinausgehenden Regeln Eliezer 22 und 23[22].

Ismael und Eliezer gemeinsam haben über Hillel hinaus den Satz[23], daß, wo zwei Stellen einander zu widersprechen scheinen, die Auslegung

---

[18] So die Thora mit dem Regen in Dtn 32 2.
[19] A. a. O. 46ff.
[20] Der Begriff der »Glossierung« wird hier als Oberbegriff für alle späteren Eingriffe in den Text gebraucht.
[21] Nr. 32 ist aus Nr. 31 gewonnen.
[22] Ergänzung eines Satzes aus dem Parallelsatz und umgekehrt.
[23] Ismael 13 = Eliezer 15.

nach einer dritten Stelle zu suchen habe, die den Widerspruch aufhebt. Hier ist bereits die dogmatisch fixierte Einheitlichkeit des Kanons als des einen Offenbarungswortes Gottes vorausgesetzt.

Hillel 6, die unbestimmteste der 7 Middoth, hat bei Ismael keine Entsprechung, kann aber mit Eliezer 12 und 17 verglichen werden. Hillel 7 wird bei Ismael 12 inhaltlich zu engerem und weiterem Kontext aufgefächert und wird auch von Eliezer 11 übernommen, jedoch in bereits fixierte Verstrennung und Interpunktion voraussetzender Form.

Da bekanntlich Hillel 5[24] in Ismael 4—11 für die halachischen Bedürfnisse differenziert ist, ergibt der Vergleich aller drei Middoth-Reihen einen in der Reihenfolge geschlossenen Block von vier auf dem Analogieprinzip beruhenden Grundregeln[25] und darüber hinaus die allen gemeinsame Grundregel Hillel 7.

Von diesem Vergleich her empfiehlt es sich also, von der einfachsten Form der exegetischen Normen bei Hillel[26] auszugehen:

1. קַל וָחֹמֶר — Schluß a fortiori (Ism. 1/E. 5 + 6)
2. גְּזֵרָה שָׁוָה — Analogieschluß nach dem Vorkommen von homonymen oder synonymen Worten oder Wortgruppen (Ism. 2/E. 7)
3. בִּנְיַן אָב מִכָּתוּב אֶחָד — Textverwandtschaft, d.h. Deduktion einer näheren Bestimmung aus einer auf alle verwandten Stellen
4. בִּנְיַן אָב מִשְׁנֵי כְתוּבִים — dasselbe für zwei Schriftstellen (Ism. 3/E. 8)
5. כְּלָל וּפְרָט וּפְרָט וּכְלָל — Näherbestimmung des Allgemeinen durch das Besondere und umgekehrt (Ism. 4—11/E. 13)
6. כַּיּוֹצֵא בוֹ בְּמָקוֹם אַחֵר — Vergleich mit einer inhaltlich, aber nicht im Wortlaut oder Sachverhalt ähnlichen Stelle, d.h. Vergleich zweier Auslegungen — — —
7. דָּבָר הַלָּמֵד מֵעִנְיָנוֹ — Erklärung aus dem Kontext (Ism. 12/E. 11).

[24] Entsprechend Eliezer 13 und, etwas weiter abgeleitet, auch Eliezer 25.
[25] Hillel 1—5. Da Hillel 4 und 5 eigentlich ein Gegensatzpaar bilden, handelt es sich um vier Grundregeln.
[26] Wortlaut nach Tos. Sanh. VII, 11 (ed. M. S. Zuckermandel).

Freilich darf weder erwartet werden, daß sich zu jeder dieser
7 Regeln sowie auch zu Ismael 13 und Eliezer 17, 18, 19, 20, 22, 23, 32[27]
Beispiele in den sekundären Bestandteilen der biblischen Büchei finden
werden, noch, daß umgekehrt alle alttestamentlichen Textergänzungen
mit einer dieser Normen erklärt werden können. Die Versuchung zu
einer solchen Systematisierung mag groß sein, muß aber doch, um den
Texten gerecht zu werden, vermieden werden. Die Kenntnis der Grund-
sätze der rabbinischen Auslegung kann nicht mehr leisten, als den Zu-
gang zum literarischen Werden des Alten Testamentes wenn nicht zu
öffnen, so doch wenigstens von fern zu zeigen.

Weiter in das Werden des Kanons zurück weisen die von I. L.
Seeligmann[28] aufgezeigten vier hauptsächlichen »Voraussetzungen der
Midraschexegese«, deren Numerierung sich ungefähr mit der zeitlichen
Entwicklung der alttestamentlichen Literatur decken könnte. Es sind
dies

1. Wandelbarkeit und Beweglichkeit von erzählerischen und literarischen Motiven in der Bibel;
2. das Spielelement der Sprache, das sich nach zwei Seiten hin entfaltet,
   a) dem Wortspiel in Assonanz und Homonymie,
   b) der Assoziation und Abwandlung;
3. die »Adaptation« in Motivübernahme und Motivabwandlung, hin-
   führend u. U.[29] zur Typologie;
4. das Erklärenwollen einer abgeschlossenen Schrift, d. h. Auslegung
   im eigentlichen Sinne.

Erst auf der vierten Stufe haben die rabbinischen Normen ihren
Platz; ihre Wurzeln aber können durchaus weiter zurückgehen. Das
müßte die vorliegende Untersuchung jedenfalls teilweise klären können,
wenn sie zu einem brauchbaren Ergebnis kommt. Zum Spielelement
der Sprache gehört auch der von A. Kaminka angeführte Grundsatz
der haggadischen Schriftauslegung in Palästina, »bei der die biblischen
Worte häufig so erklärt wurden, *als ob sie mit einzelnen anderen, in der
Schrift oder in der Aussprache leicht zu substituierenden Konsonanten
oder Vokalen geschrieben oder gesprochen worden wären«*[30].

A. Kaminka glaubt diese Methode für die Arbeit der LXX nachweisen zu können und schließt daraus[31], daß sie schon um 200 v. Chr.
oder noch früher üblich war.

---

[27] S. o. S. 5 f.
[28] I. L. Seeligmann, VT Suppl. 1, 150—181.
[29] Nach I. L. Seeligmann in der Haggada und dem Neuen Testament. Vom Begriff
her läßt sich unter »Adaptation« sowohl Aktualisierung, als auch Typisierung als
Vorstufe der Typologie verstehen, s. u. S. 11 f.
[30] A. Kaminka, Studien, 33.   [31] A. a. O. 34.

Alle diese Hinweise werden im Folgenden ebenso wie die exegetischen Normen im Auge zu behalten sein.

Darüber hinaus aber soll versucht werden, nicht nur gewisse formale Grundprinzipien, nach denen sich die Glossierung und Erweiterung prophetischer Worte vollzog, aus dem untersuchten Textmaterial[32] zu erarbeiten, sondern auch Ansatzpunkte zur Datierung wenigstens einiger größerer Abschnitte zu gewinnen. Das Motiv dieser Fragestellung ist das Interesse am historischen Werden des Kanons bzw. eines Teiles des kanonischen Schrifttums und seiner geistesgeschichtlichen Voraussetzungen. Ausgehend von den Worten der ältesten Schriftpropheten, Worten also, die in eine bestimmte Situation des 8. Jh. v. Chr. hinein gesprochen wurden, ist zu fragen, wann zuerst für die Beobachtung des modernen Exegeten wahrnehmbar die Zeitgeschichte des prophetischen Wortes in dem Maße zur Geschichte geworden war, daß es durch modifizierende Zusätze der späteren Zeit adaptiert, daß es verändert oder ersetzt werden mußte.

Wo sich das neue Wort, indem es dem bereits vorgegebenen älteren zugeordnet wird, selbst als prophetisches Wort darstellt, besteht freilich die Alternative, diese Erscheinung entweder als Auslegung der Prophetie durch Prophetie, oder aber als Zuschreibung fremden Gutes zu einer anerkannten Autorität, wenn nicht gar als literarische Fälschung zu erklären. Eine solche würde dann vorliegen, wenn der Glossator oder Interpolator seinen Worten bewußt den Anschein der Authentizität des betreffenden Grundpropheten geben wollte, um die Hörer oder Leser irrezuführen. — Selbst wenn die zuletzt genannte Lösung im Sinne bewußter Pseudepigraphik mehr dem modernen Denken als dem der biblischen Tradenten entsprechen sollte, wird man sich nicht mit der allzu gängigen Auskunft vom ganz andersartigen Empfinden des antiken Menschen zufrieden geben können. Auch der antike Mensch hatte im Bereich der Profanliteratur durchaus ein Empfinden für die eigene Bedeutung der schriftstellerischen Individualität. Literarische Fälschungen konnten auch im Altertum als Fälschungen empfunden und entlarvt werden[33].

---

[32] Die Wahl des Zwölfprophetenbuches bzw. der in ihm enthaltenen Prophetenworte des 8. Jh. v. Chr. bedeutet eine rein äußerliche Abgrenzung auf Grund praktischer Erwägungen. Das gleiche gilt für die Reihenfolge der Untersuchung. Es empfiehlt sich, mit Amos zu beginnen, da dort die wenigsten exegetischen Probleme liegen und sich so die relativ sicherste Grundlage ergibt, von der aus schließlich nach der Untersuchung des im Schwierigkeitsgrad literarkritischer Arbeit eine Mittelstellung einnehmenden Mi-Buches auch gewagt werden kann, den schweren cruces interpretum des Hoseabuches näherzutreten.

[33] Die alexandrinische Philologie des Altertums ist nicht ohne die Unterscheidung zwischen echtem und unechtem Gut denkbar, das sie durch die auch aus der Arbeit des Origenes bekannten kritischen Zeichen (vgl. A. Gudemann, 94ff.) kenntlich

Anders verhält es sich mit der Offenbarungsliteratur nur deshalb, weil sie unter einem grundsätzlich anderen Vorzeichen, eben dem der Offenbarung, steht. Wenn es Jahwes Wort ist, das an den Propheten[34] ergangen ist, dann kann es jederzeit von einem neuen Jahwewort geändert oder in seiner eigentlichen Bedeutung erhellt werden. Solange die Prophetie als solche lebendig ist, kann das bereits ergangene prophetische Wort durch neue Prophetie ergänzt werden, ebenso wie kein bekanntes Prophetenwort durch den Zeitverlauf erledigt werden kann. Es ist dies der Hauptgrund, warum alle spätere Prophetie, vom Standpunkt moderner Individualität aus gesehen, weniger eigenständig als die Begründung der Schriftprophetie im 8. Jh. v. Chr. erscheint; der Grund auch, warum man literarisch mit einem gewissen Recht zwischen »klassischer Prophetie« des achten und »klassizistischer« des siebten Jahrhunderts unterscheiden kann[35]:

Der Geschichtlichkeit des Kanons steht die geglaubte Gleichzeitigkeit[36] der in ihm vereinten Zeugen gegenüber. Sie ist selbst einer der bestimmenden Faktoren seines geschichtlichen Werdens. Erst als der Satz vom Erloschensein der Prophetie das theologische Bewußt-

---

machte. Von Porphyrius von Tyrus (233 bis etwa 305) ist ein Bruchstück eines Dialoges über Plagiate im Altertum erhalten (A. Gudemann 82 mit Angabe des Zitats); Apollonides von Nicaea (1. Jh. n. Chr.) schrieb ein mindestens 8 Bücher umfassendes Werk über literarische Fälschungen (περὶ κατεψευσμένης ἱστορίας, A. Gudemann 21 Anm. 1). Gegen das gängige pauschale Urteil über die Pseudonymität als eine allgemeine Usance der Antike wendet sich mit Recht J. A. Sint, der allerdings in seiner Darstellung der »Psn. im Altertum« überwiegend im apologetischen Bemühen einer ethischen Ehrenrettung stehenbleibt. Eine konsequent aus dem Wesen der betreffenden Literatur gewonnene Erklärung des Problems steht noch aus.

Wenn Flavius Josephus an der bekannten Stelle (contra Ap. 1,8/§ 40 Niese) behauptet, jeder der nach Mose aufgetretenen Propheten habe das seine Zeit Betreffende aufgeschrieben, bezeugt er zumindest für seine Zeit den Gedanken (der bereits in Chr angelegt ist) individueller Verfasserschaft der Schriften des AT, der im Prinzip bereits jeden Eingriff in den Text ohne eigenes, damals schon nicht mehr mögliches prophetisches Bewußtsein unmöglich macht.

Schließlich ist für den inneralttestamentlichen Bereich die Behandlung *und Nennung*, die Dtr. seinen Quellen zuteil werden läßt, zu berücksichtigen, obwohl sie nicht zur Wahrung der schriftstellerischen Individualität dienen soll. Wäre wirklich jedes Interesse an der Unterscheidung der Verfasser von vornherein den alttestamentlichen Zeugen abzusprechen, hätten sie sich zumindest die Überschriften der Prophetenbücher mit ihren Angaben zur Person ersparen können.

[34] Vgl. die späteren Einheitsüberschriften zu den Prophetenbüchern: Hos 1 1 Joel 1 1 Mi 1 1 Zeph 1 1 Hag 1 1 Sach 1 1 sowie Jon 1 1 Hag 1 3 Mal 1 1.

[35] S. Herrmann, BZAW 85, 155.

[36] Vgl. den Grundsatz אֵלּוּ וָאֵלּוּ דִּבְרֵי אֱלֹהִים חַיִּים, zitiert bei K. Kohler—M. Rosenberg, 150, der sich allerdings auf rabbinische Sätze bezieht.

sein des Judentums bestimmte[37], war keine Ergänzung, sondern nur noch Auslegung der Prophetie möglich: Die späten Ausläufer der Prophetie gehen über in die aufkommende Apokalyptik. Konnten jenseits dieser geistesgeschichtlichen Grenze beide nebeneinander bestehen, so blieb nach dem Erlöschen der Prophetie allein die Apokalyptik. Es darf als nicht ausgeschlossen gelten, daß sich Bruchstücke dieser Entwicklung vielleicht auch in den sekundären Partien der prophetischen Bücher spiegeln werden. So ist also das Ziel der vorliegenden Untersuchung ein doppeltes:

1. die Suche nach formalen und inhaltlichen Prinzipien, die für die im weitesten Sinne literarische Nachgeschichte, die alttestamentliche Texte im AT erfuhren, bestimmend gewesen sein könnten;
2. die Eingrenzung etwaiger Ansatzpunkte zur Datierung größerer Einfügungen zur zumindest versuchsweisen Erarbeitung der Entwicklung prophetischen Wortes von seiner ersten Fixierung bis zur Niederlegung der Endgestalt von MT.

Grundsätzlich wird bei der Einzeluntersuchung weder eine Trennung zwischen theologischen und nichttheologischen Glossen noch eine Differenzierung zwischen Textkritik und Literarkritik vorgenommen werden.

Die Terminologie der Arbeit ist durch die allgemein übliche literar- und formkritische Methodik vorgegeben. Zu erwähnen ist nur, daß der Begriff der Aktualisierung sehr weit gefaßt wird und das Vorgehen bezeichnet, das ein vorgegebenes Wort- oder Gedankengut in die Sprache und die Verstehenszusammenhänge veränderter zeitlicher oder örtlicher Umstände zu transformieren oder es neu zu formulieren sucht. Die Aktualisierung ist also ein Teilaspekt der von I. L. Seeligmann[38] erwähnten Adaptation.

Ein anderer ist die Typisierung. Während Aktualisierung das Wort der Geschichte der Zeitgeschichte adaptiert, versucht umgekehrt die Typisierung, die gegenwärtige oder künftige Geschichte dem vorgegebenen Offenbarungsgeschehen zu adaptieren. Typisierung ist eine Vorform der Typologie[39], unterscheidet sich aber von dieser dadurch, daß sie nicht das Vorbild des Neuen im Geschehen sucht, sondern im Neuen die Erfüllung des Geschehens bekennt. Wenn II-Jesaja die Rückkehr der Exulanten nach dem Bilde des Auszuges aus dem

---

[37] R. Hanhart, ThExH NF 140, bes. 34, datiert diesen geistesgeschichtlichen Umbruch in die Zeit des aufkommenden makedonisch-hellenistischen Weltreiches.
    Abgesehen von der Apokalyptik entfaltet sich die (nichtschöpferische) Exegese zur Form des Midrasch.
[38] VT Suppl. 1, 167ff.
[39] Vgl. dazu F. Hesse, RGG³ VI. 1094f.

Lande Ägypten beschreibt[40], sieht er nicht primär im Exodusgeschehen
das Vorbild für die Heimkehr aus der Diaspora, sondern die Verheißung der rettenden Heimkehr spricht sich aus im Bekenntnis des Glaubens, bereits einmal so gerettet worden zu sein. In dem Maße, wie der
Glaube Israels geschichtsbezogen ist, kann er nur im Bekenntnis der
Geschichte ausgesagt werden. War die geschichtliche Grundgegebenheit von Israels Glauben bis zur Rückkehr aus dem Exil die Errettung
aus dem Hause der Knechtschaft in Ägypten, so mußte die Hoffnung
auf neue Errettung sich auf diese Grundgegebenheit stützen und sie
transparent werden lassen. Solche Typisierung hat nichts mit einem
mythischen Weltbild der zyklischen Wiederkehr[41] zu tun, sondern
gründet sich vielmehr ganz auf die Geschichtlichkeit der vom Glauben
bezeugten Offenbarung und ihre Kontinuität.

Typologie hingegen wäre nicht das Aussprechen des Neuen in der
von der Heilsgeschichte geprägten Sprache des Glaubens, sondern ein
reflektiertes Inbeziehungsetzen beider dem Redenden bereits vorlie-
gender Geschehnisse nach dem Schema von Typ und Gegentyp. Der
Satz des Paulus[42], Adam sei der »Typos« des Christus, ist eine Typologie, die zwei gegebene Glaubensaussagen in eine logische Beziehung
zueinander setzt: Die Aussage von der in Christus sich vollziehenden
Neuschöpfung und die vom Schöpfungscharakter der unerlösten Welt.
— Hingegen schildert die Typisierung z. B. des II-Jesaja die noch
nicht geschehene, aber verheißene Heimkehr der Exulanten nach der
einen vorgegebenen Glaubensaussage des geschehenen Auszuges aus
Ägypten. Typologie bezeugt die Identität der geschehenen, Typisierung
die Kontinuität der geschehenden Heilsgeschichte.

Sind diese Begriffe ganz auf die Erfordernisse der Arbeit an der
durch den Kanon eingegrenzten Literatur bezogen, so bedeutet das
natürlich nicht, daß nicht auch die termini technici der profanen Lite-
raturtheorie auf die prophetischen Äußerungen mit Gewinn anzuwen-
den seien. Gewiß ist z. B. der Begriff der »Ironie« zur Kennzeichnung
prophetischer Worte mit Vorsicht zu gebrauchen[43], zumal Ironie ein
gewisses geistiges Einverständnis zwischen Autor und Adressaten voraussetzt; doch wäre es falsch, solche Vorsicht mit gänzlicher Abstinenz
von aller rhetorischen Theorie zu vertauschen. Auch prophetische
Worte — etwa die des Amos — können eine Rhetorik erkennen lassen,

---

[40] G. von Rad, ThAT II, 260. Allerdings ist seine Ansicht, daß II-Jesaja »mit diesem
Hinweis . . . das ‚Urbekenntnis Israels‘ . . . angetastet« habe, nicht unbedingt überzeugend. Mindestens ebenso wahrscheinlich ist es, daß das Urbekenntnis als Bekenntnis auch die Verheißung des Künftigen prägt und in ihr lebendig ist.

[41] R. Bultmann, ThLZ 75, 205—212. Zum sachgemäßen Gebrauch des Mythosbegriffs
vgl. C. Colpe, NZSThR 9, bes. 49—61.

[42] Röm 5 14.

[43] H. W. Wolff, ThB 22, 83 f.

die sich der Analyse nach allgemeinen Prinzipien der Kunstprosa[44] enthüllt.

Das Gewicht der folgenden Untersuchungen wird allerdings gemäß dem Thema nicht auf die je eigene Aussageform der Grundtexte gelegt werden.

Besprochen werden sollen alle Bestandteile von MT, die meiner Ansicht nach sekundär sein könnten, jedoch nicht alle, die innerhalb der Geschichte der alttestamentlichen Forschung jemals für unecht angesehen worden sind. Mag diese Arbeitsweise auch auf den ersten Blick allzu subjektiv erscheinen, so läßt sich doch andererseits kaum ein wirklich objektives Auswahlverfahren denken. Die Gefahr zu großer Willkür ist überdies bei der vorliegenden Untersuchung durch das Bestreben in Schranken gehalten, möglichst weitgehend MT zu folgen oder ihn zumindest zu verstehen, und ferner Konjekturen, soweit es irgend möglich ist, zu vermeiden.

Im übrigen werden, wie bereits erwähnt, die Kommentare und ihre Arbeit vorausgesetzt, aber in keiner Weise ersetzt.

Aus praktischen Erwägungen werden unter Befolgung der Reihenfolge im masoretischen Text alle Ergänzungen und Textänderungen[45] fortlaufend besprochen und numeriert. Da die Nummern fettgedruckt in Klammern stehen, ist es möglich, relativ übersichtliche Querverweise zu geben und bei Zusammenfassungen auch dann, ohne den Wortlaut wiederholen zu müssen, eindeutig anzugeben, um welche Glosse oder Korrektur es sich handelt, wenn in einem Vers oder Versteil mehrere voneinander abzugrenzende Eintragungen vorliegen.

Um der Übersichtlichkeit willen soll außerdem im jeweiligen Textteil auch völlig auf Anmerkungen verzichtet werden. Allgemein beziehen sich Namen von Gelehrten, denen nicht (im Textteil in Klammern) eine abgekürzte Zitatangabe beigefügt ist, jeweils auf den Kommentar des genannten Verfassers zu der in Rede stehenden Stelle. Wurde von einem Verfasser nur ein Buch benutzt[46], besteht das Zitat meist nur aus Namen und Seitenzahl; sonst sind alle Angaben möglichst gekürzt. Konkordanzbelege werden in völlig eindeutigen Fällen stillschweigend vorausgesetzt. Wo das Zitat der Konkordanz oder des Wörterbuches nötig ist, wird es, wie im Abkürzungsverzeichnis ange-

---

[44] Wertvoll ist neben den klassischen Werken der Rhetorik vor allem das Handbuch von H. Lausberg.

[45] Nicht eingehend besprochen werden im allgemeinen bloße Umvokalisationen ohne Veränderung des Konsonantenbestandes, da das Problem der masoretischen Vokalisation möglichst auch bei Vokalisation anderer Stammesmodifikationen usw. als solches nicht berührt werden soll.

[46] Vgl. das beigefügte Literatur-Verzeichnis, das deshalb ohne weitere Aufteilung alphabetisch nach Verfasser-Namen geordnet ist.

geben, abgekürzt, z. B.   L. = G. Lisowsky,
                      H-R. = E. Hatch—H. A. Redpath,
                    KBL. = L. Köhler—W. Baumgartner,
                      T. = N. Turner (für A′).

Die Angabe »s. v. NN.« ist im allgemeinen überflüssig, wenn die Spalten- oder Seitenzahl genannt ist.

Bei der Berücksichtigung der LXX wird die von J. Ziegler besorgte kritische Ausgabe des Zwölfprophetenbuches bzw. werden die übrigen Ausgaben des Göttinger Septuaginta-Unternehmens nicht nur benutzt, sondern auch die methodischen Voraussetzungen, auf denen der Apparat basiert, übernommen.

Die Erschließung der der LXX zugrunde liegenden Textformen erfolgt von der Annahme der von J. Ziegler[47] überzeugend nachgewiesenen Einheitlichkeit der LXX zum Zwölfprophetenbuch aus. Das bedeutet, daß in den Fällen, in denen nach H-R. mehrere einander auch graphisch nahestehende hebräische Grundwörter in Frage kommen, dasjenige den Vorzug verdient, das an einer anderen Stelle des Dodekapropheten durch das gleiche griechische Wort wiedergegeben ist. Die Arbeit des griechischen Übersetzers des Zwölfprophetenbuches nimmt also bereits eine Stelle auf dem Wege zur aquilanischen Textüberarbeitung ein. Daß letztere nicht ohne sehr beachtenswerte Vorstufen zu denken ist, ist seit dem Fund der ältesten griechischen Rolle zum Zwölfprophetenbuch (R′)[48] erwiesen. Daß ihr Rezensionsprinzip durchgängig das von A′ vervollkommnete Bestreben der Hebraisierung ist, ist an zahlreichen Einzelbeobachtungen zu erhärten[49].

Vor allem scheint es unmöglich, die LXX zum Zwölfprophetenbuch anders denn als einen konsequenten Versuch zu beurteilen, den hebräischen Text so treu wie möglich wiederzugeben. Erst wo jede andere Erklärung versagt, darf mit »freier« Übersetzung, Auslassung oder Ergänzung an den Stellen gerechnet werden, die MT nicht entsprechen.

---

[47] J. Ziegler, Beilage zum VVZ. der Staatlichen Akademie zu Braunsberg im WS. 1934/5 (gegen J. Herrmann—F. Baumgärtel, BWANT NF 5, 1923, 32—38).

[48] D. Barthélemy, VT Suppl. 10. Das Buch ist auch für allgemeine Fragen der A′-Forschung und der Verwertung des von Justin gebotenen Textes wichtig.

[49] Den Einblick in die Übersetzungsmethode der LXX und die Fragen der frühen Rezensionen, den ich hier und im folgenden voraussetze, verdanke ich der Teilnahme an einer vom gegenwärtigen Leiter des Göttinger LXX-Unternehmens, Herrn Dr. Dr. R. Hanhart, geleiteten, sich über etwa 3 Jahre erstreckenden Übung, in der der erhaltene Teil der Rolle (R′), der leider von den drei hier zu untersuchenden Büchern lediglich einige Teile des Michabuches bietet, unter ständigem Vergleich mit LXX und hexaplarischem Gut durchgearbeitet wurde.

I. Amosbuch

1. EINZELUNTERSUCHUNGEN ZU AMOS

Amos 1 1:

Die beiden Relativsätze stoßen sich. Während der erste ganz individuell auf Amos Bezug nimmt, bietet der zweite mit dem Verbum חזה das auch sonst in Überschriften übliche: vgl. Mi 1 1 Hab 1 1; auch Jes 1 1 Ob 1 Nah 1 1.

Der zweite אשר-Satz ist also gegenüber dem ersten sekundär. Außerdem liegen zwei verschiedene Datierungen vor, von denen die nach den Königssynchronismen den auch sonst üblichen Typ repräsentiert, während die ungewöhnliche Datierung nach dem Erdbeben noch »die Nähe des kürzlich erlebten Geschehens« (H. W. Wolff 146) spiegelt. Es ist die gleiche Nähe, die auch in der Herkunfts- und Berufsbestimmung (anders H.W.Wolff) spürbar ist. Als mutmaßlich älteste Form der Überschrift ergibt sich also: »Die Worte des Amos, der unter den Viehzüchtern von Thekoa war, zwei Jahre vor dem Erdbeben. 2 Und er sprach ...«.

(1) Erster Zusatz: Die synchronistische Datierung.

(2) Zweiter Zusatz: »welche er schaute über Israel«.

In Verbindung mit der Kernüberschrift ist das Amoswort 1 2 dem Buch als Motto vorangestellt (A. B. Ehrlich). Jer 25 30 und Joel 4 16 sind Aufnahmen des alten Amoswortes.

1 3ff. (vgl. Anhang Nr. 1):

Der Text der Fremdvölkersprüche innerhalb des Völkergedichtes ist recht gut erhalten. Bei der Textherstellung des Israelteiles und bei seiner Abgrenzung wird man sich kaum von vornherein auf zu enge formale Kriterien, etwa die Annahme, Fremd- und Israelstrophe(n) müßten gleich gebaut sein, stützen dürfen. Erst aus dem Ergebnis einer zunächst den Gesamtzusammenhang bis 2 16 einschl.. umfassenden Textanalyse wird sich möglicherweise eine andere Abgrenzung und auch die Struktur des ganzen Gedichtes erkennen lassen. Die hierbei vorausgesetzte Abgrenzung vor 3 1 ergibt sich unmittelbar aus dem Text und wird so in den Kommentaren vorgenommen.

(3) V. 8: Gemäß 1 5 1 15 2 3 erwartet man als Schluß der Philisterstrophe ebenfalls einfaches אמר יהוה, das auch von LXX vorausgesetzt wird.

(4) 1 9-10: Verschiedene Gründe sprechen dafür, mit der in diesem Fall nahezu einhelligen neueren Forschung die Tyrusstrophe für sekundär zu halten, vor allem

a) die gestörte und gegenüber den sicher echten Fremdvölkerstrophen unvollständige poetische Struktur; v. 9b läßt sich nur als Prosa lesen;

b) die bis auf den Namen der Stadt vollständige Identität der Formulierung von v. 10 mit der von v. 7; Amos selbst wandelt trotz aller Einheitlichkeit immer teilweise ab;

c) die Abhängigkeit des Vorwurfs v. 9 von v. 6.

Allerdings wird er insofern verändert, als Tyrus nicht die Deportation selbst, sondern nur der Verkauf der Deportierten vorgeworfen wird, da man sich das »Ausliefern« im Falle dieser Stadt kaum anders denn als Sklavenmarkt wird vorstellen können. Dann legt sich angesichts der übrigen Tyrussprüche im AT vor allem der Vergleich mit Joel 4 4-8 nahe, einem Text, der (H. W. Wolff) aus dem vierten Jahrhundert stammt und Tyrus Sklavenhandel vorwirft. Daß hier wie dort der Verkauf von Israeliten gemeint ist, zeigt die Erwähnung des Bruderbundes, der eher als auf I Reg 16 31 auf II Sam 5 11 und vor allem I Reg 5 15ff., den Bund zwischen Salomo und Hiram, bezogen sein dürfte. Vom »Bruder« ist in diesem Zusammenhang in I Reg 9 13 die Rede. — Freilich führte der Handelsweg, wie bei Joel vorausgesetzt, über das Mittelmeer. Die Nennung Edoms erklärt sich aus der Abhängigkeit von v. 6, wobei die nachexilische Bedeutung Edoms als exemplarischen Feindvolkes Judas und die Stellung vor der Edomstrophe mitbestimmend gewesen sein mögen. Aus der Orientierung an v. 6, der unhistorischen, aus der Überlieferung des dtr. Geschichtswerkes gewonnenen Bezugnahme auf den Bund Salomos mit Hiram, der inhaltlichen Vergleichbarkeit mit Joel 4 4-8 und der gestörten oder fehlenden Metrik ergibt sich die Vermutung, daß die Tyrusstrophe verhältnismäßig spät nach dem Exil in das Amosbuch eingefügt wurde und vielleicht auch schon die angeführte Joelstelle voraussetzt oder die gleichen Ereignisse wie diese umschreibt.

(5) V. 11-12: Gegen W. H. Schmidt und H. W. Wolff sollte die Edomstrophe nicht unbedingt mit der Tyrusstrophe verbunden werden, obwohl auch sie gegenüber dem ursprünglichen Amosbestand deutlich sekundär ist, wie wiederum die verkürzte Form, die Drohung in v. 12 und der Inhalt zeigen. Die Strophe hat eine durchgehend poetische Struktur von Einleitung + Doppelvierer + Sechser + 2 Doppeldreiern. Der Vorwurf in v. 11 ist sprachlich und sachlich eigenständig. Seine historische Verankerung und damit der Datierungsansatz müssen nach 586 v. Chr. liegen (J. Wellh.), doch scheint die Empörung noch

auf ungetrübter Erinnerung zu beruhen, so daß man nicht allzu tief unter 586 hinabgehen sollte.

(6) V. 11bβ bereitet Schwierigkeiten auch, wenn man mit H. W. Wolff Subjektswechsel annimmt, so daß אפו und עברתו jeweils die Subjekte der beiden Verbalformen wären. Die Schwierigkeiten liegen vor allem in der Spannung zwischen der Formelhaftigkeit und der dennoch aus dem Verbum טרף sich ergebenden Inkonzinnität des Ausdrucks. Gegen den Subjektswechsel läßt sich wenigstens die LXX und A′ gemeinsame Tradition geltend machen, die allerdings auch die Wz. טרף bestätigt. Angesichts dieses Textbefundes läßt sich eine Konjektur kaum umgehen, wenn auch mehr als eine hypothetische Lösung nicht erreicht werden kann. Die beiden ersten Wörter des Satzes werden durch die griech. Überlieferung gestützt, während A′ באפו statt אפו las. Folgt man seiner Vorlage, könnte für לעד die allerdings nur Gen 49 27 gesicherte Bedeutung עד = »Beute« angenommen und übersetzt werden: »und er riß als Beute in seinem Zorn ...« (für diesen Gebrauch von ל vgl. GK. § 119t; zum abs. Gebrauch von טרף Hos 6 1). Über das Zwischenglied einer gut denkbaren Korruption ויטרף 〉 ויטר, die später wieder korrigiert worden wäre, könnte es zur Auslassung des ב und vielleicht zur Auffüllung einer mechanisch verderbten zweiten Vershälfte nach Analogie von Jer 3 5 gekommen sein. Es läge dann also Korrektur bzw. Ergänzung nach einer ähnlichen Stelle aus einem anderen biblischen Buch vor, entsprechend Hillel 2.

(7) Liest man שמרה gegen MT mit Mappiq, also mit auf עברה bezogenem Suffix, was syntaktisch am ansprechendsten ist, kann erwogen werden, ob die masoretische Vokalisation eine Mischform der beiden Lesevarianten שְׁמָרָה und שָׁמְרה darstellt. In der zu LXX führenden Überlieferung wurde das ה unter Analogiezwang zu ל verlesen.

(8) V. 13: Für die Ausscheidung des metrisch störenden למען zugunsten eines einfachen להרחיב kann להסגיר in 1 6 verglichen werden. Das freilich gegen MT und LXX eliminierte למען kann als prosaisches Einschiebsel zur grammatisch sichernden Verdeutlichung betrachtet werden.

(9) 2 3: Die auch in LXX (auf den f. Ländernamen bezogenen) vorausgesetzten f. Suffixe, die durch die falsche Bezugnahme auf den Namen der Stadt zu erklären sein dürften, müssen in die entsprechenden m. Formen umgeändert werden.

(10) 2 4-5: Die Unechtheit der Judastrophe dürfte seit J. Wellh. unbestreitbar sein. Ihre Sprache kann insofern als »deuteronomistisch« (W. H. Schmidt) bezeichnet werden, als sie die nachdeuteronomische Gedankenwelt spiegelt. Eine weitere Eingrenzung sollte allerdings nur mit größter Zurückhaltung vorgenommen werden. Eine präzisere Datierung anhand des Wortschatzes dürfte kaum möglich sein, da gerade die im Allgemeinen bleibende Terminologie nicht eindeutig fixierbar ist:

מאס + (יהוה) תורת: Jes 5 24 Jer 6 19; + הַדַּעַת: Hos 4 6;

   + מִשְׁפָּט: Lev 26 43 Ez 5 6 20 13. 16 Hi 31 13;

   + חֻקּוֹת: Lev 26 15 Ez 20 24; + חֻקִּים: II Reg 17 15;

   + דבר יהוה: I Sam 15 23. 26 Jer 8 9 (L. 744c—745a);

חֻקִּים in Verbdg. mit שָׁמַר: Ex 15 26 Dtn 4 40 6 17 7 11 16 12 17 19 26 16. 17 I Reg 3 14

        8 58 9 4 II Reg 17 37 Ps 105 45 119 5. 8 Neh 1 7 I Chr 29 19 II Chr 7 17 34 31;

חֻקּוֹת in Verbdg. mit שָׁמַר: Gen 26 5 Ex 12 17 Lev 18 4. 5. 26 19 19. 37 20 8. 22 Dtn 6 2

        8 11 10 13 11 1 28 45 30 10. 16 I Reg 2 3 9 6 11 11. 34. 38 II Reg 17 13 23 3 Ez 18 19

        37 24 43 11 44 24 Mi 6 16 (L. 522b—524b).

Der Plural von כּוֹב (L. 673c—674a) kommt gegenüber 20 Sg.-Belegen außer an der vorliegenden Stelle nur noch zehnmal vor, davon siebenmal in Prov, außerdem Hos 7 13 Jdc 16 10. 13; — vgl. außerdem die zusammenfassende Darstellung bei W. R. Harper.

W. R. Harper will mit K. Marti v. 4bβ als noch spätere Einfügung, ähnlich Jer 23 13. 32 streichen, vermag aber nicht zu überzeugen. Neben die rein sprachlichen treten andere Beobachtungen:

a) Der metrische Aufbau entspricht mit Ausnahme der Ersetzung des ersten der beiden abschließenden Doppeldreier durch einen Sechser ebenso wie die syntaktische Abfolge und die Proportionen zwischen Scheltteil und Drohteil des Satzgefüges dem in der Edomstrophe Vorliegenden.

b) Die Strophe scheint zwar nach der Katastrophe von 586, jedoch noch zu einer Zeit eingefügt worden zu sein, in der der Israel-Teil des Völkergedichtes nicht ohne weiteres auf Juda bezogen werden konnte, in der also das Bewußtsein vom staatlichen Dualismus beider Reiche noch so lebendig war, daß »Israel« nicht als rein religiöse Größe unmittelbar aktualisierend auf Juda angewandt werden konnte. Mithin legt sich die Vermutung nahe, daß sowohl die Edom- als auch die Juda-Strophe bald nach 586 von einem gemeinsamen Verfasser formuliert wurden, der in den Geschehnissen des Katastrophenjahres Judas Geschick im Lichte der Prophetie ebenso erfüllt, wie Edoms Schicksal für die Zukunft begründet sah. Beide Strophen führen in eigener Autorität die Prophetie des Amos theologisch entfaltend und aktualisierend fort.

(11) 2 7aα ist offensichtlich nicht richtig überliefert. Auszugehen ist von LXX. κονδυλίζειν ist in LXX nur hier und Mal 3 5 (ohne hebr. Grundwort) belegt, d. h. es gehört zum spezifischen Wortschatz des Übersetzers des Zwölfprophetenbuches. Die metaphorische Verwendung wird durch Mal 3 5 wahrscheinlich gemacht. Damit ist grundsätzlich die Möglichkeit gegeben, daß auch hier Wz. שׁוּף zugrunde liegt, die allerdings (H-R. Suppl. 267c) in Hi 9 17 mit ἐκτρίβειν und Ps 138 (139) 11 mit καταπατεῖν wiedergegeben wird. Beiden griech. Verben kann (H-R. 444a und 740b) jeweils auch שָׁאַף zugrunde liegen, d. h.

שָׁאַף und שׁוּף gehen ineinander über. LXX scheint also auch hier wie öfter eine Dublette zu bieten und gelesen zu haben: השאפים על עפר. ארץ וש(א)פו בראש דלים. Dabei ist die erste Satzhälfte bezogen auf נעלים, während ודרך עניים יטר // וְשָׁאֲפוּ בראש דלים ist. Natürlich verdient der Parallelismus den Vorzug, zumal sich der Satz auch mit der finiten Verbalform einwandfrei fortführen läßt. ″ושאפו ב muß also über verschreibende Dittographie ב/מ (F. Dingermann 246) zu ושאפו/ים geworden sein, das, auf נעלים bezogen wie in LXX, in השאפים geändert wurde.

(12) Durch diesen Bezug auf נעלים erklärt sich auch der Zusatz על ארץ עפר. בראש muß dann noch von מכרם abhängig gedacht worden sein.

(13) V. 9-10: Will man nicht einen der beiden Verse ausscheiden, wird sich eine Umstellung von v. 10 vor v. 9 kaum vermeiden lassen. Ansprechend ist W. R. Harpers Annahme einer aberratio oculi auf Grund der beiden ואנכי jeweils am Versanfang. Nachtrag am Rand und darauf folgende falsche Einfügung ist insofern plausibel, als das Suff. 3. m. pl. in v. 9a tatsächlich besser an v. 8 anschließen würde.

(14) Allerdings ist auch v. 9aα gegenüber v. 10bβ sekundär. Innerhalb des einen Textzusammenhanges von Auszug und Landnahme ist nochmaliger Neueinsatz mit ואנכי ebenso störend wie die unmetrische Form von v. 9aα. Dagegen zeigt ein Blick auf den Druck der BHK, daß in v. 10bβ zur Erlangung des erwarteten Fünfers zwei Hebungen fehlen. Man muß mit Textverlust oder -Beschädigung rechnen, die bereits innerhalb der alttestamentlichen Textgeschichte selbst unter Verwendung von Elementen aus dem unmittelbaren Kontext emendiert wurde. Diese schon bei der Tyrusstrophe beobachtete Form der Textherstellung findet sich auch sonst: P. Volz XII; I. L. Seeligmann, VT Suppl. 1, 181 Anm. 1. Die Distanz des so gewonnenen Textes vom Original zeigt sich in der Verwendung des Suffixes in der dritten Person. Demnach waren die Etappen der Entstehung des jetzt in v. 9f. vorliegenden Textes die folgenden:

1. Verlust zweier metrischer Einheiten nach האמרי durch Textbeschädigung;

2. Ersatz der beschädigten Stelle durch v. 9aα mit Hilfe von Elementen aus dem unmittelbaren Kontext;

3. durch aberratio oculi bedingte Auslassung von v. 10 und falscher Eintrag vom Rand.

(15) V. 11: נאם יהוה stört an dieser Stelle, weil v. 11 und 12 nicht getrennt werden dürfen, die Formel נאם יהוה aber dort, wo sie im Amosbuch sicher ursprünglich ist, jeweils am Schluß einer Worteinheit (2 16 3 15 4 3 8 3), einer Strophe (4 5. 6. 8. 9. 10. 11) oder eines Drohwortes (3 10) steht. (Vgl. H. W. Wolff 174.) Hier soll נאם יהוה die Jahwerede markieren, ebenso

(16) wie das prosaische לֵאמֹר in v. 12 das Zitat des Prophetenverbotes als solches kennzeichnet. Möglicherweise könnten beide Einfügungen auf eine Hand zurückgehen.

(17) V. 15: Auch wenn man nicht mit H. W. Wolff angesichts der Häufung des gleichen Ausdrucks 14b und 15aβ für sekundär hält, empfiehlt sich doch aus metrischen Gründen zumindest die Streichung von נַפְשׁוֹ am Ende von v. 15. Vielleicht ist es ein durch Beschädigung des Überganges von v. 15 zu v. 16, der sich noch in LXX spiegeln könnte, begründeter Eintrag nach dem Kontext v. 14. Beide Verbalformen der Wz. מלט sind mit LXX zur ersten vom Piʻel ins Nifʻal zu ändern.

Nach der vorgeschlagenen Textrekonstruktion scheint es sich nicht zu empfehlen, den Abschluß des Völkergedichtes vor 2 16 zu suchen. V. 10 וְאָנֹכִי und v. 13 הִנֵּה markieren Stropheneinsätze. Damit liegt die Zahlenkombination 3/4 auch der Gesamtstruktur des Gedichtes zugrunde: Den vier echten Fremdvölkerstrophen folgen drei Israelstrophen, die aber nicht mehr wie jene gleich gebaut sind, sondern sowohl gegenüber dem Schema der Fremdvölkerstrophen (Einleitungsformel + Doppelvierer + Sechser + umgek. Siebener + 2 Doppeldreier + Schlußformel אמר יהוה) als auch untereinander differieren. Die Einheit aller drei Strophen wird durch die Klammer der nur der ersten Strophe vorangestellten stereotypen Einleitung und der nur der dritten Strophe folgenden abgewandelten Schlußformel נאם יהוה gewährleistet, während bei den Fremdvölkerstrophen jeweils die Schlußformel אמר יהוה der einen Strophe die Fangzeile zur Einleitung der nächsten bildete.

Abgesehen vom Rahmen ergibt sich folgender Aufbau der Israelstrophen:

I. 5 Verse Scheltwort: Soz. Botschaft (2 Doppeldreier), Prostitution (Doppelvierer), Gottesdienst (2 Fünfer);

II. 8 Verse Mahnwort: Rekapitulation der Heilsgeschichte im Qina-Metrum (urspr. 6 Fünfer), Anrede an Israel (Vierer), seine Reaktion (Siebener);

III. 5 Verse Drohwort: Ankündigung (Tripeldreier?), Kriegsschrecken (3 Doppeldreier + 1 Siebener).

Damit scheint sich die nicht unbestrittene, doch in der neueren Literatur bevorzugte Abgrenzung (zuletzt H. W. Wolff) bestätigt zu haben.

3 1-2:

Die Abgrenzung scheint gegen K. Marti u. a. eindeutig, weil die so gewonnene Einheit einen für Amos typischen Aufbau zeigt: Nach-

dem die Hörer durch v. 1 und 2a sozusagen psychologisch eingefangen sind, enthüllt der Schlußsatz 2b schlagartig die gegen sie gewandte Schärfe des Wortes. Einwände gegen die bei J. Wellh. vorausgesetzte Annahme der Echtheit des gesamten Textbestandes sind nicht zwingend.

(18) Lediglich das prosaische und metrisch störende לֵאמֹר in v. 1b sollte ausgeschieden werden. Es markiert den Gottesspruch gegenüber dem gleitenden Übergang (הֶעֱלֵיתִי!).

3 3-6:

Die Abgrenzung gegen v. 8 mit seinem ganz anderen Schlußverfahren erscheint relativ unproblematisch. Aber auch v. 7 nimmt nicht nur der Schlußfrage von v. 6 ihre eigentliche Spitze, sondern bietet überdies die wohl als Prosa formulierte lehrhafte Schlußfolgerung aus der Fragenkette. Diese gipfelt, ganz dem sonstigen Vorgehen des Amos gemäß (3 1-2), in der überraschenden und plötzlich aufrüttelnden Schlußfrage.

(19) V. 4: Nicht nur wegen der Störung des Metrums (Doppeldreier), sondern auch aus der inhaltlichen Erwägung, daß der Löwe nicht in seiner Höhle über dem Raub brüllt, kann מִמְּעֹנָתוֹ ausgeschieden werden. Der Grund für die Einfügung ist vielleicht ein stilistischer, um ein Pendant zu den Adverbialbestimmungen der anderen Fragen zu erhalten. Außerdem mag eine Anspielung auf eine andere Prophetenstelle (Jer 25 30) vorliegen.

(20) V. 5: פח ist mit der Mehrzahl der Kommentare als sachlich unmöglich auszuscheiden. LXX las den Text noch ohne diesen Zusatz, den man zunächst für vertikale Dittographie halten könnte. Setzt man allerdings mit der masoretischen Akzentuierung und der Versabteilung übereinstimmende Zeilentrennung voraus, können beide Stellen nicht untereinander stehen. Vielleicht ist für die Eintragung ein — mit der Technik des Vogelfangs allerdings weniger vertrautes — Empfinden für den Parallelismus von v. 5a und b verantwortlich. Eine andere Möglichkeit wäre es, anzunehmen, daß הארץ beschädigt war und aus dem unmittelbaren Kontext ergänzt wurde. MT würde dann, wie öfter zu beobachten, sowohl die Korrektur als auch den wiedergewonnenen Text bieten.

3 7:

(21) Zur Diskussion der Forschung um die Frage der Echtheit dieses Verses kann auf die zusammenfassende Darstellung bei W. R. Harper verwiesen werden. In neuester Zeit scheint sich die Entscheidung gegen die Echtheit immer mehr durchgesetzt zu haben (vgl. v. a. W. H.

Schmidt, H. W. Wolff). Allerdings wiegt von den vier schon von M.
Löhr (Aufzählung bei W. R. Harper 73) vorgetragenen Hauptargu-
menten,

a) der Schwierigkeit, das כי zu erklären,

b) des Ausdrucks עבדיו הנביאים, der erst dem Dtn, Jer und den
Späteren entspreche,

c) des nicht vor Jer denkbaren Begriffes סוד in der hier vorliegenden Verwendung und

d) der verschiedenen Struktur von v. 3-6 und v. 7, wohl gerade
das letzte am schwersten. Erst von ihm her wird das Problem der
Unechtheit aufgeworfen. Dabei zeigt sich die Andersheit von v. 7
unter zwei Aspekten:

a) Formal: Es würde der sonst beobachteten rhetorischen Technik des Amos nicht entsprechen, der Fragenklimax von v. 3-6, die noch
dazu nicht nur inhaltlich in v. 6 gipfelt, sondern auch formal in dessen
beiden אם-Fragen einen Abschluß gefunden hat, ein solches — prosaisches — Satzgefüge folgen zu lassen.

b) Inhaltlich: Es ist kaum denkbar, daß Amos selbst sich in eine
allgemeine Theologie des prophetischen Auftrages eingeordnet hätte.
7 14 spricht, wenn man nicht den Text in sein Gegenteil verändern
will, entschieden dagegen, und 3 8 hat ebenfalls ursprünglich einen
anderen Skopus.

Erst von dieser Voraussetzung der Unechtheit aus läßt sich das
Wort nun weiter eingrenzen, wobei Sprachgebrauch und Inhalt in die
Zeit nach Jeremia zu weisen scheinen. Die Stellung zwischen v. 6, auf
den sich das כי zurückbezieht, und v. 8, dessen Aussage über die Un-
ausweichlichkeit des prophetischen Auftrages durch die theologische
Explikation in v. 7 begründet wird, legt die Vermutung nahe, daß der
Verfasser von v. 7 die Reihenfolgen v. 3-6 + v. 8 entweder schon vor-
fand oder selbst herstellte.

3 8:

(22) Der metrische Parallelismus scheint die Auslassung von אדני
zu fordern, obwohl es in diesem Fall in LXX bezeugt ist.

3 9-11 (vgl. Anhang Nr. 2):

Die Abgrenzung ist sehr umstritten. Abteilung nach v. 10 (Th. H.
Robinson) würde ein isoliertes Scheltwort ergeben, während v. 11 mit
לכן plausibel als Drohwort anschließt. V. 12 dagegen bringt abermals
einen Neueinsatz mit neuem Drohwort und v. 10 folgendem neuem,
allerdings wohl fragmentarischem Scheltwort. Obwohl der Text insgesamt relativ schlecht erhalten ist, ergeben sich gegen v. 9 keine
zwingenden Bedenken (gegen BHK!).

(23) V. 10: נאם יהוה ist sicher hier fehl am Platze. Die verschiedenen Vorschläge zur Umstellung sind nicht überzeugender als die gänzliche Ausscheidung eines Zusatzes, der vielleicht die Parenthese in v. 10a als Jahwes Urteil kennzeichnen soll.

(24) בארמנותיהם dürfte mit BHK als sachlich zwar richtige, aber metrisch und hinsichtlich des Parallelismus belastende Ergänzung angesehen werden, die mit Hilfe eines aus dem Kontext genommenen Wortes die Aussage von v. 10b konkretisiert.

(25) V. 11: Wieder dürfte אדני auszuscheiden sein (vgl. BHK), obwohl es auch in LXX bezeugt ist.

(26) וסביב ist zwar auch schon in LXX vorausgesetzt, bietet aber doch Schwierigkeiten, da das Perf. והורד stilistisch zwingend ein vorangehendes Imperfekt der Drohung voraussetzt. Dieses ist in der Vorlage der LXX mit יְחֲרַב ergänzt. Es ist darum nach H. Steiner יְסֹבֵיב (oder eher defektiv) zu lesen (י/ו).

3 12:

Das Stück ist, wie zu v. 9-11 gezeigt, höchstwahrscheinlich eine selbständige Einheit aus einem Doppeldreier und zwei Sechsern (bis בשמרון).

(27) 12bα ist ein vollständiger Satz. Das auf ישב bezügliche ב steht vor dem Ortsnamen. Mit dem unverständlichen Bruchstück in v. bβ müßte also ein neuer Satz beginnen, falls nicht eine schon in der Vorlage der LXX textlich verderbte Glosse vorläge, die das Samaria betreffende Unheil begründen will. Allerdings müßte diese eine so ungewöhnlich konkrete Ausmalung bietende Glosse wohl ziemlich alt sein. Wenn hier nicht das Fragment des ursprünglich längeren Amoswortes vorliegt, dürfte sich der Glossator an Am 6 4 orientiert haben. A's Vorlage ist mit MT identisch, während LXX einen noch schlechteren Text las. Gegen die öfter geäußerte Annahme, sie biete mit ἱερεῖς eine in Unkenntnis des Wortes begründete Transskription, verweist W. R. Harper (80) mit Recht auf die richtige Übersetzung von ערש in Am 6 4. Wenn eine Transskription vorliegt, war das Grundwort schwerlich ערש (vgl. Sy.!). ἱερεῖς kann eine sinngemäße Emendation mit Bezug auf v. 13 sein. Für בדמשק schlagen K. Marti, W. Nowack u. A. בדבשת = »Kamelhöcker« (Jes 30 6) vor. Verschreibung ב/מ kommt öfter vor. Die bewußte oder unbewußte Korrektur zum Stadtnamen wäre dann als Herstellung eines Parallelismus zu בשמרון zu betrachten:

>»Die in Samaria sitzen am Rande des Bettes,
>in Damaskus (auf) dem Sofa.«

Diese Erklärung der Wortentstellung durch falschen Parallelismus zu Samaria deckt sich mit der von H. Gese (VT 12, 431) vorge-

schlagenen. Er nimmt allerdings ein aus dem Akkadischen erschlossenen hebr. Grundwort *אמשׁת‎ = »Bettkopfende« an. Dann läge Verschreibung ד⟨א vor. Daß allerdings v. bβ so zum urspr. Text gehöre, daß es auch inhaltlich einen Parallelteil zu dem doppelten Objekt in v. a böte, bleibt trotz der Erwägung tiergestaltiger Bettverzierungen unwahrscheinlich.

Im jetzigen Zusammenhang hat v. 12bβ die Funktion einer Erklärung der vorangehenden Drohung durch das üppige oder fremdlerische Gebaren der Bescholtenen und kann nicht mit dem Objekt des »Rettens« in irgendeinem parallel zu nennenden Zusammenhang gesehen werden. Obwohl also der Inhalt des in der Beschreibung enthaltenen Vorwurfs für die Abfassung durch Amos spricht, ist formal hinter בשׁמרון ein Einschnitt zu sehen.

3 13-15 (vgl. Anhang Nr. 3):

Die Abgrenzung gegen 4 1 ist nicht mehr problematisch.

(28) V. 13: נאם יהוה ist hier wieder als nicht am Wortende und den Zusammenhang störend auszuscheiden. Nach Tilgung des ganzen v. b schließt v. 14 ausgezeichnet an v. 13a an. Würde man das כי allerdings nicht als deiktisches Element, sondern als kausale Konjunktion auffassen, würde zu שׁמעו ein Objekt vermißt, das nun mit נאם יהוה aus dem Kontext (v. 15) ergänzt ist. Es stünde dann hier nicht in der später formelhaft eingeschobenen Bedeutung als Nominalsatz, sondern als Objekt. Sonst ist נאם eindeutig als Objekt nur in der figura etymologica Jer 23 31 belegt.

(29) Da in der überwiegenden Zahl auch der sekundären Fälle einfaches נאם יהוה steht, dürfte אדני auch hier, wenn auch gegen LXX, getilgt werden.

(30) Obwohl man den ganzen Ausdruck in v. b nach W. R. Harpers Hinweis auf ähnliche Ausdrücke in 5 14 6 14 Hos 12 6 Jes 1 9. 24 als Einheit betrachten könnte, wäre damit eine zu schnelle Vorentscheidung getroffen. Es steht lediglich fest, daß אלהי הצבאות hier als mit dem sekundären נאם יהוה verbunden selbst sekundär sein muß und sich auch sonst nie als ursprünglicher Teil von Amosworten findet. Es kann als Texterweiterung noch jünger als נאם יהוה sein.

(31) V. 14: »Es ist klar, daß v. 14b dem Zusammenhange völlig fremd ist« (J. Wellh.), jedenfalls v. 14bα. Denn v. 15 zeigt, daß Amos von Samarias Zerstörung spricht und anscheinend Sakral- und Profanbauten zusammen meint. Ein sprachliches Argument unterstützt das sachliche: Amos selbst gebraucht (3 2) פקד mit dem Akkusativ der Sache, nicht mit על.

Zur Entstehung der Glosse »will ich heimsuchen über allen Altären von Bethel« kann vermutet werden, daß dem Glossator nicht mehr

bewußt war, daß es auch in Samaria selbst nicht nur Profanbauten gegeben hatte, und daß er deshalb, da sonst v. 14bβ unverständlich wäre, eine aus dem Bericht 7 10ff. und anderen Stellen gewonnene exegetische Erläuterung einfügte. Da noch dem Deuteronomisten (I Reg 13 II Reg 23) bekannt war, daß es in Bethel nur einen exemplarischen Altar gab, weist der Plural der vorliegenden Glosse wohl in eine noch spätere Entstehungszeit.

(32) Nachdem v. 14bα eingefügt worden war, entstand die Schwierigkeit des Bezuges von על, die J. Wellh. (77) zu der rhetorischen Frage veranlaßte: »Sind die Altäre die Sünder?« — Sie wäre um so mehr berechtigt, wenn nicht wenigstens עליו zur Sicherstellung des grammatischen und sachlichen Bezuges auf Israel eingefügt worden wäre.

4 1-3:

Die durch שמעו in 4 1 und נאם יהוה in 4 3 sowie durch den Neueinsatz in 4 4 markierte Abgrenzung ist im Gegensatz zur inhaltlichen Deutung dieses Wortes und damit auch zum Urteil über den Grad der Unversehrtheit des Textes heute unproblematisch. MT läßt sich insgesamt, bis auf v. 3b, gut verstehen und läßt sogar ohne weiteres eine metrische Struktur erkennen:

v. 1-2a: Einleitungsdreier + 5 Vierer,
v. 2b-3: Doppeldreier + 2 Vierer.

V. 1: לאדניהם ist nicht mit Th. H. Robinson in eine Form mit Suff. der 2. f. pl. zu ändern, da, solange der Partizipialstil im Anschluß an die Anrede fortwirkt, auf die Angeredeten in der (ebenso wie der Artikel als eigentlich deiktisches Element) distanzierenden dritten Person Bezug genommen wird. Da denkbar ist, daß statt der f. auch die gebräuchlicheren m. Formen mit diesen promiscue gebraucht werden konnten, stünde eine Änderung hier und in v. 2 wohl auf zu schwachem Grund.

(33) V. 2: אדני fehlte in der Vorlage der LXX, scheint aber hier als ganz der Bezugsdichte der Sprache des Amos entsprechender Gegensatz zu אדניהם in v. 1 zum ursprünglichen Text zu gehören. Damit könnte ein Hinweis darauf gewonnen sein, daß die Vorlage der LXX, wo sie אדני ausläßt, nicht einen unverderbten Archetyp zu repräsentieren braucht, sondern auch zu einem bereits (wieder) gereinigten Zweig der Textüberlieferung gehören könnte.

ונשא wird seit J. Wellh. gern nach LXX in ונשאו geändert, ohne daß die Entstehung der lectio difficilior in MT erklärt werden könnte, während grammatische Klärung in der LXX durchaus wahrscheinlich ist. Man kann darum mit Th. H. Robinson MT als seltene, jedoch nicht unmögliche Konstruktion des Nifʿal mit unpers. Subjekt und vom Verb abhängendem Objekt (GK. § 121a) belassen.

V. 2bβ hat Anlaß zu vielen Änderungen gegeben. LXX ist dafür allerdings kaum zu verwerten: Sie setzt als Grundlage wahrscheinlich voraus: פָּרָצִים (3) דלקם [הַשְׁלִיכוּ] לסירים ואתכן (H-R. 455b s. v. ἐμβάλλειν; 460a—b s. v. ἔμπυρος/-ίξειν; 887c s. v. λοιμός, bes. Ez 18 10; 1413c s. v. ὑποκαίειν). 'Εμβαλοῦσιν kann aus v. 3 vertikal dittographiertes השליכו zur Grundlage haben, wenn es nicht sinngemäß ergänzt ist. Ὑποκαιουμένους darf als Textherstellung aus einer anderen Bibelstelle, Jer 1 13 (Hillel 2) angesehen werden. A' stützt MT. Aus LXX ist also ebenso wie in v. 3, wo sie MT voraussetzt, keine Textverbesserung zu entnehmen.

Allerdings bietet MT, recht betrachtet, gar keine Schwierigkeiten. Die vielen in den Kommentaren vorgeschlagenen und z. T. ziemlich abenteuerlichen Konjekturen versuchen alle irgendwie, das in v. 1 begonnene Bild zu ergänzen, ohne zu berücksichtigen, daß in v. 2b ein neues Bild eingefügt wird, das man nur mit schweren Textänderungen eliminieren kann. Die Sprache des Amos in diesem Wort gegen die Frauen von Samaria ist bilderreich, aber nicht auf ein einziges Bild und dessen mehr oder weniger konsequent detaillierte Durchführung, d. h. das Zusammenstimmen aller Einzelzüge zu einem einzigen Bilde, festgelegt. Die Vermutungen über den Sinn des Wortes אחרית entbehren einer textgemäßen Grundlage, wenn sie sich nicht an Am 9 1 orientieren, wo das Wort ebenfalls gebraucht wird i. S. v. »was von ihnen übrig bleibt«. Es bezeichnet also, anders als שארית, einen vorläufigen Rückstand, der dann an beiden Amosstellen auch noch der Vernichtung anheimfallen soll. (Ähnlich H. Gese, VT 12, 436f., der aber anscheinend שארית und אחרית nicht differenziert.) Der in 4 2 gebotene Parallelismus ist also vollkommen einleuchtend. Auch דוגה braucht, wenn man sich einmal von der Voraussetzung der Einheitlichkeit des Bildes gelöst hat, nicht geändert zu werden.

(34) Wirklich Textänderung verlangende Schwierigkeiten bereitet nur v. 3b. Mit den meisten Exegeten ist וְהָשְׁלַכְהֶן zu lesen. MT kann durch ein Zusammenwirken von Dittographie und Gleichlaut der Endung mit תצאנה (C. F. Keil, H. G. Mitchell), vielleicht auch aberratio oculi zu ההרמונה entstanden sein. Möglich ist auch, daß er die Alternative zwischen Perfekt und Imperfekt zur Wahl stellen will.

(35) Das Problem von ההרמונה ist aus lexikalischen Gründen bis jetzt kaum lösbar. Die von B. Duhm u. a. vorgetragenen Vermutungen »in die Düngergrube« oder ähnlich, können richtig sein, doch besteht die Gefahr, daß auch sie sich zu sehr an der Ausmalung von Einzelzügen orientieren, während auch das in v. 3a angedeutete Angelbild in 3aβ schon wieder aufgegeben ist und von einer kriegerischen Katastrophe die Rede zu sein scheint, da die Betroffenen wohl durch Mauerrisse fliehen.

4 4-12 (vgl. Anhang Nr. 4):

Die Abgrenzung gegen 4 3 und gegen v. 13 als erste der sekundär ins Amosbuch eingeführten Doxologien (F. Horst) ist eindeutig. A. Weiser, Th. H. Robinson, H. W. Wolff wollen v. 4-5 als selbständiges Wort vom Folgenden trennen, doch ist nicht recht einzusehen, warum וגם־אני (v. 6) »sichtlich sekundär mit 4 5 verklammert« (H. W. Wolff) sein soll. Ein Unterschied der Gattung impliziert noch nicht die Unterscheidung verschiedener Einzelworte. Das der Thoratravestie folgende וגם־אני ist die das »so liebt *ihr* es« erhellende Fortsetzung der Ironie, indem es nun Jahwes Gegengabe »zur Vergeltung für — den Cultuseifer« (J. Wellh. 79) nennt. Unterstrichen wird diese Deutung übrigens auch durch den Ausdruck נקיון שנים, der kaum, wie E. Sellin meint, ein Euphemismus ist, sondern im Gegenteil einen Ausdruck der Kultsprache (Gen 20 5 Ps 26 6 73 13 Hos 8 5) für die von Jahwe gegebene Reinheit hier zur ironischen Umschreibung der von Jahwe geschickten Not verwendet.

(36) V. 4: וְהַרְבּוּ (J. Wellh.) ist vielleicht auch in LXX vorausgesetzt. Wenn הגלגל als Adverbialbestimmung zu v. 4aβ aufgefaßt wurde, konnte das ו leicht als überflüssig ausfallen.

(37) V. 5: וקטרו ist mit der Mehrzahl der Kommentatoren //וקראו zu lesen. Auch LXX setzt eine Pluralform voraus, wenn auch, da sie תורה statt תודה las, aus dem Kontext erschlossen vom Verbum קרא.

(38) אדני ist nach v. 6. 8. 9. 10. 11 gegen LXX als Textqere zu streichen Hier gleicht also der Befund dem zu 4 2 notierten.

(39) V. 7: Wie die Strophenanfänge in v. 9. 10. 11 zeigen, ist וגם אנכי überflüssig, zumal die Jahwerede von v. 6 an ununterbrochen fortgesetzt wird. Ansprechend ist die in BHK, App. geäußerte Vermutung, daß es sich um eine an falscher Stelle in den Text geratene Randvariante zu dem metrisch besseren וגם־אני von v. 6 handelt.

(40) Gegen die Echtheit von v. 7aβ-8a erheben sich Bedenken:

a) Grammatisch-formal der Umschlag in ein Drohwort durch futurische Tempora;

b) bezüglich des Wortschatzes: חלקה ist ein primär bodenrechtlicher Begriff, der außer Jer 12 10 weder bei Amos noch bei einem anderen Propheten belegt ist (L. 502c—503a). Bei Amos würde man אדמה erwarten.

c) Der sachliche Inhalt vor allem von v. 8 paßt nicht zu dem Ernteschaden, an den Amos in v. 7aα denkt;

d) der theologische Inhalt stößt sich hinsichtlich des unterschiedlichen Vorgehens Jahwes mit der von Amos in den anderen Strophen ausgesagten Totalität des Unheils.

V. 7aβ-8a dürfte also eingefügt worden sein, nachdem der Text an dieser Stelle verderbt war. An die Stelle der historischen Schilderung

der Unheilsgeschichte tritt nun im lebendig aktualisierten Umgang
mit dem Text ein auf die Zukunft gerichtetes Drohwort, Prophetie
als Vorhersage.

Die Einfügung ist aber aus dem Umgang mit der Prophetie des
Amos gewonnen: V. 8a erinnert an Am 8 12 vielleicht schon in seiner
erweiterten Form; außerdem könnten inhaltliche Anhaltspunkte auf
Am 5 3 (für die verschiedenen Städteschicksale) und 9 8 (Aufhebung
der Totalität des Unheils, s. u. z. St.) weisen. Diese Beobachtungen
könnten zu dem Schluß führen, daß der Glossator bereits das ganze
Amosbuch vor sich hatte.

Wahrscheinlich hat die Ergänzung einen zumindest bruchstück-
haften Anhaltspunkt in erhaltenen Restbeständen des Textes gehabt.
Dennoch kann der Vorschlag, ואדמה לא־המטרתי עליה ותיבש zu lesen,
leider nicht mehr als eine Hypothese darstellen.

(41) תמטיר in v. 7bβ ist eine nach LXX und A′ erfolgte, also sehr
späte Textentstellung nach תמטר in v. 7bα. LXX und die hexaplarischen
Zeugen lasen 1. comm. sg.

(42) V. 9: Statt הרבות ist unbedingt eine Verbalform erforderlich,
weil es vorher nur um Getreideschädlinge ging. Da offenbar von Pflan-
zenschädigungen aller Art die Rede ist, paßt J. Wellh.s Konjektur
החרבתי gegen W. R. Harpers Einwand ausgezeichnet. Der Fehler
kann durch Haplographie ה/ח entstanden sein. Die Vorlage der LXX
(ἐπλήθυνατε ⟨ הרביתם) bot einen Emendationsversuch vom durchaus
textgerechten Gedanken her, daß angesichts der Plage alles menschliche
Handeln sinnlos sei. Für den Fehler ergibt sich das Überlieferungsbild:

$$\text{הרבתי}^* \quad \rangle \quad \text{החרבתי}^*$$

$$\text{הרביתם} \rightarrow \leftarrow \text{הרבות}$$

$$\triangleq \text{MT} \qquad \triangleq \text{LXX}$$

(43) V. 10: בדרך מצרים ist offensichtlich eine bibelkundliche Glosse,
die auf die fünfte ägyptische Plage anspielt. Theologisch bemerkenswert ist der darin implizierte Vergleich Israels mit dem verstockten
Volk der Gefangenschaft. Darin liegt eine adäquate Auslegung der
Schärfe des Amoswortes.

Eine ähnliche Verwendung von דרך i. S. v. »Ergehen« findet sich
Jes 10 24. 26, d. h. wohl nachexilisch.

(44) Gegen die Echtheit von עם שבי סוסיכם sprechen mehrere Gründe:

a) »Die Coordination durch עם mit dem Nomen Actionis ist mehr
arabisch als hebräisch« (J. Wellh. 80);

b) שבי gibt keinen rechten Sinn, aber auch צבי (H. Graetz) würde
kaum für die Abfassung durch Amos sprechen;

c) nach dem Inhalt würde sich so eine Antiklimax ergeben (W. R.
Harper), die kaum der Rhetorik des Amos entspräche;

d) die in v. 10aβ enthaltene Rossepolemik mutet eher spät an; vgl. z. B. Mi 1 13 (Nr. 21) Sach 9 10 u. ö.

Über die Entstehungszeit der Glosse läßt sich allerdings kaum Sicheres ausmachen.

(45) Für v. 10bα ist vermutlich eine andere, einleuchtendere Wortstellung (באפכם vor באש) anzunehmen. Der Erklärung der Textentstellung muß die Tilgung des ו am Wortanfang vorausgehen, das auch LXX nicht las. Vielleicht wurde es eingefügt, weil באש wie in LXX als grammatisch paralleler Präpositionalausdruck gedeutet werden konnte.

(46) Die gleiche Fehldeutung von באש muß auch der Grund gewesen sein, warum das wegen Homoiarkton ausgelassene באפכם nach Randnotierung nur hinter מחניכם wieder eingetragen werden konnte.

(47) V. 11: J. Wellh. bedient sich nicht nur des Hinweises auf das der vorliegenden Redewendung eigene אלהים, sondern auch der sonderbaren Infinitivform als eines Arguments für das Alter des von Amos verwendeten Sprichwortes. Andererseits handelt es sich nach BM. § 5,4 bei der Infinitivform mit präfigiertem מ um eine sehr späte Erscheinung unter aramäischem Einfluß. Beide Feststellungen brauchen sich nicht zu widersprechen, wenn man bedenkt, daß es neben dem Infinitiv im Hebräischen auch andere Verbalsubstantiva mit präf. מ gibt, wie etwa מִלְחָמָה, מַמְלָכָה, מְלָאכָה (gemeinsemit. Typus *maqtal*/ *miqtal*). Die Unterscheidung dieser Nominalformen vom Infinitiv ist insofern nicht willkürlich, sondern funktional begründet, als nur der Infinitiv die Verbalrektion beibehält. Vielleicht wurde also מהפכת erst spät vom Aramäischen her als Infinitiv verstanden und deshalb zweimal את eingefügt, wo urspr. ein Akkusativ der Beziehung vorliegt.

(48) V. 12: Mit 12a bricht offenbar das Drohwort ab, da es kaum wahrscheinlich ist, daß 12b von Amos stammen könnte (gegen Th. H. Robinson, A. Weiser u. a.). E. Sellins Versuch, Am 3 14 mit dieser Stelle zu verbinden, überzeugt nicht. K. Marti verweist auf den mischnischen Ausdruck כִּוֵּן לִבּוֹ i. S. v. »sich in Andacht versetzen«, der sicher seine Wurzel in Stellen wie der vorliegenden (auch Ex 19 11. 15 34 2 Jos 8 4 Ez 38 7 II Chr 35 4 Ketīb; ähnlich Jer 30 20), v. a. aber I Sam 7 3, I Chr 29 18 u. ö. hat. Es wird also eine — wie auch immer geartete — Theophanie, für die sich Israel bereithalten soll, erwartet.

Eine andere Beobachtung trägt dazu bei, die Funktion von v. 12b näher einzukreisen: Während das כה in v. 12a vorausweist auf das freilich abgebrochene Drohwort, kann sich זאת nur auf etwas beziehen, was vorangegangen ist, da v. 13 eine hymnische Beschreibung Jahwes, nicht aber eine Näherbestimmung seines angedrohten Gerichtshandelns enthält. Will man also זאת nicht, was wohl abwegig wäre, auf die

Gesamtheit der Amosworte beziehen, so bleibt nur der Bezug auf die vorangegangene Unheilsschilderung der Verse 6-11. Diese ist also vom Glossator nicht mehr als Rückblick in die Vergangenheit, sondern — gegen die Tempora (durch Umdeutungen dieser Art konnte die linguistisch nicht haltbare Theorie vom pf. propheticum entstehen) — als Ankündigung des künftigen Gerichts verstanden worden. W. Nowack und K. Marti vermuten deshalb geradezu eine Deutung als Weissagung des Endgerichtes, wozu die Theophanieerwartung auch passen würde.

Da es schon im Text v. 6-11 eine Stelle gibt, an der ebenfalls diese Umdeutung zu künftigem Geschehen auf Grund der Tempora wohl sicher anzunehmen ist, v. 7aβ-8a, kann vermutet werden, daß v. 12b von der gleichen Hand stammt. Auch diese Art der Umdeutung ist eine Möglichkeit der Aktualisierung.

(49) V. 13: Die Zusammengehörigkeit der Doxologien im Amosbuch als sekundärer Partien ist spätestens seit J. Wellh. mit guten Gründen behauptet und schließlich von F. Horst einleuchtend dargestellt worden. Hier ist die Doxologie, ähnlich wie in der LXX zu Hos 13 4, an אלהיך angefügt worden, es kann also angenommen werden, daß v. 13 bereits v. 12b voraussetzt.

Der Text braucht nicht wesentlich verändert zu werden.

(50) Vor עיפה muß allerdings nach LXX ein ו eingefügt werden.

(51) Wenn, wie nach 5 8 und 9 6 angenommen werden kann (BHK, App.), אלהי צבאות hier sekundär ist, so ist weiter zu erwägen, ob überhaupt die Erweiterungen des Gottesnamens durch die urspr. mit der Lade verbundene Bezeichnung »Gott der Heerscharen« im Amosbuch jünger sind als die Einfügung der Doxologien.

5 1-3:

V. 1: Die Einleitung ist trotz ihrer Länge einheitlich und läßt sich als Doppeldreier + Vierer lesen. Poetische Verseinteilung und Syntax dienen dem an 3 1 erinnernden prophetischen Überraschungseffekt: Nach der allgemeinen Einleitung der ersten Zeile folgt in der zweiten die für die Hörer makabre Präzisierung: »Über euch ein Leichenlied, Haus Israels«. Robinsons Aufteilung von v. 1 ist darum abzulehnen.

(52) V. 3: אדני ist hier wieder mit LXX auszuscheiden.

(53) Über v. 3aα sind sich die Kommentatoren jedenfalls insofern überwiegend einig, als sie den Text für verbesserungswürdig halten, sei es, daß er ausgeschieden (E. Baumann), sei es, daß er ergänzt werden soll, wofür sich die Möglichkeit bietet, לבית ישראל vom Wortschluß heraufzunehmen. Für die Entstehung des Fehlers bietet sich nur die, allerdings hier schwache, Hypothese der falsch vom Rand nachgetragenen Notiz an, sofern man nicht mit bewußter, den Wortschluß

betonender Umstellung rechnet, wofür die in Kap. 5 insgesamt zu beobachtende Kompositionstechnik sprechen könnte.

Jedenfalls ergibt sich nach der Änderung ein sinnvoller Aufbau:

v. 1   Fünfer + Vierer: Einleitung,
v. 2   Fünfer + Vierer: Qina über Israel,
v. 3aα   Fünfer: Gottesspruchformel,
v. 3aβb   Fünfer + Vierer: Gotteswort über Israel.

5 4-6 (+ 14-15) (vgl. Anhang Nr. 5):

(54) Daß כי in v. 4 eine sekundäre Verklammerung darstellt, ist kaum zu bezweifeln.

(55) Sehr umstritten ist hingegen die Abgrenzung bzw. die Zusammengehörigkeit mit v. 14f., die hier, K. Martis Vorschlag folgend, vorausgesetzt wird, ohne daß damit auch K. Martis Annahme mechanisch bedingter Trennung (vorübergehender Ausfall durch Homoiarkton) übernommen zu werden brauchte. Überzeugender erscheint es, den Grund in der Art der Gesamtanordnung von Kap. 5 zu suchen, die sich am Ende der Einzelanalysen enthüllen könnte. Zwischen die Mahnung »suchet Jahwe ...« und ihre Explikation (v. 14) in der Gegenüberstellung טוב רע — sind v. 7-12 die Konkretisierungen dieser Begriffe gestellt. Diese Anordnung ist theologisch sachgemäß, kann aber doch nicht über die durch den gleichen Aufbau der Einzelstrophen deutlich unterstrichene Zusammengehörigkeit von v. 4-6 und v. 14-15 hinwegtäuschen. Eine mit diesem Problem zusammenhängende, aber doch neue Frage wird von H. W. Wolff aufgeworfen, der nur v. 5 für echt hält. V. 6 weist er (135) der sogenannten »Bethel-Interpretation der Josiazeit« zu, während (133) v. 14f. eine Nachinterpretation von 5 4« durch die »alte Amosschule« sei. Gleichwohl seien (133) beide Stücke untereinander »verwandt«. Eine gewisse, durch die Auslegung des 5 4 überlieferten Amoswortes konstituierte Einheit wird also vorausgesetzt. Obwohl H. W. Wolff mit seinen Beobachtungen eng am Text bleibt, scheinen Einwände nicht unmöglich:

1. Es wird nicht recht einsichtig, wieso in 5 6 von »der geschliffenen Sprache des Amos in 5 5 ... wenig übriggeblieben« ist (135).

2. Die sprachliche Argumentation mit der Bezeichnung »Haus Joseph« (v. 6. 15) könnte auf einem Zirkelschluß beruhen.

3. Gegen H. W. Wolffs Argument, die Art der Auseinandersetzung mit Hoffnungen der Hörer (v. 14) entspreche eher einem Schülerkreise, ist einzuwenden, daß hier auf einen Ausdruck des Erwählungsbewußtseins Bezug genommen wird, und zwar wie in 3 2 in kritischer Auseinandersetzung: Der Ton liegt auf dem כן, d. h. die Aussage »Jahwe mit uns« ist gerade nicht selbstverständlich, sondern wird als unreflek-

tierte Aussage problematisiert. Gewiß ist solche Kritik nicht nur Amos
vorbehalten, aber es scheint doch nichts gegen seine Autorschaft zu
sprechen.

4. Auch das zögernde »vielleicht« in v. 15 braucht nicht den Stil
der Schüler gegenüber »der eindeutigen Gerichtsbotschaft des Mei-
sters« (133) zu verraten. Denn wenn v. 4 als Jahwewort gegeben war,
barg das mit der Mahnung verknüpfte וחיו gerade für den Gerichts-
boten Amos (vgl. 8 2 !) ein Problem, angesichts dessen das Vielleicht
das Äußerste war, das sich sagen ließ. Es liegt hierin ein dem der Be-
rufungsvision des Jesaja vergleichbares Problem, indem eine logisch
exakte Lösung dem Text am wenigsten gerecht würde.

5. Die grundsätzlichen Mahnungen scheinen doch konkret genug
(v. 15aβ), um sie auch für Amos selbst für möglich zu halten.

Es kommt hinzu, daß man ein deutendes Schülerwort nach allen
am Text zu gewinnenden Beobachtungen eher direkt an das ausge-
legte Wort angefügt, als von ihm getrennt hätte. Gerade die Trennung
zwischen zweiter und dritter Strophe scheint für die ursprüngliche
Einheitlichkeit des aus einem Jahwewort (v. 4-5) und seiner Auslegung
durch den Propheten bestehenden vierstrophigen Mahnspruches zu
sprechen.

(56) V. 5 : Vermutet, jedoch nicht bewiesen werden kann, daß das in
v. 5b nicht begründete ובאר שבע לא תעברו nicht zum ursprünglichen
Bestand gehört. Es könnte in einer Zeit eingefügt worden sein, in der
zumindest der Kult in Bethel kein Problem mehr bedeutete.

(57) V. 6 : »צלח mit Akkusativ befremdet, und da אש hinterher Subjekt zu אכלה sein muß, so kann es vorher nicht wol als Vergleich gebraucht sein.« (J. Wellh. 81) Allerdings befriedigen auch die vorgeschlagenen Konjekturen (H. Graetz u. a.) mit שלח nicht, weil auch
dann das Problem des Subjektwechsels bleibt. Dieses läßt sich nur
umgehen, wenn man die Vergleichspartikel vor אש streicht und das
Feuer als Subjekt auch der m. Verbalform ansieht, was bei Voranstellung des Verbums nicht unmöglich ist. Diese Lösung scheint insofern angemessen, als sie auch die Entstehung der jetzt vorliegenden
Textform zu erklären vermöchte: Die m. Verbalform wurde auf Jahwe
als Subjekt bezogen und deshalb die Vergleichspartikel eingefügt.

(58) בית יוסף, das, wenn man beide Verben auf אש bezieht (צלח also
wie אכל abs. gebraucht), eher störend wirkt, kann dann als fehlendes
Akkusativobjekt aus dem unmittelbaren Kontext ergänzt sein.

(59) Die Stelle, aus der das »Haus Josephs« gewonnen ist, scheint
v. 6b zu sein, wo Bethel deshalb deplaciert scheint, weil es hier, anders
als in v. 5, schon um das Schicksal von Israel als Volk geht. LXX liest
denn auch »Haus Israel«. Vielleicht war das auf לבית folgende Wort
im Laufe der Überlieferung verlorengegangen oder so beschädigt, daß

es sowohl in MT (aus v. 5) als auch in LXX bzw. deren Vorlage (aus v. 3b und 4), aus dem jeweiligen Kontext ergänzt werden mußte.

Insgesamt ergeben die vorgeschlagenen Änderungen folgende Stufen der Textgeschichte von v. 6:

1. »Sucht Jahwe und lebt, damit nicht ein Feuer durchdringe und fresse, und kein Löschender da sei für das Haus Joseph«.
2. »Sucht Jahwe und lebt, damit er nicht wie Feuer durchdringe das Haus Joseph
und es (das Feuer) fresse, und kein Löschender da sei für das Haus Joseph«;
3. »... für das Haus ... (Lücke)« 〉 »für Bethel«.

5 7-11:

Die Abgrenzung ist problematisch. W. Nowack rechnet v. 12 hinzu, in dem jedoch ein neues Scheltwort beginnt. Will man nicht das ganze Kapitel in Einzelfragmente auflösen, bleibt es am sichersten, jeweils ein Schelt- und ein Drohwort zu einer Worteinheit zusammenzurechnen, d. h. v. 7. 10f. und v. 12 + 16f. als je eine Einheit. (Die Gesamtheit dieser Verse faßt H. Gese, VT 12, 435 zusammen, nimmt also die Abgrenzung gleich vor.)

(60) Vor הַהֹפְכִים muß mindestens הוֹי (BHK, App.) oder eine Aufforderung zum Hören ergänzt werden. Gegen die Annahme des Ausfalls des ersten Wortes in v. 7 mit dem letzten Wort von v. 6 könnte die Unsicherheit sprechen, ob nicht mit einem Worteinsatz wie »wehe ...« eine neue Zeile begonnen worden wäre, wie es der überwiegende Befund der Hs.Mur. 88 vermuten läßt. Dann muß man die Auslassung mit der in Kap. 5 vorgenommenen Neuordnung zu größeren Einheiten erklären.

(61) V. 8: Die zweite Doxologie nimmt auf die kosmischen Schöpfungstaten Jahwes Bezug, weswegen W. R. Harper geistesgeschichtliche Nähe zu II-Jesaja vermutet. Hi 9 9 und 38 31f. führen zur Illustration von Gottes Schöpfermacht ebenfalls Orion und Plejaden (vgl. für letztere W. von Soden, AHw 479a s. v. *kimtu*) an. Ein Grund für die Einfügung an dieser Stelle könnte die Stichwortverknüpfung (Wz. הפך) sein. Die Doxologien setzen das Amosbuch in seiner Endgestalt voraus.

(62) V. 9: Wie der Abschluß יהוה שְׁמוֹ v. 8 zeigt, gehört v. 9 nicht mehr zur Doxologie, sondern dürfte, da erst v. 10 an v. 7 anschließt, noch jünger sein. F. Horsts Vermutung (ThB 12, 156), der Vers sei hier nur in dem Sinne ein Zusatz, »daß die Stelle, aus deren Zusammenhang v. 8 entnommen worden ist ..., von einem Abschreiber versehentlich hier weiter zitiert worden ist«, ist kaum mehr als eine Verlegenheitsauskunft. Wenig überzeugend scheint auch seine Texther-

stellung »der die schirmende Mauer überspringt«. Allerdings ist der Text nicht ganz intakt. G. Hoffmanns in BHK App. mitgeteilte Konjektur im Sinne astronomischer Angaben, הַמַּבְלִיג שֹׁד עַל עֹז וְשֹׁד עַל מְבַצָּר יָבִיא, ist fast zu genial, um dem Text gerecht werden zu können und wird von J. Wellh. (81 f.) vollkommen überzeugend abgelehnt. Das Nächstliegende ist in dieser Situation die Befragung der LXX. ὁ διαιρῶν συντριμμὸν ἐπ᾽ ἰσχὺν καὶ ταλαιπωρίαν ἐπὶ ὀχύρωμα ἐπάγων. Διαιρεῖν ist (H-R. 302c) 41 mal in LXX belegt, davon 38 mal als Übersetzungswort. An einer Stelle, im »θ«-Text zu Dan 2 41, gibt es פלג wieder. Das zugehörige Substantiv διαίρεσις gibt (H-R. 302 c—303 a) zwar an 17 von insgesamt 26 Stellen מחלקת wieder, jedoch immerhin an 5 Stellen mit zudem breiterer Streuung ein Wort der Wz. פלג. Es kann also mit W. Nowack angenommen werden, daß LXX מפליג voraussetzt, wobei kein anderer hebr. Text zugrunde gelegen haben muß, sondern die Lesung mit ם aus exegetischen Gründen substituiert worden sein kann (vgl. zu dieser exegetischen Methode die Darlegungen bei A. Kaminka).

Für συντριμμὸν und ταλαιπωρίαν vgl. W. R. Harper, 114 und außerdem Am 6 6: συντριβή für שֶׁבֶר. Der von LXX vorausgesetzte Text lautet: המב/פליג שֶׁבֶר עַל עֹז ושׁד על מבצר מֵבִיא. Σ᾽ (≙ A᾽ ?) hat an beiden Stellen ἀφανισμός, das nach H-R. 181 b—182 b und T. 37 praktisch nur auf ein Grundwort der Wz. שמם schließen läßt, falls nicht ungenaue oder aktualisierende Übersetzung vorliegt. Sprachlich und sachlich am einleuchtendsten ist

(63) die Textherstellung nach LXX. Das von MT gebotene שׁד in v. a dürfte wieder eine Emendation eines wohl beschädigten Textes aus dem unmittelbaren Kontext sein.

(64) Durch LXX ist nicht unbedingt die Änderung der finiten Verbalform in ein Partizip gefordert, wohl aber die Herstellung des Hif'il nahegelegt (Wechsel י/ו).

(62) »Der aufblitzen läßt Zusammenbruch über dem Kühnen und Schaden über die Festung kommen läßt.«

Wie ist dieser Satz zu deuten?

Mehr als Vermutungen können nicht gewagt werden. Sie orientieren sich am Wortbestand, um von ihm her dem Inhalt näherzukommen. Das Wortpaar שׁד + שבר begegnet Jer 48 3 Jes 51 19 59 7 60 18. Zusammen mit diesem Befund spricht relative zeitliche Priorität von v. 8 für nachexilische Entstehung von v. 9. Seine Gestalt läßt hinter der Allgemeinheit eine verborgene Präzisierung vermuten. Ist er ein Stein auf dem Wege zu jener Form der Beschäftigung mit dem prophetischen Wort, die nur noch Auslegung sein will und darum nur mehr in der sprachlichen Verhüllung Gottes Wirken glaubt »enthüllen« zu dürfen, der Apokalyptik? Deren Vorstufen sind innerhalb des Pro-

phetenkanons z. B. bei II-Sacharja greifbar, also in der letzten Zeit
der Prophetie.

Zu עז vergleicht man unwillkürlich Jes 19 4 עז מלך, also ebenfalls eine spätere, verhüllende Anspielung, und Dan 8 23 מלך עז־פנים,
hinter dem sich Antiochos IV. Epiphanes verbirgt. Sollte auch Σ′ oder
seine Vorlage auf Grund ähnlicher Assoziationen mit dem Stamm ἀφα
νίζειν an den apokalyptisch so wichtigen »Greuel der Verwüstung«
gedacht haben?

Anscheinend hat der Verfasser von v. 9 die in v. 7 und 10f. geschilderten Umstände aktualisierend auf seine Zeit oder auf die Endzeit
bezogen und deshalb die Doxologie so ergänzt, daß man vermuten
kann, daß er in einer Zeit der Bedrängnis oder Gefährdung nach 520
schrieb. Damit wird die Mitte des vierten Jahrhunderts, die Regierungszeit Artaxerxes' III. Ochos, oder das Jahr der Eroberung Palästinas durch Alexander den Großen als Entstehungszeit erwogen werden dürfen. V. 9 rückt dann in die Nähe der Tyrusstrophe Am 1 9-10.

(65) V. 11: בושסכם kann nicht als ursprünglich angesehen werden.
Die Entstellung von בוס zu בוש ist bei der Geläufigkeit der zweiten
Wurzel, auch im Gebrauch der Schriftexegese (Vokalisation von Götternamen nach בשת!), einleuchtend. Der Fehler lag LXX nicht vor, da
sie sonst sicher nach dem geläufigeren Verb übersetzt hätte. MT scheint
beide Möglichkeiten zur Wahl stellen zu wollen, doch ist בוסכם vorzuziehen.

5 12 (+ 16-17) (vgl. Anhang Nr. 6):

V. 12 bietet ein Scheltwort, gegen dessen Verbindung mit dem
Drohwort v. 16f. keine schwerwiegenden Bedenken bestehen.

(66) Durch die Anordnung hinter v. 10-11 wird das ursprünglich affirmative zum begründenden כי, doch braucht es nicht als sekundär
angesehen zu werden. Der Fall liegt anders als in v. 4, wo die deiktische
Funktion schon von der Einleitungsformel erfüllt wird.

(67) V. 13: Nach dem Inhalt kann das Wort über den Verständigen
auf keinen Fall von Amos stammen oder gar die Fortsetzung von v. 12
bilden.

משכיל kommt in absolutem Gebrauch 18 mal im AT vor (L. 1374 b
bis c), davon zweimal (I Sam 18 14f.) i. S. v. »erfolgreich«; sonst, außer
an dieser Amosstelle, zweimal in den Psalmen (14 2 ≙ 53 3), einmal
bei Hiob (22 2), 7 mal in Prov (10 5. 19 14 35 15 24 17 2 19 14 21 12) und
5 mal bei Dan (1 4 11 33. 35 12 3. 10). Schon dieser Befund spricht für
eine relativ späte Sprache. Die erste Vermutung führt zur Annahme
eines Weisheitswortes. Fast immer werden darum in den Kommentaren
Stellen wie Prov 10 19 13 3 Sir 20 7, also das Lob des Schweigenkönnens,
zum Vergleich herangezogen.

Dieser Vergleich wird jedoch dem Verbum דמם nicht gerecht. Es heißt nicht »ruhig sein, schweigen« im Sinne der Besonnenheit, sondern eher »vor Schreck verstummen«: z. B. Thr 2 10. 18 Jes 23 2 Jer 8 14 u. ö. Infolgedessen kommt es auch bei immerhin 23 Belegen des Qal im AT (L. 367b—c) nicht ein einziges Mal in Prov vor.

דמם und משכיל lassen sich also am besten auf der Ebene des Danielbuches vereinigen, in dem (11 33. 35 12 3. 10) משכיל die Frommen aus der Zeit der Bedrängnis bezeichnet. Damit rückt auch v. 13 in die Nähe der Apokalyptik und kann vielleicht der gleichen Hand wie v. 9 zugeschrieben werden. Der Glossator fand in v. 12 die Zustände der letzten Zeit vor dem Beginn des Gerichts beschrieben. Dafür spricht auch בעת ההיא, das in vielen Fällen ein eschatologischer Terminus ist, z. B. Jer 3 17 50 4. 20 Joel 4 1 Mi 3 4 (Nr. 55) Zeph 3 19. 20 Dan 12 1.

5 14-15:

(68) V. 14: אלהי צבאות stört das Metrum und vor allem die Prägnanz der Formel יהוה אֶתְּכֶם. Es ist hier (69), ebenso wie in v. 15, mit BHK App. auszuscheiden. Es lassen sich dann durchgehend Fünfer lesen.

5 16-17:

(70) V. 16: אלהי צבאות ist wie in v. 14 und 15 zu beurteilen. Merkwürdig (71) ist die Stellung des wohl auch sekundären אדני erst hinter der Namenserweiterung. Über die Textgrundlage der LXX läßt sich deshalb nichts restlos Sicheres sagen, weil nicht zu entscheiden ist, ob nur die Stereotypie der Formel eine andere Wortstellung vermuten läßt. Aus dem gleichen Grunde ist auch nicht einmal mit Gewißheit zu sagen, ob LXX überhaupt אדני las. Die ὁ θεός auslassende Überlieferung ist zu schmal (Hs. 62 und Aeth., vgl. J. Ziegler, App.).

Wenn MT richtig überliefert ist, muß angenommen werden, daß אלהי צבאות direkt an den Namen treten mußte. Die Stellung von אדני wäre dann logisch nur noch so lösbar, daß es bereits vor der Namenserweiterung angefügt worden sei, da man es sonst besser vor den Namen, den es doch wahrscheinlich ersetzen soll, gestellt hätte. Dann scheint man aber entweder die אדני-Einfügungen recht früh, oder die von אלהי צבאות zu spät ansetzen zu müssen. Eine befriedigende Lösung ist vorderhand noch nicht erkennbar.

(72) V. b: Daß אל (BHK App.) vor מספד gehört, ist nicht zu bezweifeln. Bei den vielen mit א beginnenden Wörtern ist eine Auslassung psychologisch verständlich. Bei der Wiedereinfügung der Randnotiz war offenbar der rein äußerliche Parallelismus der Wortstellung maßgebend.

5 18-20:

(73) V. 18bβ und v. 20 sind inhaltliche Dubletten. Die Entscheidung der Echtheit fällt vor allem deswegen gegen v. 18bβ aus, weil er ohnehin die Spannung des Spruches zerstört. Amos würde kaum das Thema so vorausstellen, sondern schildert zunächst in beschreibenden Bildern, wie der Tag Jahwes sein wird, um dann in der zwingenden rhetorischen Schlußfrage das seinen Hörern völlig ungewohnte Facit zu ziehen. Später wurde es anscheinend üblich, eine aus v. 20 gewonnene Definition des Tages Jahwes anzufügen, wo von ihm die Rede war (Hillel 3): Zeph 1 15 Joel 2 2. So ist auch v. 18bβ zu erklären, der einen eindeutigeren Bezug für den mit כאשר beginnenden Vergleichssatz schafft.

5 21-25:

Der Schluß dieses schärfsten Wortes prophetischer Kultpolemik, in dem es um den Jahwekult geht und das schon deshalb nichts mit v. 26 zu tun haben kann, wird markiert durch die abschließende rhetorische Frage v. 25.

(74) V. 22: Die Einschränkung von v. 22aα, »es sei denn, ihr opfert mir Brandopfer«, paßt weder stilistisch noch inhaltlich in die apodiktischen Sätze der Ablehnung. Übrigens heißt »es sei denn, daß ...« bei Amos בִּלְתִּי אִם (Am 3 4). Bei der Erklärung der Glosse ist H. W. Wolff (WMANT 18, 138) zu folgen: »In 5 22aα werden in einem Nachtrag die Brandopfer aus der Verwerfung der übrigen Opfer ausgenommen. Hier wird gemäß nachexilischer Gottesdienstordnung das unverständlich gewordene Urteil des Propheten ebenso eingeschränkt wie das von Ps 51 18f. in 20f.«. Es dürfte sich um eine ziemlich späte Glosse handeln.

(75) V. 23: Die singularischen Formen der beiden Suffixe passen nicht in den Kontext, da die abschließende Frage v. 25 Israel im Plural anredet. Der Grund der Änderung dürfte der gleiche sein, der umgekehrt H. Budde, Th. H. Robinson u. a. zur Konjektur הָסִירוּ veranlaßt. Die vermißte Kongruenz ist jedoch nicht notwendig, weil הסר als Interjektion fungiert. MT bietet also eine grammatisch glättende Änderung.

5 26:

(76) Bevor dieser Vers adäquat gedeutet werden kann, muß die Auseinandersetzung mit der von E. Schrader (ThStK 47, 324—335) vorgeschlagenen und in den weitaus meisten neueren Kommentaren übernommenen These erfolgen, hinter dem nach šiqqūṣ vokalisierten סכות verberge sich die mesopotamische Gottheit ᵈSAK.KUD. — Die Verbindung von kajamānu = Saturn (W. von Soden, AHw. 420b s. v. kajjamānu, Nr. 4) einerseits und die Funktion von ᵈSAK.KUD als

Beiname des Ninurta (E. Schrader und auch W. Gesenius haben noch die alte Lesung *NIN.IB*) andererseits haben zu der Konjektur סַכּוּת an dieser Stelle geführt.

Als Belegmaterial nennt A. Deimel, Panth.Bab. 2830 s. v. *Sak-kud:* CT 24, 3, 18; 25, 11, 34; II R 57. 40c; Šurpu 2, 179; Rit. n. 70, 8, 10. Zu *Kajamānu* ist jetzt noch zu vergleichen P. Gössmann, Planetarium Nr. 333; zu *SAK.KUD* P. Gössmann, Planetarium Nr. 336, und F. R. Kraus, ICS 3, 75. — Die zuletzt genannten Zitate verdanke ich ebenso wie die Zusammenstellung weiterer Belege Herrn Prof. R. Borger, Göttingen.

Demnach findet sich der in Rede stehende Gottesname

1. in literarischen Texten, und zwar
   a) theol. Texten: bei S. H. Langdon (PBS 10/IV Nr. 12, 330ff.) in drei Zeilen (I, 19. 22; Rs. I, 8), einem Duplikat zu H. Zimmern, BBR II Nr. 70, 8. 10, und *Šurpu* 2, 179;
   b) hist. Texten als Regionalgottheit von Dēr an zwei Stellen (E. F. Weidner, AfO 9, 92, II, 46, und R. Borger, Asarhaddon 84, 42) in der Form *ᵈSak-kud šá* ᵁᴿᵁ*Bu-bé-e*ᴷᴵ;
2. in Götterlisten: CT 24, 3, 18; CT 25, 11, 34; II R 57, 40c; und in einem von E. F. Weidner (AfK 2, 13, 14) behandelten Text in der Form »*sa-ak-ku-ud*/ᵈ*SAK-KUD*«, also in die Lesung sichernder syllabischer Schreibung (vgl. A. Deimel, ŠL. 115, 63);
3. in altbabylonischen Eigennamen, und zwar fünfmal in der Form ᵈ*Sak-kud-mu-ba-li-iṭ* (CT 8, 22, 88—5—12, 267, 21; CT 6, 31, 91—5—9, 2485, 2 u. 23; CT 2, 25, 91—5—9, 331, 19; V. Scheil, Sippar, 110, Nr. 67, 8) und einmal in der Form *Ib-ni-*ᵈ*Sak-kud* (CT 6, 42, 91—5—9, 2470, 19).

Kritisch gegenüber der Kombination dieser Gottheit mit der Amosstelle äußerte sich meines Wissens zuerst H. Zimmern (KAT³, 410 Anm. 7). Seine Einwände versucht F. X. Kugler zu widerlegen, stützt sich dabei jedoch vorwiegend auf innerakkadische Überlegungen und zielt auf die Zusammengehörigkeit von Ninurta und dem Planeten Kajamānu. Für das AT hat seine Beweisführung darum wenig Relevanz.

Vielmehr sind bei Berücksichtigung des vorliegenden akkadischen Materials folgende Einwände gegen die Verbindung mit der Amosstelle zu machen:

1. Die Lesung ᵈ*SAK.KUD* läßt sich nicht ohne weiteres mit dem Konsonantenbestand vereinen (ן);
2. das Belegmaterial ist viel zu begrenzt, um in Sakkud einen Repräsentanten der bab.-ass. Astralreligion in Palästina, viel weniger in Israel, vermuten zu können;
3. die Nennung dieses sum. Namens würde eine abseitige mythologische Gelehrsamkeit voraussetzen, die weder in einem Prophetenwort, noch in einem aktualisierenden Zusatz zu einem solchen angenommen werden kann, solange es noch andere Erklärungsmöglichkeiten gibt.

Die Lesung סַכּוּת ist darum abzulehnen. Die Erklärung von כִּיּוּן als כִּיָּן 〈 *kajamānu* = Saturn ist dagegen sicher richtig.

(77) Aber auch die Lesung סִפַּת, die W. R. Harper nach LXX vorschlägt, ist nicht überzeugend, da wohl schon in LXX Exegese nach Am 9 11 vorliegt.

Die einfachste, sowohl paläographisch als auch inhaltlich voll befriedigende Lösung bietet A. Weisers Konjektur מַשְּׂכּוֹת. Die Entstehung des Fehlers ist durch die doppelte Konsonantenfolge אתמ naheliegend und der Sinn des so erhaltenen Textes überzeugend. Die in MT vorgenommene Vokalisation nach *šiqqūṣ* kann aus II Reg 17 30 erklärt werden.

(78) Aus dieser einen Textkorruption ist dann auch die zweite in v. 26 feststellbare abzuleiten: צלמיכם, durch Homoioteleuton hinter אלהיכם ausgefallen, wurde auf כיון und סכות bezogen und darum an falscher Stelle wieder eingefügt.

(76) Als Grundtext ergibt sich somit:

»Und ihr hobt auf die Gußbilder eures Königs und Kewan, den Stern eures Gottes, (d. h.) eure Abbilder, welche ihr euch gemacht hattet.«

V. 26 ist also nicht auf v. 25 zurück-, sondern auf v. 27 vorausbezogen: Bei der Exilierung, die hier als Folge eines fremden Kultes gesehen wird und also v. 21-25 aus der Sicht einer späteren Zeit umdeutet, mußten die machtlosen Götzenbilder getragen werden. Polemik dieser Art mit dem Verbum נשא ist in Jer 10 5 und Jes 45 20 vorgebildet. Die Sprache und die Art der Ausführung sprechen für sehr späte Entstehung der Glosse. Daß sie vor v. 27 eingefügt ist, dürfte seinen Grund darin haben, daß dieser Vers mit der Gottesspruchformel definitiv endet.

5 27:

Der Vers kann ein echtes Amosfragment sein, das innerhalb der Gesamtkomposition des Kapitels hinter das Wort v. 21-25 als das daraus folgende Drohwort gesetzt wurde.

(79) אלהי צבאות ist sicher sekundär, doch bleibt es unsicher, ob (80) שמו eine selbständige Einfügung ist oder von Anfang an dazugehörte.

6 1-7 (vgl. Anhang Nr. 7):

(81) V. 1: Ein Blick in die Kommentare lehrt, daß in נקבי eine schwere crux interpretum vorliegt. Eine Berücksichtigung der LXX ist geboten. Sie bietet ἀπετρύγησαν ἀρχὰς ἐθνῶν. Da ἀποτρυγάω im übertragenen Gebrauch innerhalb der gesamten Gräzität ein Hapaxlegomenon

darstellt (L & S. 224b), vermutet J. Ziegler im App. zur LXX ἀπετρύ-
πησαν. Das wäre zwar auch ein Hap.leg., aber (H-R. Suppl. 251b
s. v. נקב) das Simplex τρυπᾶν ist außer Hi 40 21 auch im Dodekapropheton selbst (Hag 1 6) für נקב verwendet. Der LXX-Text läßt also
auf נקבו schließen und zeigt an, daß der Wortschluß im Gegensatz
zu den Wurzelkonsonanten unsicher war. Justins (= Σ's) Lesart οἱ
ὠνομασμένοι ἐπὶ τοῖς ἀρχηγοῖς τῶν ἐθνῶν führt auf הַנְּקֻבִים. Ein
Partizip mit Artikel würde zweifellos gut in den Gesamtaufbau des
Spruches passen (v. 1. 3a. 4. 5. 6). Justin vertritt mit dieser Übersetzung
die in LXX verankerte A'-Tradition: ὀνομάζειν für נקב ist für A'
in Hi 3 8 (T. 173), für LXX selbst in Lev 24 16 I Chr 12 31 II Chr 31 19
Jes 62 2 belegt (H-R. 999 c—d). Er bietet eine hebraisierende Textform
(vgl. allgemein zu Justins Text im Dodekapropheton: D. Barthélemy,
VT Suppl. 10, 203—212).

    Die Erwägungen zum Text und die Erfordernisse der Konzinnität
des hebräischen Ausdrucks legen es nahe, הנקבים zu lesen. Sollte hier
nicht נקב 1 vorliegen, sondern eine n-Erweiterung des zweikonsonanti-
gen Stammes (akk. qabābu)?

    Der Text muß, vielleicht ausgehend von einer quadratschriftlichen
Haplographie ר/ם-, verderbt und jeweils verschieden emendiert worden sein: In MT zu נָקְבֵי nach Jes 62 2 i. S. v. »einen Namen bestimmen, benennen«, in LXX באו// und עברו.

(82) Für v. 1bβ hat Oettlis Konjektur zu כֵּאלֹהִים, »wie Götter gelten
sie dem Hause Israel«, bis heute in den Kommentaren regen Anklang
gefunden. Dennoch scheint sie vom Inhalt her viel zu gewagt, als daß
sie den Text befriedigend erklären könnte. Es wird nämlich eine Metapher substituiert, die zwar in der modernen Sprache plausibel klingt,
die man aber doch der Sprache des AT nur dann hier zumuten könnte,
wenn wenigstens Ähnliches belegbar wäre. LXX las den gleichen Text
wie MT. Unter der Annahme einfacher Haplographie des א, vielleicht
in einer Zeit, da auch die Pluralendung defektiv geschrieben wurde,
ergibt sich ein sprachlich und sachlich annehmbarer Text: וּבָאוּ אֲלֵ(י)הֶם
בֵּית יִשְׂרָאֵל. Der Sinn ist der, daß die bescholtene Oberschicht tonange-
bend in der Bevölkerung ist.

(83) V. 2: Daß der Vers nicht in den Zusammenhang von v. 1-7 gehört,
ist offensichtlich, da er schon rein formal das beschreibende Scheltwort
unterbricht, das in v. 3a mit dem Partizip fortgesetzt wird. Die Gründe,
die gegen die Verfasserschaft des Amos sprechen, sind denn auch in
den meisten Kommentaren aufgeführt und brauchen hier nicht in
extenso wiederholt zu werden. Anscheinend sind Ereignisse vorausgesetzt, die in der Zeit des Amos noch nicht eingetreten waren. Denn
der Vers dürfte sich kaum anders deuten lassen, als daß von einem
Gebietsverlust oder einer Gebietsminderung, mindestens von einer
Gefährdung dieser Staaten die Rede ist. Nun wurde Hamath im Jahre

720 v. Chr. durch Sargon II. erobert, Gath sogar erst 711 v. Chr. (M. Noth, G. I., 237 u. 240). V. 2 setzt also eine Lage voraus, wie sie tatsächlich erst nach dem Untergang des Nordreiches eingetreten ist, d. h. er muß aktualisierend an das Südreich gerichtet sein.

Andererseits spricht J. Wellh.'s Argument, der Eindruck der Katastrophen, die die genannten Staaten heimgesucht hätten, müsse noch relativ frisch gewesen sein, gegen eine zu späte Datierung des Einschubes. Als mögliche Abfassungszeit kommen die Regierungszeiten der Könige Hiskia (725—697) oder (beide Datierungen nach A. Jepsen, BZAW 88, 42) Manasse (696—642) in Frage. Zunächst erscheint vielleicht die Zeit des Hiskia plausibler, da in sie die überraschende Wende des Jahres 701 fiel, als allen Erwartungen zum Trotz Juda als eigener Staat bestehenblieb, während die angrenzenden Gebiete als Provinzen dem assyrischen Reich einverleibt wurden. Doch auch die relative Ruhe und politische Selbständigkeit, die unter Manasse geherrscht haben mag, kann den Anlaß für die Abfassung gegeben haben.

(84) Aus der Datierung nach 711 v. Chr. ergibt sich, daß »diese Königreiche« nicht ursprünglich, wie nach v. 1 denkbar wäre, Israel und Juda, sondern nur die genannten Nachbarstaaten bezeichnet haben kann. Es muß also nach הַטּוֹבִים zwischen den beiden מ durch Homoioteleuton אַתֶּם ausgefallen sein, so daß unter »diesen Königreichen« sekundär gemäß dem Kontext wirklich Süd- und Nordreich verstanden wurden, was die Vertauschung der Suffixe der beiden letzten Wörter als Korrektur nach sich zog. V. b lautete also ursprünglich: »Seid ihr etwa besser als diese Königreiche, oder ist euer Gebiet größer als das jener?«

(85) V. 3: וַתַּגִּישׁוּן kann nicht richtig sein, weil der Partizipialstil durch ein finites Verb in der 3. m. pl. fortgeführt werden müßte; vgl. im vorliegenden Spruch v. 5 und 6. — LXX kann hier selbstverständlich nicht ganz eindeutig sein, doch hätte sie kaum, wie es tatsächlich der Fall ist, den Artikel wiederholen können, wenn sie eine finite Verbalform wie in MT gelesen hätte. Vorsichtig kann also für die Vorlage der LXX מגישים(ה) erschlossen werden, das nicht nur die beste Textform ergibt, sondern auch für die Fehlerentstehung am plausibelsten ist. Bei der Ähnlichkeit von י und ו bietet ihre wechselseitige Ersetzung kein Problem. Es kann also angenommen werden, daß מ zu ת verschrieben wurde und ותגישי/ום entstand. Unter Beibehaltung der Konsonantenanzahl brauchte nur ם zu ן geändert zu werden, um eine grammatisch befriedigende Verbalform zu erhalten, da das ן der Endung nicht unbedingt für hohes Alter zu sprechen braucht, sondern auch umgekehrt einen späten Aramaismus darstellen kann, dessen Grund hier in der Wahrung der Buchstabenzahl gesehen werden kann. Vielleicht trat die Änderung erst nach der Zeit der LXX ein.

(86) Auch die beiden folgenden Worte bereiten Schwierigkeiten. Da v. b // v. a sein muß, ist oft (BHK App.) die Änderung von שבת in שְׁנַת

vorgeschlagen worden. Doch diese zuletzt von H. W. Wolff befürwortete Änderung stellt nur scheinbar einen Parallelismus beider Versteile her. Denn (gegen die unhaltbare Interpretation von v. a i. S. v. Tag Jahwes vgl. H. W. Wolff, WMANT 18, 47) רע in v. 3 a bezeichnet die Unbill, die sich die Bescholtenen fernhalten wollen, während חמס nur ihre eigenen Vergehen, nicht ein von außen drohendes Unheil kennzeichnen kann. Nur im letzteren Falle aber wäre eine wirkliche Parallele des vorgeschlagenen Textes mit v. 3a gegeben.

Wenig überzeugend ist auch J. Wellh.'s Deutung von שבת i. S. v. »Herrschaft«, selbst wenn man in לְשֶׁבֶת חָמָס änderte und unter der Cs.-Verbindung Samaria verstünde. Auch gegen שֹׁד וָחָמָס, das K. Marti vorschlägt, bleibt der Einwand bestehen, daß חמס nicht wie שֹׁד einen objektiven, von außen kommenden Schaden bezeichnet.

Vielleicht führt die Beoachtung weiter, daß der Spruch durch die Wiederaufnahme bereits angeklungener Worte gekennzeichnet ist: ראשית in v. 1 und 6, ראש in v. 7, סרוחים in v. 4 und 7. Ebenso könnte man nach v. 6 in v. 3b שֶׁבֶר lesen. Die Konjektur וּמַצַּישִׁים שֶׁבֶר בְּחָמָס ergibt den gesuchten antithetischen Parallelismus im Gesamtvers. War -רב- (in scriptio continua?) entstellt, wurde vielleicht יום//שַׁבָּת (LXX) hergestellt und erst später שֶׁבֶת gelesen.

(87) V. 5: Die Annahme, daß כְּדָוִיד Glosse ist, ist zwar nicht absolut zwingend (vgl. J. Wellh.), aber doch wahrscheinlich, da man hier einen ebenso kurzen Vorwurf wie in den übrigen Halbversen erwartet und כדויד auch metrisch überflüssig ist. Außerdem kann man es am besten als die Glosse eines Späteren erklären, der nicht einsah, was an den v. 5 geschilderten Handlungen so verwerflich sei, und deshalb den Vers als einen Vorwurf, sich dem idealen König David gleichsetzen zu wollen, interpretierte. Sachlich ist die Davidbegeisterung der Chronikbücher zu vergleichen und die Datierung der Glosse eher noch später anzusetzen, als daß man sie mit W. H. Schmidt und H. W. Wolff »deuteronomistisch« nennen möchte.

V. 6: בְּמִזְרְקֵי יַיִן ist als lectio difficilior allen Änderungsvorschlägen vorzuziehen, da es sich um einen beide Teile der Cs.-Verbindung umfassenden Begriff handeln und שתה abs. gebraucht sein kann. Der Tadel richtet sich dann gegen die Art der Trinkgefäße, die zu luxuriös sind oder deren Verwendung frivol (Libationsgefäße?) ist.

V. 6b ist oft, zuletzt von H. W. Wolff, ausgeschieden worden, vornehmlich aus drei Gründen, a) v. 6b sei metrisch überschüssig; b) »Joseph« beziehe sich gegen v. 1 nur auf das Nordreich; c) שבר יוסף sei der erst nach dem Auftreten des Amos erfolgte politische Zusammenbruch des Nordreiches. Jedoch

a) das Ende des Scheltwortes kann gut durch einen die Doppeldreier abschließenden Tripeldreier gekennzeichnet sein.

b) Da Amos auch sonst nur zum Nordreich spricht, liegt das Problem eher in v. 1, als in v. 6. Trotzdem wird man damit rechnen können und müssen, daß Amos beim Vorwurf zunächst auch die reiche, kanaanisierte Oberschicht von Jerusalem im Auge hatte, dann aber nur mit Blick auf das exemplarische Nordreich fortfuhr.

c) Da v. 6b noch zum Scheltwort gehört, braucht nicht an den politischen Zusammenbruch im engeren Sinne gedacht zu sein, sondern kann das Wort auch, wenn schon politisch, dann innenpolitisch gemeint sein. Sollten sich die Symptome der Korruptheit der Bescholtenen nicht deutlich genug im inneren Zusammenbruch des Volkes Jahwes zeigen, um den sich die, die ihn verschuldet haben, nicht kümmern?

Die Ausscheidung von v. 6b erscheint demnach jedenfalls nicht als unumgänglich.

6 8. 11:

Die Abgrenzung gegen v. 7 und v. 12 ist eindeutig. V. 9-10 passen weder sachlich noch metrisch in den Zusammenhang und sind mit J. Wellh. u. a. auszugliedern. V. 11 schließt an v. 8 gut an. Problematisch scheint nur der Wechsel von der 1. zur 3. pers. in v. 11, der aber auch vorläge, wenn man v. 9f. nicht ausschiede, und durch das Ende des Schwurzitates erklärbar ist. Die so gewonnene Einheit von v. 8 und v. 11 ist überzeugender als die Aufteilung bei Th. H. Robinson, nach der jeder Vers eine Einheit für sich darstellt.

(88) V. 8: אדני ist wieder mit LXX auszuscheiden.

(89) Auch נאם יהוה ist an dieser Stelle nicht in LXX bezeugt, obwohl es sicher vor der Übersetzung eingefügt wurde, wenn es auch bei der Stellung am Wortanfang und noch dazu mitten im Satz nicht auf Amos zurückgehen kann. Vielleicht dient es hier zur Kennzeichnung des Schwurbeginns, etwa wie לאמר.

(90) אלהי צבאות fehlt ebenfalls in LXX. Wenn es nicht an dieser Stelle von Anfang an mit נאם יהוה zusammengehörte, setzt es dieses zumindest voraus.

V. 9-10:

(91) Die beiden Verse dürften als ein der Einleitung beraubtes, versprengtes Amosfragment, vielleicht aber auch ein bis auf die Einleitung vollständiges Wort, wegen des Stichwortes und des Inhaltes, der ein ebenso totales Unheil wie v. 11, wenn auch ein andersartiges, betrifft, hier eingefügt sein. Zur formalen Verklammerung dient והיה. Der Text ist außerordentlich unsicher.

(92) V. 10: ונשאו ist wohl am besten als 3. m. pl. ni. von נשא zu vokalisieren und MT als falsche Bezugnahme auf die Suffixe der beiden Substantiva zu erklären. Mit LXX ist עצמיהם herzustellen. Das Suffix

bezieht sich auf die genannten Personen. Das ה kann vor den beiden מ in verschreibender Haplographie ausgefallen sein.

6 12:

Mit Th. H. Robinson ist v. 12 gegen v. 13 als knappes Gleichniswort abzugrenzen, dessen Deutehälfte die soziale Botschaft betrifft, während es in v. 13 um das außenpolitische Verhalten Israels geht. In beiden Worten wird eine Verkehrtheit des Handelns beschrieben, so daß ihre sekundäre Zusammenordnung am Schluß von Kap. 6 verständlich ist, zumal v. 13f. nicht vollständig erhalten ist.

(94) J. D. Michaelis' Vorschlag, בַּבָּקָר יָם zu lesen, wird mit Recht allgemein befolgt. Eine Änderung der Verbalform zum Nif'al ist nicht nötig, da die 3. pers.m.sg. (z. B. ואמר in 6 10) für unpersönliches Subjekt (»man«) stehen kann. Der Konsonantenbestand kann also vollständig beibehalten werden; die falsche Abtrennung ist wegen der Kühnheit des Bildes erklärlich.

6 13-14:

Die Abgrenzung gegen 7 1 ist eindeutig. Metrisch besteht der erhaltene Spruch aus einem Einzeldreier (v. 13a) und einem Doppeldreier als Scheltwort im Partizipialstil sowie (v. 14) einem Doppeldreier und einem Sechser als Drohwort.

(95) Da vor v. 13 mindestens ein הוי gestanden haben muß, liegt es nahe, mit dem Verlust einer Einleitungsformel mit drei Hebungen zu rechnen. Dieser Verlust dürfte schon vor der Zusammenstellung mit v. 12 eingetreten sein.

(96) נאם יהוה אלהי הצבאות stört den Zusammenhang und fehlte in der Vorlage der LXX. Insofern ist es mit 6 8 zu vergleichen, doch weist der Artikel vor צבאות auf eine andere Hand. Es legt sich die Vermutung nahe, den Einschub als eine nach dem Vorbild ähnlicher Stellen wie etwa 6 8 gebildete Einheit zu betrachten, die relativ spät in den Text gefügt wurde, um גוי von ישראל zu trennen und eine falsche Verbindung zu verhindern.

7 1-8 (+ 8 1-2) (vgl. Anhang Nr. 8):

Die Abgrenzung der vier Visionen ist in den Kommentaren nicht umstritten, wenn man von der Frage absieht, ob 9 1ff. noch zum vorliegenden Visionsbericht hinzuzurechnen sei. Zu dieser Frage soll jedoch erst nach der Erörterung des Textes der vier ersten Visionen Stellung genommen werden.

(97) אדני ist nicht in LXX bezeugt und dürfte trotz der Übereinstimmung mit v. 4 und 8 1 sekundär nach v. 2 eingefügt sein, wofür

der freilich etwas verwirrte Befund in v. 7 (Nr. 106) sprechen könnte.
Ein sicheres Argument dafür, daß Amos auch in der Visionsschilderung
den einfachen Namen verwendet, wo es sich nicht um die aus einer
überwältigenden Situation entstehende Gebetsanrede (v. 2. 5; ähnlich
Jes 6 11) handelt, ist eher die Schlußformel אמר יהוה v. 3.

(98) V. 1b »das Spätgras aber pflegt zu kommen nach der landesüb-
lichen Mahdzeit« (A. B. Ehrlich 247 nach Num 20 17 und II Sam 14 26)
ist mit der Mehrzahl der Kommentare als sachlich erläuternde Glosse,
die den Bildzusammenhang stört, auszuscheiden. Sie bietet eine
archäologische Sacherklärung.

(99) V. 2: והיה könnte nur futurisch gebraucht sein und paßt nicht
gut. Mit fast allen Kommentaren ist nach Torrey zu lesen: וַיְהִי ה(וּ)א
מְכַלֶּה. Die falsche Abtrennung nach der Haplographie des י nach ו
wurde vielleicht dadurch begünstigt, daß והיה öfter (z. B. 6 9) eine
Drohung für die Zukunft einleitet.

(100) V. 4: Zu אדני vgl. Nr. 97.

(101) »ein zum Prozeß mit dem Feuer Rufender« ergibt keinen Sinn.
Das Feuer vernichtet, aber es ist kein Prozeßpartner; von einem Prozeß ist überhaupt nicht die Rede. Graphisch und sachlich wird die in
den meisten Kommentaren akzeptierte Konjektur להב אש dem Text
weit mehr gerecht als die in BHK App. vorgeschlagene. Der Fehler
ist durch mechanisches Versehen (Verschreibung ר\ה in Verbindung
mit Dittographie des ב) entstanden.

(102) Wie aus v. 1 zu entnehmen ist, liegt die Spannung der Visionen
darin, daß Amos einen Handelnden sieht, der sich erst im Verlauf der
Vision als Jahwe selbst enthüllt. Deshalb ist hier das ohnehin syntaktisch störende יהוה als eine Glosse auszuscheiden, die erläutern will,
daß Gott selbst es ist, der die Feuerflamme ruft. (103) אדני ist ein
noch späterer Eintrag, der in LXX nicht vorausgesetzt ist.

(104) V. 4bβ lag auch LXX vor, allerdings einer untereinander zusam-
mengehörigen Handschriftengruppe (vgl. J. Ziegler, App.), vielleicht
in erweiterter Form, falls nicht der Zusatz κυρίου Interpretament ist.
Gegen die Echtheit des Halbverses erheben sich Bedenken: a) Das
pf.cons. nach dem impf.cons. ist trotz GK. § 112tt verdächtig als Anlehnung an 1 4. 7. 10. 12. 14 2 2. 5.

b) Der Ausdruck ist sehr blaß gegenüber dem vorausgehenden
gewaltigen Bild und gibt eine überflüssige Erklärung. Wird der Ur-
ozean aufgefressen, stirbt das Leben ohnehin ab.

c) Allem Anschein nach ist חֵלֶק hier nach sehr spätem Sprachgebrauch i. S. v. »Gefilde« gebraucht, ähnlich wie חֶלְקָה in 4 7.

Dieser unsichere Umgang mit der Sprache könnte sich aus einem
unscharfen Verständnis von Stellen wie II Reg 9 10. 36. 37 herleiten. —
Offenbar verstand der Glossator v. 4 als eine Vision eschatologischer

Ereignisse, also wiederum als Zukunftsvoraussage, und erläuterte
v. 4bα als Vernichtung auch des Festlandes, d. h. als kosmische Katastrophe.

(105) V. 6: אדני ist mit LXX nach v. 3 auszuscheiden.

(106) V. 7: Hinter הראני ist mit LXX nach v. 1. 4 und 8 1 יהוה zu
ergänzen, da 8 1 zeigt, daß nicht mit Auslassung wegen Wiederholung
zu rechnen ist. Das Tetragramm kann durch Haplographie mit והנה
ausgefallen sein, nachdem bereits **(107)** אדני hinzugefügt worden war,
das nun in MT an falscher Stelle steht. Der Fehler trat offenbar nach
der Zeit der LXX ein.

Gegen BHK, App. ist weder für den Amostext noch für die Vorlage der LXX ein איש nach והנה zu substituieren. ἀνήρ ist (vgl. J.
Ziegler, App.) in LXX nicht als ursprünglich anzusehen, sondern stellt
ein innergriechisches Interpretament zu ἑστηκώς nach Sach 1 8 2 1 (5)
(Hillel 2) dar, das selbst dann nicht für eine Änderung von MT spräche,
wenn es einhellig bezeugt wäre. Der rekonstruierte Amostext lautet
also: »So hat Jahwe mich sehen lassen: Und siehe, ein auf einer Bleilotmauer Stehender«. Die »Bleilotmauer« kann ein architektonischer
Fachausdruck sein, so daß sich kein Widerspruch daraus ergibt, daß
Jahwe das Lot noch in der Hand hält und die Mauer erst gelotet
werden soll. Das Anlegen des Lotes entspricht ihrer Bestimmung.

(108) V. 8: Nach 8 2 erwartet man »und Jahwe sprach«. Offenbar ist
das Tetragramm vor הנני ausgefallen (Hapl.) oder ausgelassen worden, nachdem **(109)** אדני eingefügt worden war. Aus LXX κύριος ist
natürlich nicht zu entnehmen, ob sie das Tetragramm oder dessen
Ersetzung voraussetzt.

7 9ff.:

(110) V. 9 gehört nicht mehr zur dritten Vision, soll aber vielleicht an
der jetzigen Stelle der Drohung von v. 8 einen greifbaren Inhalt geben.
V. 9a ergibt einen Doppeldreier, der von Amos stammen kann, während v. 9b sich inhaltlich mit v. 11 deckt, außer daß dort Jerobeam
selbst, nicht seine Dynastie, gemeint ist. Man hat darum v. 9b für
einen Zusatz der Redaktion zu halten, da die Drohung schon vor dem
Vorgehen des Amasja ausgesprochen sein muß, um sein Handeln zu
motivieren. Ein Anschluß von v. 9a an 6 14 wäre formal möglich, aber
inhaltlich unwahrscheinlich. Eher handelt es sich um ein einzelnes
Wortfragment, das vom Redaktor bzw. dem Verfasser des Fremdberichtes als Erläuterung zu v. 8 (Th. H. Robinson) und als Überleitung zum Fremdbericht an diesen Ort gestellt wurde. Der Fremdbericht v. 10-17 scheint also von Anfang an in die vier Visionen ein-
gearbeitet worden zu sein und mit ihnen eine Einheit bilden zu sollen.

Der Einschub vor der vierten Vision retardiert und motiviert das endgültige Urteil über Israel.

Der Text des Fremdberichtes ist sehr gut erhalten. Änderungen sind ohne Vorentscheidungen über den Inhalt unnötig.

Die Schilderung geht in ein Amoswort über, von dem zumindest das Drohwort in v. 17 gut auf Amos selbst zurückgehen kann. Es besteht aus der Einleitung לכן כה אמר יהוה und 2 Siebenern (bis v. bα einschließlich).

(111) V. 17bβ kann nicht ursprünglich zum Wort gegen Amasja gehört haben und ist vom Verfasser des Fremdberichtes hier angefügt.

8 1-2:

(112) V. 1: אדני wieder mit LXX auszuscheiden, vgl. zu Nr. 97.

Nach den vorgeschlagenen Textkorrekturen ergibt sich folgende Struktur der vier Visionen:

I	v. 1aα	Dreier	II	v. 4aα	Dreier	Bild-
	v. 1aβ	Doppeldreier		v. 4aβ. bα	Doppeldreier	hälfte
	v. 2aα	Doppeldreier			— — —	
	v. 2aβ. b	Doppelvierer	5		Doppelvierer	
	v. 3	Siebener		v. 6	Siebener	
III	v. 7aα	Dreier	IV	8 1a	Dreier	
	v. 7aβ. b	Sechser		v. 1b. 2aα	Sechser	
	v. 8aα	Doppeldreier		v. 2aβ. bα	Doppeldreier	
	v. 8aβ. bα	Vierer		v. 2bα	Vierer	Droh-
	v. 8bβ	Doppeldreier			— — —	wort
	v. 8bγ	Fünfer		v. 2bβ	Fünfer	

Der Vergleich zeigt:

1. I und II sind gleich aufgebaut, aber II hat in der Bildhälfte einen poetischen Vers weniger als I;
2. III und IV sind gleich aufgebaut, aber IV hat im Drohwort einen poetischen Vers weniger als III;
3. alle vier Visionen sind durch den einleitenden Dreier auch formal untereinander verbunden.

Im Paar I/II werden von I zu II die Bilder zwingender. Eine Fürbitte des Propheten ist noch möglich.

Im Paar III/IV werden von III zu IV (je durch Auslassung eines Verses) die Drohworte, d. h. die Deutehälften, zwingender. Eine Fürbitte des Propheten erfolgt nicht mehr. Auch nach formalen Gesichtspunkten ergibt sich also, daß die vier Visionen eine von Amos zusammengestellte Einheit bilden, die mit zwingender Kontinuität auf das Urteil über Israel in 8 2 hinführt.

Gegen den zuletzt von H. W. Wolff (130) gemachten Vorschlag,
9 1ff. als fünfte Vision hinzunehmen, sind Bedenken geltend zu machen,
die z. T. auch aus der formalen Analyse gewonnen sind:

1. Von der paarweise und insgesamt zusammenordnenden Gleichartigkeit der formalen (Metrik, Stereotypie der Formulierung) und
inhaltlichen (Bild- und Deutehälfte) Struktur unterscheidet sich 9 1-4
auch dann grundlegend, wenn man den hymnischen Teil v. 2-4a (vgl.
Nr. 137) im Text beläßt.

2. Der Unterschied von הראני יהוה in den ersten vier zu ראיתי
in der fünften Vision betrifft nicht nur die Wortwahl, sondern Inhalt
und Art der Vision insgesamt. Während die vier Visionen jeweils im
Bildteil einen Handelnden zeigen, der sich erst im Nachhinein und
durch die Deutung als Gott selbst offenbart, fallen Bild und Deutung
in der fünften Vision derartig zusammen, daß gar keine Drohung mehr
notwendig ist, bzw. daß das Bild, d. h. der unmittelbare Visionsinhalt,
selbst schon die Deutung ist.

3. Vor allem aber: Ist nach dem furchtbaren בא הקץ אל עמי ישראל
überhaupt noch eine Ausdeutung im einzelnen zu erwarten? Es ist
die Eigenart des Amos, längere Spruch einheiten mit einem das Gesagte
in plötzlicher Radikalität zugleich erhellenden und beschließenden
Wort enden zu lassen. Dieses Merkmal seines Vorgehens will auch bei
den Visionen beachtet sein. Gegen H. W. Wolff ist darauf hinzu-
weisen, daß das Wort des Endes für Israel in 8 2 durch 9 1-4, wiewohl
dieses selbst für sich betrachtet das gleiche Gewicht hat, zerredet
würde.

$$8\ 3:$$

(113) Der auf die vierte Vision folgende Vers stellt ein schweres Problem dar. Angesichts des Textzustandes ist nicht einmal sicher zu entscheiden, ob das Fragment von Amos stammt oder nicht. Es ist kaum
anzunehmen, daß es schon vom Autor des Fremdberichtes hier angeschlossen wurde. Andererseits hat der Text offenbar noch mancherlei
Erweiterungen erfahren.

(114) Statt der Hif'il-Form würde Hof. הָשְׁלַ֣ךְ besser in den Text passen. Offenbar wurde die 3. pers.m.sg. auf Gott gedeutet.

(115) Von da aus lag es nahe, nach Am 6 10 הס einzufügen.

(116) Diese Interjektion kommt im Zusammenhang sowohl der Theophanie (Hab 2 20 Sach 2 17) als auch des Tages Jahwes (Zeph 1 7) vor.
Beides führt im Blick auf das v. 2 angekündigte Ende auf eine eschatologische Deutung, die sich im Zusatz »an jenem Tage« ausspricht.

(117) Ob נאם יהוה noch später eingefügt wurde, läßt sich nicht entscheiden.

(118) אדני ist wieder mit LXX auszuscheiden.

»Und sie heulen Palastlieder; viele Leichen sind überall hinge-
worfen.« — Das Fragment bleibt mehr oder weniger unverständlich.
Eine Änderung in שָׁרוֹת »Sängerinnen« ist wegen des m. Prädikats
problematisch und wäre wohl unmöglich, wenn היכל hier »Tempel«
bedeutete, wie z. B. auch in der rabbinischen Exegese vorausgesetzt
wird: »R. Eleazar erklärt: שירות היכל sind Loblieder, die im Tempel
gesungen wurden.« (Midr.Schem.Rabba I; ילקוט שמעוני II, 980
nach dem Zitat bei Malke Blechmann, 83). Wenn das Wort von Amos
stammt, dürfte eher »Palast« gemeint sein (vgl. מקדש in 7 9), vielleicht
als Akkusativ d. Ortes: »und sie heulen Lieder im Palast, (aber) viele
Leichen ...«.

8 4-7:

(119) Dieser Spruch zur sozialen Botschaft kann in seiner vorliegenden Gestalt nicht auf Amos selbst zurückgehen (vgl. zur Überarbeitung
H. W. Wolff 132):

a) Amos selbst löst im partizipialen Scheltwort die Partizipien
mit finiten Verben der 3. pers. ab (z. B. 6 1-7), während hier das Partizip durch modale Infinitive fortgeführt wird (לאמר, לשבית);

b) V. 4 und 6a lehnen sich eng, aber deutlich unselbständig an
Am 2 6 an; v. 4 setzt Am 2 6 in seiner noch nicht verderbten Form
voraus;

c) in Am 2 6 ist zwar der Begriff עֲנָוִים vorgegeben, doch findet
sich der Ausdruck עֲנוי־אָרֶץ (v. 4) sonst frühestens bei Zephanja (2 3).

Gegen v. 5 erheben sich dagegen keine Bedenken, so daß ange-
nommen werden kann, daß v. 4 und v. 6-7 durch Ringbildung um das
Amosfragment v. 5 (außer לאמר) einen neuen Spruch zur sozialen
Botschaft ergeben.

Die Einheit v. 4-7 muß auf Grund des Inhaltes als in vorexilischer
Zeit entstanden beurteilt werden. Soziale Mißverhältnisse der geschilderten Art sind nachexilisch erst wieder in recht später Zeit denkbar.
Die soziale Botschaft ist aber ein Thema der vorexilischen Prophetie. —
Die sekundären Partien sind stark an der Botschaft des Amos orientiert und wollen sich ihr bewußt unterordnen. Auch das Drohwort v. 7
klingt in durchaus selbständiger Modifizierung an Am 6 8 an. Inhaltlich ist es allgemeiner gehalten, als man es bei Amos vermuten würde.
Es wird betont, daß Jahwe nicht vergißt. — Wird hier, wie in pole-
mischer Art Zeph 1 12, bei den Hörern die Vorstellung von Jahwe als
deus otiosus vorausgesetzt?

Nach dem Gesamteindruck erscheint die Einordnung ungefähr
in die Regierungszeit des Manasse als möglicher Datierungsversuch.

(120) V. 4: Das ו vor לשבית stört und kann als Dittographie zu נ erklärt werden. Das Verb שבת klingt an שַׁבָּת in v. 5 an; auch in dieser

Verwendung des Spielelementes der Sprache lehnt sich der Verfasser
an Amos selbst an.

(121) V. 6b stört das Metrum und ist mit BHK App. auszuscheiden.
Es ist ein aus dem Kontext (v. 5a) gewonnener Zusatz, dessen Zweck
es sein dürfte, das Ende des Zitats der Bescholtenen erst hinter v. 6 zu
markieren. Wenn ihnen an Stelle des Propheten v. 6 in den Mund gelegt wird, wird der Eindruck der Ruchlosigkeit noch verstärkt.

8 8:

(122) Der Vers ist gegenüber der Doxologie 9 5 sekundär (F. Horst).
Außer 9 5 setzt er wohl auch 1 1 (Wz. רגז) voraus. Es handelt sich um
die Auslegung eines Lesers, der den Zusammenhang zwischen der Anklage des Amos (speziell 8 4-7) und der Androhung der Katastrophe
(speziell 8 9) theologisch zu deuten versucht.

Wenn LXX nicht nach 9 5 korrigiert, traten die Textentstellungen
erst später ein. Die Verschreibung כיאר zu כאר ist ein nur innerhalb
der Handschriftenüberlieferung des MT aufgetretenes Problem und
braucht darum hier nicht erörtert zu werden. Es wird sich aber wie bei
(123) נשקה um einen Hörfehler handeln, wobei an Laryngalschwund
in der Zeit nach der Übersetzung ins Griechische zu denken ist.

(124) Neben das falsche Wort wurde die inhaltsgemäß korrigierende
Ersetzung נגרשה als eine Verbalform der gleichen Stammesmodifika-
tion gestellt. Natürlich fehlt das Wort noch in LXX.

8 9-10:

Die Gründe für die Autorschaft des Amos (Sonnenfinsternis des
Jahres 763; Unkenntnis des dtn. Verbotes der Trauerbräuche Dtn 14 1;
אחרית in v. 10b) sind in den Kommentaren dargelegt. Das Stück besteht aus 4 Doppeldreiern.

(125a) V. 9aα steht außerhalb des Metrums und stellt die redaktionelle
Verklammerung mit dem Vorangehenden (v. 7) dar. **(125b)** נאם יהוה
könnte noch später eingefügt sein, doch ist das nicht sicher zu entscheiden.

(126) אדני ist mit LXX fortzulassen.

8 11-12:

Die Abgrenzung ist aus inhaltlichen Gründen eindeutig, vgl. J.
Wellh., der allerdings v. 13 für echt hält und darum v. 11-12 ausscheidet.
Die Argumente gegen die Echtheit von v. 11-12 sind immer von Gedanken zur inneralttestamentlichen Theologiegeschichte getragen,
nach denen Amos die Metapher vom Hunger nach dem Wort Gottes
nicht zuzutrauen sei. Darin liegt eine nicht ohne weiteres begründbare

petitio principii. Die Ausweglosigkeit der Drohung spricht sehr für Amos. Bei der Wahl zwischen v. 11f. und v. 13f. fällt die Entscheidung der Echtheit gegen v. 13f., weil sich dort die Motivation der späteren Entstehung eher erklären läßt.

(127) נאם יהוה kann am Wortbeginn nicht von Amos stammen. Es scheint eingefügt worden zu sein, um das Folgende als Gottesrede zu kennzeichnen, da zweimal mit dem »Wort Jahwes« dieser in der dritten Person genannt wird.

(128) אדני ist wieder mit LXX auszuscheiden.

(129) »Und keinen Durst nach Wasser« ist nach v. 11a nicht zu erwarten, wohl aber nach dem Kontext mit v. 13. Vielleicht spielt auch die Assonanz צמא - מצא (v. 12) mit hinein. Jedenfalls ist die Eintragung eine Glosse, die bereits v. 13 voraussetzt.

(130) In v. 11 ist wie in v. 12 und mit LXX der Sing. »Wort Jahwes« zu lesen (Dittographie des י vor dem Tetragramm).

8 13-14:

(131) J. Wellh. betont mit Recht, »daß also v. 13 sich nicht mit v. 11. 12 verträgt; Amos kann nicht plötzlich aus figürlichem Durst in eigentlichen fallen.« (93) — Soll das Wort aber von Amos sein, muß man

a) mit J. Wellh. annehmen, daß sich unter den Götternamen eigentlich Jahwe verbirgt, und zumindest אשמת שמרון erheblich ändern;

b) klären, wann es zur Umdeutung und Änderung des Textes kam;

c) בצמא in v. 13 als Glosse ausscheiden.

Behält man jedoch den Text so, wie er vorliegt, bei, ergeben sich folgende Überlegungen:

1. Mit אשמת שמרון dürfte mit an Sicherheit grenzender Wahrscheinlichkeit auf die Göttin אֲשִׁימָה der Hamathäer, die nach II Reg 17 30 in Samaria sozusagen zwangsangesiedelt wurde, angespielt sein, womit der Spruch nach 722 fällt.

2. Das Schwören bei fremden Gottheiten ist ein Vorwurf des 7. Jh.: Jer 5 7 12 16 Zeph 1 5; v. a. Dtn 6 12f. Als Schlußfolgerung ergibt sich die Vermutung, daß v. 13-14 nach 722, am wahrscheinlichsten etwa im 7. Jh. zu der Zeit, in der auch Zephanja wirkte, abgefaßt und hinter v. 11-12 gestellt wurde. Eine Antwort auf die Frage, warum gerade die drei Orte Samaria, Dan und Beerseba genannt sind, könnte sich aus ihrer politisch-geographischen Lage ergeben: Samaria ist das Zentrum der gleichwohl ganz Israel betreffenden Abgötterei, seit dort 722 v. Chr. die Fremdkulte eingeführt wurden. Israel als ideale (durch das Davidreich geprägte?) Größe wird eingegrenzt durch die beiden äußersten Grenzorte im Norden und Süden, ähnlich wie in der Wendung »von

Dan bis nach Beerseba« Jdc 20 1 I Sam 3 20 II Sam 3 10 17 11 24 15 I Reg 5 5, und in umgekehrter Reihenfolge I Chr 21 2 II Chr 30 5.

Der Spruch ist nicht nur in Bezugnahme auf v. 11-12 abgefaßt, sondern verarbeitet umgestaltend auch Am 5 1. Bei der Erwähnung von Beerseba ist auch an Am 5 5 zu denken.

(132) V. 14: Die Vokalisation אַשְׁמַת = »Verschuldung« für den Namen der Göttin ist vielleicht schon Hos 4 15 vorausgesetzt.

(133) Statt דרך ist nach H. Winckler (Altor. Forschungen 2, 194) trotz einiger Unsicherheit paläographisch naheliegendes und sachlich nicht unmögliches דּדְךָ zu lesen, vgl. KAI Nr. 181, Z. 12 (Meša-Inschrift) und den Kommentar in KAI 2, 175.

9 1-4:

Zur Ablehnung der Verbindung mit 7 1-8 + 8 1-2 s. o. S. 48.

(134) V. 1: Der Text kann nicht völlig unversehrt sein. Allerdings bleibt es unsicher, ob statt אדני der Name יהוה als urspr. angesehen werden muß, wie es nach dem überwiegenden Gebrauch bei Amos jedenfalls wahrscheinlich ist. Statt des sekundären אדני wäre dann bei einer Textrevision das Tetragramm getilgt worden.

(135) Problematisch sind vor allem die Verbalformen. Die Form אהרג 1aβ verlangt eine parallele Form 1. comm. sg. auch am Anfang dieser Zeile, so daß die meisten Kommentatoren אֶבְצָעֵם konjizieren. — Statt ויאמר zu verstellen, liegt es aber näher, anzunehmen, daß die Gottesrede eben schon nach diesem Wort an seiner jetzigen Stelle beginnt. Auch ist anzunehmen, daß sie hier wie in 2 13 6 14 7 7 9 9 (ähnlich 6 8) mit dem Ausdruck »siehe, ich« + Partizip begann. Durch einfache Materialbeschädigung kann der Text verderbt bzw. unter Wahrung der noch vorhandenen Konsonanten der Imperativ gelesen worden sein: הַךְ הַכַּפְתּוֹר) הִנְנִי מֹ֗כ(ה) הכפתור.

(136) Die Änderung ובצעם) וּבְצַעְתָּ // הַךְ wird dann verständlich, und es ergibt sich ein guter Text.

(137) V. 2-4a: Der formale Bruch zwischen v. 1 und 2 nötigt ebenso wie der ungewohnte Stil dieses Stückes zu Zweifeln an der Echtheit, die sich in verschiedenen Beobachtungen aussprechen:

1. *Zur Form:* אם mit Nachsatz als kondizionales Satzgefüge findet sich sonst nicht bei Amos; in 3 6 liegt fragendes אם vor. Vielmehr drückt Amos ein logisches Verhältnis dieser Art parataktisch aus, sei es durch Partizip (5 8), sei es durch anreihendes ו (5 19).

Die hier angewandte Redefigur ist die der Hyperbel im hymnischen Stil. Zur Definition der Hyperbel vgl. Cicero, De or. II, 203: *»augendi minuendive causa veritatis supralatio«.* Sie ist in exemplarischer Weise angewendet im auch inhaltlich zu vergleichenden Ps 139, während bei Amos gerade die Alltäglichkeit und scheinbare Vertraut-

heit der Bilder (5 19, aber auch 2 13ff.) die Unausweichlichkeit des Schreckens um so grauenhafter enthüllt. Die Selbstevidenz seiner Bildsprache ist der Hyperbel genau entgegengesetzt.

2. *Zum Inhalt:* Mit dem Gesagten hängt es auf das engste zusammen, daß Bilder derart kosmischen Umfanges wie die hier verwendeten nicht nur die Szenerie von 9 1 durchbrechen, sondern auch sonst nicht entfernt bei Amos begegnen, selbst wo der Rahmen wie in den Fremdvölkerworten und im Spruch 8 11-12 weit gesteckt ist.

Hinzu kommen verdächtige Einzelzüge.

a) Das Bergen in der Totenwelt kann freilich inhaltlich mit Jes 28 14-18 verglichen werden, für die Macht Jahwes auch über diesen gottfernen (Jes 38 18 Ps 6 6) Bereich auch Jes 7 11 und Dtn 32 22 Jes 14 9 Hi 11 8. Daß die Mehrzahl der herangezogenen Stellen jünger als die Prophetie des Amos ist, braucht also für sich genommen noch nichts zu besagen.

b) Der Karmel als exemplarisch hoher Berg aus palästinischer Sicht kommt zwar auch Am 1 2 vor und könnte geradezu für die Echtheit sprechen; sein Gegenstück jedoch, das Meer und v. a. die mythische Schlange, erwecken schwere Bedenken. Denn es hat den Anschein, daß auf mythische Motive explizit erst in späten Texten des AT Bezug genommen wird, als die mythische Valenz verlorengegangen ist und theologisch keine Gefahr mehr besteht. Zu vergleichen sind Jes 27 1f. Hi 26 13 und die Leviathan-Stellen Jes 27 1 Ps 74 14 104 23 Hi 3 8. Ähnliches gilt auch, wie G. Wanke überzeugend nachgewiesen hat, für die mit der sogenannten Ziontradition verbundenen Motive.

c) Das Schwert als hypostasierte Größe wie hier erscheint auch Gen 3 24 Lev 26 25 Jes 34 5, während es in Am 4 10 und 9 1 heißt »ich töte(te) *mit* dem Schwert«.

Die Gesamtheit dieser Beobachtungen, der evidente Bruch zwischen v. 1 und 2 und die hymnische Gestaltung des Abschnittes sprechen gegen die Echtheit von Am 9 2-4a.

Freilich soll nicht übersehen werden, daß die Einfügung theologisch vollkommen sachgemäß die Botschaft des Amos entfaltet und nicht nur gut in den vorliegenden Spruch paßt, sondern auch fest im Amosgut verankert ist:

a) מִנֶּגֶד עֵינַי in v. 3 weist voraus auf v. 4b. Der Bezug ist um so wichtiger, als aus metrischen Gründen anzunehmen ist, daß, bevor das Stück in das Amosbuch eingefügt wurde, מִנֶּגְדִּי an dieser Stelle stand.

b) V. 2 schließt als Auslegung inhaltlich an v. 1 an.

c) Die Erwähnung der beißenden Schlange in v. 3 erinnert trotz des Unterschiedes an 5 19.

d) הלך בשבי in v. 4 erinnert an הלך בגולה in Am 1 15, wenn auch der verschiedene Ausdruck den anderen Verfasser verrät. — So

ist der Spruch nach beiden Seiten und mit der Gesamtbotschaft des
Amos verklammert. Hätte dem formal so geschickten Glossator schon
die Doxologie in v. 5 vorgelegen, hätte er seine Auslegung kaum vor
v. 4b eingefügt. Es ist also anzunehmen, daß die Erweiterung des
Textes durch v. 2-4a älter ist als die durch die Doxologien. Die Quelle,
aus der v. 2-4a entnommen ist, ist nicht erhalten, dürfte aber eher älter
denn jünger als Ps 139 sein.

V. 4b verkehrt eine Wendung, die man, wo es um Jahwe und
Israel geht, eigentlich unwillkürlich positiv fassen muß, ausdrücklich
in ihr Gegenteil. (על) שׂים עין (על) wird positiv gebraucht in Gen 44 21
Jer 39 12 40 4. — Die Umkehrung dessen, was eigentlich als heilvoll
angesehen wird, ins Unheil entspricht dem Vorgehen des Amos in
3 1-2 5 18-20 9 7; ähnlich 5 14. V. 1 + 4a bilden eine Einheit, in der die
Visionsschilderung als Einleitung zum Gotteswort dient.

9 5-6:

(138) V. 5: Die Einleitung zur Doxologie ist offenbar zur Überleitung
von der in der 1. pers. gehaltenen Jahwerede zur doxologischen Beschreibung in der 3. pers. eingefügt und gehörte wahrscheinlich innerhalb des Amosbuches von Anfang an zum Bestand von v. 5.
(139) Ob אדני auch hier als sekundär anzusehen ist, ist schwer zu
entscheiden, weil im Gegensatz zu den echten Amosworten kein Vergleichsmaterial vorhanden ist. Vom Gesamtbefund im Amosbuche her
aber wird man auch hier mißtrauisch sein dürfen. LXX läßt sich nicht
zur eindeutigen Klärung heranziehen, weil καὶ κύριος ὁ θεὸς ὁ παντο-
κράτωρ sowohl MT als auch ויהוה אלהי צבאות wiedergeben kann,
wobei letzteres natürlich (140) sprachlich besser ist und auch für MT
als ursprünglicher Text rekonstruiert werden muß. Die Verbindung
יהוה צבאות würde große sprachliche Unsicherheit verraten. Da aber
öfter im Amosbuch אלהי צבאות eingefügt ist, darf man auch hier
damit rechnen. Ausfall durch Haplographie würde besonders verständlich, wenn das Tetragramm in seiner Kurzform יי geschrieben gewesen
wäre: ואדני יהוה הצבאות ⟩ ואדני יי אלה(י) צבאות. Wenn LXX diesen als
wahrscheinlich rekonstruierten Text las, setzt sie möglicherweise nicht
אדני voraus, da sie dann in der vorliegenden Verbindung κύριος κύριος ὁ θ. ὁ π. böte.
(141) Die Doxologie 9 5-6 gehört zu 4 13 und 5 8 (F. Horst). Innerhalb
von Kap. 9 ist sie nicht nur die bekenntnisartige Antwort und Bejahung der Drohung v. 9 4, sondern weist vermutlich auch auf v 12aβ
(Namensausrufung) voraus, setzt also v. 11-12 voraus.
(142) V. 6: מעלותו ist durch Dittographie des vorangehenden ם ~ entstanden; die darauf folgende Änderung bietet kein Problem. Man
könnte hier allerdings auch an akk. *elâtu* = »Zenith« denken; vgl. W.

von Soden, AHw 202, s. v. *elītu* und *Enūma eliš* (ed. W. G. Lambert)
5, 11: *ina ka-bat-ti-šá-ma iš-ta-kan e-la-a-ti* = »an ihrer Lebergegend
legte er den Zenith an«.

9 7:

(143) בְּנֵי כֻשִׁיִּים ist hypertroph. Nach v. bβ ist die Nisbe vorzuziehen
und die Filiation als irrtümliche, assoziative Vorwegnahme der Israel-
Filiation zu erklären.

(144) נאם יהוה erscheint, wie schon öfter erwähnt, bei Amos nur als
Wortabschluß und gehört auch hier, wo es die Gottesrede unterbricht,
nicht zum Bestand des echten Spruches. Da diesem, vielleicht weil es
sich um ein urspr. ein größeres Wort abschließendes Fragment handelt, die Botenformel fehlt, wurde sie hier nachgetragen. V. 7 schloß
vor der Eintragung der Doxologie an v. 4 an. So konnten v. 4b und
v. 7a als zusammengehörige Drohung mit einer Begründung in Form
einer rhetorischen Frage gelesen werden. Deshalb stellte der Glossator
die Gottesspruchformel vor die zweite הלוא-Frage. Nach der Textherstellung lassen sich in v. 7, wenn man ופלשתיים doppelt betont, 3
Fünfer lesen.

9 8-10:

Diese Einheit ist sekundär gebildet. Obwohl die drei Verse nicht
von einem Verfasser stammen, liegt aber eine inhaltliche Einheit vor:

> v. 8: Augenmerk Jahwes und Vorsatz zur teilweisen Vernich-
> tung des sündigen Reiches,
> v. 9: Prüfung im Sieb,
> v. 10: Tötung der Sünder.

(145) V. 8: Der »plumpe Judaismus«, den J. Wellh. in diesem Vers
vermutet, läge nur dann wirklich vor, wenn mit dem sündigen Königreich das Nordreich gemeint und die logische Folgerung aus dieser
Bezeichnung die Annahme wäre, der Verfasser habe also das Südreich
für tadelsfrei gehalten. Beide Annahmen sind nicht hinreichend be-
gründbar. Die Einschränkung der Gerichtsdrohung im Sinne einer
wenigstens teilweisen Verschonung ist in der Botschaft des Amos ohne
Parallele (5 15 ist nicht zu vergleichen, da es sich um die zaghafte Deutung des Jahwewortes handelt und auch nicht innerhalb der Betroffenen eine Scheidung in Aussicht genommen wird) und spricht vehe-
ment gegen seine Verfasserschaft. Denn auch das Siebbild in v. 9 ist
ein Drohwort, das in der Radikalität des Bildes — kein Steinchen fällt
zur Erde — keine Ausnahme aus der Totalität des Gerichtes über
Israel kennt.

Es hat aber den Anschein, daß v. 8 und v. 10 (vgl. beide Male Wz. חטא) zusammengehören und das Siebbild von v. 9 im Sinne eines Restgedankens umdeuten. Trifft diese Vermutung zu, so liegt wieder aktualisierend-auslegende Ringbildung um ein echtes, aber wohl fragmentarisches Amoswort vor. Den Unterschied zu Amos drückt J. Wellh. (95) mit seiner rhetorischen Frage aus: »Hat Amos sich selbst hier völlig vergessen? ... Er zieht überall nur das Schicksal des ganzen Volkes in Betracht und unterscheidet dabei zwischen Gerechten und Ungerechten so wenig wie die Geschichte selbst.«

V. 10b läßt erkennen, daß die Abfassung noch vor dem Exil erfolgt ist. Die sich im fingierten, aber inhaltlich sicher zutreffenden Zitat der Sünder aussprechende Haltung der Sicherheit ist zwar im Prinzip immer möglich, würde aber mit der Auffassung von Jahwe als machtloser Größe doch wieder etwa in die Zeit des Manasse (Zeph 1 12) passen.

Dann handelt es sich beim »sündigen Königreich« v. 8 um das Südreich, und die ganze Sprucheinheit v. 8-10 stellt die aktualisierende Auslegung und eigene Weiterführung der Botschaft des Amos in einer späteren Zeit (7. Jh.) und für das Südreich dar. Das prophetische Wort bleibt wirksam, indem es in neuer Prophetie weiterwirkt.

Die selbständige Aktualisierung als Auslegung vorgegebenen Amoswortes dürfte auch äußerlich in v. 8aα zum Ausdruck kommen, dessen Formulierung sicher nicht ohne Bezug auf v. 4b ist. Dafür, daß אדני in v. 8 auszuscheiden sei, gibt es keinen schlüssigen Anhaltspunkt, zumal es in 4 2 7 2. 5 in echten Amosworten vorkommt und gerade diese vollere und vielleicht auch etwas distanziertere Form in der späteren Aktualisierung aufgenommen sein kann.

(146) נאם יהוה scheint nicht zum Grundbestand des Textes zu gehören, sondern wieder den im Ich-Stil gehaltenen Gottesspruch als solchen kennzeichnen zu sollen. Für die Verse 8 und 10 ergibt die metrische Analyse dann (הִנֵּה außerhalb des Metrums):

v. 8 : Fünfer, Vierer,
       Fünfer,
v. 10 :   Vierer,
    Fünfer.

(147) V. 9 : בְּכָל הַגּוֹיִם fällt metrisch und in bezug auf den Bildinhalt aus dem Rahmen und stellt einen auslegenden Zusatz dar, der noch jünger als v. 8 + 10 ist und frühestens im Exil entstanden sein kann. Einen terminus ad quem gibt es kaum, da die Zerstreuung unter die Völker das Problem auch der nachexilischen Gemeinde blieb, vgl. z. B. II-Sacharja (Sach 9 11. 12 u. ö.). Nach der Ausscheidung besteht v. 9 aus zwei Doppeldreiern. Dieser Spruch ist innerhalb des nach ihm benannten Buches der letzte, der auf Amos selbst zurückgeht.

9 *11-12:*

(148) Das Wort über die Hütte Davids wurde nach 586 formuliert. Für die Spätdatierung und gegen die immer wieder behauptete Autorschaft des Amos sprechen v. a. drei Gründe:

a) Die offenkundige Einheit von v. 11 und 12, die von den Vertretern der Echtheit von v. 11 bestritten werden muß;

b) das Partizip הַנֹּפֶ֫לֶת, das nach der Bedeutung der Wz. נפל und nach grammatischen Kriterien (BM. § 104, 1b) resultativ ist, was noch durch das »Eingerissene« unterstrichen wird;

c) die Erwähnung des »Restes Edoms« (v. 12).

Der Verfasser verwendet ein nur ihm eigenes Wort, wenn er סֻכַּת statt בֵּית דָּוִיד sagt. Darin spiegelt sich die gegenwärtige schmachvolle Lage. Aber es wird doch immerhin noch mit dem eigenständigen Wiederaufleben von Israels Königtum gerechnet, d. h. man befindet sich noch vor der Zeit des neuen persischen Weltreichs unter Kyros, in der Israel die Hoffnung auf innergeschichtliche Restitution seines Königtums aufzugeben lernte. Mit messianischen Hoffnungen im engeren Sinne ist bei einem Wort von der »Hütte« Davids ohnehin nicht zu rechnen. Dieser Spruch muß also, ähnlich der Edom- und Juda-Strophe im Völkergedicht, bald nach 586 zur Zeit des Exils abgefaßt sein.

(149) V. 11: LXX las noch richtig פרציה. Das ן־ dürfte durch Dittographie des folgenden ו entstanden sein, vielleicht nach 4 3.

(150) Beim folgenden Wort ist mit LXX f. statt m. Suffixes zu lesen. Aus psychologischen Gründen hat die geläufigere Form die seltenere verdrängt.

9 *13-15:*

(151) An den zaghaften Heilsausblick von v. 11-12 schließt sich v. 13ff. ein jüngerer Anhang im Tone begeisterter Zuversicht an. An sich sind solche Anhänge an Prophetenbücher sehr schwer zu datieren. Nach v. 14 ist es aber nicht unmöglich, zu erschließen, daß das Exil noch nicht durch die Rückkehr ins Land, aus dem Israel deportiert wurde (v. 15, vgl. 7 17), beendet ist. Zum Bilde von v. 13 ist Lev 26 5 zu vergleichen, zur Form der abschließenden Gottesspruchformel (v. 15bβ) Jes 54 6 66 9. Zur Bezeichnung Jahwes als »dein Gott« in der Anrede an Israel innerhalb des Amosbuches 4 12. Sollten jener Vers und der Schluß des Buches von der gleichen Hand stammen? Die freilich sehr unsicheren Vermutungen zur Datierung könnten in die Zeit der Kyros-Begeisterung des II-Jesaja führen.

2. ZUSAMMENFASSUNG

Die Einzeluntersuchungen haben bis jetzt gezeigt, daß das Amosbuch, besonders wenn man berücksichtigt, daß es sich um den ältesten
Schriftpropheten handelt, relativ ausgezeichnet erhalten ist. Die einzelnen Worte lassen sich, wenn auch nicht immer in der Abgrenzung,
so doch im Bestand mit einiger Sicherheit ermitteln.

Für verschiedene der nicht auf Amos selbst zurückgehenden
Worte hatten sich bereits gewisse Gesichtspunkte eines möglichen
Datierungsansatzes ergeben. Diese Einzelbeobachtungen gilt es nun
im Blick auf die Gesamtheit des Buches zusammenzufassen.

I. Die deutlichsten Hinweise auf zeitgeschichtliche Ereignisse
einer später als der Untergang des Nordreiches anzusetzenden Epoche
bot 6 2 (Nr. 83), für dessen Entstehung die Zeit unter Hiskia oder
Manasse in Frage kommt. Ungefähr in die gleiche Zeit scheinen noch
weitere Einschübe zu gehören.

8 4-7 (Nr. 119) ist vor allem auf Grund stilistischer Kriterien als
nicht auf Amos selbst zurückgehend erkannt worden. V. 4 und v. 6-7
gruppieren sich vielmehr als aktualisierende Ergänzung um das Amosfragment v. 5.

Ähnliche Ringbildung[1] um ein echtes Fragment (v. 9) zeigt auch
9 8-12 (Nr. 145), dessen vorexilische Entstehung sich aus v. 10b ergab.
Im Gegensatz zu J. Wellhausens Ansicht, der in v. 8 »plumpen Judaismus« am Werk sah, zeigte sich gerade auf Grund der Erkenntnis der
Unechtheit von v. 8 und 10, wie in einer späteren Zeit das weiter wirksam geglaubte, vorgegebene prophetische Wort in aktualisierender,
nun auf das Südreich und dessen Schicksal bezogener Form ausgelegt
und ergänzt wurde. Die Ergänzung läßt wie in 8 4. 6f. sowohl enge Beziehung auf die Botschaft des Amos als auch eigene prophetische
Autorität[2] erkennen. Für beide Sprucheinheiten wurde als Entstehungszeit auf Grund vor allem des Vergleichs mit Zeph 1 12 die Zeit des
Manasse vermutet[3].

Schließlich wies 8 13-14 (Nr. 131) ebenfalls durch seine Thematik
in die Zeit nach 722 und vermutlich in das 7. Jh. Unsicher blieb dagegen, ob auch 5 5b (Nr. 56) eine judäische Glosse ist.

---

[1] Zur »Ringbildung« als Form redaktioneller Rahmung verweist H. W. Wolff 131 auf
»die Rahmung des älteren Pentateuchgutes durch die Priesterschrift und die Ringbildung in Jes 1—12 um einen alten Kern 6 1—9 6«.

[2] Die Jahwerede ist im Ich-Stil gehalten.

[3] Freilich wird das Argument relativiert durch andere Belege eines praktischen Skep-
tizismus, der als Topos mit dem fingierten Zitat der Bescholtenen verbunden wird
in Jes 5 19 Jer 5 12 17 15 Ez 8 12 ≙ 9 9 Jes 40 27. Der Datierungsansatz nach Zeph 1 12
kann also nur im Zusammenhang mit den anderen Beobachtungen zum Text, die
gegen die Echtheit sprechen, gesehen werden.

Angesichts der Teilergebnisse wird man erwägen dürfen, alle bisher genannten Stellen zeitlich und in bezug auf die Verfasserfrage zusammenzufassen und in die Zeit der Regierung des Manasse einzuordnen. Es ist damit ein weiteres Zeugnis prophetischer Aktivität im Sinne der Schriftprophetie vor ihrem zweiten großen Aufgipfeln in Jeremia gefunden.

Die Art der Abhängigkeit von Formulierungen des Amos[4] legt den Gedanken an eine »Amosschule« nahe. Andererseits ist gegenüber dem Bestreben, möglichst Tradentenkreise oder »Schulen« aufzufinden, nicht nur generell, sondern besonders auch im Falle des Amos, der dem — freilich auch wenig sachgemäßen — modernen Bewußtsein eher als großer Einzelgänger erscheinen will, Zurückhaltung geboten[5]. Für die hier behandelte Thematik wäre ein solches Bestreben relativ unergiebig, da die Suche nach Tradentenkreisen nicht mehr zur Erhellung des literarischen Nachlebens der Texte beitragen könnte als diese selbst bzw. ihre Untersuchung. Die Rückfrage nach den Überlieferungsträgern ist eine historische Fragestellung, die von der literargeschichtlichen zu trennen ist.

Mit einiger Sicherheit läßt sich vorerst nur sagen, daß nicht nur ein offenbar mit dem Auftreten des Amos sehr vertrauter Anhänger die Einheit aus Visionsberichten[6], die vielleicht »von Anfang an Literatur«[7] waren, und Fremdbericht 7 9-17 schuf, sondern daß auch in einem vermutlich noch späteren Stadium Amosworte tradiert und aktualisierend ergänzt wurden. Die genannten sekundären Sprucheinheiten[8] aus der zweiten Hälfte des Buches gehören diesem Stadium an, das sich ungefähr mit der Regierungszeit des Manasse deckt.

---

[4] Es handelt sich jedenfalls vermutlich um die frühesten Belege literarischer Abhängigkeit oder Ausgestaltung von Amosworten. Gegen R. Fey WMANT 12, der die Abhängigkeit des Jesaja von Amos vertritt, vgl. v. a. H. W. Wolff, WMANT 18, 55 ff.

Latenter Zweifel herrscht schon in R. Feys eigenen Formulierungen, wenn er die trotz seiner Theorie zu konstatierende Eigenständigkeit des Jesaja sowohl in sprachlicher (21) als auch in theologischer (78) Hinsicht bespricht. Die Verschiedenheit der beiden Propheten in bezug auf die Verwendung der Motive (v. a. R. Fey 78), den Inhalt und die theologische Gesamtkonzeption (z. B. die »Zionstheologie« des Jesaja, vgl. R. Fey 125) widerraten der Grundthese des Buches.

[5] Auch die von H. W. Wolff, BK 135 ff., angenommene »Bethel-Interpretation der Josiazeit« unterliegt Bedenken. Ihre Hauptbegründung scheint die Bestreitung der Echtheit von 5 6 und 4 6 ff. zu sein, die hier (s. o. S. 27 u. 31 f.) nicht geteilt worden ist. Schwerste Einwände aber müssen gegen die Datierung der Doxologien (4 13 5 8 f. [sic] 9 5 f.) in die Josiazeit erhoben werden (s. u. S. 66). Von »einem konkreten liturgischen Anlaß im drittletzten Jahrzehnt des 7. Jh. am Heiligtum zu Bethel« (a. a. O. 136) lassen sie m. E. nichts erkennen.

[6] Ohne 9 1-4; s. o. zu Nr. 137.

[7] H. W. Wolff, BK 113.   [8] Nr. 56; 83; 119; 131; 145.

II. Eine andere Gruppe von Glossen im weitesten Sinne setzt die
mit dem Exil erfolgte entscheidende Zäsur der Geschichte Israels voraus. Dazu gehören vor allem im Völkergedicht die Strophen über Edom
(1 11-12) und Juda (2 4-5)[9]. Die identische poetische Struktur beider
Strophen läßt vermuten, daß sie auf einen einzigen Verfasser zurückgehen. Die »deuteronomistische« Sprache der Judastrophe erlaubt zwar
keine präzisen Eingrenzungen[10], doch ist die Entstehung bald nach
586 v. Chr. sehr wahrscheinlich[11]. Aktualisierende, d. h. auf die neue
geschichtliche Situation bezogene, theologische Entfaltung der Grund-
botschaft des Amos kennzeichnet die frühexilischen Stücke.

In gleicher Weise ist auch 3 7 (Nr. 21) zu charakterisieren. Von
einer »Einengung«[12] der prophetischen Botschaft kann deshalb keine
Rede sein, weil der Vers, der die Reihenfolge 3 1-6. 8 entweder herstellte oder voraussetzt, mit relativer Sicherheit als erst nach 586 formuliert angesehen werden kann. Aus der Sicht der totalen Katastrophe
Israels als des erwählten Volkes Jahwes, einer Katastrophe, die mit
dem Verlust des Landes auch den des Unterpfandes der Erwählung
bedeutete, ist die Aussage, daß Jahwe nichts tue, das er nicht zuvor
durch seine Propheten angesagt habe, kein Festlegenwollen Gottes,
sondern im Gegenteil ein Bekenntnis zu Israels Geschichte unter Jahwe
vom Wissen um das Gericht her. Gerade in der Umkehrung des Grundwortes von v. 6 liegt die für die exilische Zeit einzig adäquate Aktualisierung der Botschaft des Amos.

Das vierte größere Wort, das in die erste Zeit nach dem Ende der
staatlichen Existenz 586 gehört, ist (9 11-12)[13] das Wort von der Hütte
Davids, die wiederaufgerichtet werden soll. Berücksichtigt man, daß
9 13-15 jünger ist, steht dieser zaghafte Ausblick ursprünglich am Ende
des Amosbuches.

Auch נְאָם יהוה עשָׂה זאת wirkt gegenüber der sonst bezeugten
einfachen Gottesspruchformel נאם יהוה wie ein endgültiger Abschluß.
זאת kann sich an dieser Stelle nur auf Vorangegangenes beziehen[14];
der Bezug auf das Gesamtbuch legt sich nahe. Die Formel נאם יהוה
ist im echten Amosgut verankert, wo sie immer am Wortschluß steht.
Darüber hinaus ist sie aber auch neunmal zu echten Amosworten
sekundär hinzugefügt worden[15].

---

[9] Nr. 5 und 10.
[10] Gegen W. H. Schmidt, ZAW 77, 168—193, und auch H. W. Wolff 137f. s. u. S. 63f.
[11] Vgl. zu Nr. 10, bes. S. 18.
[12] W. H. Schmidt 187.
[13] Nr. 148.
[14] Vgl. dazu vielleicht auch Jes 9 6 als Abschluß der jesajanischen Denkschrift 6 1—9 6
(Hinweis von Prof. H. Donner).
[15] In 2 11 3 10. 13 6 8. 14 8 3. 9. 11 9 7.

Fünfmal kennzeichnet sie Worte ohne eigene Botenformel als Gottesspruch: 6 14 8 3. 9. 11 9 7;

dreimal ergänzt sie das Objekt für eine Aufforderung zum Hören: 3 10. 13 6 8;

in 2 11 endlich dient sie zur verdeutlichenden Aufgliederung des Textes[16].

Auch die unechten Belege der Formel verteilen sich also auf den Gesamtbestand des Buches. Der Glossator, der die aus echtem Amosgut gewonnene Formel an den genannten Stellen einfügte, fand diesen Gesamtbestand entweder schon vor oder schuf ihn selbst. Da die Gottesspruch-Formel einen integrierenden Bestandteil des Buchschlusses 9 12 bildet, wird man im Verfasser dieser Verheißung den gleichen sehen dürfen, auf den die sekundären Belege der Formel im übrigen Buch zurückgehen. War er es auch, der den endgültigen Aufbau des Amosbuches schuf?

Bei der Besprechung der Bearbeitung von Amosworten im 7. Jh. blieb die erste Hälfte des Buches (1 1—4 12a)[17] ganz außer Betracht, die nach der vermutlich sehr alten Kernüberschrift 1 1a.bβ eine Sammlung relativ gut erhaltener Amosworte bietet.

Mit Kap. 5 beginnt eine völlig andere Art der literarischen Verarbeitung[18]. Die Worte werden nicht mehr einfach, sei es nach inhaltlichen Kriterien, sei es nach Stichworten, aneinandergereiht, sondern ineinander verzahnt. Ursprüngliche Einheiten werden z. T. zerlegt[19] und durch kunstvolle, auch inhaltlich sachgemäße, doch deutlich sekundäre Verschachtelung zu neuen großen Worteinheiten zusammengefügt.

Nach dem Ende der Einheit von Visions- und Fremdbericht in 8 3 schließt sich in Kap. 8 und 9 eine Ansammlung von Amoswort-Fragmenten, die zu größeren Einheiten verarbeitet sind, an. Das freie Walten mit den Amosworten unterscheidet Kap. 8—9 von Kap. 1—4 und verbindet es mit Kap. 5—6. Kap. 1—4 scheint also im Hinblick auf die Überlieferungsgeschichte eine Größe sui generis zu sein, die freilich mit v. 4 12a unvermittelt abbricht. Der Verlust des erwarteten Drohwortes kann nicht durch bewußte Unterdrückung einer den Tradenten zu furchtbar scheinenden Drohung erklärt werden[20]. Keine Drohung hätte 8 2 an Schärfe überbieten können, und die Tendenz der Überlieferung geht, wie sich immer wieder im einzelnen erweist, zur

---

[16] S. o. zu Nr. 15.

[17] Im Unterschied zu der Annahme der Bethel-Interpretation der Josiazeit in Kap. 4 durch H. W. Wolff 135 ff.; vgl. oben S. 59 Anm. 5.

[18] Vgl. zu Nr. 55 und 59.

[19] V. a. 5 4-6. 14-15 (Nr. 55).

[20] So F. Horst, ThB 12, 161.

Bewahrung, nicht zur Ausscheidung des Überkommenen[21]. Mechanischer Verlust des Drohwortes nach v. 4 12a ist anzunehmen; der Gedanke an einen abgebrochenen Rollenschluß ist vertretbar.

Das würde bedeuten, daß in Kap. 1—4 eine alte Sammlung von Amosworten[22] vorliegt, die von Kap. 5ff. überlieferungsgeschichtlich zunächst getrennt war.

Kap. 5f. und 8f. gruppieren sich ihrerseits um den ältesten literarischen Kern 7 1—8 3 in einer öfter zu beobachtenden Ringbildung[23].

Die ersten redaktionellen Spuren, die sich gleichmäßig über das ganze Buch verteilen, sind die Einfügungen der Gottesspruchformel נאם יהוה, die auch das Buch ursprünglich beschloß. Sie geht auf den exilischen Bearbeiter zurück.

Zusammenfassend darf nun eine Hypothese zur literarischen Entstehung des Amosbuches gewagt werden[24], die mit vier Stadien des literarischen Werdens rechnet:

1. Schaffung der Einheit von Visions- und Fremdbericht, vielleicht noch zu Lebzeiten des Amos, sicher nicht lange nach seinem Tode, also wohl auf jeden Fall noch im 8. Jh.

2. דברי עמוס-Sammlung, die in Kap. 4 (v. 12) abbricht. Auch sie ist wahrscheinlich nicht allzulange nach dem Auftreten des Amos entstanden, da sich die Datierung auf das Erdbeben bezieht. Sollte e silentio zu schließen sein, daß der Untergang des Nordreichs noch nicht erfolgt ist?

3. Unabhängig von der Sammlung Kap. 1—4 ist die ringbildende Sammlung, Redaktion und aktualisierende Weitergestaltung von Amosworten oder -fragmenten um den Kern des Visions- und Fremdberichts. Entstehung nach dem Untergang des Nordreiches in Juda, vermutlich während der Regierung des Manasse.

4. Zusammenfassung von Kap. 1—4 und Kap. 5—9 durch einen im Exil wirkenden Redaktor, der seinerseits noch aktualisierende Zu-

---

[21] Vgl. auch G. Fohrer, ZAW 63, 38. Die Hypothese von K. Budde, ZAW 39, 218—229, nach der eine seltsame Redaktionsarbeit gerade die für K. Budde interessantesten Partien der Prophetenbücher spurlos verschwinden ließ, ist in ihrer inneren Inkonsequenz (vgl. den Widerspruch in bezug auf das Jonabuch) und der völlig an der Tendenz z. B. der rabbinischen Literatur zur sekundären »Verumständung« vorbeisehenden, sowohl psychologisch als auch v. a. kanonsgeschichtlich höchst unwahrscheinlichen Kombination geradezu rätselhaft.

[22] Nach dem Grundbestand von 1 1 könnte man sie die »דברי עמוס-Sammlung«nennen.

[23] Vgl. H. W. Wolff 131.

[24] Daß sich die folgenden Gedanken nicht mit den Stufen des literarischen Werdens Werdens des Amosbuches, die H. W. Wolff im Vorwort seines Amoskommentars (129ff.) skizziert hat, decken, kann im Rahmen der vorliegenden Untersuchung deshalb unerörtert bleiben, weil ihr Hauptgewicht gerade nicht auf der Gesamtredaktion, sondern auf der Einzelinterpretation der sekundären Partien ruht und hier oftmals doch mit H. W. Wolffs Beobachtungen übereinstimmt.

sätze[25] und außerdem mindestens noch neunmal die Gottesspruchformel נאם יהוה in das ganze Buch einfügte und es mit dem Ausblick
auf die einstige Wiedererrichtung der Staatlichkeit abschloß.

Vielleicht geht auf diesen exilischen Bearbeiter (-Kreis) auch die
Ergänzung der Überschrift (1 1bα)[26] zurück. Leider muß es hier bei
der bloßen Vermutung bleiben.

Der Ausblick am Schluß des Buches erinnert in seiner verhaltenen
und doch unüberhörbaren Hoffnung an das Ende des dtr. Geschichtswerkes. Jahwe wird nicht nur als der Herr der vergangenen, durch
die Prophetie angekündigten, in dem Verlust von Staat, Land und
Tempel vollendeten Geschichte Israels bekannt, sondern auch als der
weiterhin Handelnde, neues Leben Erweckende.

Die Nähe dieses Bekenntnisses zu deuteronomistischen Gedanken sollte jedoch
nicht dazu verleiten, von einer »deuteronomistischen Redaktion des Amosbuches« zu
sprechen, wie es W. H. Schmidt[27] getan hat.

Eine literarkritische Scheidung und vor allem die darauf folgende Identifizierung
des oder der Autoren nach Kriterien des Sprachgebrauches ist zwar immer problematisch, vor allem aber, wenn es um die Sprache deuteronomistischer Prägung geht.
Deshalb soll aber auch weniger auf dieser als auf inhaltlicher Ebene W. H. Schmidt
widersprochen werden.

Seltsam erscheint es, daß er innerhalb der Überschrift des Buches gerade den
zweiten אשר-Satz für ursprünglich hält, obwohl der von ihm selbst erwähnte Befund
des Wortes חזה in diesem Zusammenhang fast unüberhörbar für eine Spätdatierung
spricht. Aber auch manche anderen Einwände sind zu machen: Spricht z. B. die Tatsache, daß wir wenig von einer Unheilsprophetie vor Amos wissen, wirklich für eine
Spätdatierung von 2 12?

Ist es legitim, die Hälfte — und zwar die wichtigere Hälfte — eines Verses (3 1)
zu streichen und dann den Rest für nichtssagend und darum nicht von Amos stammend
zu erklären? Kann man wirklich dadurch, daß man die theologisch platteste Deu-
tungsmöglichkeit eines Wortes — z. B. 1 2 als judäische Drohung gegen das Nordreich — annimmt und sie dann Amos nicht zutrauen mag, seine Verfasserschaft
widerlegen?

Welche geschichtstheologische Gesamtkonzeption liegt hinter einer exegetischen
Methode, die mit dem Absinken des theologischen Niveaus als Datierungsmittel (3 7)
operiert?

Vor allem geschieht das in selbst historisch nicht ganz exakter Weise, indem
sozusagen eine zeitlos-allgemeingültige prophetische Theologie angenommen wird,
auf die als eine unwandelbare Norm hin auch in ganz anderen historischen Umständen
entstandene Worte geprüft werden.

Der auffallendste Ansatzpunkt zur Kritik an W. H. Schmidts Hypothese scheint
aber die mangelnde Differenzierung innerhalb seines eigenen Ansatzes zu sein. So
werden die Tyrus-, Edom- und Moab-Strophe der einen dtr. Redaktion zugesprochen,

---

[25] Nr. 5; 10; 21; 148.
[26] Nr. 1—2.
[27] ZAW 77, 168—193.

obwohl W. H. Schmidt selbst zur Tyrusstrophe (176) das 4. Jh. zur Datierung erwägt, dagegen bei 5 26 an exilische Polemik gegen die samarische Mischbevölkerung, also Entstehung im 6. Jh. denkt.

Zwar wirkt die Einzelbegründung der Ausscheidung sekundärer Partien meist jeweils recht überzeugend, ihre Gesamteinordnung in eine dtr. Redaktion aber schwach. Kennzeichen dieser Redaktion wäre — und das scheint hauptsächlich für ihre Charakterisierung als deuteronomistisch zu sprechen — der »Predigtstil«, dessen Merkmal die ausführliche Begründung einer Drohung (178) und die Gestaltung als Anrede (182) seien. Gegenüber einer manchmal übertrieben anmutenden Vorliebe moderner Exegeten für das Auffinden von Predigten ist auch von der Gattungsbestimmung her Vorsicht geboten.

Mit der skizzierten Grundthese von W. H. Schmidt muß aber auch der Teil seiner Ausführungen, den H. W. Wolff in seinen Kommentar übernimmt, in Frage gestellt werden.

III. Von allen größeren Ergänzungen, die bis jetzt noch nicht eingeordnet sind, kann mit gegenüber der exilischen Gesamtredaktion, in der der Grundbestand im wesentlichen festgelegt wurde, späterer Entstehung gerechnet werden.

Zwingend ist diese Annahme v. a. für den zweiten Buchschluß 9 13-15 (Nr. 151), für den die zweite Hälfte des Exils erwogen wurde.

4 12b (Nr. 48) verrät die gleiche Hand wie 4 7-8, ist aber nicht zu datieren. Die Wendung der Katastrophenschilderung in eine Zukunftsweissagung, d. h. ins Eschatologische, könnte dafür sprechen, daß das Exil inzwischen beendet ist.

Allerdings ist kaum zu erwarten, daß sich alle Glossen selbst größeren Umfanges zeitlich oder sachlich eindeutig einordnen lassen. Große Unsicherheit besteht vor allem gegenüber 9 2-4a (Nr. 137), dessen mythische Motive sogar für nachexilische Entstehung sprechen könnten. 8 3 bleibt schon wegen des schlechten Textzustandes undurchsichtig.

5 26 (Nr. 77) könnte mit II Reg 17 16 die Kenntnis des dtr. Geschichtswerkes voraussetzen und wäre dann wohl nachexilischen Ursprungs. Vielleicht liegt hier schon eine Art gelehrter Glossierung vor, die theologische Auslegung im engeren Sinne treibt. Zu vergleichen wären auch Nr. 43[28], 44[29], 73[30] und 122 (Am 8 8), eine theologische Reflexion über das Verhältnis von 8 7 zu 8 9, die 1 9 und vor allem auch 9 5, also die Doxologien, voraussetzt.

Etwas festeren Boden betritt man erst wieder mit den drei Stellen[31], die als Vorstufen zur Apokalyptik angesehen werden können und wohl alle in das ausgehende vierte vorchristliche Jahrhundert[32]

---

[28] Eine gewissermaßen »bibelkundliche« Glosse.
[29] Textrekonstruktion auf Grund theologischer Überlegungen.
[30] Zu vergleichen wäre Hillel 2.
[31] Nr. 4; 62; 67.
[32] S. o. zu Nr. 62.

gehören, da die Tyrusstrophe 1 9-10 unmittelbare Nähe zu Joel 4 4-8 zeigt[33] und 5 9 offenbar eng mit 5 13 zu verbinden ist[34].

Spätestens von der Zeit der Eroberung Palästinas durch Alexander den Großen an scheint kein weiterer Eingriff am Text mehr vorgenommen worden zu sein, es sei denn, es handelte sich um bloße textbewahrende, d. h. textkritisch relevante, korrigierende oder rekonstruierende Maßnahmen. Es wird zu prüfen sein, ob es sich hier um eine Einzelerscheinung handelt, oder ob auch die anderen untersuchten Prophetenbücher erkennen lassen, daß eigenständige Eintragungen prophetischen Stils nicht mehr nach dem 4. Jh. erfolgten.

Da 5 9 sicher später als 5 8 ist[35], ist als terminus ad quem für die Einfügung der Doxologien[36] die zweite Hälfte des 4. Jh. v. Chr. gewonnen. Als Bestimmung eines terminus a quo ergibt sich zunächst die Gesamtredaktion des Buches[37], während W. R. Harpers Vermutung geistesgeschichtlicher Nähe der Doxologien zu II-Jesaja für die Literarkritik des Amosbuches unmittelbar nichts besagt, da es in ihrem Rahmen nur um die Frage geht, wann die Doxologien eingefügt, nicht wann sie abgefaßt wurden. Wenn, wie auch F. Horst[38] annimmt, 4 13 nach 4 12b, also zeitlich später als dieser Vers, eingefügt wurde, liegt der terminus a quo nach 520 v. Chr.

Zu einem nicht näher bestimmbaren Zeitpunkt der in bezug auf die der Nachwelt erhaltenen Nachrichten dunklen Zeit des nachexilischen Israel unter persischer Oberhoheit wurden die drei Doxologien, die zusammen einen Jahwehymnus[39] bilden, in das Amosbuch eingefügt. Die beim Hymnus vermißte einleitende Anrede[40], d. h. der Introitus, liegt in der Aufforderung 4 12b vor, d. h. v. 12b übernimmt in diesem Zusammenhang sekundär die Funktion des Introitus. Hier ist also die eigentliche Verankerung für die Doxologien. 5 8 wird durch das Stichwort הפך mit v. 7 verknüpft und setzt außerdem die Aufforderung von v. 6-7 wiederum im Sinne einer Anrede im Hymnus fort. 9 5-6 antwortet auf die Drohung 9 1-4[41].

---

[33] S. o. zu Nr. 4.
[34] S. o. zu Nr. 62.
[35] Vgl. Anm. 34.
[36] 4 13 5 8 9 5-6. Dazu F. Horst, ThB 12, 155—166, dessen Vorschläge zur Textkritik jedoch überwiegend abzulehnen sind. Die von ihm angenommenen tiefgreifenden Textänderungen sind schwerlich in die Toleranzbreite der nachexilischen Überlieferung bis zur Übersetzung der LXX sinnvoll einzuordnen.
[37] S. o. zu Nr. 61; 141.
[38] A. a. O. 159.
[39] Zur Form vgl. v. a. F. Horst 158f.
[40] F. Horst 158.
[41] Vgl. F. Horst 162f. zur Funktion der Doxologien.

Durch die Einfügung der drei Teile des Hymnus zum Lobpreis der Schöpferkraft Gottes wird das ganze Amosbuch liturgisch[42] aufgegliedert. Sehr bedenkenswert sind in diesem Zusammenhang F. Horsts[43] Erwägungen zur Rechtsfunktion der Doxologien als der »Art, wie man sich dem Verfahren der Gottheit bedingungslos unterwirft, nämlich dadurch, daß man im doxologischen Hymnus die unerforschliche Allmacht Gottes bekennt«[44].

Allerdings ist im Hinblick auf 4 12b, das die vorangehenden Schilderungen futurisch deutet, F. Horsts Annahme, daß damit »das Prozeßverfahren der Gottheit als erledigt zu betrachten«[45] sei, da die Gemeinde mit der Doxologie »die Gültigkeit der Exil-Katastrophe als Erweis der strafenden Richtermacht Gottes« bejahe, zumindest einzuschränken, wenn nicht abzulehnen. Gewiß kommt die Gemeinde bereits von der Erfahrung des Exils und der Heimkehr her und bekennt Gottes Gericht als gültig. Gemäß der eschatologischen Umdeutung im Sinne des Wirksambleibens prophetischen Wortes wird aber das Gericht auch als künftig erwartet. Die von F. Horst erarbeitete Rechtsfunktion der Doxologie gewinnt dadurch an Tiefe, daß die Gemeinde[46] der Gerichts*ankündigung* Recht gibt und sich der Majestät Gottes überantwortet. Nur in dem Maße geben also die Doxologien im Amosbuch »den düsteren Drohungen des Propheten einen lichtvollen Ausgang«[47], in dem eschatologisches Gericht zugleich den Anbruch des Lichtes der Endzeit[48] bedeutet. Die Doxologien im Amosbuch sind ein Zeugnis für das Leben des frühesten Prophetenwortes im Bekenntnis der nachexilischen Gemeinde.

IV. Als letztes der im Amosbuch sich stellenden Probleme muß in dieser Zusammenfassung das des Gottesnamens bzw. seiner Ersetzung durch אדני genannt werden. An insgesamt 21 Stellen[49] war

---

[42] Diese Feststellung ist nicht als formgeschichtliches Postulat einer im Amosbuch vorliegenden prophetischen Liturgie, zu der dann etwa ein kultischer Sitz im Leben gesucht werden müßte, zu verstehen. In Ermangelung hinreichender Nachrichten über die Art kultischer Begehungen auch noch des nachexilischen Israel soll hier ganz auf den Versuch liturgischer Einordnung verzichtet werden. Das Wort ist hier in der umfassendsten Bedeutung gottesdienstlicher Verwendung irgendwelcher Art gebraucht.

[43] A. a. O. 162 ff.

[44] A. a. O. 164.   [45] A. a. O. 166.

[46] Daß sie es sei, die in den Doxologien redet, sei es auch nur durch die Hand des Glossators, ist bis auf weiteres anzunehmen.

[47] F. Horst a. a. O. 166.

[48] Vgl. für die Spannung zwischen endzeitlicher Bedrängnis und Errettung z. B. die Endgestalt von Kap. 4—5 im Michabuch, s. u. zu Mi. Nr. 67; 72; 73, oder die Prophetie des II-Sach.

[49] Nr. 3; 22; 25; 29; 33; 38; 52; 71; 88; 97; 100; 103; 105; 107; 109; 112; 118; 126; 128; 134; 139.

אדני im Text sicher oder wahrscheinlich zu streichen. Amos selbst hat fast immer den einfachen Gottesnamen gebraucht. Nur in der Gebetsanrede der Visionen[50] ist אדני für ursprünglich zu halten; außerdem wird es in 4 2 durch die Antithese zu 4 1 gestützt. Der Gebrauch von אדני ist also im alten Amostext verankert, wenn auch in der überwiegenden Zahl der Fälle sekundär. Dieser Befund des Amosbuches deckt sich auffallend mit dem bei Ezechiel, wo ebenfalls der Doppelname in MT sekundär ist[51]. Wie dort bietet auch für das Amosbuch LXX in den meisten Fällen die einfache Form. Das legt den Schluß nahe, die Erweiterung durch das »Textqere« אדני habe erst nach der Übersetzung ins Griechische Eingang in den hebräischen Text gefunden. Diese Annahme würde ferner auch zu der These von W. von Baudissin[52] passen, das κύριος der LXX habe die Lesung אדני mindestens mitveranlaßt. Sie wird auch von G. Quell[53] geteilt, der propagandistisch-missionarische Motive für diese Wiedergabe des Tetragramms geltend macht[54].

So zwingend diese Überlegungen zunächst scheinen, so fragwürdig werden sie angesichts der Tatsache, daß nicht nur die vorchristlichen LXX-Handschriften[55], sondern sogar auch christliche Handschriften, hier allerdings in der Form ΠΙΠΙ, das Tetragramm nicht mit κύριος wiedergeben, sondern als hebräische Buchstabenfolge in den Text eintragen[56].

Innerhalb des Amosbuches kompliziert sich der Sachverhalt ohnehin dadurch, daß in 4 2[57] die Vorlage der LXX offenbar das אדני ausließ, obwohl es zum ursprünglichen Amoswort zu gehören scheint, während es andererseits in LXX belegt ist[58], wo man es als sekundär ausscheiden möchte. Insgesamt bietet sich folgendes Bild:

Anzahl der sek. אדני-Stellen: 21.
Davon nicht in LXX vorhanden: 14[59];
auch in LXX vorhanden: 4[60];
für LXX nicht klärbar: 3[61].

Diese Verteilung läßt keinen anderen Schluß zu als den, daß LXX nicht eine ursprünglichere, wohl aber eine andere Textform als MT

---

[50] Am 7 2. 4.
[51] G. Fohrer, ZAW 63, 33—53.
[52] W. von Baudissin, Kyrios 1 (1929), für Ez zitiert bei G. Fohrer a. a. O. 38.
[53] G. Quell, ThWB III, 1056—1080.
[54] A. a. O. bes. 1060.
[55] Hier ist v. a. R' zu nennen.
[56] P. Vielhauer, EvTh 25, 29 f.
[57] S. o. zu Nr. 33.
[58] Nr. 22; 25; 29; 38.
[59] Nr. 3; 33; 52; 88; 97; 100; 103; 105; 107; 112; 118; 126; 128; 139.
[60] Vgl. Anm. 58. [61] Nr. 71; 109; 134.

voraussetzt, in der die sekundären אדני-Eintragungen offenbar zum größeren Teil noch als (Aussprache-) Glossen erkennbar waren und wieder getilgt wurden, während MT die ungereinigte, d. h. alle Textbestandteile bewahrende Form bietet. Zumindest für das Amosbuch kann somit die Ersetzung des Gottesnamens[62] durch אדני als vor der Zeit der LXX-Übersetzung geschehen angenommen werden. Diese Annahme wird außer dem geschilderten Textbefund noch zwiefach unterstützt:

1. durch die von ganz anderer Basis aus geführte Argumentation von W. Foerster[63], die in Widerlegung von W. von Baudissins Thesen erwägt, daß die spätere LXX-Wiedergabe des Tetragramms durch κύριος sich an einen schon gebräuchlichen *hebräischen* Ersatz des Gottesnamens angelehnt habe;

2. durch die zu Nr. 71 gemachten Erwägungen, die dafür sprechen, das sekundäre אדני für älter als die Namenserweiterung אלהי צבאות zu halten. Daß aber die Bezeichnung »Gott der Heerscharen« nicht erst nach der Zeit der LXX in das Amosbuch eingefügt wurde, ist sicher.

Dürfte man diese Beobachtungen verallgemeinern, so würden sie einen weiteren Hinweis auf die Tatsache bedeuten, daß die Tendenz der LXX keinesfalls auf eine Anpassung des Bibelwortes an die hellenistische Umwelt, sondern im Gegenteil auf möglichste Bewahrung der Eigenheit des hebräischen Offenbarungswortes auch in der Sprache der Übersetzung gerichtet ist[64].

Die merkwürdig frühe Datierung der אדני-Ergänzung führt zu der Vermutung, ob etwa in der Zeit des ausgehenden Perserreiches zum erstenmal in größeren Zusammenhängen der biblische Gottesname[65] umschreibend verhüllt worden wäre. Eine andere Form solcher Verhüllung könnte dann die Ergänzung אלהי צבאות innerhalb des Amosbuches[66] sein. Sie kommt insgesamt zehnmal[67] vor, davon dreimal[68] in determinierter Form (הצבאות), ohne daß der Grund der Differenz mit einiger Sicherheit vermutet werden könnte. Nach dem zu Nr. 51 (vielleicht auch 80) Gesagten ist die Namenserweiterung nicht nur jünger als das Textqere אדני, sondern auch als die Doxo-

---

[62] Zur Wortersetzung durch Beischreibung des ersetzenden Wortes ohne Tilgung des ersetzten vgl. im Michabuch Nr. 16; 42, und s. u. S. 262.

[63] W. Foerster, ThWB III, 1081—1085.

[64] Zum Problem der Übersetzung vgl. R. Hanhart, ThExH 140, 29 ff.

[65] Dabei wäre auch an die im Jonabuch gegenüber Heiden gebrauchte Bezeichnung »Himmelsgott« (Jon 1 9) zu denken.

[66] Dieser Ausdruck ist im Gegensatz zu אדני nicht im Amosbuch selbst, wohl aber in der gesamtprophetischen Tradition verankert.

[67] Nr. 30; 51; 68; 69; 70; 79; 80; 90; 96; 138.

[68] Nr. 30; 96; eventuell auch 138.

logien. Der Grund für diese Eintragung kann in dem von G. Wanke beobachteten Vorkommen der Namensform in nachexilischen gottesdienstlichen Liedern gesucht werden[69]. Ebenso wie die Doxologien würde dann auch die Erweiterung des Gottesnamens für eine im weitesten Sinne liturgisch zu nennende Durchgliederung des Prophetenbuches in der nachexilischen Gemeinde sprechen.

Die noch nicht besprochenen Glossen im Amosbuch entziehen sich einer zeitlichen Eingrenzung. Die systematische Einordnung der Texterweiterungen soll, um Einseitigkeiten zu vermeiden, erst mit der des sekundären Micha- und Hoseagutes zusammen erfolgen.

---

[69] G. Wanke, BZAW 97, 40ff.

II. Michabuch

Micha 1 1:

(1) Der zweite אשר-Satz hinkt nach und ist wie in Am 1 1 als sekundär anzusehen. Allerdings faßt er als kurze Charakterisierung die beiden Angriffsrichtungen der michanischen Botschaft zusammen und ist in dieser Beziehung mit 1 5b zu vergleichen. Auch die verbleibende Überschrift im geläufigen Typ läßt einige zeitliche Distanz zum Propheten vermuten, wie ein Vergleich mit dem ältesten Bestand von Am 1 1 zeigt.

1 2-9 (vgl. Anhang Nr. 1):

Die Abgrenzung scheint problematisch, erweist sich aber nach der Textherstellung als so am sinnvollsten. Da in v. 9 ein Feind für Jerusalem angekündigt wird, ist anzunehmen, daß v. 10-16 mit der Erwähnung Jerusalems in v. 12 ursprünglich ein selbständiges Wort war, das nicht zuletzt wegen der Stichwortverknüpfung von v. 12 (»Tor Jerusalems«) mit v. 9 (»Tor meines Volkes, Jerusalem«) hier angeschlossen wurde.

Eine Aufteilung innerhalb von v. 2-9 würde das Verständnis eher hindern als fördern.

(2) V. 2: אדני₁ ist im Grundbestand der LXX nicht vorausgesetzt (vgl. J. Ziegler, App.) und nach v. bβ sekundär eingetragen. ויהי יהוה gehört dann vermutlich als Wortspiel eng zusammen und bildet eine Hebung.

V. 3 kann als Doppelvierer gelesen werden, ein Grund zu den in BHK App. vorgeschlagenen Änderungen besteht nicht. Die Doppelheit des Ausdrucks in v. b wird auch in LXX und Vulg. (gegen BHK App.!) vorausgesetzt. Wo der eine oder der andere Ausdruck in Teilen der LXX-Überlieferung fehlt, kann an innergriechischen Textverlust wegen Homoioteleuton (-βήσεται) gedacht werden. R' stützt MT.

(3) V. 5: Nach der einhelligen LXX-Bezeugung und // בפשע ist statt des Plurals וּבְחַטֹּאות zu lesen.

(4) J. Wellh. will »Israel« in »Juda« ändern, doch erübrigt sich diese Änderung, wenn man v. 5b als Glosse ausscheidet. Die lehrhafte Ausführung im Disputationsstil unterbricht den Zusammenhang mit einer theologischen Reflexion. Der Glossator tauscht »Israel« ohne weiteres

gegen »Juda« aus, d. h. er spricht aus judäischer Sicht. Inhaltlich handelt es sich aber nicht um eine Aktualisierung, sondern um reine Explikation des Prophetenwortes, die im Gegensatz zur Aktualisierung in der zeitlichen Distanz zum ausgelegten Wort bleibt. Alles spricht für eine späte, nachexilische Entstehung.

(5) LXX liest noch richtig »Sünde des Hauses Juda«. Anscheinend ist in MT חטאת durch Homoioteleuton ausgefallen und dann בית unter möglichster Wahrung des Konsonantenbestandes zu במות geändert worden. במות ist also aus der vom Deuteronomisten herkommenden Sicht der Geschichte Israels als Synonym für Sünde betrachtet worden. Die Änderung scheint sehr spät, wohl nach der Zeit der LXX, erfolgt zu sein.

(6) V. 6: לעי השדה wird von J. Wellh. mit Recht angezweifelt, da auch G. R. Drivers Erklärungsversuch einer »Ruine im Gefilde« geographisch unzulänglich ist. Zum Parallelismus paßt nur das von K. Marti u. a. vorgeschlagene לשדה. Auch der Sing. עי ist angesichts des in 3 12 Jer 26 18 und Ps 79 1 verwendeten Plurals seltsam, eine Textkorrektur nach diesen Stellen also unwahrscheinlich. Man wird darum mit mechanisch bedingter, wohl durch Materialbeschädigung hervorgerufener Textentstellung rechnen dürfen. Es ist denkbar, daß nur die beiden letzten Buchstaben von למטעי und vielleicht das ל von לשדה erhalten waren und durch Vergleich der Zwischenstufe »zur Weinbergsruine« mit dem Grundtext die schon LXX vorliegende Lesart in MT kontaminiert wurde. Für die Richtigkeit dieser Rekonstruktion spricht, daß auf jeder Textstufe die größtmögliche Bewahrung des Überlieferten ausschlaggebend gewesen wäre.

(7) V. 7: אתנניה paßt weder in den Parallelismus mit פסיליה noch zum Verbum שרף (J. M. P. Smith), da אתנן sonst überall im AT »Lohn« im engeren Sinne bedeutet, nicht aber das, was zum Lohn gegeben wird. Mit J. Wellh. ist אשריה zu lesen; das unkenntlich gewordene Wort kann aus dem unmittelbaren Kontext (v. 7b) ergänzt worden sein.

(8) אשים שממה setzt einen geographischen Begriff als Objekt voraus und scheint eine Variante zu v. 6bβ darzustellen, die sekundär hinter v. 7a gestellt und mit einem neuen Objekt וכל עצביה versehen wurde **(9)**.

Die Erwägungen (Nr. 6—9) zu v. 6 und 7 fügen sich dann sinnvoll zusammen, wenn man annimmt, daß in einer in Kolumnen geschriebenen Textvorlage eine sich über drei Zeilen erstreckende Beschädigung des Materials eintrat und zu den Korrekturen führte:

ושמתי שמרון ל[שדה למט[עי כרם — Korr. nach d. Kons.bestand,

והגרתי לגי אבניה [ויסדיה אגלה] — Korr. nach ähnl. Stellen (Jer 6 8 Mal 1 3)

וכל פסיליה יכתו וכל [אשריה] ישרפו באש — Korr. nach dem Kontext (v. 7b).

Subjekt zu קבצה in v. 7b ist die Stadt, auf die sich auch die vorangehenden Nominalsuffixe bezogen. Der in MT vorliegende Subjektswechsel ist nicht so hart, daß er zu einer Textänderung zwänge.

(10) V. 9: Zur Herstellung der Kongruenz mit אנושה ist mit LXX
und den meisten Auslegern מכתה i. S. v. »der Schlag, der sie (die Stadt)
trifft« zu lesen. Die Verschreibung in die Pluralform, die dann als Akkusativ der Beziehung verstanden werden mußte, ist nach den vielen
pluralischen Suffixen in v. 7 verständlich.

(11) Die meisten Kommentatoren ändern auch נגע in die f. Form
באה //. Der Grund des Ausfalls müßte vorübergehende Defektivschreibung sein. Zur m. Form läßt sich ein unpersönliches Subjekt
denken.

Nach der Textkritik ergibt sich die Gesamtstruktur von v. 2-9:

V. 2	2 Doppeldreier	Ankündigung
v. 3	1 Doppelvierer	} Theophanieschilderung
v. 4	2 Doppeldreier	
v. 5	1 Doppeldreier	} gekoppeltes Droh- und Scheltwort:
v. 6	2 Fünfer	Samarias Katastrophe
v. 7	2 Doppeldreier	
v. 8	2 Doppeldreier	Ankündigung } Reaktion aus judäischer
v. 9	2 Fünfer	+ Klage } Sicht.

1 10-16 (vgl. Anhang Nr. 2):

Daß der Textzustand dieses aus Wort- und Sinnspielen gebildeten
Stückes äußerst problematisch ist, braucht nicht betont zu werden.
Die Vorlage der LXX läßt sich mit verhältnismäßig großer Sicherheit
rekonstruieren, doch sind die feststellbaren Abweichungen zumeist als
bloße quadratschriftliche Entstellungen aus MT erkennbar.

(12) V. 10: LXX las (HR. 902b, s. v. μεγαλύνειν) תַּגְדִּילוּ, das vorzuziehen ist, weil die Art der Assonanz die gleiche bleibt, sich aber
zugleich noch ein Gegensatzbegriff zu בכה ergibt und die Entstehung
von MT aus der LXX-Lesart gut erklärbar ist, da es sich offenbar um
Änderung oder Korrektur nach II Sam 1 20 handelt.

(13) Dagegen führt LXX in v. aβ auf einen Irrweg, indem sie einen
zweiten Ortsnamen vorauszusetzen scheint. Abgesehen von v. 13b enthält aber im ganzen Spruch jeweils eine poetische Zeile auch nur einen
Ortsnamen. Vielmehr liegt der Sinn von v. 10a im Gegensatz zwischen
גדל Hif., das das Wortspiel mit גת bildet, und den Formen von בכה. Mit
J. Wellh. ist darum אל in v. aβ auszuscheiden. Es wurde aus dem ersten
Halbvers übernommen, weil offenbar der ganze Gath-Vers als Verbot
lauter Äußerungen mißdeutet wurde.

(14) In v. 10bβ las LXX noch richtig הִתְפַּלָּשִׁי, dessen Änderung wegen des Anklanges an פלשתים (J. Wellh.) psychologisch erklärbar ist.

(15) V. 11: B. Duhms in ihrer Art geniale Konjektur zu v. 11a, שׁוֹפָר הֶעֱבִירוּ, muß mit starker Textverderbnis rechnen, die gerade bei einem so klaren Bild nicht recht einzuleuchten vermag. Grundsätzlich gibt es aber neben der Assonanz noch eine zweite Art des Wortspiels, die nicht vom Klang, sondern von der Bedeutung der im Wort oder Namen vertretenen Wurzel aus ein Sinnspiel bildet. Diese Möglichkeit ist im vorliegenden Gedicht wahrscheinlich in v. 11b und 12b (ירושלם — ירד רע), sicher in v. 12a zu beobachten. Die Vermutung, daß auch in v. 11aα ursprünglich ein solches Sinnspiel vorlag, scheint auch der masoretischen Akzentuierung zugrunde zu liegen, die den Ausdruck »Schande« noch zum Schafir-Vers rechnet.

Nach v. 11b und 12a ist eher eine Äußerung über die Ortschaft in der 3. pers. als eine Anrede an sie zu erwarten.

Schließlich erscheint לכם in MT auf jeden Fall deplaciert. Eine Umstellung dieser drei Konsonanten ergibt aber einen möglichen Gegensatzbegriff zur Wurzel שׁפר mit der Wurzel כלם. Aus der Gesamtheit dieser Überlegungen ergibt sich der Vorschlag, עֹבֵר יַכְלִם zu lesen: »Ein Vorüberziehender bringt Schande über die Einwohnerschaft von ‚Schönau‘«. MT kann dann durch falsche Abtrennung eines Imperativs und dem folgende Metathese der drei nächsten Konsonanten entstanden sein.

(16) Das folgende Wort ist mit LXX עָרֶיךָ zu vokalisieren. Die masoretische Vokalisation, die aus der Zuordnung zum vorangehenden Satz erfolgt, soll durch die von LXX noch nicht gelesene Ausspracheglosse בשׁת gesichert werden. Diese Art der Wortglossierung erinnert an den im Amosbuch häufigen Zusatz von אדני zum Tetragramm.

(17) In v. 11bβ kann allem Anschein nach auch nur ein Sinnspiel zwischen der Wz. אצל i. S. v. »aufbewahren« und לקח עמדה מעמדה vorliegen. Dazu paßt מספד nicht. BHK App. gibt die Richtung der nötigen Emendation an, wenngleich die Lösung einfacher ist, wenn man statt מספד das in I Reg 7 9 belegte Hapaxlegomenen מסד liest. Bei der Ungebräuchlichkeit des Wortes wäre verschreibende Dittographie des ס zu פ oder vielleicht noch eher Korrektur nach einem Wort aus dem weiteren Kontext (v. 8) verständlich.

(18) Statt יָקַח ist mit LXX יֻקַּח zu vokalisieren. In Anlehnung an einen Vorschlag von J. M. P. Smith ergibt מֵעֲמָדְתוֹ dann eine gute Fortsetzung. Dittographie des מ kann zur Korrektur in מכם geführt haben.

(19) V. 12: Die Haplographie des י, die aus der ursprünglichen Verbalform יְחָלָה (J. Wellh.) die Perfektform von חול entstehen ließ, wurde sicher begünstigt durch den sich zusätzlich ergebenden Gegensatz טוב — חול.

(20) V. 13 : Wenn die bisherigen Beobachtungen am Text richtig waren, ist am Anfang von v. 13 kein imperativischer Ausdruck herzustellen, sondern eine Aussage, die in der 3. pers. von der Bewohnerschaft von Lachisch redet. Hier beruht das Wortspiel wieder auf der Assonanz, so daß לרכש schwerlich geändert werden darf, obwohl man sachlich eher umgekehrt das Anspannen an den Wagen erwartet. T. Roorda schlägt vor, mit Sy. רָתְמָה הַמֶּרְכָּבָה zu lesen. Der Artikel kann aber generalisierend fortgelassen sein, so daß MT lediglich auf falscher Abtrennung beruht.

(21) Die Bemühungen vieler Kommentatoren, einen Imperativ herzustellen, sind hauptsächlich von v. 13b bestimmt worden, der jedoch eine theologische Glosse zu den in v. a genannten Rossen und Wagen darstellt, »die so oft als Hauptsünde von Juda bezeichnet werden« (J. Wellh. 137), vgl. einen so späten Text wie Sach 9 10, ebenfalls in einer Anrede an die »Tochter Zion«. Gegen die Echtheit von v. 13b sprechen hauptsächlich :

a) die Bezeichnung בת statt יושבת;

b) die Bezeichnung »Zion« statt »Jerusalem« (v. 12), da die Verwendung der geographischen Bezeichnung Zion in 3 12 nicht vergleichbar ist;

c) die problematische Stellung innerhalb des Gesamtzusammenhanges, in dem von Jerusalem in v. 12 die Rede war.

Infolgedessen ist in v. 13b auch kein Wortspiel herzustellen. Bemerkenswert ist die Bezeichnung »Tochter Zion«, die auch in anderen sekundären Partien des Michabuches begegnet (vgl. Nr. 67; 72; 73). ראשית heißt hier »Hauptsache« (J. Wellh.): »Die hauptsächliche Sünde ist dies für die Tochter Zion; denn in dir (Zion) werden aufgefunden die Übertretungen Israels.«

(22) V. 14: Nach der Art des Wortspiels ist vom Verlust Moresheth Gaths (der »Verlobten«) die Rede, der noch vergrößert wird durch die darüber hinaus nötige »Morgengabe«, also weitere Annexionen des Eroberers. Die Verbalform 2. f.sg.impf.qal von נתן paßt darum nicht, weswegen K. Marti u. a. יֻתְּנוּ lesen. Wie in v. 11b. 12a. 13a ist aber auch hier eine Perfektform möglich und paläographisch näherliegend: *נִתְּנוּ kann durch Haplographie des נ nach לכן zu תנו geworden sein, das dann (Wechsel ו/י) zu תתנו korrigiert wurde.

(23) Nach I Reg 9 16 würde man statt על eher ל erwarten, so daß die nicht seltene Verwechslung על/אל anzunehmen ist.

V. 15aα braucht (gegen J. Wellh.) nicht geändert zu werden. כבוד kann hier wie *Jdc 18 21 »Bagage, Troß« bedeuten, oder aber sonstigen wertvollen Besitz.

Nach den vorgeschlagenen Änderungen bleibt eine Sprucheinheit übrig, die aus 12 Versen zu je einem Ort und zwei abschließenden

Versen (v. 16) mit der Aufforderung zur Klage an die feminin vorge-
stellte Volkseinheit besteht. Die zwölf Ortsnamenverse bilden 2 Gruppen: v. 10-12a — 6 Vierer,

v. 12b-15 — 6 Fünfer, an deren Spitze Jerusalem die Mitte bildet.
Dementsprechend schließt v. 16 mit einem Vierer und einem Fünfer
ab.

2 1-5 (vgl. Anhang Nr. 3):

Die Abgrenzung ist unproblematisch; mit v. 6 beginnt ein neuer
Zusammenhang, innerhalb v. 1-5 lassen sich ein Scheltwort (v. 1-2) und
ein Drohwort (v. 3-5) feststellen.

(24) V. 1: ופעלי רע paßt nicht recht, weil die Schilderung der Ausführung der bösen Pläne erst in v. b folgt. Andererseits ist רע als Objekt zu פעל seltsam und nur noch mit Hos 7 1 (שקר) zu vergleichen,
während die Verbindung פעלי און sehr häufig vorkommt (L. 1176b
bis c): Hos 6 8 Ps 5 6 6 9 14 4 36 13 53 5 59 3 64 3 92 8. 10 94 4. 16 101 8
141 4.9 Hi 31 3 34 8.22 Prov 10 29 21 15 und mit finitem Verb Prov 30 20.

Die Abweichung von dieser quasi stereotypen Verbindung muß
einen Grund haben, der nicht nur in der Vermeidung der Wortwiederholung gesehen werden kann, da man sonst die ganze Glosse nicht
hätte einzufügen brauchen.

Im Drohwort wird (v. 3) חשב wieder aufgenommen, jedoch nun
mit dem Objekt רעה, das kein Äquivalent in v. 1 hat. Nach dem
Grundsatz der Entsprechung von Schuld und Strafe wurde deshalb
in v. 1 die Glosse aus theologischen Gründen eingefügt.

Die Motive, die hier für die Glossierung geltend gemacht werden,
decken sich z. T. mit jenen, die J. T. Willis (Biblica 48, 534—541) zur
Behauptung der Echtheit heranzieht. Es ist aber unwahrscheinlich,
daß Micha hier, wie J. T. Willis meint, an schlimme Träume denkt,
da v. 1 von der Entsprechung zwischen nächtlichem Ausdenken und
der Verwirklichung bei Tagesanbruch bestimmt ist.

(25) V. 3: »Über diese Sippschaft« steht sicher nicht am richtigen Ort,
würde sich aber auch hinter רעה (BHK, App.) mit der Anrede in der
2. pers. in v. 3b stoßen. Hingegen ergibt es unmittelbar hinter der
Gottesspruchformel zusammen mit dieser einen sachlich korrekten
Doppeldreier. Es dürfte also versehentlich ausgelassen und falsch vom
Rand als Näherbestimmung von חשב nachgetragen worden sein.

(26) V. 3bα ist nach J. M. P. Smith's glänzendem Vorschlag zu rekonstruieren. Danach ist bei ursprünglicher Defektivschreibung מש
aus (וּ)תָּמֵשׁ dittographiert und dann das folgende מ falsch abgetrennt worden. Das von Jahwe kommende Unheil wird wie ein Joch
vorgestellt, das sich nicht abschütteln läßt. V. 3bβ setzt diesen Gedanken fort; v. 3aβ und 3bα ergeben zusammen einen Doppeldreier.

(27) V. 4: ביום ההוא ist nach v. 3 sachlich und in v. 4 metrisch über-schüssig. Es dürfte als eschatologischer Terminus nach der Erwähnung der »bösen Zeit« eingefügt sein (vgl. Am 5 9). Wegen des Zusatzes kann ein ו vor יִשָּׂא ausgelassen worden sein. Die beiden Verbalformen וישא und ונהה haben ein unpersönliches Subjekt, das im Deutschen mit »man« wiederzugeben ist.

(28) Das gleiche gilt für *וְאָמַר (A. B. Ehrlich), dessen ו durch Haplo-graphie (ר/ו) nach נהי ausgefallen ist.

(29) נהיה, das auch in den alten Versionen unsicher ist, ist eine dem-gegenüber sekundäre Dittographie (B. Stade).

(30) Der Text des in v. 4aβ. b vorliegenden Maschal ist sicher gestört, doch ändert A. Alt (vgl. BHK App.) wohl zu radikal. Der Spruch besteht anscheinend aus zwei Fünfern, so daß שדוד נשדונו und חלק עמי וגו״ umzustellen sind. Aberratio oculi von ואמר zu יׄמר/ד führte zur Auslassung und falschen Eintragung vom Rand.

(31) Mit A. Alt ist יׄמַד als ursprünglich anzusehen und Entstehung des Fehlers durch Verschreibung ר/ד anzunehmen.

(32) Gegen die Änderung von אֵיךְ zu אֵין spricht, daß bei aller Diffe-renz im einzelnen sämtliche alten Textzeugen ein darauf folgendes finites Verb voraussetzen, so daß אין unmöglich ist. Es muß also eine andere Lösung gesucht werden.

שוב, pilp. ist belegt i. S. v. »zurückbringen« Jes 49 5 Jer 50 19 Ez 39 27; i. S. v. »wiederherstellen« Jes 58 12 Ps 23 3. In Ex 21 8 ist משל + ל + Infinitiv belegt i. S. v. »Macht haben, etwas zu tun«. — Von diesem Befund her kann die freilich sehr unsichere Hypothese gewagt werden, daß v. 4b ursprünglich lautete: אֵיךְ יִמְשֹׁל לְשׁוֹבֵב שָׂדֵינוּ יְחַלֵּק — »Wie soll es möglich sein, es rückgängig zu machen? — Man verteilt unser Feld!«

Der Konsonantenbestand von MT würde bis auf die matres lec-tionis unangetastet bleiben; die falsche Abtrennung und Vokalisation wäre durch das Vorkommen von מיש im weiteren Kontext (v. 3), das Suffix der 1. comm.sg. im vorangehenden Versteil und die Ungewöhn-lichkeit des Ausdrucks erklärbar.

(33) V. 5: Der Maschal ist mit dem zweiten Fünfer zu Ende, doch das Drohwort wird erst mit v. 5 beendet. Mit A. B. Ehrlich ist לָכֶם מַשְׁלִיךְ (Haplographie des מ) zu lesen.

(34) בגורל wirkt störend und ist vielleicht eine sachlich aus חבל ge-wonnene Schreibvariante für vorübergehend unleserlich gewordenes בקהל, wenn es nicht eine Wortersetzung für חבל sein soll. Der ganze Spruch besteht also aus (v. 1-2) einem Scheltwort in 4 Fünfern sowie (v. 3-5) einem Drohwort aus 4 Doppeldreiern (dem Maschal), 2 Fünfern und einem abschließenden Siebener.

2 6ff. (vgl. Anhang Nr. 4):

Unmittelbar einleuchtend ist nur die Abgrenzung gegen v. 5, während es zunächst unklar scheint, ob vor v. 12, der nicht mehr von Micha stammen kann, eine weitere Zäsur vorliegt.

(35) V. 6: Nach E. Sievers' Vorschlag ist sing. אל תטף zu lesen. MT entstand durch verschreibende Dittographie des י zu ו, vielleicht auch wegen der pl. Verbalform im folgenden Halbvers. לאלה braucht gegen BHK, App. nicht geändert zu werden; auch in v. 11 steht נטף hi. mit ל.

(36) Die Fragen in v. 7 erfordern die Ergänzung der durch Haplographie ausgefallenen Fragepartikel auch in v. 6bβ. Mit B. Duhm ist zu lesen: הֲלֹא יַסַּג — »wird er nicht abschaffen ...?«.

(37) V. 7: LXX setzt noch דבריו voraus, die (verschriebene) Haplographie des ו zwischen drei י ist also ein ziemlich später Fehler.

(38) Für v. bβ gewinnt A. B. Ehrlichs Konjektur עָם עַמּוֹ יִשְׂרָאֵל an Wahrscheinlichkeit, wenn man bedenkt, daß sowohl LXX als auch R' und A' einhellig עמו voraussetzen, das auf עמה zurückgehen kann. Die Lösung kann noch vereinfacht werden, wenn man hier wie Dtn 8 16 Jer 18 10 Sach 8 15 u. ö. יטב hi. mit reinem Akkusativ der Person annimmt. Es ergibt sich ein Fünfer. [אל]עַמָּה ישׂר war am Schluß beschädigt und wurde nach dadurch bedingter falscher Abtrennung mit einem sinngemäß passenden Wort aus dem weiteren Kontext (הלך in v. 11) ergänzt.

(39) V. 8: MT ist offensichtlich verderbt, lag aber im wesentlichen bereits LXX vor. Mit der Mehrzahl der Kommentare ist אתמול עמי aufzulösen in וְאַתֶּם לְעַמִּי. Die falsche Abtrennung und Vokalisation erklärt sich aus der Nähe des Ausdrucks ממול in v. aβ und dem Bedürfnis, mit עמי ein Subjekt für die Verbalform יקומם zu haben.

Mit ואתם setzt die Antwort auf das Zitat der Gegner des Propheten (v. 6f.) ein.

(40) Statt לאויב erwartet man einen Vergleich; es darf wohl mit früher quadratschriftlicher Verschreibung von כ zu ל gerechnet werden (hinter לעמי!): »Und ihr seid für mein Volk wie ein Feind, der aufstellt ...«.

(41) V. 8aα scheint unvollständig zu sein, während 8bβ an seiner jetzigen Stelle keinen Sinn ergibt. Ohne dessen Konsonantenbestand außer der mater lectionis zu ändern, kann man es als שְׁבִי מִלְחָמָה hinter v. 8aα stellen. Erst nach der falschen Eintragung, vermutlich vom Rand, wurde שבי // עֹבְרִים als שְׁבֵי gelesen. Der so rekonstruierte Satz, »und ihr seid für mein Volk wie ein Feind, der eine Kriegsgefangenschaft aufstellt«, paßt gut zur folgenden Schilderung.

(42) LXX setzt in v. 8aβ MT voraus, da δορά (gegen J. Wellh.) kein anderes Grundwort erschließen läßt. Außer an dieser Stelle kommt

das Wort in LXX nur noch IV Makk 9 28 und Gen 25 25 vor, wo es אַדֶרֶת wiedergibt (H-R. 344a). אדרת kann unter Annahme einfacher Haplographie auch hier konjiziert werden (A. B. Ehrlich), doch ist es auch möglich, daß eine seltenere m. Form neben der f. existierte. Neben das unverständlich oder selten gewordene Wort wurde als erklärende Wortglosse שלמה gesetzt (umgekehrt, und darum unwahrscheinlich, argumentiert K. Marti).

(43) V. 9: Statt des Suffixes der 3. f.sg. wird in v. a das der 3. f.pl. erwartet, ohne daß der Verlust des ן- plausibel erklärbar wäre. Da aber häufig die seltenen f. durch die entsprechenden m. Formen verdrängt werden, ist es möglich, Haplographie des ם- vor מעל anzunehmen und תעגיהם zu lesen.

(44) Anders verhält es sich mit עלליה. Da v. b//v. a ist, ist kaum in v. b ein Suffix zu ergänzen, das sich auf die in v. a genannten Frauen bezöge. Frauen und Säuglinge werden vielmehr in einer Klimax der Schwäche parallel genannt als die wehrlosesten Glieder des Volkes. Es geht nicht darum, daß die Säuglinge den Frauen gehören, sondern daß sie als potentielle Glieder des Volkes Jahwes selbst von vornherein dieser ihrer Würde beraubt werden, vgl. die Kommentare. Es ist darum eher עללים zu konjizieren. ם- kann in Quadratschrift zu ה verschrieben sein, vielleicht begünstigt durch die f. Verbalform in v. 10b.

(45) V. 10: »Auf und geht, denn dies ist nicht der Ruheort« könnte nur dann allenfalls als ursprünglicher Textbestandteil angesehen werden, wenn man es mit A. Weiser u. a. als Zitat der von den Bescholtenen bei der Vertreibung der Wehrlosen gebrauchten Parole deutete. Diese äußerst gezwungene Deutung bleibt unbefriedigend.

Es bleibt nur die Alternative, v. 10a als Einschub auszuscheiden. המנוחה ohne weiteren Bezug könnte (Dtn 12 9 I Reg 8 56 Jes 32 18) von der Ruhe Israels im Land verstanden werden. Dann würde der Einschub, der vermutlich v. 10b als Drohwort las, eventuell auf v. 12-13 und seine Exodustypisierung hinführen wollen und das Exil voraussetzen.

(46) Nach LXX ist mit den meisten Kommentaren das ו von חבל zur Verbalform zu ziehen und 2. m.pl. zu lesen.

Wenn v. 11, wie wegen seiner Kürze anzunehmen ist, kein selbständiges Wort, sondern Bestandteil der mit v. 6 begonnenen Einheit ist und als solcher auf die Kritik der Gegner in v 6-7 Bezug nimmt, kann in v. 10b kein Drohwort beginnen, da mit v. 11 noch die scheltende Auseinandersetzung mit den Gegnern fortgesetzt wird. Es ist also Pi'el תְּחַבְּלוּ zu lesen: »um ... willen vernichtet ihr mit schlimmem Vernichten.« חבל ist vielleicht als Infinitiv zu vokalisieren.

(47) טמאה ersetzt offenbar (BHK App. u. a.) ein unleserlich gewordenes oder auf andere Art verlorenes Wort und versucht, theologisch deutend den Sinn zu treffen.

V. 11: Unter Wahrung des Konsonantenbestandes lassen sich drei Vierer lesen. Lediglich das Partizip הֹלֵךְ, das sich aus der ein Asyndeton (כִּזֵּב) vermeidenden masoretischen Interpunktion erklärt, muß als 3. pers.m.sg. הָלַךְ gelesen werden (J. M. P. Smith):

»Wenn ein Mann hinginge in Wind und Lüge,
  betröge er: ‚Ich geifere dir zu Wein und zu Bier‘, das wäre ...«

Auch bei der vorliegenden Worteinheit wie bei den bereits behandelten zeigt es sich, daß erkennbare Zäsuren weniger verschiedene Formelemente, als vielmehr inhaltlich voneinander differenzierte Unterteilungen markieren. Formgeschichtliche Kriterien führen darum im Michabuch zu weniger sicheren Ergebnissen als bei Amos. Als Struktur von v. 6-11 ergibt sich:

v. 6-7: 3 Doppeldreier, Zitat der Gegner des Propheten;
        1 Fünfer;
v. 8-10: 1 Doppeldreier, Antwort in Gestalt eines Scheltwortes;
        4 Fünfer;
v. 11: 3 Vierer   Antwort als Ironisierung der von den
                          Gegnern erwarteten Prophetie.

2 12-13:

(48) Die beiden Verse sind sekundär auch gegenüber der redaktionellen Hand, die den vorangegangenen Spruch mit 3 1-4 durch וַאֹמַר (3 1) verband. Verwandtschaft oder literarische Anklänge, die das Stück mit ähnlichen innerhalb der alttestamentlichen Prophetie verbinden, sind unüberhörbar. Schon von diesem Befund her ist es nicht möglich, die Autorschaft des Micha zu erwägen. Der Wechsel zwischen 2. und 3. pers. braucht nicht gegen die Einheitlichkeit oder für eine Textänderung zu sprechen, sondern läßt sich auch sonst bei späteren Partien, auch des Michabuches, beobachten und dürfte mit dem Musivstil solcher Worte, dessen Wurzeln und Anklänge wahrscheinlich nur zum kleineren Teil noch erkennbar sind, zusammenhängen.

V. 12a scheint Zeph 1 2 aufzunehmen. Der »Rest« Israels hat hier schon die vornehmlich aus der jesajanischen Prophetie erwachsene Heilsbedeutung. Zu vergleichen ist auch Jer 23 3: וַאֲנִי אֲקַבֵּץ אֶת שְׁאֵרִית צֹאנִי ... .

Das Bild der Herde ist bekanntlich im AT sehr geläufig. Dennoch sind außer der genannten Jeremiastelle besonders zu vergleichen Jer 31 10. 8-9 Jes 40 11 Ez 34; dazu in bezug auf den Exodus Ps 78 52.

V. 13 typisiert die Heimkehr unter der Führung Jahwes nach dem Exodusgeschehen und berührt sich sehr eng mit Jes 52 12. »Ihr König« bildet einen synonymen Parallelismus zu Jahwe, der selbst als Durchbrecher (vgl. Ex 19 22. 24, aber zum Heil hin gewandelt; so wird die

Tätigkeit Jahwes als פרץ der Feinde bezeichnet in II Sam 5 20 ≙
I Chr 14 11) vor dem Volk einherschreitet. Auch die Ausschließlichkeit
des Königtums Jahwes (vgl. Ps 89 19) ist ein Charakteristikum exilisch-
nachexilischer Theologie: Jes 33 22 41 21 43 15 44 6 Zeph 3 15. B. Renaud möchte auch Jer 50 8 Jes 62 10 und Sach 8 zum vorliegenden
Text vergleichen.

Die beobachteten inhaltlichen und formalen Hauptlinien des
Textes, die Sammlung des Restes, die Exodustypisierung und die neue
Landnahme unter der Führung Jahwes als des einen Königs Israels
scheinen in die Zeit des Exils und in die zumindest theologische Nähe
zu II-Jesaja zu weisen. Die Verse sind wohl noch vor 536 v. Chr. abgefaßt. Warum sie an dieser Stelle in den Michatext eingefügt wurden,
bleibt zunächst ungeklärt. B. Renauds These einer Verstellung aus
Kap. 4 befriedigt schon deshalb nicht, weil sie das Problem nur ein
Stück weit verschiebt, ohne es zu lösen.

Die präteritalen Tempora (impf.cons.) sind wegen des Weis-
sagungscharakters jeweils in die futurischen umzuvokalisieren.

(49) V. 12 : הדברו muß geändert werden. Das ו ist zur folgenden Verbalform oder noch wahrscheinlicher zu עלה in v. 13 zu ziehen. Im
letzteren Falle ist die falsche Abtrennung noch älter als **(50)** die Einfügung von v. 12bβ. תהימנה מאדם erscheint als völlig bezuglos; nach
Jes 17 12 ist wohl an Wz. המה zu denken. In fast grotesk anmutender
Weise wird das Herdenbild weiter ausgeführt zu einem nahezu apoka-
lyptischen Bild der furchtbar Lärmenden. Das Bild der Geborgenheit
wird zu dem der Schrecklichkeit umgedeutet. Hier zeigt sich eine auslegende Arbeit am Michabuch, die noch jünger ist als die Einfügung
von v. 12-13.

(51) V. 13 : ויעברו stößt sich mit ויצאו, das aber als Anspielung auf
den Exodus besser im Text verankert ist. ויעברו kann dagegen als
Variante oder Dublette zu ויעבר in v. ƀ, vielleicht vom Rand her oder
aber als Interlinearglosse an falscher Stelle in den Text geraten sein.

3 1-4:

(52) V. 1 : ואמר dient (s. o. S. 79) zur Verknüpfung mit 2 11, so daß
der dort endende fingierte Dialog mit dem neuen Prophetenwort fortgesetzt wird.

(53) V. 2f.: MT ist offenbar überfüllt: 2bα ≙ 3aβ,
                                        2bβ ≙ 3aα + 3aγ.

Die Suffixe in v. 2b sind ohne Bezugswort. גזל paßt weniger gut als
פשט (3aβ), kann aber aus Mi 2 2 genommen sein. פצח (3aγ) ist Hapaxlegomenon; man wird hier eher den ursprünglichen Text als eine
spätere Glosse vermuten.

Der Vergleich der inhaltlichen Dubletten führt zu dem Schluß, v. 2b als sekundär anzusehen. V. 3a schließt gut an v. 2a an. Andeierseits scheint v. 2b mit v. 3b fortgesetzt zu werden. Hier wird die von Micha gebrauchte Bildrede wohl allzu deutlich als Vorwurf des Kannibalismus mißdeutet, dessen Praktiken in Einzelheiten aufgeführt eher grotesk als grausig wirken. Da die Suffixe in v. 2b sich nur auf עמי in v. 3a beziehen können, ist anzunehmen, daß der Text, der dem Glossator vorlag, dort abbrach oder unleserlich wurde und er ihn durch 2b. 3b ersetzte:

> »die ihre Haut von ihnen herunter an sich reißen
> und ihr Fleisch von ihren Gebeinen herunter
> und es ausbreiten, wie man es im Kochtopf tut,
> und wie Fleisch inmitten eines Kessels.«

Durch die Wiederherstellung des ursprünglichen Textes wurde die Dublette zwar zertrennt, aber nicht mehr ausgeschieden. Auch hier zeigt sich die Tendenz der Überlieferung zur Bewahrung alles im Text und seinen verschiedenen Formen Vorgegebenen.

(55) V. 4: Vielleicht wurde der Spruch später als Schilderung der Greuel der Endzeit gelesen. Dies und ein futurisches Verständnis des Wortes אז (A. B. Ehrlich) scheinen die Einfügung des eschatologischen Terminus בעת ההיא bewirkt zu haben.

3 5-8:

Wieder ein Spruch zum Thema der prophetischen Legitimation. Der Text ist sehr gut erhalten. In v. 6 ist gegen MT und LXX חֲשֵׁכָה // לילה zu lesen.

(56) V. 8: J. Wellh. u. a. scheiden mit Recht אֶת רוּחַ יהוה aus, weil der Gegensatz bei Micha nicht in der Alternative zwischen Jahwegeist und Lügengeist, sondern in der zwischen blamablem Verstummen der falschen und Kraft der wahren Prophetie liegt. Es handelt sich um eine theologisch deutende Glosse.

3 9-12:

(57) V. 10: בֹּנֶה ist nicht in בֹּנֵי zu ändern, über dessen grammatische Unmöglichkeit A. B. Ehrlich (279) das Nötige gesagt hat. Sie veranlaßte auch die masoretische Vokalisation. Tatsächlich müßte man הַבֹּנִים erwarten, wenn man mit der Fortführung des Partizipialstils rechnet. Die folgenden, allein auf Jerusalem bezüglichen Suffixformen lassen aber erkennen, daß höchstwahrscheinlich Jerusalem das Subjekt des Satzes ist. Der Aufbau ist:

v. 9:	Aufforderung zum Hören an die Bescholtenen,
v. 10-11:	Scheltrede über Jerusalem und seine Oberschicht,
v. 12:	לכן בגללכם außerhalb d. Metrums + Jerusalems Katastrophe

Rechts: Scheltwort (zu v. 9 und v. 10-11), Drohwort (zu v. 12)

Es ist also נִבְנָה oder בָּנְיָה zu konjizieren, das wohl nach Hab 2 12 (Hillel 2) korrigiert wurde.

(58) V. 12: Mit LXX ist sing. בָּמַת zu lesen. Bei der Verschreibung zum Plural wirkte wohl die Bedeutung der »Kultstätte« mit.

Kap. 4—5 bieten der Exegese schwere und immer wieder neu behandelte Probleme. Neuerdings hat B. Renaud versucht, die literarische Einheitlichkeit der beiden Kapitel und ihre Abfassung in nachexilischer Zeit nachzuweisen. Seine Untersuchung geht aus von einem detaillierten Strukturschema der von ihm postulierten Einheit (2 12-13 werden hinter 4 6-7 umgestellt) und grenzt dann mit Hilfe literarischer Anklänge an andere, besser datierbare Partien des AT die Entstehungszeit als das 5. Jh. v. Chr. ein. Für die genaue Datierung ist ausschlaggebend, daß er die Abhängigkeit Joels von II-Micha annimmt. Die in bezug auf literarische Vergleiche sehr reiche Arbeit leidet aber teilweise an der Arbeitshypothese der Einheitlichkeit, auf der alles Weitere aufbaut. Angesichts des Strukturschemas gewinnt man den Eindruck, daß B. Renaud Methoden und Maßstäbe der klassischen Philologie, etwa der Vergilexegese, an den biblischen Text heranträgt, ohne diesem voll gerecht zu werden.

Die Zweifel werden erhärtet, wenn man die im Hauptteil des Buches aufgeführten »attaches littéraires« zum Michatext nicht von vornherein zu diesem in seiner Gesamtheit in Beziehung setzt, sondern in eine Tabelle jeweils zu den einzelnen Versen die zutreffenden Berührungen einträgt. Es ergibt sich dann ein durchaus differenziertes Bild, das zu den übrigen Einzelbeobachtungen am Text besser paßt, wenn man nicht grundsätzlich die Einheitlichkeit voraussetzt.

Wichtig an B. Renauds Buch ist aber vor allem der Versuch, die Alternative zwischen Exegese der »echten« Partien und Ausscheidung oder allenfalls Einzelbetrachtung der unechten Stücke mit einer neuen Gesamtinterpretation zu überwinden. Trotzdem führt seine Arbeit indirekt zurück auf die Notwendigkeit, erkennbare Abschnitte zunächst möglichst für sich zu betrachten, ohne doch den ständigen Blick auf die in der Endfassung der uns vorliegenden beiden Kapitel enthaltene Einheit zu verlieren. Mi 4—5 ist somit ein Modellfall für die Möglichkeiten und Probleme der von der historisch-kritischen Forschung geprägten Exegese.

(59) *4 1-4:*

V. 4 endet mit einer Gottesspruchformel und ergibt somit eine Abgrenzung. Der Spruch von der Völkerwallfahrt zum Zion ist im AT doppelt überliefert. Jes 2 2-4 zeigt einige Abweichungen und scheint auch weniger vollständig zu sein als der Michatext. Trotzdem hat die Verbindung dieser Zionsweissagung mit den Worten, in denen Jesaja die Bewährung des Glaubens am Zion verankert (Jes 14 28-32 28 14-18),

immer wieder dazu geführt, auch Kap. 2 2-4 Jesaja zuzuschreiben. Grundsätzlich ist aber schon von der Doppelüberlieferung her ein Zweifel am jesajanischen Ursprung berechtigt, da die Entwicklung der Überlieferung ganz allgemein eher vom weniger Bedeutenden zum Bedeutenderen zu tendieren pflegt. Wäre das Stück ursprünglich im Jesajabuch überliefert gewesen, wäre kaum anzunehmen, daß es darüber hinaus noch Micha zugeschrieben worden wäre. Andererseits aber ist es eher denkbar, daß ein Wort aus dem Michabuch, das sich im Thema so ganz in die jesajanische Prophetie einzufügen scheint, in das Jesajagut hinüberwechselte. Am besten wird man die Dublette jedoch mit der Annahme erklären können, daß beide Eintragungen mehr oder weniger unabhängig voneinander erfolgten und es sich um das Wort eines anonymen Verfassers handelt.

Gegen die jesajanische Autorschaft spricht auch die Beobachtung, daß der Michatext nicht nur vollständiger, sondern auch im einzelnen besser ist. So bietet v. 3 bei Micha den metrisch und stilistisch volleren Parallelismus membrorum. Von dieser Basis aus ist dann auch in den übrigen Versen der Michatext bezüglich der Völkerbezeichnungen vorzuziehen. Überdies zeigt das der zweiten Überschrift folgende Kap. 2 des Jesajabuches ohnehin Spuren stärkster Überarbeitung.

H. Wildbergers Untersuchung (VT 7, 62—81; jetzt auch im Kommentar; dagegen vgl. auch E. Cannawurf, VT 13, 26—33) gründet sich wie O. Kaisers Ausführungen vornehmlich auf die Annahme einer alten vorexilischen Zionstradition. G. Wanke hat aber überzeugend dargelegt, daß eine ausgebildete Zionstheologie erst verhältnismäßig spät nachexilisch nachweisbar ist (seine Ausführungen können als durch H. M. Lutz, WMANT 27, nicht hinreichend widerlegt gelten, vgl. G. Fohrer, ZAW 80, 437f.). Der Weg geht also nicht von einer Jerusalemer Kulttradition zum Prophetenwort, sondern die um Jerusalem kreisende Prophetie begründet erst die theologische Tradition, die sich in den Zionspsalmen äußert. Wichtig ist in diesem Zusammenhang v. a. G. Wankes Nachweis, daß das Gottesbergmotiv selbständig gegenüber der Völkerkampfschilderung ist. Diese ist nach G. Wanke nicht mythisch, sondern geschichtlich verankert in den Ereignissen der Belagerung Jerusalems im Jahre 701; d. h. die in Frage kommenden Texte sind nach 701 zu datieren. Auch hier zeigt sich ein Charakteristikum der alttestamentlichen Geschichtsschau, in der ein Ereignis zum Urbild wird, nach dem die späteren Geschehnisse als heilsgeschichtliche Abbilder typisiert werden. Mythische Motive dienen, wenn sie überhaupt verwendet werden, demgegenüber dort, wo sie noch klar als solche erkennbar sind, lediglich zur Ausgestaltung der geschichtsbezogenen Aussage eines Textes.

Offenbar ist, wie die Gottesspruchformel bestätigt, die Gattung von Mi 4 1-4 die des Prophetenspruches. Man wird also hinsichtlich

einer liturgischen Einordnung sehr vorsichtig sein müssen und keinesfalls mit A. S. Kapelrud (VT 11, 395f.) an ein in vorexilischer Liturgie
beheimatetes Stück denken dürfen, wenngleich die Rahmung sowohl
im Micha- als auch im Jesajabuch in der Tat liturgische Elemente zu
enthalten scheint.

Trotz der berechtigten Zweifel an vorexilischer Entstehung wird
man mit der Datierung auch nicht zu weit hinabgehen dürfen, da sonst
ein und dasselbe Wort kaum zwei Propheten zugeschrieben worden
wäre. Die Tatsache der Doppelüberlieferung spricht für eine gewisse
Phase der Anonymität. Für eine weitere Eingrenzung bieten sich verschiedene Anhaltspunkte im Text:

a) Der Ausdruck באחרית הימים beweist allein noch nicht das
Vorliegen später Eschatologie. Besonders aus Gen 49 1 Num 24 14
Dtn 31 29 und Jer 23 20 erschließt O. Kaiser, der sich philologisch an
G. W. Buchanan (JNES 20, 188ff.) anschließt, daß der Ausdruck auch,
ja vor allem innergeschichtlich gebraucht wird. Das heißt, daß das,
was »am Ende der Tage« geschieht, vielleicht das letzte, aber immer
noch ein innergeschichtliches Geschehen sein wird. Immerhin ist von
dieser Formel her anzunehmen, daß der Verfasser in einer in sich selbst
nicht erfüllten Zeit des Wartens stand. Die Wartezeit par excellence
innerhalb der Geschichte Israels aber ist das Exil.

b) Für die Bekehrung der Völker durch Jahwe verweisen J. M. P.
Smith u. a. auf die Prophetie des II-Jesaja.

c) Zum hier betonten ausschließlichen Königtum Gottes ist das
zu Mi 2 13 (Nr. 48) Gesagte zu vergleichen.

d) Die ausgeprägte Zionstheologie weist schließlich ebenfalls in
frühestens exilische Zeit. Die Abhängigkeit des vorliegenden Stückes
von den Zionspsalmen (H. Wildberger) ist jedoch nicht ohne starke
Zweifel zu vertreten. Eine Datierung hiernach wäre auf ein sehr un-
sicheres Fundament gestellt. Zeitliche Ansatzpunkte sind auch der
Schilderung der paradiesischen Zustände in v. 3 kaum zu entnehmen.

e) Die Formel כִּי פִּי יהוה דִּבֵּר begegnet außer an dieser Stelle
nur noch Jes 1 20 40 5 58 14. Da III-Jesaja die Sprache II-Jesajas aufnimmt (W. Zimmerli, SThU 20, 110—122), weist auch sie in die Zeit
II-Jesajas.

Eine Einordnung in die Zeit des Exils, und zwar eher in die zweite
Hälfte, in der auch die Hoffnung II-Jesajas aufleuchtet, dürfte eine
plausible Datierung ergeben. Dafür sprechen sogar B. Renauds auf
eine einheitlich spätere Datierung tendierende Beobachtungen (65):
»Ce sont surtout les thèmes développés en Mich. IV 1-4 qui présentent
le plus d'analogie avec le Second-Isaïe.«

(60) V. 2: וְאָמְרוּ steht außerhalb des Metrums und leitet das Zitat
der Völker ein, das aus zwei Vierern besteht, wenn man sich ent-

schließt, וְאֶל־בֵּית אֱלֹהֵי יַעֲקֹב als nicht zum ursprünglichen Bestand gehörig zu betrachten. Gegen die Ausscheidung scheint freilich zu sprechen, daß der Halbvers auch in der Jesajaparallele belegt ist. Dennoch legt die liturgische Rahmung hier (v. 5) wie dort (Jes 2 5) den Gedanken nahe, daß der Text bereits eine Ausprägung innerhalb eines Tradentenkreises erfahren haben konnte, den man in der Nähe der Tradenten der Zionslieder wird suchen dürfen und dem man die in einem Prophetenwort recht ungewöhnliche Erwähnung des »Gottes Jakobs« zutrauen kann (vgl. G. Wanke 54ff.).

(61) V. 3: עַד רָחוֹק stört nicht nur das Metrum, sondern ist auch im Jesajabuch nicht überliefert, wohl aber einhellig in den alten Versionen bezeugt. Das bedeutet, daß die Glosse nach der Fixierung des Jesajatextes, aber vor der Übersetzung ins Griechische aus unbekannten Gründen, allenfalls als bibelkundliche Bezugnahme auf Jer 8 19, eingetragen wurde.

(62) 4 5:

Dieser Vers gehört nicht zu v. 1-4, das in v. 4 einen regulären Schluß hat, sondern ist, da auch mit v. 6 eine neue Einheit beginnt, für sich zu betrachten. Die oft geäußerte Ansicht, er vermöge den v. 1-4 zugrunde liegenden universalen Monotheismus nicht durchzuhalten, sieht jedoch den Vers zu isoliert. Offenbar hat er die Aufgabe, von v. 4 zu v. 6 überzuleiten; er setzt also beide voraus.

Nicht der vermeintliche Gegensatz zwischen Universalismus und Partikularismus ist für das Verständnis entscheidend, sondern die Funktion der (formal gesehen) liturgischen Selbstaufforderung als auslegender Antwort auf das vorgegebene Verheißungswort. Man fühlt sich erinnert an die Funktion der Doxologien im Amosbuch und darf vielleicht an annähernd gleiche Entstehungszeit denken.

(63) 4 6-7:

Die Abgrenzung gegen v. 5 ist eindeutig, aber auch mit der Anrede an die Ortschaft in v. 8 beginnt etwas Neues nach der Schlußformel in v. 7bβ.

שְׁאֵרִית // גוֹי עָצוּם, also in einem eindeutig positiven Sinne, »setzt eine ausgebildete Eschatologie voraus (5 6. 7)« (J. Wellh. 143). Die Verwandtschaft zu Mi 2 12f. ist unverkennbar. Wieder liegt (J. M. P. Smith, A. Weiser u. a.) das Bild der Herde zugrunde, die Jahwe lenkt. Auch hier ist von der Sammlung durch Jahwe und von seinem Königtum über den geheiligten Rest die Rede. Zu vergleichen sind wieder Jer 23 3 31 8-9 Zeph 3 und Jes 52 7. Auch hier möchte man an zeitliche und geistesgeschichtliche Nähe des Verfassers zu II-Jesaja denken.

Die Königsherrschaft Jahwes auf dem Berge Zion und der Begriff des »starken Volkes« verbinden v. 6-7 zugleich inhaltlich mit v. 1-4, obwohl beide selbständige Einheiten sind. Der Gedanke an Identität der Verfasser beider Worte legt sich nahe.

(64) V. 7: הנהלאה ist offensichtlich korrupt. Weder LXX (τὴν ἀπωσμένην) noch die in A's Tradition stehende Lesart Justins, ἐκπεπιεσμένην, lassen aber einen eindeutigen Rückschluß zu, ob הנלאה (H. Graetz) oder הנחלה (J. Wellh.) vorlag. Die Entscheidung muß also vom Gegensatz zu עצום her erfolgen und הַנִּלְאָה, das auch dem Konsonantenbestand näbersteht, vorziehen. — Vielleicht hat die Assoziation zu הָלְאָה (vgl. עד רחוק in v. 3) das Eindringen des ה bewirkt.

(65) 4 8:

Die Verheißung an den Herdenturm gehört weder zu v. 6-7, das in v. 7b deutlich abgeschlossen wird, noch zu v. 9 (vgl. J. Wellh.), wo eine vollkommen andere Situation vorausgesetzt wird. V. 8 muß also — jedenfalls vorläufig — als gänzlich isolierte Einheit innerhalb von Kap. 4 betrachtet werden. Die Stellung hinter v. 6-7 ist aber dadurch begründet, daß der Verheißung der Sammlung und Rückführung nun die der Wiederherstellung des verlorenen vorexilischen Königtums — הַמֶּמְשָׁלָה הָרִאשׁוֹנָה (J. Wellh. u. a.) — folgt. Gleichwohl liegt darin ein gewisser Widerspruch zu v. 7, der doch offenbar überhaupt nicht mehr mit der Wiedererrichtung des menschlichen Königtums, auch nicht als einer durch משל umschriebenen, dem eigentlichen Königtum Gottes untergeordneten Funktion, rechnet.

Zur weiteren Eingrenzung von v. 8 vgl. zu Nr. 70.

(66) V. 8bβ »ein Königtum für die Tochter Zion« ist eindeutig eine Glosse zum Gesamtvers und erläutert das mit der Wz. משל Umschriebene richtig als das Königtum. LXX bietet noch den interpretierenden Zusatz ἐκ Βαβυλωνος.

V. bβ leitet über zu dem von der Tochter Zion (v. 10. 13. 14) redenden bzw. sie ansprechenden Abschnitt v. 9-14.

(67) 4 9-14:

V. 9 ist mit J. Wellh. von v. 8 zu trennen, weil er voraussetzt, daß Jerusalem normal bewohnt ist. Für die Frage ist Jer 8 19 zu vergleichen. V. 10 nimmt offenbar Jer 6 24f. auf (ähnlich auch Jer 22 23 50 43) oder zeigt zumindest eine außerordentlich starke Nähe dazu. Die starken Anklänge an Jeremia verbieten es wohl, mit A. Weiser an einen Propheten des 8. Jh. als Verfasser zu denken. Es bleibt die Alternative zwischen nachexilischer Entstehung oder dem 6. Jh. v. Chr.

V. 9-14 ist in sich nicht mehr unterteilbar, wenn man den Aufbau betrachtet: V. 9. 11. 14 beginnen jeweils mit עַתָּה und der Schilderung

einer Situation der Bedrängnis. Auf die Darstellung der Angst folgt in v. 10bβ der tröstende Ausblick auf die Erlösung aus dem Exil. Es kann aber vermutet werden, daß der eigentliche Umschlag von der Bedrängnis zur Rettung schon in den Imperativen v. 10a liegt, obwohl die verhüllende Darstellung vom Exil als Zeit der Wehen vor der befreienden Geburt spricht. Ähnlich antworten die Imperative in v. 13 auf die durch עתה eingeleitete Schilderung der Belagerung in v. 12. Von hier her ist zu erwarten, daß auch nach dem dritten עתה mit der Demütigung des »Richters« ein erneuter Umschlag ins Heil folgt, der wirklich in 5 1ff. vorliegt.

Wenn diese Überlegungen bis hierher richtig sind, liegt in Mi 4 9-14 ein Zwischenstück von einer Hand vor, das 5 1ff. bereits voraussetzt und auf es zu geschrieben ist.

In drei konzentrischen Kreisen folgen sich

    I (עתה₁   v. 9) Zions Angst und
              (v. 10) Exil als Beginn der Errettung;
    II (עתה₂   v. 11) Zions Belagerung und
              (v. 13) Vernichtung seiner Gegner;
    III (עתה₃ v. 14) Zions Erstürmung, Demütigung des Richters und
              (5 1ff.) Kommen des neuen Königs.

Der Text gibt kaum zu Änderungen Anlaß. V. 10b ist zwar öfter als sekundär angesehen worden; angesichts des gezeigten Aufbaues ist er aber unentbehrlich. Die Ausscheidung wäre von einer Vorentscheidung über die Datierung veranlaßt, die nicht die Einheitlichkeit der Verse im Auge hätte und hier durch die voranstehenden Ausführungen im Prinzip bereits abgelehnt ist. Über die Bedeutung von v. 10b wird sich erst vom Gesamtbild der beiden Kapitel 4 und 5 her etwas vermuten lassen. Unwahrscheinlich ist B. Renauds Annahme, der Verfasser habe seine Leser bewußt durch ein vaticinium ex eventu im Sinne der michanischen Autorschaft irreführen wollen. Auch bei Stücken, die unseren Augen als vaticinia ex eventu erscheinen (vgl. die Visionen des Danielbuches), ist Vorsicht vor allzu simplen, dem alttestamentlichen Verhältnis zu vorgegebenem Offenbarungswort und -Geschehen nicht gerechtwerdenden Lösungen geboten.

V. 11: Der Text ist haltbar, wenn man עינינו mit einem nicht unbeträchtlichen Teil der Überlieferung (BHK App.) als Pleneschreibung für den Sg. ansieht.

(68) V. 13: Das auslautende י der Verbalform 2. f. sg. pf. hi. von חרם ist wahrscheinlich nicht archaisierende Endung, sondern ein durch die beiden Formen der 1. comm. sg. (אשׂים) in v. 13 erklärlicher Fehler eines Teiles der Überlieferung.

V. 14a bietet eher ein lexikalisches als ein Textproblem. בַּת גְּדוּד steht offensichtlich im Wechsel zu בַּת צִיּוֹן. גדוד braucht nicht pe-

jorativen Sinn zu haben, sondern kann auch neutral (II Chr 25 9. 10. 13
26 11) eine kleine Streifschar bezeichnen. Da v. aβ. b zeigt, daß von
einer Gefahrensituation die Rede ist, wird man גדד hitp. (vgl. Jer 5 7)
i. S. v. »sich (ängstlich) zusammenscharen« verstehen dürfen: »Jetzt
willst du dich zusammenscharen, Tochter der Streifschar«, aber die
Übermacht der Feinde scheint zu groß:
(69) »Einen Belagerungswall haben sie wider uns angelegt«. שָׂמוּ // יָכֻּוּ
verdient vor dem unpersönlichen שָׂם den Vorrang (BHK App.), MT
entstand aus beibehaltener Defektivschreibung.

(70) 5 1ff.:

Die messianische Weissagung im Michabuch ist, wie vom Thema
her nicht anders zu erwarten, in der Forschung in bezug auf die Echtheitsfrage sehr umstritten. In neuerer Zeit scheint sich die Waagschale
eher zugunsten der Annahme späterer Entstehung zu neigen.

Die Gefahr solcher Kontroversfragen ist natürlich die einer Vorentscheidung, die der literarkritischen Betrachtung vorangeht. Freilich läßt sich eine vorurteilsfreie Exegese reiner Form kaum denken;
es muß aber vermieden werden, etwa vom Wunsche oder Gedanken
her, den Kernbestand Micha selbst zuschreiben zu wollen, den gegebenen Text in ein Prokrustesbett der literatur- und textkritischen
Operationen zu werfen, an deren Ende ein Michafragment stehen
könnte, dessen Ausgestaltung bis zur masoretischen Endgestalt kaum
noch anders denn als Ergebnis wahlloser Ausschmückung oder Veränderung bezeichnet werden könnte.

Innerhalb des deutlich vom Exil geprägten Kontextes der Kapitel 4 und 5 braucht die michanische Autorschaft durchaus nicht als
vorgegebene Arbeitshypothese angesehen zu werden. Unabhängig von
der Verfasserfrage scheint die Ausscheidung von v. 2 aus dem ursprünglichen Zusammenhang (J. Wellh. u. a., vgl. Nr. 72) geradezu
unmittelbar einleuchtend. V. 3 schließt direkt an v. 1 an, während
יִתְּנֵם in v. 2 entweder ein anderes Subjekt (Gott), oder ein anderes
Verständnis des Moschel, der in v. 1 und 3 von Jahwe autorisiert wird,
in v. 2 jedoch, wäre er das Subjekt zu יתנם, selbst geschichtswirkende
Funktion hätte, bietet. Da v. 2b sicher nachexilische Verhältnisse spiegelt, könnte überdies bei michanischer Autorschaft überhaupt nur
v. 2a an v. 1 anschließen und wäre eine Bezugnahme auf Jes 7 14 in
bereits messianischer Deutung. Bei der Besprechung von v. 2 (Nr. 72)
wird sich ergeben, daß eine andere Interpretation vermutlich den literarischen Bezügen eher gerecht wird.

Die Gleichheit des Anfanges von 5 1 mit dem in 4 8, die beiden
Stellen gemeinsame, aber sonst ungewöhnliche Verwendung der Wz.
משל, wo sachlich das Königtum gemeint ist, hat zuerst F. Hitzig, nach

ihm J. Wellh. u. a. veranlaßt, an eine Verbindung beider Stücke zu denken. Sie ist jetzt auch von formgeschichtlicher Seite her erhärtet worden (C. Westermann bei G. Eichholz 54f.). Nach C. Westermann kommt diese Form der Heilszusage von einer in vorexilischer Zeit in den Stammessprüchen sich niederschlagenden Traditionsform her. Das könnte ein erster Hinweis, wenn auch nicht ein Beweis dafür sein, daß Mi 5 1. 3 nicht vorexilisch ist.

Zur weiteren Diskussion der Einzelzüge des Textes darf auf T. Lescows (ZAW 79, 192—199) sehr detaillierte Interpretation verwiesen werden, deren Ergebnisse hier im wesentlichen akzeptiert werden. Es kann darum auch weitgehend auf die Darstellung der kontroversen Positionen der Kommentatoren verzichtet werden.

Zur Bezeichnung מוֹשֵׁל vergleicht T. Lescow Jer 30 21 33 26 I Reg 5 1 (nachex.) II Chr 7 18 9 26 und auch Gen 49 10. Wenn dort wirklich mit G. von Rad מִשְׁלוֹ zu lesen ist, könnte an Bezugnahme des Micha-textes auf den Jakobssegen gedacht werden. T. Lescows Untersuchung ist vor allem auch darum wichtig, weil sie den Weg zur Interpretations-möglichkeit von v. 1aα in seiner jetzigen Gestalt weist. Selbst wenn man diese für das Ergebnis literarischen Wachstums hält, muß ja ge-klärt werden, wie MT begründet ist.

Das seit F. Hitzig und J. Wellh. meist emendierte לִהְיוֹת₁ erklärt er grammatisch und sachlich ansprechend (194f.) als eine relative An-gabe, die weder besagt, daß Bethlehem *zu* klein, noch daß es der kleinste der Gaue Judas wäre, sondern daß es *in bezug auf* seine Stel-lung als eines Gaues in Juda klein sei. Da T. Lescow auch die volle Form der in MT gebotenen Anrede an Bethlehem plausibel verteidigt (193f.), kann v. 1aα als Siebener gelesen und übersetzt werden:

> »Und du, Bethlehem in Ephrat,
>   klein (zwar) für eine Tausendschaft in Juda,
>   aus dir . . . etc.«

(71) לִהְיוֹת₂ dagegen, das auch das Metrum stört, kann nun als verti-kale Dittographie erklärt werden. Allerdings bietet sich noch eine andere Möglichkeit, die ausgeht von T. Lescows (197) Hinweis auf C. F. Keils Bemerkung, daß v. 1aβ im Anklang an I Sam 16 1 gebildet sei, wie ja auch der Rückgriff auf Bethlehem eine Typisierung des künftigen Herrschers auf David bedeutet. In Weiterentfaltung dieses im Grundbestand angelegten Gedankens und gestützt auf das im engsten Kontext vorkommende לִהְיוֹת₁ scheint nun לִהְיוֹת₂ einge-fügt worden zu sein, um eine Reminiszenz an II Sam 7 8 anklingen zu lassen. Dort heißt es: אֲנִי לְקַחְתִּיךָ ... לִהְיוֹת נָגִיד עַל עַמִּי יִשְׂרָאֵל. Daß T. Lescow (196) überdies in der Nebeneinanderstellung von Bethlehem und Ephrata einen Rückgriff auf die Familiengeschichte des Buches Ruth sieht, mag allerdings eine übertriebene Kombination sein. Auf

Grund seiner Untersuchungen kommt er zu dem Schluß, wir hätten
»hier eine ... Modifizierung des mit der Nathan-Weissagung gegebenen
eschatologischen Themas vor uns, die freilich kaum anders als aus
nachexilischer Zeit stammend angesehen werden kann«. Diese Vermutung wird erhärtet durch v. 1b, wo (T. Lescow 199) von der Davids-
zeit als »Urzeit«, d. h. als exemplarischer Heilszeit, die Rede ist.

In v. 3 wird עתה i. S. v. אָז gebraucht wie in 4 7, aber anders als in
4 9. 11. 14. וְהָיָה זֶה שָׁלוֹם (v. 4a) schließt den Spruch ab, der Mischmetrum
zeigt: v. 1: Siebener (3 + 2 + 2),
                        2 Vierer,
          v. 3. 4a: Doppeldreier,
                        umgek. Siebener (2 + 2 + 3).
Es kann also zusammengefaßt werden:

1. 5 1.3.4 a ist mit 4 8 zumindest verwandt. 4 9-14 ist erst später tren-
nend dazwischengetreten (W. Nowack), kann aber selbst nicht ohne
die Bezugnahme auf 5 1. 3. 4 a verstanden werden, wie sich aus der
Strukturanalyse ergibt. 5 1. 3. 4 a ist also älter als 4 9-14.

2. 5 1. 3. 4 a verheißt wie 4 8 eine Erneuerung des Königtums in
der Unterordnung (Wz. משׁל statt מלך) unter den eigentlichen, jedoch
unausgesprochenen König Jahwe. Der Typos für den מוֹשֵׁל ist David.

3. Vorexilische Entstehung ist nahezu sicher auszuschließen. Die
Anrede an die beiden Ortschaften ist geprägt von der Form der Stam-
messsprüche und läßt durch die ausgefallenen Lokalangaben erkennen,
daß der Verfasser in Palästina schrieb.

(72) 5 2:

Für die Exegese des Verses ist auszugehen von der ausgezeichne-
ten Zusammenstellung zum Geburtsmotiv bei T. Lescow (199—205).
Zusammenfassend formuliert er sein Ergebnis (204): »Das Bild von
der ‚Gebärenden' wird im AT *immer* als Bild für eine durch Feindesnot
hervorgerufene Krisis gebraucht. Die ‚Geburt' selbst bezeichnet das
Ende dieser Krisis ....

Dieses Bild wurde erstmals, wie es scheint, von Deuterojesaja auf
die Exulanten in Babylon angewandt, vgl. Jes 49 19-21 54 1-3. Bei
Tritojesaja aber wird dieses Bild mit leuchtenden eschatologischen
Farben ausgemalt, vgl. 60, 62.«

Über diese Feststellungen hinaus ist allerdings doch auch der
Bezug auf Jes 7 14 zu erwägen. Denn tatsächlich sind doch die eschatologische Bedeutung des hier in Rede stehenden Verses und der Bezug
auf Jes 7 14 keine einander ausschließenden Alternativen. Selbst wenn
T. Lescow mit der Annahme im Recht ist, daß in Jes 7 14 das Gewicht
ursprünglich nicht auf dem Geburtsmotiv als solchem liegt, ja, gar
keine messianische Bedeutung vorliegt, konnte doch die Stelle später

so ausgelegt werden, wie es noch heute beim überwiegenden Teil der
Exegeten geschieht. — Das heißt, die Erwähnung der »Gebärenden«
in 5 2 (wie auch im Bilde 4 9ff.) ist zwar ein Bild der Bedrängnis, die
bald ihr Ende finden soll, aber doch zugleich auch eine Bezugnahme
auf schon vorliegende Prophetie. Die Auslegung von Jes 7 14 ist in die
Prophetie Mi 4—5 hineingenommen.

Schließlich erwägt T. Lescow (205), »ob wir mit dem Ausdruck
יולדה ילדה, der ja ein sehr griffiges Wortspiel enthält, nicht ein
eschatologisches (‚apokalyptisches') Chiffrewort vor uns haben, das
dann freilich wohl schon in spät-nachexilische Zeit, etwa in die von
Jes 66, zu datieren wäre.« Hier lägen dann wohl die Wurzeln für die
spätere Vorstellung von den messianischen Wehen.

Die Verbindung von 5 2 mit 4 9-14 legt sich nach diesen Einzel-
betrachtungen unmittelbar nahe. Es kann nun die Vermutung gewagt
werden, daß 5 2 und 4 9-14 von der gleichen Hand stammen. Eine ähnliche Vermutung für 5 4-14 äußert T. Lescow (205).

(73) 5 4ff.:

Daß v. 4b jünger als v. 3 ist, ist in den Kommentaren allgemein
gesehen. Die Datierungen schwanken. Am häufigsten wird »Assur«
als Deckname für die Seleukiden angesehen. V. 5b wiederholt z. T.
v. 4b, was aber nicht zu einer weiteren literarkritischen Scheidung
Anlaß geben sollte. Vielmehr wird in v. 4b das Thema der Bedrohung
durch Assur vorangestellt und dann zunächst von der Aufstellung der
Menschenfürsten durch Israel (»wir werden aufstellen ...«) gesprochen,
während in v. 5b die Rettung vor Assur durch den Moschel — auf ihn
wird man die Verbalform beziehen müssen — ausdrücklich nachgetragen wird.

נצל hi. begegnet wieder in v. 7. Das wäre allein gewiß kein
Argument, die Einheitlichkeit zu behaupten. Doch ist hier wie in
4 9ff. abermals eine Abfolge dreier konzentrischer Kreise zu erkennen:
Während der letzte der drei Abschnitte über den Umschlag von der
Gefährdung zur Rettung in (4a) והיה זה שלום ausgemündet ist, wird
das זה nun auch vorausweisend umgedeutet und dreifach expliziert:

I   v. 4b-5: Niederwerfung der letzten Macht;
II v. 6:   der erlöste Rest in seiner Freiheit durch Jahwe;
III v. 7:   der erlöste Rest in seiner Macht über die Völker.

(67 + 72 + 73) Es erscheint nunmehr berechtigt, 4 9-14 5 2 und
5 4ff. (mindestens bis v. 8 incl.) insgesamt zu betrachten und zu versuchen, Anhaltspunkte für eine weitere Deutung und eventuell eine
historische Einordnung zu finden.

1. Auszugehen ist von der Suche nach literarischen oder geistesgeschichtlichen Berührungen mit anderen Texten des AT.

4 9 : Wz. רוע kommt im Zusammenhang mit Schilderungen des heiligen Krieges vor: Jos 6 5. 10. 16. 20. Von daher kann es mit den um den Tag Jahwes kreisenden Vorstellungen verbunden worden sein, dessen Ambivalenz zwischen Angst und Freude sich im Vorkommen dieses Verbums zu spiegeln scheint. Unmittelbar zu vergleichen sind Joel 2 1 תִּקְעוּ שׁוֹפָר בְּצִיּוֹן וְהָרִיעוּ בְּהַר קָדְשִׁי, sowie Zeph 3 14 רָנִּי בַת צִיּוֹן הָרִיעוּ יִשְׂרָאֵל, und Sach 9 9 הָרִיעִי בַּת יְרוּשָׁלַ͏ִם. Während aber dort רוע ein Zeichen der Freude ist, handelt es sich in Mi 4 9 um einen Angstschrei, wie die anschließende Frage deutlich macht.

Dem entspricht auch die Verwendung des Geburtsmotivs, zu dessen eingehender Deutung auf T. Lescow verwiesen werden kann. Außer Jes 26 17 66 8 sind hier besonders zu nennen Jer 22 23 und vor allem das in Jer 50 43 gegen Babel wieder aufgenommene Wort Jer 6 24 : צָרָה הֶחֱזִיקַתְנוּ חִיל כַּיּוֹלֵדָה. Diese zuletzt genannte Stelle ist als direktes literarisches Vorbild für v. 9 kaum zu bezweifeln.

Ähnlich verhält es sich mit Jer 8 19b: הַיהוה אֵין בְּצִיּוֹן אִם מַלְכָּהּ אֵין בָּהּ. Dort ist die Frage mit einem »doch« zu beantworten, das das Unheil begründet, während hier die gleiche Antwort, auf Jahwe als den König Israels bezogen (K. Marti), Heil und Rettung aus der Hand der Feinde bedeutet.

V. 11 : Zu dem Bild der sich versammelnden Völker (אסף ni.) vgl. Jes 13 4 Sach 12 3 und allgemein zum Völkerkampfmotiv die Ausführungen bei G. Wanke.

V. 14 : Das Schlagen auf die Wange ist ein öfter belegtes Bild schändlicher Demütigung: Ps 3 8 Thr 3 30 Hi 16 10 Jes 50 6 und v. a. I Reg 22 24. — Vom Schlagen mit dem Stabe redet ganz ähnlich Jes 10 24, das (vgl. O. Kaiser) mit dem Bilde Assurs als eines Schlagwerkzeuges Jahwes (Jes 10 5 30 31) zusammenhängt. Auch in den sekundären Partien von Jes 10, zu denen v. 24 gehört, ist »Assur« als Deckname für eine spätere Macht verwendet. O. Kaiser vermutet dahinter die Seleukidenherrschaft, die auch für Mi 5 4 herangezogen worden ist. Auch wenn diese Identifizierung nicht voll befriedigen sollte, da z. B. die Zeit zwischen der Abfassung des hebräischen Textes und der Übersetzung in die LXX-Fassung sehr reduziert würde, ist festzuhalten, daß Mi 4 14 und Jes 10 24 zur gleichen Zeit und Gelegenheit abgefaßt worden sein können. Eine Bezugnahme auf Jes 50 6 ist nicht unwahrscheinlich.

Außer diesen genannten literarischen Anklängen sind noch zu erwägen für (v. 10b) das Herausgehen ins freie Feld Jer 6 25 ; für (v. 13) das Zerdreschen der Völker Joel 4 13 und Jes 63 1-6 (Jes 17 5 liegt ein anderes Bild vor); für v. 13 die Schilderung des vierten Tieres in Dan 7 7, die freilich noch spätere Entstehungszeit (allegorische Einzelzüge) verrät.

Insgesamt lassen die besprochenen spätesten Partien der Kapitel 4 und 5 im Michabuch literarische Abhängigkeit besonders von der Prophetie des Jeremia, Nähe des Kolorits der Bilder zu II-Sacharja und gewisse Einzelzüge, die man als Vorstufen der Apokalyptik ansehen kann, erkennen.

2. Darf man wie in der Apokalyptik hinter der Verhüllung durch vorgeprägte Begriffe und Typisierung auf bestimmte Ereignisse der Geschichte Israels eine konkrete Situation suchen, so ist sie vom Text her dreifach einzugrenzen:

1. als eine Situation der Bedrängnis und wahrscheinlich wirklichen Belagerung Jerusalems (4 9. 11);
2. als eine Situation, in der der Feind mit dem Decknamen Assur (5 4) bezeichnet werden konnte;
3. als eine Situation, in der gleichzeitig von dem »Gehen nach Babel« (4 10), also einer Exilierung, geredet werden mußte.

Ad 1: In Frage kommen drei Daten, von denen freilich 586 v. Chr. von vornherein wegen v. 10b ausscheidet. Es bleiben möglich die Zeit um 350 v. Chr., als Artaxerxes III. Ochos auf einem Vergeltungs- und Wiedereroberungsfeldzug durch Palästina zog (vgl. E. Schürer 7 ff.; E. Bickermann 11f.; Morton Smith 369) oder 167 v. Chr., die Eroberung und Entweihung Jerusalems durch Antiochos IV. Epiphanes (vgl. M. Noth, G. I, 322 ff.).

Ad 2: Wenn Assur nicht mehr die assyrische Weltmacht selbst bezeichnet, kommen nur noch in Frage die Perser als Nachfolger der assyrisch-babylonischen Macht (vgl. Esr 6 22) oder die öfter vorgeschlagenen Seleukiden, gegen die aber das schon genannte Argument der griechischen Übersetzung spricht (so auch R. E. Wolfe).

Ad 3: Nun scheint es aber um 350 v. Chr. wirklich eine Situation gegeben zu haben, in der sowohl die Bedrängnis durch die Macht der Perser als auch eine Deportation gegeben sind. Auch R. E. Wolfe zieht deshalb dieses Datum als historischen Hintergrund der in Rede stehenden Partien heran. Freilich weiß man über die dunkle Zeit der Geschichte Israels zwischen Esra und Nehemia und der mit der Eroberung Alexanders des Großen eingeleiteten bzw. auf sie folgenden Diadochenherrschaft äußerst wenig. Das Wenige ist bei E. Schürer (7 ff.) zusammengetragen. Über das dort Berichtete hinaus ist auch heute nichts bekannt.

Die aus der Chronik des Euseb stammende Notiz über eine von Artaxerxes III. Ochos durchgeführte Deportation von Judäern an das Kaspische Meer ist zwar nur in stark variierenden Sekundärüberlieferungen, die bei E. Schürer ausführlich zitiert sind, erhalten; die Abweichungen der Texte untereinander sind aber durchweg teils als Textentstellungen, teils als Kontamination mit der »klassischen«

Deportation nach Babylonien zu erklären. Der Kern der Notiz einer
Deportation aber ist überall gleich und verdient Glauben, zumal die
freilich strittigen näheren Umstände ohnehin für die hier notwendigen
Überlegungen irrelevant sind.

Es darf darum als wahrscheinlich gelten, daß die hinter Mi 4 9-14
5 2. 4ff. stehenden Ereignisse der sidonische Aufstand 350 oder 349
v. Chr. (H. Bengtson 344ff.), in den Judäa-Jerusalem irgendwie ver-
wickelt gewesen sein dürfte, und die damals erfolgte Deportation von
Juden durch den genannten Herrscher sind.

Bemerkenswert ist, daß T. Lescow (207) auf Grund ganz anderer
Kriterien ebenfalls »die Mitte des 4. Jh. als *terminus ad quem* für das
Auftauchen einer Hoffnung auf die Geburt des Messias« bestimmt.
Es ist übrigens die gleiche Zeit der in den Chronikbüchern sich aus-
sprechenden Davidrenaissance, wenige Jahrzehnte vor der Ankündi-
gung des endzeitlichen Friedenskönigs durch II-Sacharja.

Daß das Verhältnis zwischen Juden und persischer Obermacht
nicht immer ungetrübt war, geht auch aus Josephus, Contra Apionem
I, 22 (§ 191 Niese) hervor, wenngleich der Quellenwert für sich betrachtet gering ist.

Im Gegensatz zu II-Sacharja (vgl. K. Elliger, ZAW 62, 63ff.)
sieht sich der Verfasser der letzten Micha-Abschnitte noch innerhalb
der Zeit der letzten irdischen Weltmacht, der Israel untergeordnet ist,
deren Gewalt aber durch das Auftreten des endzeitlichen Herrschers
gebrochen und abgelöst werden soll.

5 4f.: Wenn »Assur« für die Perser steht, kann man bei den sieben
Fürsten an eine Unterinstanz denken, bei der nicht die Zahl (7/8 als
weisheitliche Zahlenreihe) in ihrer Bestimmtheit, sondern die Tatsache der Mehrzahl gegenüber dem einen Moschel wichtig ist. Der
Bezug auf Persien legt dann die Deutung auf ein Gegenbild zu den
persischen Satrapen nahe. Zumindest dürften diese das Modell für das
Bild der Menschenfürsten und ihrer Befugnisse unmittelbar vor Anbruch des endzeitlichen Reiches abgegeben haben. Auch hier bestätigt
sich also die Datierung in die persische Zeit.

4 14: Nun endlich soll auch die Frage gestellt werden, wer der
rätselhafte »Richter Israels« ist.

Wenn der ganze Zusammenhang ins 4. Jh. gehört, ist es kaum
wahrscheinlich, hier an ein altes Amt zu denken, das freilich öfter erwogen wurde. Ebensowenig kommt der König in Betracht, da es ihn
lange nicht mehr gibt, v. 14 aber noch in die Zeit vor dem Kommen
des Moschel gehört. (Etwaige Verbindungen zum babylonischen Neu-
jahrsritual sind schon von diesen historischen Gegebenheiten her nicht
einmal erwägenswert.) Wenn man allein vom gegebenen Text ausgeht,
ergibt sich zunächst die Frage, wo in jener Zeit die Judikative lag. —
Da der persische Statthalter ohnehin nicht mehr anwesend war, aber

auch früher über sehr wenig Macht verfügt hatte (vgl. A. Cowley Nr. 32), muß der Hohepriester in der um Jerusalem zentrierten Kultgemeinschaft auch politisch die führende Stellung eingenommen haben. Seine Demütigung ist auch historisch nicht unwahrscheinlich: Wenn Juda sich dem Aufstand angeschlossen hatte, mußte vermutlich der in den Augen der Perser Verantwortliche der Hohepriester sein.

Hinzu kommt aber auch ein inneres Kriterium des Textes (vgl. ähnlich B. Renaud): Wie der Typos des in 5 1. 3 verheißenen Herrschers der Endzeit der erste und ideale König Gesamtisraels David ist, so geht seiner Regierung (die Episode des Königtums Sauls wird aus dieser Perspektive natürlich nicht beachtet) die »vorstaatliche« Zeit voraus, in der der Repräsentant und Führer Israels wie in der ersten Zeit nach der Landnahme der »Richter« ist.

So fügen sich schließlich die beobachteten Einzelzüge zu einem Gesamtbild, das die letzte Stufe vor dem Ausklang der Prophetie in II-Sacharja repräsentiert. Damit wird zweierlei deutlich:

1. Im 4. Jh. v. Chr. gab es noch Prophetie, die zur aktuellen Geschichte Israels Stellung nahm, d. h. die Prophetie war noch nicht erloschen.

2. Diese Prophetie lebte bewußt aus der prophetischen Tradition, die damals selbstverständlich bereits eine Tradition der »Schriftpropheten« war. Das geschah nicht nur in Anklängen an ältere Prophetenworte, ja der Einbettung in diese, sondern vor allem in der Typisierung der jetzigen Sitation auf die Grundgegebenheiten des nachexilischen Israel: Die erste Eroberung Jerusalems 586 und das Exil als geheimnisvollen Übergang vom Ende zum Neuanfang, und vor allem die Heimkehr aus dem Exil, die als Typos nun dem Exodusgeschehen gleichgestellt ist.

Diese Typisierung ist in sich bereits eine Form der Glaubensaussage; sie bezeugt die Kontinuität der Geschichte Israels, wie sie von Jahwe her gegeben ist.

(74) 5 4 : בְּאַדְמָתֵנוּ ist mit LXX und nach v. 5b eindeutig herzustellen. Es liegt einfache Verschreibung vor.

(75) V. 5 : *בִּפְתָחֶיהָ ist wohl wegen der Seltenheit zu בפתחיה geworden.

V. 8 : Ob der abschließende Vers Gebetsanrede an Jahwe oder Verheißung an Israel ist, bleibt unklar, doch ist wohl eher letzteres anzunehmen. Der Vers stellt eine Art von Stichwortverknüpfung mit v. 9 her.

(76) 5 9-12:

Nach der Stichwortverknüpfung hat es den Anschein, daß dieser Abschnitt innerhalb des Michabuches älter als die vorangehenden Partien ist. Dennoch scheint er nicht von Micha zu stammen (B.Stade,

ZAW 1, 161—172 u. a.), da Stil und Thematik ganz anders als in den sicher echten Michaworten sind.

Wenn auch reine »Sprachbeweise« abzulehnen sind, stimmt doch das Belegmaterial skeptisch:

מעשׂה ידים als Bezeichnung für Götzen: Dtn 4 28 27 15 II Reg 19 18 ≙ Jes 37 19 II Reg 22 17 Jer 1 16 10 3 und 25 6. 7 vielleicht nachexilisch; Hos 14 4 (Nr. 177) Ps 115 4 135 15 II Chr 32 19 34 25 (L. 833a—844c s. v. מעשׂה).

כְּשָׁפִים (L. 704a): II Reg 9 22 Jes 47 9. 12 Nah 3 4.

עֹנֵן po. (L. 1999c): Lev 19 26 Dtn 18 10. 14 Jdc 9 37 II Reg 21 6 ≙ II Chr 33 6 Jes 2 6 57 3 Jer 27 9.

והכרתי im Drohwort als Bestandteil eines Gottesspruches: Am 1 5. 8 2 3 Nah 2 14 Zeph 1 3. 4 3 6 Sach 9 6. 10 Jes 14 22 Ez 14 8. 13. 17 21 8. 9 25 7. 13. 16 29 8 30 15 35 7; in den dtr. Prophetenworten I Reg 9 7 14 10 21 21 II Reg 9 8; im Heiligkeitsgesetz Lev 17 10 20 3. 5. 6 26 30, davon viermal ebenfalls + מִקֶּרֶב (L. 702b—703a).

ביום ההוא נאם יהוה begegnet im Michabuch noch in 4 6 (Nr. 63), also einem unechten Stück.

השׁתחוה ל ist im AT sehr häufig (88mal, L. 1420b—1421c) und anscheinend in allen Sprachstufen belegt, doch + למעשׂה ידים nur noch Jes 2 8 und Jer 1 16.

Das Hauptargument der die Echtheit behauptenden Kommentare ist denn auch (J. M. P. Smith, A. Weiser, Th. H. Robinson u. a.) meist die Nähe zu Jes 2 6ff. Doch ist die Lage dort ähnlich schwierig, da das ganze Kap. 2 bei Jesaja stark überarbeitet ist und sicher auf Jesaja vielleicht nur der in v. 10a. 12-17 vorliegende Hymnus auf den Tag Jahwes im Nominalsatzstil zurückgeht.

a) Der Stil des Spruches, seine Wortwahl und die Art des Vorwurfes (vgl. Michas Erwähnung der פסילים in 1 7!) sprechen also gegen die michanische Autorschaft.

b) Die sprachliche Nähe zu Dtn, Dtr. und dem Heiligkeitsgesetz sowie die sachliche Nähe der Götzenpolemik zu exilisch/nachexilischen Worten (Jer 10 3 25 6. 7 Jes 47 9. 12 57 3) könnten für Entstehung im oder nach dem Exil sprechen.

Doch bleibt, auch wenn man Jes 2 6ff. außer acht läßt, der Vergleich mit Jer 1 16 und Nah 3 4 möglich. Die Polemik gegen Rosse und Wagen, Städte und Festungen hatte im Exil oder später weniger Sinn, wenn man nicht mit K. Marti in die makkabäische Zeit hinabgehen will. Freilich ist das Wort gar nicht eindeutig als Drohwort zu klassifizieren; v. 12 kann ebenso oder noch angemessener als Verheißung aufgefaßt werden, da nicht von der Vernichtung Israels, sondern nur von der Vernichtung der Instrumente seiner politischen und religiösen Emanzipationsversuche von Jahwe die Rede ist. Eine frappierende, abermals das Datierungsproblem vertiefende Parallele findet sich bei II-Sacharja (9 10) in der Verheißung des Friedensherrschers. Dennoch wird man den literarischen Eigentümlichkeiten wohl eher gerecht werden, wenn man an eine Abhängigkeit II-Sacharjas von der in Rede stehen-

den Partie im Michabuch, d. h. wohl schon von der Endgestalt der beiden Kapitel 4 und 5, denkt, für Mi 5 9-12 aber vorexilische Entstehung erwägt. Für die Datierung liegt am nächsten die Zeit der ersten deuteronomischen Begeisterung unter Josia.

Daß ein solches anonymes Fragment gut Micha (vgl. 1 7) zugeschrieben werden konnte, zeigt die bis heute während Unsicherheit der historisch-kritischen Forschung. Der Spruch endet mit v. 12b, der Konsequenz der angekündigten Handlungen Jahwes für Israels Glauben.

5 13-14:

(77) Daß v. 13 eine Dublette zu v. 9-12 darstellt, ist in den Kommentaren überwiegend festgestellt worden. Es werden noch einmal beide Aspekte der angekündigten Vernichtung angedeutet, der religiöse mit den Ascheren, der politische mit den Städten. Wie in 4 9-14 und in 5 4-8 ist hier noch einmal die Technik der »konzentrischen Kreise« zu beobachten, allerdings mit dem Unterschied, daß hier der zweite Kreis als Ausklang knapper gezogen wird.

Trotzdem darf vermutet werden, daß hier noch einmal der gleiche auslegende Autor am Werk ist wie in den anderen Partien und daß er mit v. 14 die neue, auf seine Hand zurückgehende Einheit von Kap. 4 und 5 beschließt. Noch einmal werden die Völker genannt, mit deren Wallfahrt zum Zion Kap. 4 beginnt, aber mit der Einschränkung, daß der Zorn nur die Völker trifft, »die nicht gehört haben«.

עשׂה נקם kann aus sprachlichen Gründen nicht verbunden werden; עשׂה bezieht sich also auf die vorher geschilderten Ereignisse der Endzeit und enthält vielleicht auch eine Anwendung von v. 9-12 auf die Völker.

שׁמע scheint zugleich stichwortartig zu 6 1 überleiten zu sollen. Der Kap. 4—5 abschließende Vers ist also zu übersetzen:

»Und ich will es tun in Zorn und in Wut —
(als) eine Rache an den Völkern, die nicht gehört haben.«

6 1:

(78) V. 1 ist wegen der Spannungen zu v. 2 als sekundär anzusehen (E. Sellin u. a.). Daß er nicht zu 6 2-8 gehört, ist allgemein anerkannt. Allerdings bleibt der Grund für die Einfügung, die vielleicht als Sammelüberschrift zu allen noch folgenden Worten in ihrer Gesamtheit (Ausdehnung der Prozeßrede über v. 8 hinaus) anzusehen ist, offen.

(79) Statt את₂ ist mit LXX אל zu lesen (Verschreibung ל/ת).

(80) 6 2-8:

Auch die Echtheit der Prozeßrede als ganzer oder von Teilen von ihr ist stark umstritten. Zunächst ist der Textbestand zu klären, bevor die Diskussion um Entstehung und Verfasserschaft aufgenommen werden kann.

(81) V. 2: Statt des in den Satz nicht passenden וְהָאֵתָנִים lesen J. Wellh. u. a. וְהַאֲזִינוּ wie Hos 5 1 Jes 1 2. 10 u. ö. Der Fehler wird durch Dittographie des מ von מֹסְדֵי und darauf folgende Korrektur, die sich an den im Kontext genannten Naturerscheinungen orientierte, zu erklären sein.

(82) V. 4: עָלַי ist mit E. Sellin aus v. 5 als עַמּוֹ an das Ende von v. 4 zu ziehen, da sich nur so eine grammatisch tragfähige Konstruktion der zweiten Satzhälfte von v. 4b ergibt. Allerdings wäre es auch möglich, mit LXX וְאַהֲרֹן וגו׳ zu lesen, doch wäre diese Art der Aufzählung poetisch unausgewogen, während andererseits auch der spätere Nachtrag von Aaron und besonders Mirjam unwahrscheinlich ist.

(83) Lediglich v. 5b scheint als theologische Explikation der in v. a genannten Daten der Heilsgeschichte später hinzugefügt zu sein und erinnert in der Art der zusammenfassend bibelkundlichen Glossierung an Kap. 1 5b (Nr. 4).

(84) V. 7: Die in BHK App. vorgeschlagene Auslassung von יהוה ist eine reine Konjektur metri causa; da sie aber nicht in den Sinn des Satzes eingreift und die unwillkürliche Ergänzung des Subjektes der Verbalform auch psychologisch einleuchtend ist, läßt sie sich vertreten.

(85) V. 8: Statt הִגִּיד mit seiner vermutlich späten Pleneschreibung ist nach LXX הֻגַּד zu lesen. MT könnte ein Niederschlag rabbinischer Exegetenterminologie (W. Bacher I, 30 s. v. הגיד) sein.

(80) Der רִיב als Prozeß Jahwes kommt im AT verhältnismäßig selten vor: Hos 4 1 12 3 Jer 25 31 und in einem späten Ausläufer Ps 74 22. In der Formulierung stehen dem Michatext am nächsten Hos 4 1-3 und Hos 12 3-5. 8-10. Der רִיב kommt im Prophetenspruch also selten und ausgeführt nur bei Hosea vor. Sicher wäre es falsch, bei der Art der israelitischen Rechtsprechung (vgl. L. Köhler, Der hebr. Mensch, 143—171) mit einem festen Formular der Gerichtsrede zu rechnen, ja, es müßte geradezu als contradictio in adjecto bezeichnet werden. Dennoch lassen sich gemeinsame Elemente in Mi 6 2-8 und den Hoseaworten feststellen:

Mi 6	2a Aufforderung zum Hören	—	Hos 4 1a	— — —
	2b Prozeßankündigung = Vor- stellung der Parteien	—	4 1bα	12 3
	v. 3-5 Rede Jahwes	—	v. 1bβ-2	12 4. 5. 8
	v. 6-7 Verteidigungsrede des Beklagten (Israel)	—	— —	12 9

v. 8   Gegenrede Jahwes / des   —   — —   — — —
        Propheten
— —   Urteilsverkündung   —   4 3   12 10

Der Vergleich ergibt zweierlei:

1. Mi 6 3-5, formal eine Selbstrechtfertigung Jahwes, hat die Funktion einer Anklage. Gegenstand der Anklage ist, wie der Erweis der Bundestreue Jahwes ebenso wie das Wort חסד in v. 8 (N. Glueck, BZAW 47) zeigt, Israels bundeswidriges Verhalten.

2. Die in Hos 4 3 und 12 10 vorliegende Urteilsverkündung, die die Funktion eines Drohwortes hätte, fehlt im Michatext, weil hier die Widerlegung der Selbstrechtfertigung des Volkes die Funktion einer Mahnung hat.

Daß in v. 6-8 die selbständige Gattung der Thora (J. Begrich, BZAW 66, 63—88) vorliegt, spricht also nicht gegen die Einheitlichkeit von v. 2-8, da die Thora hier notwendige Bestandteile des »dialogischen Streitgesprächs« (H. W. Wolff, ThB 22, 86) in seiner Gesamtheit enthält. V. 2-5 können nicht für sich bestehen; umgekehrt macht der Bezug auf v. 2-5 deutlich, daß die Antwort des Beklagten (v. 6-7) nicht mit A. Weiser als Reue zu charakterisieren ist, sondern als Selbstrechtfertigung. Sie geht, im fingierten Zitat rhetorisch überspitzt, vom Verständnis des Kultes als Bundeserfüllung aus, das damit ad absurdum geführt wird. Die besonders in v. 8 sich enthüllende Zusammengehörigkeit von Kultkritik und sozialer Botschaft, Art und Richtung der Kritik an Israels religiöser Sicherheit sprechen ebenso wie die Form des Prozesses zwischen Jahwe und Israel für vorexilische Entstehung des Spruches. Nach dem Exil (Maleachi!) war der Kult schon deshalb nicht mehr für die Prophetie problematisch, weil er zum Glaubenszeichen für die Existenz Israels geworden war (Haggai, Sacharja). — Trotzdem erheben sich Einwände, als Verfasser von v. 2-8 Micha selbst anzunehmen.

a) Die deuteronomisch-deuteronomistische Terminologie ist am deutlichsten im Ausdruck פדה für den Auszug aus Ägypten, der auch Dtn 7 8 9 26 13 6 15 15 21 8 II Sam 7 23 $\triangle$ I Chr 17 21 verwendet ist, in Dtn 7 8 und 13 6 auch + מבית עבדים; zu vergleichen ist auch הוציא מבית עבדים Dtn 5 6 6 12 8 14 13 11 Jer 34 13. בית עבדים kommt sonst bei den Propheten nicht vor.

כפף ist im ni. überhaupt nicht mehr, im Qal nur nachexilisch belegt: Jes 58 5 Ps 57 7 145 14 146 8 (L. 696a), קדם pi. vorexilisch vielleicht nur noch Dtn 23 5.

b) Die Bezugnahme auf den Auszug ist ungewöhnlich umfassend, aber v. 4-5 läßt sich (gegen S. Herrmann) nicht ausscheiden, ohne den Gesamtaufbau zu zerstören.

c) Die positiven Begriffe in v. 8 (אהב חסד, עשה משפט) gehören in die Hosea und das Deuteronomium verbindende Traditionslinie.

Die nach H. Ewald immer wieder versuchte Datierung in die Zeit des Manasse nach dem in v. 7 erwähnten Kinderopfer ist aus zwei Gründen unmöglich:

a) Die religiösen Praktiken der Zeit Manasses, die von Dtr. kritisiert werden, galten, abgesehen davon, daß sie vermutlich keine Kinderopfer waren, nie Jahwe;

b) die Funktion des Kinderopferangebots in v. 7 ist die einer rhetorischen Überbietung. Es wird ebensowenig mit der tatsächlichen Möglichkeit des Kinderopfers gerechnet, wie v. 6-7 ein Ausdruck der Reue ist.

Das Ergebnis aller bis hierher vorgetragenen Versuche, den Text, seine Eigenart und die in ihm vielleicht enthaltenen Ansatzpunkte einer Datierung mehr auf dem Wege der Negation als durch positive Vergleiche einzugrenzen, ist nicht mehr als eine Hypothese, der bestenfalls der höchste Wahrscheinlichkeitsgrad zukommt: Mi 6 2-8 ist ein vorexilisches Prophetenwort anonymer Herkunft, das Micha zugeschrieben wurde, dessen Verfasser aber eher in Hosea und dem Deuteronomium nahestehenden Kreisen vermutet werden kann. Wenn es in Juda entstand, ist es wohl (ähnlich 5 9-12) in die Zeit nach Einführung des Dtn zu datieren.

6 9-16 (vgl. Anhang Nr. 5):

Das Wort über »die Stadt« kann mit 3 9-12 verglichen werden und gehört inhaltlich in den Rahmen der sozialen Botschaft der Propheten. Es ist vermutlich der letzte Spruch im Michabuch, von dem angenommen werden kann, daß er auf Micha selbst zurückgeht. Die Abgrenzung gegen 7 1 ist eindeutig; zum Problem von v. 16 s. u. Nr. 98. Der Text ist sehr schlecht erhalten und durch Zusätze erweitert.

(86) V. 9: V. aβ, »und Erfolg sieht dein Name«, fällt inhaltlich und in der Formulierung aus dem Rahmen. תּוּשִׁיָּה kommt (L. 1516a) noch an zehn weiteren Stellen (Hi 30 22 ist zu unsicher) im AT vor: Jes 28 29 Prov 2 7 3 21 8 14 18 1 Hi 5 12 6 13 11 6 12 16 26 3. Die Art der Belege spricht nicht für die Wahrscheinlichkeit eines Vorkommens in echtem Michagut. ראה kann hier wie I Sam 12 17 Jes 40 5 Koh 1 16 u. ö. i. S. v. »erfahren« gebraucht sein, oder es liegt ursprünglich Hif'il mit doppeltem Akkusativ vor: »und Gelingen schauen läßt dein Name«. Der Personwechsel braucht nicht mit LXX korrigiert zu werden; der Einschub wendet sich doxologisch mit einer gebetsartigen Anrede (ähnlich 6 1b) an Gott.

(87) V. 9b muß geändert werden. Für die Vorlage der LXX ist nach H-R. 780b s. v. κοσμεῖν (bes. Jer 4 30 Ez 16 11. 13 23 40) zu erschließen

וּמִי יַעֲדֶה הָעִיר. J. Wellhausens von vielen befolgter Vorschlag, וּמוֹעֵד הָעִיר
zu lesen, kann sich also nicht auf LXX berufen, weist aber den Weg
zu einer anderen Lösung mit einer finiten Verbalform von יעד ni. =
»sich treffen, zusammenkommen«. Da das Verständnis von מטה als
»Stamm (Juda)« mit Recht von J. M. P. Smith problematisiert wird
(131), ist zu erwägen, ob hier die »Stammbevölkerung« der Stadt gemeint ist und weiter zu lesen ist וּמִי יִוָּעֵד הָעִיר: »Hört es, Stammbevölkerung und wer auch immer in der Stadt zusammenkommt«, also die
Gesamtheit von ständigen Einwohnern und gelegentlichen Besuchern.
Bei der graphischen Ambivalenz von ו/י kann das ו der Verbalform
leicht durch Haplographie ausgefallen sein und geradezu notwendig
die falsche Abtrennung bewirkt haben.

(88) V. 10: Erst nach der Zeit der LXX ist dann offenbar ד〈〉ר verlesen
worden. Das so entstandene עוד wurde zu v. 10 gerechnet, das auslautende ה der Verbalform am Schluß von v. 9 als Suffix vokalisiert,
gemäß den auf die Stadt bezüglichen Suffixen in v. 12. — Das Scheltwort v. 10-12 geißelt die sozialen Zustände in der Stadt.

(89) Statt einer Charakterisierung der Stadt, wie man sie entsprechend
v. 12 erwartet, wird allerdings zunächst eine merkwürdige Frage in
MT gestellt: »Gibt es im Hause des Frevlers Frevelschätze ...?«. Der
Zweifel an der Richtigkeit dieser Textform ist nicht nur in der Seltenheit der Form אש für יש (KBL. 91, s. v. אש) begründet.

LXX bietet mit θησαυρίζων θησαυρούς eine Dublette, die allerdings von J. Ziegler gegen die Überlieferung getilgt wird (zu diesem
Vorgehen vgl. allgemein J. Ziegler 136; Mi 6 10 wird dort nicht speziell
erwähnt), die aber doch Beachtung verdient, weil der Fehler, wenn
überhaupt einer vorliegt, eher aus dem hebräischen Grundtext אֹצְרֶת
אֹצְרֹת zu erklären wäre. Diese erschlossene Textform der Vorlage der
LXX scheint aber gerade die vermißte Rüge gegen die Stadt zu enthalten. Das Partizip הָאֹצְרֶת scheint durch mechanische Textentstellung
unleserlich geworden und dann durch in der Buchstabenzahl etwa
passendes, aus dem Kontext erschlossenes בֵּת רָשָׁע ersetzt worden zu
sein. LXX stellt das Ergebnis eines Vergleichs des emendierten Textes
mit dem offenbar in einem Teil der Überlieferung erhaltenen Grundtext dar und läßt auf frühe Rezensionsarbeit schließen, deren Grundprinzip die Bewahrung alles Überlieferten ist. Der Vorgang läßt sich
graphisch darstellen:　　　　　האצרת אצרת רשע

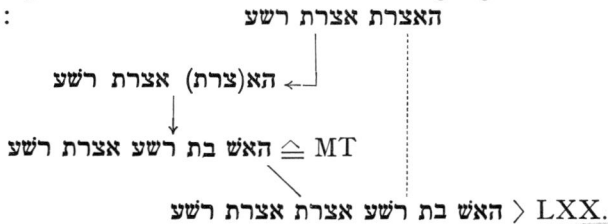

$$→┘\ ←\ הא(צרת) אצרת רשע$$
$$↓$$
$$MT\ \triangleq\ האש בת רשע אצרת רשע$$
$$LXX\ \langle\ האש בת רשע אצרת רשע$$

(90) V. 11 : האזכה bietet Schwierigkeiten, da זכה qal »makellos *sein*«
bedeutet und man, wenn Gott redet, pi. erwartet, das aber nur (Ps 73 13
119 9 Prov 20 9) mit reinem Akkusativ vorkommt. Vulg., *iustificabo*,
setzt Pi'el voraus, LXX dagegen 3. m.sg.qal von זכה. — Nach dem in
v. 10 hergestellten Texte würde auch hier ein sich auf die Stadt be-
ziehendes f. Partizip am besten passen. Enthält v. 10 ein Wortspiel
nach dem Prinzip der figura etymologica, so ist auch in v. 11 ein solches
möglich. Die dem Nomen מאזנים zugrunde liegende Wz. *זן ist zwar
hebräisch nicht belegt, aber aus dem in den Wörterbüchern genannten
arabischen *wazina* = darwägen zu erschließen. Hebräisch steht für
»wiegen« auch in Verbindung mit מאזנים sonst nur שקל (Jes 40 12 Jer
32 10 Hi 31 6); lediglich Koh 12 9 ist etymologisch falsches, denomina-
tives אזן₂ pi. belegt, das neuhebräisch weiterbesteht (H. Shachter 14)
i. S. v. »ausbalancieren«. Sprachlich ist gegen die Annahme eines auch
im Hebräischen ursprünglich vorhandenen, jedoch durch שקל ver-
drängten Verbums זן nichts einzuwenden. Das Partizip הַיּוֹזְנָה würde
in den Text gut passen und würde bis auf das leicht zu כ verlesbare נ
dem in LXX vorausgesetzten Konsonantenbestand entsprechen. Das
א in MT ist dann entweder etymologisch nach מאזנים korrigierend oder
bereits eine Form von זכה voraussetzend sinngemäß hergestellt worden.
Der hier angenommene Textfehler ist durch die Seltenheit der erschlossenen Verbalwurzel gut erklärbar.

V. 12: Das אשר schließt nun glatt an die Bescheltung der Stadt
im Partizipialstil an.

(91) V. 12b entspricht im Kolorit der Sprache ungefähr v. 9aβ und ist
wie dieser spätere Glosse. Zu רמיה vgl. Ps 32 2 52 4 101 7 Hi 13 7 27 4;
auch als Apposition zu לשון Ps 120 2. 3 (L. 1338b).

(92) V. 13 : הַחֲלוֹתִי, das wegen des folgenden Infinitivs herzustellen ist
(A. B. Ehrlich), ist noch in LXX vorausgesetzt (Wechsel י/ו).

(93) V. 14 : וְיֶשְׁחֲךָ ist offensichtlich verderbt. LXX setzt Konsonantenmetathese und ursprüngliches וְיֶחְשַׁךְ voraus, A' dagegen mit nur hier
(T. 131) belegtem καταφυτεύειν höchstwahrscheinlich (erschlossen
aus T. 252 s. v. φυτόν) eine Form mit שׂ, etwa אשׂחך, die auch eher zu
Verlesungen Anlaß geben könnte als die gängige Wurzel חשך. Von hier
aus liegt inhaltlich und im Konsonantenbestand am nächsten Wz. חשך:
Jes 54 2 Prov 21 26 belegt i. S. v. »sparen«, Ez 30 18 Hi 16 5 i. S. v.
»mangeln«. Diese Bedeutung paßt gut in den Zusammenhang von v. 14:
»und es mangelt in deiner Mitte«, וַיַחְשָׁךְ, wurde als eschatologische
Drohung gedeutet und וְיֶחְשַׁךְ gelesen bzw. durch Metathese zu וְיֶשְׁחַךָ =
»und man wirft dich nieder« (vgl. Jes 25 12 26 5; vielleicht auch mit
שׁחח in Jes 2 11. 17 zu verbinden) entstellt. Möglicherweise stellt MT
beide Lesarten zur Wahl.

(94) V. 14b unterbricht die Klimax der drei durch אתה eingeleiteten
Sätze : v. 14a — Essen ohne Sattwerden,

v. 15a — Aussaat ohne Ernte,
v. 15b — Arbeit ohne Lohn.

Hinter v. 15a scheint dagegen ein Halbvers zu fehlen, der wie in v. 14a und v. 15b den אַתָּה-Satz fortsetzen könnte. 14bα kann diese Lücke füllen; פלט hi. heißt hier wie Jes 5 29 »in Sicherheit bringen«: »Du wirst säen und nicht ernten, fortschaffen und (doch) nicht in Sicherheit bringen.« Der Halbvers war wohl zeitweise ausgelassen und geriet (vom Rand?) an falscher Stelle zurück in den Text.

(95) Die falsche Einordnung mag dadurch begünstigt worden sein, daß schon v. 14bβ angefügt worden war, der ein anderes Verständnis der Wz. פלט voraussetzt und sich an der Verbindung von Hunger und Schwert z. B. in Jer 44 12. 13. 18. 27 orientiert. Die Formulierung לחרב אתן ist in Jer 15 9 vorgegeben.

(96) V. 16: Das erste Wort von v. 16 ist in LXX noch stärker verderbt als in MT. Es ist jedoch sicher bei Θ′ mittelbar bezeugtes וַתִּשְׁמֹר herzustellen. Nach יי (v. 15) ist durch verschreibende Dittographie (נ/ו) ויתשמר entstanden, das zur korrekten Form des Hitpaʿel korrigiert wurde.

(97) Mit LXX ist עַמִּים zu lesen. Die quadratschriftliche Haplographie des ם vor ת trat erst später ein.

(98) Eine Vereinheitlichung der Verbalformen ist hingegen nicht ratsam; vgl. den Wechsel von Du- und Ihr-Stil im Dtn. Gegen die Zuordnung von v. 16 zum michanischen Spruch, damit aber auch gegen die einzige Handhabe, »die Stadt« als Samaria und nicht Jerusalem zu identifizieren, erheben sich ohnehin Bedenken aus der Terminologie:

a) Das »Haus Ahabs« wird natürlich öfter in den Königsbüchern genannt (II Reg 8 18. 27 9 7. 8. 9 10 10. 11. 30 21 13 in einem Prophetenwort gegen Jerusalem), in direkter Beziehung zu Juda II Chr 21 13; ferner II Chr 22 3. 4. 7. 8, wo die Regierung des judäischen Königs Ahasja am Maßstab des »Hauses Ahabs« gemessen wird. — Singulär ist allerdings der Ausdruck »Satzungen Omris«, der immer wieder dazu geführt hat, in v. 16 einen Rückblick auf den Fall Samarias zu sehen. Es spricht aber vieles für noch spätere Entstehung.

b) לִשְׁרֵקָה (נתן) erscheint im prophetischen Drohwort Jer 19 8 25 9. 18 29 18 51 37 II Chr 29 8 (bei Jahwes Zorn über Juda und Jerusalem). (L. 1499b).

c) מוֹעֵצוֹת ist in sicheren Textzusammenhängen nur belegt in Prov 1 31 22 20 Ps 5 11 und, auch mit הלך בְּ, Ps 81 13.

d) Zu חֶרְפָּה als Objekt von נשא vgl. Jer 15 15 Ez 36 15 Ps 15 3 69 8 (L. 533c). Ez 36 15 scheint das direkte Vorbild der hier besprochenen Stelle zu sein.

Die Annahme erscheint nun als begründet, daß v. 16 ein die Botschaft des Micha aus späterer, wahrscheinlich von der 586 erfolgten

Katastrophe herkommender Sicht aktualisierend zusammenfaßt und bestätigt. Man könnte sogar an Bezugnahme nicht nur auf den vorangehenden Spruch, sondern das ganze Buch und an ursprünglich hier vorliegenden Buchschluß denken.

Nach der vorgeschlagenen Rekonstruktion enthüllt sich nicht nur die metrische Struktur von v. 9-15, sondern es ergibt sich auch die Vergleichsmöglichkeit mit Mi 3 9-12:

v. 9	1 Doppelvierer	]	Einleitung	— 3 9a
v. 10-12	3 Doppeldreier	}	Scheltwort im Partizipialstil	— 3 9b-11
v. 13-15	3 Fünfer + 1 umgek. Siebener	}	Drohwort	— 3 12

Die Annahme der Echtheit könnte damit eine weitere Bestätigung erfahren.

7 1-4:

(99) Das mit v. 4 endende Wort prophetischer Klage nimmt das traditionelle Thema der sozialen Botschaft auf, ohne daß die relativ späte Entstehung zu übersehen ist.

Der Weheruf אַלְלַי לִי kommt nur noch Hi 10 15 vor.

חָסִיד (v. 2) ist Jer 3 12 ein Prädikat Gottes; zur Charakterisierung einer menschlichen Eigenschaft kommt es (L. 514a—c) 25 mal in den Psalmen vor; außerdem I Sam 2 9 (Lobgesang der Hanna) II Sam 22 26 ≙ Ps 18 26 II Chr 6 41 (Salomos Tempelweihgebet) Prov 2 8 Dtn 33 8 (im späten Levi-Spruch). Das Wort gehört also dem Psalmenstil an, während der prophetische Parallelbegriff zum יָשָׁר der צַדִּיק ist.

Dagegen weist פְּקֻדָּה als »Heimsuchung« Gottes in prophetische Zusammenhänge: Jes 10 3 Jer 8 12 10 15 11 23 23 12 46 21 48 44 50 27 51 18 Hos 9 7 und pl. Ez 9 1.

Die sich in v. 3 spiegelnden sozialen Verhältnisse sind nicht recht greifbar; Beamter und Richter sind im Parallelismus mit dem »Großen« gebraucht, was gewiß auf soziale Unterschiede, jedoch nicht auf ihre besondere Art schließen läßt. Immerhin scheidet wegen des Inhaltes der Klage das Exil als Zeit der Entstehung wohl sicher aus. Da auch vorexilische Abfassung sowohl wegen der Wortwahl als auch wegen der zu allgemein gehaltenen Vorwürfe unwahrscheinlich ist, gehört v. 1-4 vermutlich in nachexilische Zeit.

עַתָּה ist in v. 4 wie in 4 7 und 5 3 i. S. v. אָז gebraucht.

(100) V. 3: Mit LXX ist כַּפֵּיהֶם zu lesen (Haplographie ה/ם).

(101) שָׁאַל ist Dtn 13 15 i. S. v. »Untersuchungen anstellen« belegt, ist also am besten mit dem Richter zu verbinden, was auch in MT als constructio apo koinou durch das ו geschieht. Läßt man es fort, ergibt sich für die zweite Vershälfte, abgesehen vom letzten Wort, ein brauch-

barer Satz: »Untersuchung führt der Richter um Geld; und der Große
— was ihm beliebt, kann er reden.«

(102) Die in v. 3aα übrigen fünf Worte ergeben keinen Sinn, wenn man
nicht nach LXX היטיב ohne ל liest. Die Hinzufügung des ל wurde nötig,
als man שאל nach beiden Seiten bezog. יטב hi. ist absolut i. S. v. »sich
freundlich erweisen« in allerdings unsicherem Text Ez 36 11 belegt.
Für das Verständnis des Satzes ergeben sich drei Möglichkeiten:

a) כפיהם als Objekt: »auf Grund des Bösen tut ihren Händen wohl
der Fürst«;

b) כפיהם als nomen rectum zu הרע als inf. cs. hi. von רעה: »Auf
Grund des Übeltuns ihrer Hände tut der Fürst Wohltaten«.

c) ל statt על zu lesen und dem inf. cs. hi. zu präfigieren:» ihre
Hände übel tun zu lassen weiß der Fürst wohl«.

c) würde als perfektes Oxymoron sprachlich am meisten befriedigen,
während a) ganz unwahrscheinlich ist und b) inhaltlich den besten
Sinn ergibt und zudem keine weitere Änderung verlangt. Ein Oxymoron
würde auch so vorliegen. Die Verwendung von כפים enthält wohl eine
Anspielung auf die kultische Sphäre, während es inhaltlich um den
Vorwurf der Bestechung eines Höhergestellten (Beamten/Fürsten)
geht, dessen Wohltaten so durch Übeltaten erworben werden. Hier
wird also auch die aktive Bestechung bescholten, während die soziale
Botschaft der klassischen Prophetie (H. Donner, OrAnt. 2, 229—245)
das Annehmen von Entgelt als passive Bestechung rügt.

(103) Wz. עבת deutet J. Wellh. hier wie Joel 2 7 עבט als Variante zu
עות pi. = »krümmen«. H. W. Wolff zieht zur Joel-Stelle akk. *ebēṭu*
heran, das nach AHw. 183a etwa »binden« heißt. Die Unsicherheit
aller dieser Vorschläge erlaubt keine Textänderung, sondern nur Vermutungen zum Sinn.

Das Subjekt der in Rede stehenden Verbalform ist in den v. 3
genannten Vertretern der Oberschicht zu sehen, so daß (J. Wellh.)
das Suffix 3. f. sg. sinnlos ist. Es ist darum der zuerst von T. Roorda
vorgeschlagenen Lösung zuzustimmen, nach der falschen Abtrennung
(bedingt wohl durch Bezug auf נַפְשׁוֹ) vorliegt und הַטּוֹבִים zu lesen ist.
טוב dient auch II Sam 18 27 Prov 12 2 13 22 14 14 Koh 9 2 Est 1 19 zur
moralischen Charakterisierung von Personen. Bedenklich, jedoch nicht
unmöglich ist nur der inkonzinne Parallelismus zum sg. יָשָׁר.

(104) Da כְּחֵדֶק //ממסוכה ohnehin eine Änderung verlangt, kann entweder Verschreibung des כ zu מ oder Ausfall eines כ zwischen zwei
מ und dadurch bedingte falsche Abtrennung angenommen werden:
יְשָׁרִם כִּמְסוּכָה. Dann heißt der ganze Satz: »und sie beugen (binden) die
Guten wie einen (mit einem) Dornstrauch, Redliche wie eine (mit einer)
Dornenhecke.«

V. 4b braucht nicht geändert zu werden, sondern schließt mit
einer Gebetsanrede mit asyndetischem Relativsatz:

»Am Tag der auf dich Harrenden, da deine Heimsuchung kommt,
dann wird geschehen ihre Bestürzung.«

Auch מְבוּכָה verrät späten Sprachgebrauch: Es kommt nur noch
Jes 22 5 vor; Wz. בוך ni. auch Ex 14 3 Est 3 15 Joel 1 18.

7 5-7:

(105) V. 1-4 und 5-6 sind zwar inhaltlich parallel, aber dennoch deutlich voneinander zu unterscheiden. Die in v. 4 in eine Gebetsanrede
mündende prophetische Klage beschreibt allgemein erfahrbare soziale
Mißstände, während v. 5f. eine unnatürliche, geradezu apokalyptische
Verkehrung aller sittlichen Normen in ihr Gegenteil zum Inhalt hat,
die kaum anders denn als eschatologische Erscheinung verstanden
werden kann (Mt 10 35f. Mk 13 12 ≙ Lk 21 16). V. 7 gehört als v. 5-6
entgegengesetzte Selbstaufforderung zum Vorangehenden.
אֱלֹהֵי יִשְׁעִי (L. 654c—655a) ist ein Ausdruck der Psalmensprache: Ps
18 47 (vgl. II Sam 22 47) 24 5 25 5 27 9 65 6 79 9 85 5 95 1, aber auch
Jes 17 10 Hab 3 18 I Chr 16 35.
  Bei der Bestimmung der hier redenden Person darf zwischen dem
einzelnen Beter und der v. 8ff. redenden Gemeinde — Zion — vermutlich schon nicht mehr geschieden werden.

7 8-10:

(106) Obwohl H. Gunkel (ZS 2, 145—178) den Schluß des Michabuches
in seiner Gesamtheit als prophetische »Liturgie« versteht und damit
weitgehend Zustimmung gefunden hat, darf die Einzelinterpretation
der deutlich voneinander abgrenzbaren Teile (vgl. R. Meyer, RGG[3]
IV, 931), die auch H. Gunkel selbst zu ihrem Recht kommen läßt,
nicht vernachlässigt werden.
  V. 8-10 ist ein politisches Klagelied, das keinen Anhaltspunkt zur
Datierung bietet. H. Gunkel erwägt für die »Feindin« Edom, was für
eine relativ frühe Entstehung sprechen könnte. Es ist aber ebensogut
möglich, daß die Feindin überhaupt nicht zu identifizieren ist, sondern
ein je aktuell zu füllender Bestandteil der vorgegebenen Gattung ist.
Für eine spätere Zeit käme dann etwa das im Joelbuch so wichtige
Tyros in Frage.
(107) V. 10: כטיט חוצות stört das Metrum und gehört vielleicht nicht
zum ursprünglichen Bestand. Der an sich freilich nicht entlegene Vergleich könnte eine Anspielung auf Jes 10 6 enthalten oder eine nicht
mehr greifbare, assoziativ aktualisierende Funktion haben, vgl. außer
Ps 18 43 ≙ II Sam 22 43 vor allem auch Sach 9 3 (in bezug auf Tyros)
und 10 5.

(108) 7 11-13:

Die anscheinend an Zion gerichtete Verheißung vom Aufbauen der Schutzmauern hat immer wieder als Anhaltspunkt für die Datierung des Micha-Schlusses gedient. Der Text ist im Gegensatz zum vorangehenden und zum folgenden Abschnitt beschädigt und muß zunächst korrigiert werden.

(109) V. 11: יום ההוא bereitet Schwierigkeiten, doch ist die versehentliche Schreibung des Artikels psychologisch durch die häufige Wendung ביום ההוא verständlich. Ohne den Artikel dient הוא als Kopula: »Ein Tag zum Erbauen deiner Schutzmauern, ein Tag ist es, da ...«.

(110) Die Verbalform muß mit ו anschließen, das offenbar nach dem Eindringen des Artikels zu י verlesen wurde. Es ist also וְרָחַק zu lesen. חק ist nicht ohne Vorentscheidung über den Inhalt in den Plural zu ändern.

(111) V. 12: עדיך ist f. zu vokalisieren. LXX setzt noch richtig die Pluralform יָבֹאוּ voraus, die durch Konsonantenmetathese, vielleicht begünstigt durch Anklang an 5 1, entstellt wurde.

(112) Die häufige Verschreibung ד/ר liegt in 12aβ vor: וַעֲדֵי מָצוֹר.

(113) In v. 12bβ ist מֵהָר zu lesen. LXX stützt die in BHK, App. vorgeschlagene Änderung nicht, sondern läßt eher auf aus MT weiter verderbte Grundlage schließen.

(108) Das Verständnis und die geistesgeschichtliche oder historische Eingrenzbarkeit des Spruches entscheidet sich an v. 11. Ist dort wirklich vom Bau der Stadtmauer Jerusalems die Rede? Normalerweise heißt die Stadtmauer חוֹמָה, auch im Bericht Neh 2ff.; es empfiehlt sich also eine Untersuchung des Vorkommens von גְּדֵרָה/גְּדֵר (L. 313c—314a). Sie ergibt für גדר (גדרה) die Bedeutungen:

    a) Mauer allgemein: Ez 42 7. 10. 12 Ps 62 4 (Nah 3 17);
    b) Schutzmauer unbestimmter Art: Ez 13 5 22 30 Hos 2 8 Koh 10 8
    c) Weinbergsmauern: Num 22 24 Jes 5 5 Ps 80 13 Prov 24 31.

גדרה bezeichnet Schafshürden: Num 32 16. 24. 36 I Sam 24 4 Zeph 2 6. Lediglich in Jer 49 3 ist vielleicht an die Bezeichnung für eine Stadtmauer zu denken. Angesichts dieses Befundes kommt den Stellen eine große Bedeutung zu, die auf metaphorischen Gebrauch schließen lassen: Ps 80 13 (Einreißen der Schutzmauer um den Weinstock Israel); Ps 89 41 (Einreißen der Schutzmauern Davids) und besonders im chronologisch eindeutig vor den nehemianischen Mauerbau eingeordneten Gebet Esr 9 9: וְלָתֶת לָנוּ גָדֵר בִּיהוּדָה וּבִירוּשָׁלַ‍ִם ....

Ebenso problematisch ist die Annahme, in v. 11b sei von der Ausweitung der geographischen Grenzen Israels die Rede (A. Weiser, Th. H. Robinson u. a.). Für חק i. S. v. »Grenze« werden angeführt: Jes 5 14 24 5 Jer 5 22 Hi 26 10 28 26 38 10 Prov 8 29. Eine Untersuchung

dieser Stellen (abgesehen von Hi 26 10, das zu ändern ist) ergibt aber,
daß es dort, wo das Wort zur Kennzeichnung einer Grenze gebraucht
zu sein scheint, immer um eine durch Gott gegebene Grenzziehung von
Naturgewalten geht, sei es des Regens (Hi 28 26), sei es des Meeres
(Jer 5 22 Prov 8 29 Hi 38 10). In Hi 38 10 könnte man fast mit »Natur-
gesetz« übersetzen. Für Jer 5 22 ist besonders zu beachten, daß חק *nicht*
im Parallelismus zu גבול steht.

Die Übersetzung »Grenze« ist darum irreführend, ihre geographische Deutung ein Germanismus. Als Übersetzung ließe sich auch
in den genannten Fällen eher »Norm« (Jes 24 5 im Parallelismus zu
תורה und ברית) oder »Schranke« (Jes 5 14 לִבְלִי חֹק = »schrankenlos«,
»maßlos«) empfehlen.

רחק heißt hier also auch nicht »weit werden«, sondern »sich ent-
fernen, (ent)fern(t) sein«. Als Folge derEntfernung irgendeiner Schranke
kommen von allen Seiten Menschen herbei.

Zu v. 12 ist Sach 9 10b zu vergleichen.

Zusammenfassend ergibt sich:

1. V. 11a ist nicht als überzeugendes Argument für die Datierung
vor den nehemianischen Mauerbau anzusehen. Vielmehr legt der Vergleich mit Ps 80 13 89 41 und vor allem mit Esr 9 9 im Gegensatz zum
Mauerbaubericht Neh 2ff. eine bildliche Deutung nahe. Es handelt
sich um eine Metapher, deren Hintergrund die beiden Vorstellungen
von Israel als Jahwes Weinberg (Jes 5 5 Ps 80 13) und Israel als Jahwes
Herde (v. 14) bilden.

2. V. 11b spricht nicht vom Weitwerden geographischer Grenzen,
sondern von der Entfernung einer bisher bestehenden Schranke, wahrscheinlich der Abgrenzung zwischen Israel und den Völkern (vgl.
Sach 9 7).

Beide Teilergebnisse werden dadurch unterstützt, daß die Verknüpfung eschatologischer Hoffnungen, um die es sich hier zweifellos
handelt, mit dem Wiederaufbau der Stadtmauer Jerusalems nicht nur
nicht bezeugt, sondern nach dem nehemianisch/chronistischen Bericht
auch nahezu unmöglich ist. Nicht einmal mit der Ausweitung der Grenzen des irdischen Israel dürfte damals gerechnet worden sein. Geistesgeschichtlich und theologisch war eine solche Hoffnung in der nachexilischen persischen Zeit kaum möglich, da Israel auch aus der Sicht
seines eigenen Glaubens (vgl. z. B. Esr 9 9) innerhalb der vorgegebenen
Weltreichkonstellation existierte und für seine Geschichte innerhalb
der Weltgeschichte keine Veränderung erwartete. Auch v. 11-13 spricht
also von Ereignissen der Endzeit, wie auch deutlich aus v. 13 hervorgeht. Es wäre hier abwegig, in Ägypten und Assur Decknamen zu vermuten; es handelt sich um die geographischen Begriffe für die äußersten
Länder, aus denen die Angehörigen der Diaspora (Sach 10 8. 10-12)
oder aller Völker kommen werden.

7 14-20:

(114) Das Buch endet mit einem psalmartigen Gebet. Seine Sprache ist archaisierend, aber nicht archaisch (gegen O. Eißfeldt, Einl., 556) und verrät gerade dadurch sehr spät-nachexilische Entstehung.

Jahwe ist der Hirt Israels wie in Ps 23 28 9 80 2 Gen 49 24 (Josephssegen); die gleiche Vorstellung steht hinter der Hirtenallegorie bei II-Sacharja (Sach 11 4ff.).

Als Jahwes נַחֲלָה (L. 916c—918b) wird Israel seit Dtn/Dtr oft bezeichnet; besonders nahe scheinen dem Michatext aber Jes 63 17 Joel 2 17 4 2 Ps 74 2 78 70f. zu stehen.

Die נִפְלָאוֹת werden (L. 924c—925a) 24 mal in den Psalmen, bes. Ps 78 105 106 107 genannt, außerdem Ex 3 20 Jdc 6 13 I Chr 16 9. 12. 24 (Davids Lobgesang) Neh 9 17 (Levitengesang) Hi 5 9 9 10 37 5. 14 42 3; jedoch nur einmal in der Prophetenliteratur: Jer 21 2.

Die Nennung Basans und Gileads (v. 14) erinnert an Sach 10 10. Die Wunder Ägyptens und die Beschämung der Völker (v. 15f.) werden ähnlich verbunden in Sach 10 11.

V. 17aβ kann nur als direkte Bezugnahme auf II Sam 22 46 ≙ Ps 18 46 erklärt werden.

מְצוּלָה (v. 19) ist ein biblisch spät belegtes Wort, außer Sach 1 8 immer für Tiefen des Wassers (Sach 10 11 Ps 69 3. 16), meist des Meeres: Ex 15 5 Jon 2 4 Ps 68 23 107 24 Hi 41 23; und auch mit שׁלך hi. Neh 9 11.

Zum theologischen Gehalt von v. 18f. sind besonders zu vergleichen Joel 2 13 Jon 4 2 Ex 34 6 Dtn 4 31 Ps 78 38 86 15 111 4 145 8 Neh 9 17. 31 II Chr 30 9; zum Wegwerfen (שׁלך hi.) der Sünde Jes 38 17.

»Abraham« als Bezeichnung für Israel ist im AT ganz singulär und kommt nur noch in dem sehr späten Zusatz Gen 18 19 vor. Die Mehrzahl der Kommentatoren hält Mi 7 14-20 mit Recht für spät nachexilisch (H. Gunkel erwägt für v. 7-20 insgesamt die Zeit Tritojesajas). Der Text ist bis auf Kleinigkeiten gut erhalten.

V. 14: שׁכני ist mit LXX pluralisch zu vokalisieren.

(115) V. 15: *הַרְאֵנוּ ist anscheinend durch Hörfehler (Laryngalschwund) oder aramaisierenden Einfluß zu der mit א anlautenden Form verderbt worden.

(116) V. 19: Statt ותשליך ist mit LXX imp.m.sg.hi. zu lesen. ה ist in der Quadratschrift zu ת verlesen worden.

(117) Ebenfalls durch Verschreibung (נו ⟩ ־ם) wurde in den Versionen gut bezeugtes חטאתנו in die in MT belegte Form mit Suff. der 3. m.pl. geändert.

Nach der Einzelbesprechung läßt sich nur ein verhältnismäßig geringer Teil der im Michabuch überlieferten Prophetenworte mit Sicherheit oder zumindest Wahrscheinlichkeit auf Micha selbst zurückführen. Heilsweissagungen fehlen ganz, obwohl das Buch in seiner Endgestalt reich daran ist.

2. ZUSAMMENFASSUNG

Das Buch bietet überlieferungsgeschichtlich schon auf den ersten Blick ein völlig anderes Bild als das Amosbuch. Die drei großen Blöcke, in die es sich aufzuteilen scheint,

Kap. 1—3 — Drohungen,
Kap. 4—5 — Verheißungen,
Kap. 6—7 — Drohungen und Verheißungen

(anders J. T. Willis, ZAW 81, 191—214), decken sich zwar nicht mit der zeitlichen Schichtung, bieten jedoch eine erste Hilfe, diese aufzuspüren, indem sie auch äußerlich Kap. 4—5 als eine Einheit für sich abgegrenzt erscheinen lassen.

I. Die vorangegangenen Einzeluntersuchungen haben gezeigt, daß der echte, d. h. auf Micha selbst zurückgehende Bestand des Buches relativ gering ist und sich außer 6 9-15 auf Kap. 1—3 beschränkt. Als vorexilisch dürfen aber darüber hinaus auch 5 9-12 (Nr. 76) und 6 2-8 (Nr. 80) gelten, und zwar scheinen sie in die letzte vorexilische Periode unter Josia zu gehören[1]. Im Gegensatz zu den Aktualisierungen der Botschaft des Amos aus der Zeit des Manasse[2] zeigen aber Mi 5 9-12 und 6 2-8 keine direkte Bezugnahme auf die echten Michaworte. 6 2-8 weist sogar eher in eine von Hosea und dem Deuteronomium geprägte Tradition. — Die Annahme liegt nahe, daß beide nicht als Beantwortung oder Weiterführung der michanischen Botschaft konzipiert sind, sondern vielmehr auf Grund ihrer Anonymität in die Sammlung von Michaworten Eingang fanden, die den Grundstock des Buches bildet. Das würde bedeuten, daß die eigentliche Sammlung der Michaworte erst in einer Zeit erfolgte, in der auch später entstandene vorexilische Stücke für michanisch gehalten oder seinen Worten zugeordnet werden konnten. Jedenfalls ist von einem direkten Weiterwirken der Botschaft Michas in vorexilischer Zeit keine Spur erkennbar[3].

Man wird also die erste literarische Sammlung von Michaworten in der Exilszeit nach 586 v. Chr.[4] vermuten und der Hand des Samm-

---

[1] Vgl. zu Nr. 76 und 80.

[2] S. o. S. 58f.

[3] Das Zitat von Mi 3 12 in Jer 26 18 erfolgt zwar zur Begründung der Nachsicht gegen Jeremia, läßt aber nicht eigentlich ein Nachwirken des Michawortes im Sinne lebendiger, weitergestalteter oder auslegender Überlieferung erkennen. Das Drohwort wird eher wie ein schon kanonisches Fragment als Präzedenzfall zitiert. Der Schluß, den J. T. Willis (ZAW 81, 358f.) daraus auf eine Jesaja-Micha-Schule zieht, ist gewagt.

[4] Man ist versucht, in der recht langen Spanne zwischen prophetischer Formulierung und literarischer Fixierung oder Wiederaufnahme einen Grund für die teilweise tiefe Textkorruption zu sehen.

lers und Redaktors sowohl die Überschrift (1 1) als auch den Rückblick am ursprünglichen Buchschluß (6 16)[5] zuschreiben dürfen.

Nach der Ausklammerung der recht umfangreichen sekundären
Partien des Buches wird der ursprüngliche Aufbau dieser exilischen
Sammlung erkennbar. Sie gliedert sich in vier jeweils durch שִׁמְעוּ eingeleitete Teile:

1 1 Überschrift.

   I. 1 2: שִׁמְעוּ₁: »Hört, ihr Völker alle ...«
      1 2-9   Samarias Katastrophe und
      1 10-16   Jerusalems Bedrohung;
      2 1-5   soziale Botschaft;
      2 6-11   wahre und falsche Prophetie.
  II. 3 1: שִׁמְעוּ₂: »Hört doch, Häupter Jakobs ...«
      3 1-4   soziale Botschaft;
      3 5-8   wahre und falsche Prophetie.
 III. 3 9: שִׁמְעוּ₃: »Hört doch, Häupter Jakobs ...«
      3 9-12   Jerusalems Katastrophe und
      5 9-12   Vernichtung der Werkzeuge des Unglaubens.
 IV. 6 2: שִׁמְעוּ₄: »Hört, ihr Berge ...«
      6 2-8   Jahwes Rechtsstreit mit Israel;
      6 9-15   Verderbtheit und Verderben Jerusalems.
6 16 Facit der zum Exil führenden Geschichte Israels.

Die Verknüpfung von 2 11 mit 3 1 durch וַיֹּאמַר (Nr. 52) dürfte ebenfalls auf diese exilische Redaktion zurückgehen, in deren Kompositionstechnik deutlich die Tendenz zur Schaffung größerer Einheiten bemerkbar ist.

II. Die weitere Eingrenzung der Literargeschichte des Michabuches erfolgt nun am besten von dem in der Untersuchung gewonnenen Fixpunkt der Datierung der spätesten größeren Eintragungen
auf die Mitte des 4. Jh. v. Chr. her[6].

Zu den die Endfassung von Kap. 4—5 formenden, eine gewisse
geistige Verwandtschaft mit II-Sacharja verratenden Partien der
letzten vorapokalyptischen Phase der Prophetie gehörten 4 9-14 5 2
5 4-8 5 13(—6 1?) und auch die doxologische Überleitung 4 5[7]. Nachdem die Annahme, für 7 11 sei der nehemianische Mauerbau noch nicht
erfolgt, auf Grund lexikographisch-stilistischer Kriterien in Frage gestellt worden war, ergab sich die Vermutung, daß der aus mehreren
Einzelstücken[8] eine literarische Einheit bildende Schluß 7 5ff. mit

---

[5] S. o. zu Nr. 98.
[6] S. o. die Zusammenfassung zu Nr. 67 + 72 + 73, S. 91—95.
[7] Vgl. Nr. 67; 72; 73; 77 und 62.
[8] Nr. 105; 106; 108; 114.

seinem überwiegend doxologischen Charakter mit 4 5 und den übrigen Elementen der vorapokalyptischen Redaktion[9] des 4. Jh. zusammenzustellen sei[10].

Das bedeutet, daß das Michabuch im 4. Jh. seine endgültige Gestalt gewann, die wesentlich durch die im älteren Bestand bereits vorgegebene, durch die aktuelle Geschichte aber in das Zentrum tretende Zionstheologie[11] bestimmt wurde.

Die Tendenz der Überlieferung zur Schaffung größerer Einheiten hat zusammen mit der durch das literarische Anwachsen bedingten Nivellierung der Formen zu neuen, umfassenden literarischen Einheiten geführt[12], die in sich durch Motivvariation strukturiert sind. So zeigt die Endfassung von Kap. 3 9—5 14 ein Aufbauschema, dessen Untergliederung kaum als Produkt des Zufalls angesehen werden kann:

A₁) vorgefundener Typos:	3 9-12	Katastrophe und
	+ 4 1-4(5)	künftige Herrlichkeit Zions;
	4 6-8	Einbringung und neue Existenz Israels.
B₁) aktualisierende Typisierung:	4 9—5 5	dreimalige Schilderung von Bedrängnis und künftiger Herrlichkeit Zions/Israels;
	5 6-8	neue Existenz Israels.
A₂) Typos:	5 9-12	Vernichtung des Unglaubens als Verheißung;
B₂) Typisierung:	5 13-14(6 1 ?)	Vernichtung des Unglaubens (Rache an den Völkern) als Aufforderung zum Hören.

III. Da die Abfassung der eben besprochenen Partien bereits das Vorhandensein von 4 1-7 und 5 1-3 im Michabuch voraussetzt[13], muß das Buch noch mindestens eine literarische Zwischenstufe zwischen der exilischen Redaktion und der vorapokalyptisch-eschatologischen Ausformung erlebt haben.

---

[9] Ihr gehören mit großer Wahrscheinlichkeit auch 1 13 (Nr. 21) und 2 10a (Nr. 45) an.

[10] Vergleichsmaterial zu Einzelzügen des II-Sach. findet sich auch in Mi 7: zu (v. 11-13) der Heimkehr der Diaspora: Sach 10 8. 10-12; zu (v. 11) der Entfernung der Schranke zwischen Israel und den Völkern: Sach 9 7.

Zur Formulierung v. 12: Sach 9 10

zu (v. 14) dem Weiden des Volkes: Sach 11 4-13; ⎫

zu (v. 14) der Erwähnung Gileads: Sach 10 10; ⎬ in gleicher

zu (v. 15) den Wundern Ägyptens: Sach 10 11; ⎪ Reihenfolge

zu (v. 16) der Schande der Völker: Sach 10 11 ⎭

[11] G. Wanke a. a. O.

[12] Vgl. die Endgestalt von Kap. 7 als »prophetischer Liturgie« (H. Gunkel).

[13] S. o. zu Nr. 67; 72.

In der Tat sind via negationis eine Reihe von teils im Exil[14], teils vermutlich in nachexilischer Zeit[15] entstandenen Worten ausgespart worden, deren zeitliche Einordnung noch gesucht werden muß. Zu der Verheißung der Völkerwallfahrt hatte sich vermuten lassen, daß sie erst nach einer gewissen Phase der Anonymität, jedoch vor der Zuschreibung zum Jesajagut oder zumindest unabhängig von dieser in das Michabuch eingefügt wurde[16]. Es spricht nichts dagegen, das gleiche auch für 4 6-7 (Nr. 63) und 2 12-13 (Nr. 48) anzunehmen, zumal beide vom gleichen, II-Jesaja nahestehenden Verfasser von 4 1-4 stammen können. Andererseits dürften sowohl 4 8 + 5 1. 3 (Nr. 65 und 70) als auch 7 1-4 nach dem Exil in Palästina entstanden sein. Bei 7 1-4 ist es überdies nicht unwahrscheinlich, daß der Spruch als den Dialog von Kap. 6 beschließende prophetische Klage von Anfang an für das Michabuch konzipiert war.

Es kann darum vermutet werden, daß in frühnachexilischer Zeit, jedenfalls wahrscheinlich im Laufe des 5. Jh. v. Chr., die drei anonymen Verheißungen exilischer Prophetie, 2 12-13 4 1-4 4 6-7, zusammen mit der nachexilischen messianischen Weissagung 4 8 + 5 1. 3 und der Prophetenklage 7 1-4 dem exilischen Michabuch hinzugefügt wurden.

Der Ansatzpunkt für diese Erweiterung lag in der Mi 3 12 vorgegebenen, 586 v. Chr. erfüllten Drohung gegen Zion, der nun die Verheißung der endzeitlichen Herrlichkeit Zions folgen sollte. Damit wurde das prophetische Wort Michas, das ja bereits erfüllt war, nicht aufgehoben, wohl aber in der Kontinuität prophetischer Vollmacht, das heißt in der Kontinuität des wirkenden Wortes Jahwes, zur endzeitlichen Verheißung fortgeführt.

Hier liegt der Grund der eschatologischen Ausgestaltung des Michabuches, die in der Krisenzeit des 4. Jh. vollendet wurde. Der Glossator des 5. Jh. aber sah sich noch nicht in der unmittelbaren Erwartung des Endes, sondern in der Zeit des Wartens unter der letzten Weltmacht. Diese zweite Stufe des Buches zeigt wie die exilische und die vorapokalyptische eine ihrer Zeit entsprechende Gliederung:

Kap. 1—3: Drohung;
Kap. 4 1-8 + 5 1. 3: Verheißung;
Kap. 6—7 4: prophetischer Dialog in der Zeit des Wartens.

Das literarische Werden des Michabuches läßt sich also im wesentlichen auf drei Stadien zurückführen[17]:

1. Sammlung und Herausgabe der vorexilischen Worte in der Zeit des Exils;

---

[14] Nr. 48; 59; 63.
[15] Nr. 65; 70; 79.
[16] S. o. zu Nr. 59.
[17] Zeitlich nicht eingeordnet sind Nr. 1; 4; 52; 56; 60; 78; 83; (98).

2. Erweiterung durch einige exilisch/nachexilische Worte im
Laufe des 5. Jh. v. Chr.;
3. eschatologische Aus- und Neugestaltung um 350 v. Chr.

Wie das Amosbuch die vorexilische, so spiegelt das Michabuch
die nachexilische Nachgeschichte alttestamentlicher Texte innerhalb
des Alten Testaments.

Als wichtige Beobachtung hat sich aber gerade am Michabuch
die ergeben, daß, so verschieden die einzelnen Stadien des Buches bzw.
die geistesgeschichtlichen Bedingungen seiner Entstehung, gewesen
sein mögen, immer doch die jeweilige Gestalt des prophetischen Zeug-
nisses als eine innere Einheit von und zu ihrer Zeit sprach. Keine Stufe
der literarischen Überlieferung ließ Spuren der Willkür erkennen. Alle
»Umdeutung« geschah doch nur vom bereits Vorgegebenen her. Die
Geschichte des literarischen Werdens beider prophetischer Bücher ist
die Geschichte der Auslegung prophetischen Wortes durch Prophetie.

III. Hoseabuch

1. EINZELUNTERSUCHUNGEN ZU HOSEA

Hosea 1 1:

(1) V. 1 ist sicher jünger als 1 2, nach H. W. Wolff deuteronomistisch. Mi und Zeph haben gleichartige Überschriften, in exilischen und nachexilischen Prophetenbüchern sind sie umgewandelt. Ist also mit H. W. Wolff (2) an einen »Bearbeiterkreis einer vorexilischen Prophetenbuchreihe« zu denken?

Von den Einzelelementen ist nachweisbar: »Das Wort Jahwes, das an N.N. geschah …« in Mi 1 1 Zeph 1 1 Joel 1 1 (Jer 1 1 LXX) und modifiziert auch in Ez 1 3 Jon 1 1 Hag 1 1 Sach 1 1 Mal 1 1. Zur Filiation vgl. Jes 1 1 Jer 1 1 Zeph 1 1 Sach 1 1 Jon 1 1; zu בימי + Königsnamen Am 1 1 Jes 1 1 Mi 1 1 Zeph 1 1 Jer 1 2. Dieses letzte Element hat also naturgemäß in bezug auf die Datierung der Prophetenbücher die geringste zeitliche Streuung.

Diese Gleichförmigkeit läßt eine einheitliche Bearbeitung vermuten, die wohl erst im Exil anzusetzen ist; W. Rudolphs Gegenargumente überzeugen nicht.

Zu der Frage, warum für das Nordreich nur Jerobeam genannt ist, sind bislang v. a. zwei Alternativvorschläge gemacht worden: 1. Alle Könige nach Jerobeam wurden aus judäischer Sicht für illegitim gehalten. Dagegen verweist W. Rudolph zu Recht auf Sacharja, der ein legitimer Nachfolger Jerobeams war.

2. Auch die Auskunft, dieser Teil der Überschrift sei aus 1 2 übernommen und gelte nur für einen Teil des Buches, vermag nicht recht zu überzeugen.

Vielmehr ist Am 1 2 in die Überlegungen einzubeziehen.

Die von H. W. Wolff angenommene Prophetenbuchreihe, d. h. jedenfalls die Gruppe von im Exil bearbeiteten Büchern, hätte mindestens die Bücher Hos, Am, Mi, Zeph, Jes, Jer umfaßt; im Nordreich wirkten aber nur Hosea und Amos. Da es kaum anders möglich ist, als daß die Bearbeiter aus judäischer Tradition stammten, ihnen also die judäische Königsliste bekannt war und zur Datierung zur Verfügung stand, verdient die Gleichung Hos 1 1b ≙ Am 1 1bβ Aufmerksamkeit. Bei Amos ist die Datierung in die Zeit des Jerobeam aus 7 9. 10. 11 ersichtlich; ferner wird er datiert nach Uzzia von Juda, der auch das erste Glied der judäischen Königsreihe bei Hosea bildet.

Mithin konnte aus der Kenntnis der judäischen Datierung beider Propheten die Datierung nach Jerobeam II. für Hosea erschlossen werden. Mindestens ebenso wahrscheinlich wie die Erschließung einer alten Quelle ist also die Annahme editorischer Arbeit im Sinne historisch-chronologischer Rückschlüsse für Hos 1 1.

1 2-8:

V. 2a: Die Vokalisation דִּבֶּר als Prädikat des asyndetischen Relativsatzes ist mit H. W. Wolff und W. Rudolph beizubehalten.

Der Befehl ist offensichtlich brachylogisch formuliert. Zum Problem der Ehe des Hosea s. u. S. 127. Hier sei nur vorläufig festgestellt (vgl. W. Rudolph), daß Hosea vermutlich eine normale Ehe einging, wofür auch J. Wellh.'s Argument der Namengebung des ersten Kindes spricht, daß diese Ehe auch nicht im Sinne von H. W. Wolffs Hypothese vorbelastet und als solche keine Zeichenhandlung für bestehende Zustände war. Gegen W. Rudolph darf es aber weiterhin als höchst wahrscheinlich gelten, daß die Frau von Kap. 3 mit der in Kap. 1 genannten identisch ist. Der Berichterstatter, der doch sehr bald nach den Ereignissen schrieb, konnte sich kaum so entscheidend irren.

Denn es ist zu beachten, daß Kap. 1 nicht von Hosea formuliert ist. Der Überlieferer wußte aber (Kap. 2 und 3!), daß Hosea eine lasterhafte Frau hatte; er wußte, daß Hosea das Verhältnis zu dieser Frau als ein Bild des Verhältnisses Jahwes zu Israel gesehen hatte; er wußte ferner, daß Israels Handeln vor Jahwe im Wort des Hosea als ein »Huren« galt.

So war er es, der das Facit zog, daß schon die Eheschließung des Hosea unter diesem Vorzeichen des Bildes von Israel/Jahwe gestanden hatte; er stellte dieses Motto in v. 2 dem Ganzen voran, und er ordnete dann weiter die Worte als Beschreibung des Verlaufes dieser Ehe bzw. des Handelns Jahwes an Israel. Die Rückprojektion (J. Wellh.) ist also das Ergebnis der Arbeit des Fremdberichterstatters und auf dem typischen Weg der Überlieferung gewonnen.

Der Verlauf der Kap. im groben zeigt, daß die Hauptzäsur nicht zwischen Kap. 2 und 3, sondern zwischen 2 15 und 2 16 anzusetzen ist:

1 2 vorangestellt: Jahwes Verhältnis zu Israel

    1 2-9   Die Ehe Hoseas als Darstellung des Unglaubens Israels — Schwergewicht auf dem Verh. Jahwe/Israel

    2 4-15 Die Verstoßung — Schwergewicht auf Hoseas Ehe

    2 16-25 Die Rückgewinnung — Schwerpunkt auf Jahwes Handeln

    3 1-4   Die Rückgewinnung — Schwerpunkt auf Hoseas Ehe

3 4 als pointierter Schlußsatz.

(2) V. 5: H. W. Wolffs Vermutung (20), »ein selbständiges Hoseawort ist hier nachträglich der alten Erzählung eingefügt worden«, deckt

sich insofern mit der W. Rudolphs, als auch er die Echtheit des Verses,
wenn auch Einfügung an dieser Stelle durch den Verfasser des Fremdberichtes, annimmt. Trifft das zu, so ist die Einfügung aber nicht nachträglich zu nennen, sondern gehört zur Kompositionstechnik des Verfassers, des Fremdberichtes, der auch die Einleitung והיה ביום ההוא ein-
setzte, um die beiden Hoseaworte zu Jesreel zu verbinden. V. 5 ist
demnach nicht literarisch sekundär.

V. 6: Zur Diskussion der Textmöglichkeiten von כי נשא אשא להם
vgl. H. W. Wolff und W. Rudolph, die beide mit Recht den in BHK³
vorgeschlagenen unhaltbaren Rückschluß aus LXX ablehnen.

W. Rudolphs Hinweis, die gleiche LXX-Formulierung ἀντιτασσόμενος ἀντι-
τάξομαι setze in I Reg 11 34 »offenbar« נשא voraus, ist jedoch problematisch, da dort
durchaus denkbar und wohl wahrscheinlicher ist, daß LXX statt נשיא inf.abs. von
שית las. Die Gleichheit der ausgefallenen, von MT abweichenden Formulierung dort
und hier kann nur auf Abhängigkeit beruhen, stellt aber dadurch ein von der LXX-
Forschung zu lösendes Problem dar, das hier auf sich beruhen muß.

τάσσειν (H-R. 1337a—c) steht überwiegend für שום, שים (39 von 68 Belegen aus
übersetzten Büchern), einmal (Hi 30 22) zwar auch für נשא, aber viermal (Hi 14 13
Hos 2 3 Jer 2 15 3 19) für das bedeutungsmäßig näher liegende שית.

W. Rudolphs Einwand gegen die Ergänzung von »Erbarmen«
als Obj. zu נשא scheint sprachlich zunächst einleuchtend, doch ist zu
bedenken, daß נשא hier als negatives Äquivalent zu יסף steht und also
offenbar wie dieses modal gebraucht sein kann, so daß man geradezu
ארחם ergänzen und übersetzen könnte: »Ich will nicht fortfahren ...,
sondern fürwahr aufhören.«

(3) V. 7: Diesen Vers halten H. W. Wolff, W. Rudolph u. a. wie schon
J. Wellh. für eine spätere Glosse, und zwar aus der Zeit nach den
Ereignissen von 701 v. Chr. Als Alternative für H. W. Wolffs Ansatz
vor 587 ergibt sich nur noch die spät-nachexilische Zeit (vgl. II-Sach.:
Sach 9 10), da sonst kaum das »Haus Juda« in dieser Weise vom »Haus
Israels« abgegrenzt würde.

Innerhalb des Hoseabuches ist v. 7 in 2 20 verankert. V. 7 ist sicher
später als der Fremdbericht, aber von 2 1ff. zu unterscheiden. Zu erwägen ist eine Verbindung mit 12 7 (Nr. 159), vgl. den Gebrauch des בְּ
in beiden Versen.

2 1-3:

(4) Dieser Abschnitt ist umstritten. Während in neuerer Zeit H. W.
Wolff ihn für echt hält, nimmt W. Rudolph dies nur für v. 1-2 an,
wogegen v. 3 nur von Kap. 1 7 her zu verstehen, also unecht sei.

V. 1: Zum Vergleich mit dem Sand (des Meeres) als Bild großer
Zahl vgl. Gen. 13 16 22 17 32 13 Jos 11 4 Jdc 7 12 I Sam 13 5; v. a. Jes

10 22 (vermutl. nachex.) 48 19 Jer 33 22 (später Nachtrag) in sehr ähnlicher Formulierung. Vielleicht steht hier auch der Gedanke an die
eschatologische Erfüllung der Erzväterverheißung im Hintergrund.
במקום אשר deuten als »an dem Orte, wo« die alten Versionen,
ebenso W. Rudolph, weil es i. S. v. »statt daß« im AT sonst nicht
belegt ist (A. B. Ehrlich); dagegen als »an Stelle von« die Mehrzahl
der modernen Ausleger, darunter auch H. W. Wolff mit der wichtigen
Begründung, daß auch im אשר-Satz impf. steht. Tatsächlich würde
man, bezöge sich der Ausdruck auf die Identität des Ortes, במקום
אשר נאמר erwarten.
          Die Verbindung בני אל חי hält H. W. Wolff auf Grund von Hos 6 2
13 14 und der Hypothese, die Israeliten seien für Hosea wegen des
angeblichen kanaanäischen Initiationsritus »Hurenkinder«, d. h. Baals-
kinder, die nun zu Gotteskindern werden, für eine hoseanische Schöp-
fung. W. Rudolph nimmt dagegen wie A. Weiser auf Grund von Ps
42 3 84 3 an, daß der Ausdruck älter als Hosea sei. Ps 42 und 84 gehören zu den Zionsliedern der Korachiten; vgl. dazu G. Wanke 59:
»Die Bezeichnung ‚Gott meines Lebens' ist aller Wahrscheinlichkeit
nach von den Korachiten aus Ps 42/43 in den Ps 84 übernommen worden. Diese Feststellung bringt allerdings auch nicht viel mehr als eine
vage Zeitangabe der möglichen Entstehung des Ausdrucks.« Ein Ansatzpunkt zur Datierung ist hier also nicht zu gewinnen. Allerdings
könnte die Berührung mit Ps 42 und 84 H. W. Wolffs inzwischen auf-
gegebene Wallfahrtshypothese stützen (s. u.).
          V. 2: נקבצו יחדו erinnert an Jes 43 9 und vor allem an Joel 4 11f.
Für die Lokalisation zur Joelstelle lehnt H. W. Wolff (Komm. 91)
Eusebs Identifikation mit dem Kidrontal (Onomastikon 118, 18f. und
170, 10) ab, weil das ein נחל sei. Zu den vergeblichen Identifikations-
versuchen verweist er auf H. Greßmann, Messias 115f. 139 und stellt
dann fest (92): »Der Name ist als Symbolname ganz von der Bedeutung des Ortes bestimmt, an dem das שפט Jahwes (2b. 12b) stattfinden
wird. Sowenig ein genaues Datum für die Endauseinandersetzung
Jahwes mit den Völkern bekannt ist, sowenig weiß der Prophet den
geographischen Ort. ... Daß die Erinnerung an die Schlacht des Königs
Josaphat, wie sie nach II Chr 20 Joel bekannt gewesen sein mag, bei
der Wortprägung mitgewirkt hat ... ist möglich, aber nicht nachzuweisen.«
          Denkbar wäre aber, daß sowohl die »Ebene Jesreel« als auch die
»Ebene Josaphat« auf die Vorstellung von einem eschatologischen
Ereignis in einer Ebene zurückgehen. Für ein solches Ereignis käme
die Jesreelebene nicht nur als *die* Ebene par excellence in Frage, sondern möglicherweise auch aus historischen Gründen als der Ort der
Niederlage Josias (vgl. Sach 12 11 ?), die hier ihre eschatologische Umkehrung erführe.

עלה bezeichnet auch das Gehen nach Norden: Hos 8 9 Jer 21 2.
Vor seiner andersartigen Entscheidung im Kommentar diskutierte
H. W. Wolff (EvTh 12, 94f.) die Möglichkeiten für עלה מן und gab mit
guten philologischen und inhaltlichen Gründen der Bedeutung »heraufsteigen« im Sinne einer Wallfahrt den Vorzug. Seine spätere Lösung
(Komm.) »sie bemächtigen sich des Landes« befriedigt dagegen in der
philologischen Begründung nicht restlos.

Es leuchtet nicht ein, »daß wir *nicht* etwa den *Ort* Jesreel als Ziel
der Wallfahrt oder als Residenz des Oberhauptes oder die *Ebene* Jesreel als Feld der Vereinigung, vielleicht nach der großen Jesreelschlacht
(1 5) ansehen dürfen« (H. W. Wolff 96 gegen H. Greßmann, C. F. Keil
und F. Nötscher). Denn daß hier zweifellos der Wortsinn des Namens
Jesreel mit H. W. Wolff als ausschlaggebend anzusehen ist, spricht
nicht eo ipso gegen den Gedanken an den Ort. Zusammenfassend ist
festzustellen:

1. Die wahrscheinlichste Deutung für עלה מן הארץ ist die einer
Wallfahrt;
2. wenn das Ziel der Wallfahrt nicht Jesreel ist, ist es überhaupt
nicht genannt.

Für die Wallfahrtsdeutung könnte auch die Zusage des Namens
»Söhne des lebendigen Gottes« und dessen Nähe zu Ps 42 und 84
sprechen, bei denen es allerdings um die Wallfahrt nach Jerusalem
geht. Allein wäre dieses Argument freilich nicht stark. Auch an anderen
Stellen des AT kommt einer Ebene exzeptionelle Bedeutung zu; vgl.
die in II Chr 20 berichtete Schlacht Josaphats im עמק ברכה (v. 26:
Namensätiologie), die vielleicht — nicht im Sinne chronologisch
kaum möglicher direkter Abhängigkeit — zu verbinden ist mit der
Sammlung der Völker Joel 4 11f. Auch wenn dort der Prophet selbst
den geographischen Ort nicht kennt, bleibt als Kern der Aussage das
eschatologische Völkergericht in einer Talebene. Mit einer ähnlichen
Vorstellung könnte auch die in Rede stehende Hoseastelle zu verbinden
sein. Der Name Jesreel war im Hoseagut vorgegeben. Zugleich aber
ist die Ebene Jesreel auch das historische Schlachtfeld Palästinas, in
dem König Josia umkam (II Reg 23 29).

Das Ereignis des Todes Josias wurde nach II Chr 35 25 (ob Sach
12 11 den gleichen Hintergrund hat, ist unklar) noch Jahrhunderte
später als Klagefeier begangen. Hier liegt einer der seltenen Fälle vor,
wo sich ein aus dem Text (עלה) vermuteter liturgischer Anlaß möglicherweise noch auf anderem Wege historisch nachweisen läßt. Diese
Vermutungen würden bedeuten:

1. Ein in der Ebene Jesreel begangenes Klagefest oder zumindest
Gedenken an den Tod Josias gibt die Folie ab für die Erwartung einer
eschatologischen Wallfahrt, an deren Ende die Sammlung statt der

dem Tode Josias folgenden Zerstreuung und der Zuspruch der Zugehörigkeit zum lebendigen Gott und der Landgabe statt Verwerfung und Deportation stehen wird.

2. Die Prophetie des Hosea vom Zerbrechen des Bogens in der Ebene Jesreel (1 5) wird im Josiaereignis als erfüllt gesehen, die umdeutende Verheißung (2 25) an Jesreel aber als das in der Endzeit erwartete Ereignis gedeutet.

Zu ihr werden die Angehörigen des Volkes Jahwes unter der Führung eines »Hauptes« kommen, das sie sich gesetzt haben, das aber noch nicht der Friedensherrscher ist, von dem hier nicht gesprochen wird. Die Rede von der Vereinigung beider Teile des Jahwevolkes ist zwischen Ez 37 und Sach 11 anzusetzen.

3. Der »Tag von Jesreel« ist also nichts anderes als der endzeitliche Tag Jahwes, der aber in Auslegung von Hos 2 25 »Tag Jesreels« genannt werden muß.

(4) Daraus folgt, daß Hos 2 1-2 und wohl auch v. 3 nicht von Hosea, aber vermutlich auch nicht aus dem Exil (J. Wellh.), sondern aus nachexilischer Zeit stammen. Dieser Befund wird auch den Bedenken gegen die hoseanische Autorschaft gerecht, die H. W. Wolff (EvTh 12, 86f.) aufzählt, ohne sie überzeugend zurückweisen zu können. H. W. Wolffs Satz (ebd. 87), »Der Spruch ist aber nicht glossenartig, sondern echt prophetisch«, stellt eine fragwürdige Alternative auf. Auch wenn er von späterer Hand stammt, kann der Abschnitt, solange die Prophetie nicht erloschen ist, »echt prophetisch« sein, da alle spätere Prophetie mehr oder weniger, auch oder vorwiegend Auslegung früherer Prophetie ist. Hos 2 1-3 ist die eschatologische Auslegung der Prophetie des Hosea, vornehmlich von 1 5 und 2 25, aus nachexilischer Zeit.

2 4-9:

Der Bruch zwischen v. 9 und v. 10, auf Grund dessen T. C. Vriezen eine »Scheinbekehrung« annimmt, ist in allen Kommentaren gesehen worden. Da zur Streichung von v. 9b (K. Marti) keine Berechtigung besteht, müßte v. 8f. hinter v. 15 gestellt werden (K. Budde, E. Sellin, A. Weiser, W. Rudolph u. a.). Die Begründung der Umstellung des Textes zu der in MT vorliegenden Form bleibt dann aber (z. B. W. Rudolph 69) eine Verlegenheitslösung. Zur Trennung innerhalb von v. 4-9 (Th. H. Robinson) besteht keine Veranlassung; v. 4-6 als Scheltwort und v. 8-9 als Drohwort bilden zusammen eine Einheit. Es erscheint darum am einfachsten, in v. 4-9 ein vollständiges Hoseawort zu sehen, hinter das der Redaktor von Kap. 1—3 mit v. 10-15 eine zweite, inhaltlich parallele, vermutlich nur am Anfang (vor v. 10) unvollständige Worteinheit setzte. Beide Worte, sowie auch die nach der Zäsur von v. 15 folgenden, sind vom gleichen Bildinhalt getragen, ohne

daß man sie in das Schulschema einer durchgeführten Allegorie als Form abendländischer Rhetorik pressen dürfte (vgl. Th. H. Robinson, bes. 11).

V. 6: Daß hier in der 3. pers. von den Kindern geredet wird, die vorher angesprochen waren, liegt an der wechselnden Funktion Jahwes im Prozeß (H. W. Wolff).

(5) V. 8: Für את דרכך hat LXX τὴν ὁδὸν αὐτῆς; es liegt ein Schreibfehler vor.

2 10-15:

(6) Mit v. 10 beginnt eine v. 7 parallele Anklagerede. Als der Spruch noch nicht mit dem vorangehenden vereinigt war, dürfte an der Stelle des ו eine längere Einleitung, vermutlich eine Prozeßeröffnungsformel, gestanden haben. Der Redaktor stellte eine Redeeinheit aus zwei parallelen Teilen her. Im ersten Teil wird eine Züchtigung angedroht, die zur Besserung führen soll; der zweite Teil enthält (neben dem Scheltwort) nur noch die Strafankündigung ohne Aussicht auf die Umkehr der Frau. Es liegt also eine Klimax

von I v. 4-9   Anklage und Züchtigung
zu II v. 10-15 Anklage und Verstoßung der Frau/Israels ⸰

vor. Innerhalb der Komposition der Gesamteinheit von Kap. 1—3 ist das um so einleuchtender, als die nach v. 15 aussichtslos erscheinende Situation nur noch durch den von Jahwe gesetzten Neuanfang gewendet werden kann. So bestätigt sich, daß die eigentliche Zäsur zwischen v. 15 und v. 16 liegt (H. W. Wolff anders).

(7) V. 10: עשו לבעל wird von vielen Exegeten, zuletzt von H. W. Wolff, als Glosse angesehen. Dagegen beläßt W. Rudolph es im Text und schlägt stilistisch kaum überzeugend Umvokalisation von עשו in עָשׂוֹ als inf.abs.qal vor, »der dann als עָשְׂתָה aufzulösen wäre«. Es ist zu überlegen, ob nicht der ganze v. 10 als sekundär anzusehen ist. Dafür sprechen mehrere Gründe:

1. Wieder aufgenommen werden in v. 11 nur die landwirtschaftlichen Produkte des Landes, zu denen Gold und Silber nicht gehören;

2. läßt man עשו לבעל fort, bleibt nur eine eigenartig bruchstückhafte Aussage übrig, die H. W. Wolff (44) erklärt: »זהב ist als das Kostbarste betont an den Schluß gerückt.«

3. Silber und Gold gehören nicht zu den Grundlebensmitteln, um die es in diesem Abschnitt geht; wohl aber werden sie vornehmlich in späteren Texten polemisch genannt, vgl. z. B. Dtn 29 16 Jes 2 7. 20 30 22 31 7.

Als Glosse wäre v. 10 einerseits in Hos 8 4 verankert, andererseits wohl auch in Dtn 8 13. Zu übersetzen ist: »und das Silber, von dem

ich ihr viel gab, und das Gold haben sie zum Baal gemacht«. Der Vorwurf ist also hier nicht mehr der der Dankbarkeit gegenüber dem falschen Geber, sondern der der Götzenherstellung.

V. 12: Mit Th. H. Robinson und (z. T. zweifelnd) W. Rudolph ist נבלות vielleicht als »Torheit, Blödigkeit« zu übersetzen, da die Wiedergabe mit »Schamgegend« sich auf die etymologische Beziehung zu akk. *bāltu* = »Scham« stützt. *Bāltu ⟨ bāštu* (W. von Soden, AHw 112a. b) muß aber mit hebr. באש verbunden werden. Selbst wenn es eine ursprüngliche Wortform *baltu* gäbe, die Ableitung von Wz. באש also falsch wäre, würde das *u* der hebr. Nominalform nicht erklärt. Aber auch bei Ableitung von der Wz. נבל macht die Endung *-ūt* stutzig, die tatsächlich nur bei III י/ו in vorexilischer Zeit plausibel wäre (L. Gulkowitsch), es sei denn, es handelte sich hier um ein reines Vokalisationsproblem. Eine Umgehung des Problems wäre die Annahme der Bildung von der Nisbe aus, linguistisch überzeugend nur eine *maprustu*-Bildung (vgl. BM. § 40, 5, jedoch mit anderer Ableitung) von בלה. Die Schwierigkeiten berechtigen nicht zu Eingriffen in den Text.

V. 14: אתנה statt אתנן ist nicht zu ändern, sondern durch das Wortspiel zu תאנה gestützt (H. W. Wolff, W. Rudolph).

(8) V. 15: נאם יהוה soll nach H. W. Wolff das Subj. der 1. pers. klarstellen wie in v. 18; hier wird aber offenbar auch die Prozeßredeeinheit v. 4-15 abgeschlossen. Mit Angabe des schmalen Befundes der Gottesspruchformel im Hoseabuch stellt H. W. Wolff die Frage zur Diskussion, ob sie hier sekundär sei; sie darf bei aller Vorsicht wie in 2 18 bejaht werden. Die Formel ist hier ein Kompositionselement, das zur Textgliederung dient.

2 16f. (vgl. Anhang Nr. 1):

Der Text von v. 16f. braucht nicht geändert zu werden. Lediglich **(9)** לכן am Anfang dürfte vom Redaktor herrühren und statt dessen eine andere Einleitungsformel verlorengegangen sein.

Von v. 16 bis zum Kapitelende bieten sich große Schwierigkeiten für die literarkritische Analyse. Mit H. W. Wolff ist zwischen v. 17 und 18 eine Zäsur anzunehmen; von v. 18 an nimmt auch er eine »Miniatursammlung« (57) einzelner Fragmente an. V. 19 schließt aber nicht recht an v. 18 an; vielmehr ist wieder wie in v. 17 von der Frau/ Israel in der 3. pers. die Rede. Der Anschluß von v. 19 an v. 17 legt sich nahe und ergibt auch einen guten Sinn: Der Verführung (v. 16), Beschenkung (v. 17a) und Einwilligung (v. 17b) der Frau folgt als eine Art Zusammenfassung v. 19, das Abtun der Baale.
(10) Aber auch der Sinn der Einfügung von v. 18 durch den Redaktor von Kap. 1—3 ist erkennbar: vor dem Abtun der Baalsnamen erfolgt der ebenfalls im Ehebild bleibende Zuspruch der rechten Gottesprädikation.

2 18 (vgl. Anhang Nr. 2):

(11) Die einleitende Wendung ist mit H. W. Wolff u. a. dem Redaktor zuzuschreiben, damit aber auch die nicht von den drei einleitenden Worten zu trennende Gottesspruchformel. Daß sie einen Ausdruck wie וְאָמַרְתִּי לָהּ verdrängt hätte (Th. H. Robinson), ist nicht nur wegen der allgemeinen Tendenz der Überlieferung zur Bewahrung aller Elemente unwahrscheinlich, sondern auch, weil der so substituierte Text innerhalb des Kontextes eine lectio facilior bedeuten würde. Th. H. Robinsons Konjektur bietet jedoch selbst den Hinweis, warum v. 18a eingefügt werden mußte. V. 18aβ. b ist ein Spruchfragment, dessen Verbalformen nicht mit LXX zu ändern sind. Ebenfalls Anrede in der 2.f.sg. bieten v. 21-22, die auch thematisch gut an v. 18b anschließen. Der einleitenden (v. 18) Aufforderung zur vertrauten und rechten Benennung entspricht (v. 22) die Erkenntnis Gottes unter dem Namen Jahwes. Die Verzahnung mit den übrigen Spruscheinheiten des Kapitelschlusses schafft eine neue Einheit.

2 20. 23-25 (vgl. Anhang Nr. 3):

(12) בַּיּוֹם הַהוּא ist wieder mit H. W. Wolff für redaktionell zu halten. Seine Beobachtung, daß v. 18. 20 und 23 dadurch jeweils eine (sekundäre) Sinneinheit eingeleitet wird, spricht für die Annahme, daß der Redaktor von Kap. 1—3 die Formel einfügte.

(13) V. 23: ist ebenfalls durch וְהָיָה בַּיּוֹם הַהוּא erweitert (s. o. Nr. 11).

(14) Dazu dürfte auch die Gottesspruchformel gehören, obwohl sie durch אֶעֱנֶה getrennt ist.

(15) Demnach hätte nach MT im ursprünglichen Text zweimal unmittelbar hintereinander אֶעֱנֶה gestanden. Das ist auch in betonter Rede problematisch. Eher erwartet man entsprechend v. 23b. 24a. 24b und zumal am Anfang der Reihe ein betont vorangestelltes Pronomen der 1. pers. Nach BHK, App. wird ein solches von etwa 45 hebr. Handschriften geboten, die כִּי אֲנִי lesen.

Die Verschreibung von אֲנִי ist nicht schwer zu erklären. Vielleicht liegt in althebräischer Schrift Verschreibung von י zu ה vor, vielleicht aber, wenn auch das כִּי für ursprünglich zu halten ist, ein größerer mechanischer Fehler, der sachgemäß aus dem unmittelbaren Kontext korrigiert wurde.

אֲנִי　+ fin. Verb. bei Hosea (M. 1255c; 1256d): 5 3. 14　7 15　10 11
13 5　14 9.

אָנֹכִי　+ fin. Verb. bei Hosea (M. 1258b. c): 1 9　2 10　7 13　11 3　12 11.

Ursprünglich wurde also die Gottesspruchformel zwischen Personalpronomen der 1. comm. und zugehöriges Verb gesetzt, um Gott als Subjekt zu sichern.

Inhaltlich sowie rhythmisch erscheint der Anschluß von v. 23 an
v. 20 vertretbar, vielleicht sogar durch כי in v. 23 gestützt. Es liegt dann
eine Worteinheit vor, die den Bund und Einklang mit der Natur in
bezug auf Israel (vgl. H. W. Wolff 63 zu ארץ in v. 20) schildert. Die
Konsequenz dieses neuen, von Jahwe gestifteten Bundes ist folgerichtig die Aufhebung der in den Namen der Prophetenkinder liegenden
Drohung bzw. ihre Umkehrung zur Verheißung. In dieses Wort, in
dem Hosea selbst von der Umbenennung spricht, ist mit v. 21f. im
Interesse der Einheit der Gesamtkomposition die andere Bundes-
erneuerung eingeschoben. Ursprünglich hatte aber v. 20. 23-25 nichts
mit der Ehegeschichte zu tun.

3 1-5:

Die Abgrenzung ist nach beiden Seiten eindeutig.

V. 1: Das Part.pass.f.sg.cs.qal von אהב, das von A' und Σ' wie von
MT vorausgesetzt wird, ist nicht unmöglich. H. W. Wolff sieht wegen
des akt. Partizips in v. 4γ auch hier die aktive (in LXX bezeugte)
Form für wahrscheinlicher an. Denkbar ist aber trotz der Entsprechung
beider Versteile die Differenz zwischen Aktiv und Passiv, da es sich
im ersten Fall um ein feminines Sinnsubjekt handelt. Die Entscheidung
bleibt unsicher, ist aber ohnehin für den Konsonantenbestand irrelevant. יהוה₂ auszuscheiden (BHK, App.), würde eine reine Konjektur
metri causa darstellen und ist abzulehnen. Dem überlieferten Text
wird H. W. Wolffs Feststellung gerecht, daß das Memorabile in Prosa
abgefaßt ist.

(16) V. 3: וגם אני אליך: Der Text ist offensichtlich unvollständig. Entweder ist ein Verb zu ergänzen (so zuletzt H. W. Wolff), oder entsprechend den folgenden אין auch hier die Nominalnegation, also entweder   וגם אני לא אלך אליך (H. W. Wolff): Homoiotel.,
oder   וגם אני אינני אליך (W. R. Harper nach K. Marti).
Eine dritte Möglichkeit besteht nicht, da weder אל feindlich gebraucht
(A. Wünsche bei H. W. Wolff), noch גם adversativ zu verstehen ist.
וגם אני אלי (A. B. Ehrlich) scheint zunächst einleuchtend, ist aber innerhalb der Bedeutung als Zeichenhandlung abzulehnen, weil v. 4 auf die
Isolierung der Frau/Israels, nicht aber auf die Abstinenz des Mannes/
Gottes zielt.

Die Einfügung von אינני scheint wegen der Verwendung von אין
als Leitwort (v. 4) besser. Es liegt Haplographie einer Buchstaben-
gruppe vor.

V. 4: Gegen die Abtrennung von v. 4 vom Vorangehenden (Th. H.
Robinson) wendet sich H. W. Wolff mit überzeugenden, aus der Form-
kritik gewonnenen Gründen. Anders verhält es sich mit

V. 5: Das dritte der von H. W. Wolff (72) aufgezählten Elemente
der prophetischen Zeichenhandlung, die Deutung, liegt bereits in v. 4
vor, »aber die sonst übliche Wiederaufnahme des Wortlauts geschieht
nur andeutend in 4 (vgl. 3). An Stelle des gewöhnlichen Wiederholungs-
stils tritt ein Fortsetzungsstil.« Sollte der oft beobachtete Nachtrags-
charakter von v. 5 nicht doch für dessen spätere Entstehung sprechen?
Ohnehin sind A. Weiser und H. W. Wolff genötigt, um v. 5 zu halten,
wenigstens v. 5aβ zu opfern. Daß man bei Abtrennung von v. 5 gezwungen sei, in v. 1 »אהב« als ‚grimmigen Hohn‘ (J. Fück) mißzuver-
stehen, wobei auch 2 unverständlich bleibt« (H. W. Wolff), ist nicht
überzeugend. Auch wenn die Zeichenhandlung mit v. 4 ausklingt,
bleibt sie sinnvoll: Die Liebe, zu der der Prophet angehalten wird, die
Liebe Gottes zu Israel, ist in diesem Wort die Liebe, die es anders mit
dem Geliebten meint als dieser selbst und darum Züchtigung ist. Das
positive Ziel der Züchtigung braucht nicht ausgesprochen zu werden.
V. 5 darf also mit Fug auf seine Echtheit hin geprüft werden.

(17) H. W. Wolff (80) verweist für דוד מלכם auf Jer 30 9, »auch dort
in der sonst unbekannten Zusammenstellung mit יהוה אלהיכם«. Diese
Zusammenstellung scheint aber die Ausscheidung von v. aβ nicht zu
fordern. Wenn man zudem mit H. W. Wolff 1 7 (Nr. 3) für יהוה אלהיכם
zum Vergleich heranzieht, spricht auch das eher gegen die hoseanische
Autorschaft.

Die Schlußformel, die H. W. Wolff in der »judäischen Eschatologie« verankert sieht (unter Verweis auf Jes 2 2 Mi 4 1 Jer 23 20 30 24
Ez 38 16 sowie Gen 49 1 Num 24 14 Jer 48 47; »in Dt. 4 30 verbunden
mit dem Gedanken der Rückkehr zu Jahwe«) müßte, um den Kernbestand Hosea zuschreiben zu können, ebenfalls als sekundär angesehen werden.

Beide Ausscheidungen werden aber nur unter der Voraussetzung
hoseanischer Verfasserschaft notwendig, ohne sich unmittelbar aus
Textanstößen oder -Spannungen zu ergeben. Vielmehr ist der Vers
in MT geschlossener als in der reduzierten Form. Das gewichtigste
Argument gegen die Zugehörigkeit von v. 5 zu v. 1-4 liegt aber in der
von H. W. Wolff selbst besprochenen Struktur der Zeichenhandlung.
V. 4 bietet die dem Auftrag (v. 1) und seiner Ausführung (v. 2 und 3)
folgende und vollkommen entsprechende Deutung des Zeichens. V. 5
dagegen hat eine Verheißung zum Inhalt, die nicht in der Form der
Zeichenhandlung verwurzelt ist und sich auch kaum durch weitgehende
Interpretation des Begriffsinhaltes von אהב darin finden läßt. Selbst
wenn für v. 5 hoseanische Verfasserschaft anzunehmen wäre, würden
formkritische Gründe gegen seine Zugehörigkeit zu v. 1-4 sprechen.
Es ist aber auch zu fragen, ob Hosea innerhalb des Zeichenzusammen-
hanges von der Umkehr Israels als einer aktiven Reaktion des Volkes

auf die Züchtigung seines Gottes hätte sprechen können (vgl. W. Rudolph 87).

Die einfachste Lösung des in Rede stehenden Problems scheint die Annahme späterer Einfügung des ganzen v. 5 zu sein. Über die Datierung, die u. a. auch von der Deutung der »Söhne Israels« abhängt, läßt sich nichts Sicheres ausmachen. Ein Vergleich oder eine Verbindung mit 1 7 und 2 1-3 ist aber ins Auge zu fassen. Wenn das Stück vorexilisch wäre, würde das für ein erstaunlich hohes Alter einer Tendenz zur Davidrenaissance sprechen. Umgekehrt aber wird, wenn hier mit W. Rudolph u. a. an den »David redivivus« als messianische Gestalt zu denken ist, die Datierung wohl ziemlich in die Spätzeit fallen. Denn selbst wenn man die sogenannten messianischen Weissagungen der klassischen Propheten für echt hält, so wird doch in ihnen der verheißene König nicht selbst David genannt, so daß man von einem »David redivivus« im strengen Sinne reden könnte.

Die Wendung פחד אל i. S. v. einer Bewegung hat eine einzige frappante Parallele in Mi 7 17 (Jer 36 16 liegt nicht dieses Bild vor), was eine Spätdatierung begünstigt. (Jer 33 9 spricht von der Furcht (פחד) der Völker angesichts des Israel widerfahrenden Guten [טובה]).

Es können nun *Folgerungen aus* den an *Hos 1—3* gemachten Beobachtungen gezogen werden:

A. Als vermutlich auf Hosea selbst zurückgehend ergaben sich der Analyse folgende Worteinheiten:

1. 2 4-9   Prozeßrede gegen die untreue Ehefrau und Mutter;
2. 2 10-15   Prozeß gegen die untreue Frau als Bild des Verhältnisses von Jahwe und Israel;
3. 2 16-17. 19 Neuer Anfang der Liebe und Abtun der Untreue, im Bild der Frau für Israel;
4. 2 18. 21-22 Erneuerung der Ehe durch den Mann als Bild der neuen Zuwendung Jahwes zu Israel;
5. 2 20. 23-25 Stiftung eines neuen Bundes und Aufhebung der Namensdrohungen;
6. 3 1-4   Rückkauf und Isolation der Ehebrecherin als prophetische Zeichenhandlung für Jahwes Handeln an Israel.

B. Für das Problem der Ehe des Hosea bedeutet das:

1. Fünf von den sechs erarbeiteten Hoseasprüchen legen mehr oder weniger direkt die durch die Frau gebrochene Ehe als Bild der Beziehungen Israels zu Jahwe zugrunde. In jedem Fall besteht der Sachverhalt, der sich als historisch-persönlicher Hintergrund des eigenen Erlebens des Propheten erschließen läßt, im Bruch der bereits bestehenden Ehe, über deren Vorgeschichte oder Verlauf bis zum Zeitpunkt der Anklage sich nichts ausmachen läßt.

2. Bei allen Erwägungen zur Ehegeschichte des Hosea ist der fundamentale Unterschied zu beachten, der zwischen dem Selbstbericht der Zeichenhandlung 3 1-4 und dem Fremdbericht der Zeichenhandlungen in 1 1-9 auf Grund ihrer Gattung besteht. Die richtigen Überlegungen, die W. Rudolph in seinem Kommentar (40—49) den zu der Beschaffenheit des Mädchens Gomer vor seiner Heirat geäußerten Hypothesen entgegensetzt, führen dann zu keiner Aporie, die letztlich doch auch bei W. Rudolph unausweichlich ist, wenn man den einfachen Unterschied zwischen Selbst- und Fremdbericht historisch ernstnimmt. Denn wo es um die historische Erhellung der hinter den Prophetenworten stehenden Tatsachen überhaupt gehen soll, darf nicht der Prophet mit seinem Schüler oder Redaktor gleichgesetzt werden.

Die Betrachtung der Gesamtkomposition von Kap. 1—3 ergibt, daß der Redaktor die in Kap. 2 verarbeiteten Sprüche in den Rahmen der zeichenhaften Ehe des Hosea gestellt sah und dies dadurch unterstrich, daß er, ebenso wie der Selbstbericht die Einheit der drei Kapitel beschließt, ihr den Fremdbericht voranstellte. Man wird dies auch sachlich insofern nicht für eine Verfälschung der Tatsachen halten dürfen, als im Lichte der weiteren Geschichte dieser Ehe, die dem Redaktor ja bekannt war, und im Lichte der Botschaft des Hosea diese Ehe insgesamt als unter diesem von Jahwe gesetzten Vorzeichen erscheinen mußte. So wie die auch durch v. 24f. gesicherten Zeichennamen der Kinder des Propheten hatte auch seine Ehe von vornherein die Zeichenfunktion gehabt, die sich in der Untreue der Frau enthüllte. In diesem Fall wäre es also möglich, von einer Rückprojektion zu sprechen, die freilich nicht auf den Propheten selbst, sondern auf seinen frühesten Redaktor, in dem man einen Mann des engsten Schülerkreises vermuten darf, zurückgeht. Aus diesem Grunde sind die von W. Rudolph 43f. vorgetragenen Einwände gegen die Rückprojektionsthese nicht überzeugend. Er muß selbst mit der redaktionellen Herkunft der anstößigen Partien von 1 2 rechnen. Es leuchtet nicht ein, warum hinter dieser Endfassung noch ein vom Propheten selbst formulierter Er-Bericht vermutet werden soll. Gewonnen wird mit dieser Annahme nichts als eine hypothetische und neue Probleme aufwerfende literarische Vorstufe des vorliegenden Textes. Das besagt für die Biographie des Hosea: a) Wir wissen nichts über die Vorgeschichte der Ehe, doch ist mit W. Rudolph anzunehmen, daß er ein unbescholtenes Mädchen heiratete. Diese Vermutung dient nicht einer Ehrenrettung des Propheten; der weitere Verlauf der Ehe bzw. das von Jahwe gebotene Verhalten des Propheten dazu bleibt skandalös genug.

b) Wir wissen nichts über die Berufung des Propheten. Weder Zeit, noch Art, noch Ort derselben sind bekannt. Spätestens muß sie aber bei der Geburt des ersten Kindes erfolgt sein.

c) In der mit Gomer geschlossenen Ehe wurden dem Propheten drei Kinder geboren, die er mit zeichenhaften Namen der Drohung für Israel versah.

d) Vermutlich erst zu einem späteren Zeitpunkt (2 4!) wurde die Untreue der Gomer aufgedeckt, die sich dem Propheten als Bild der Untreue Israels enthüllte. Der Verstoßung der Frau folgte ihr Rückkauf, ohne daß die Wiederaufnahme der ehelichen Gemeinschaft berichtet würde. Daß es sich in 3 1 um dieselbe Frau wie in Kap. 1 und 2 handelt, darf als sicher gelten und wird vom Redaktor durch die Rahmenkomposition unterstrichen. Da eine prophetische Zeichenhandlung die Norm sprengen kann, bilden Dtn 24 1-4 und Jer 3 1 kein Gegenargument.

e) Der Prophet hat selbst die Umbenennung der Kinder, d. h. die Aufhebung der Verwerfung durch einen neuen, von Jahwe gestifteten Bund ins Auge gefaßt (v. 24f.). Diese Aussage steht jedoch ursprünglich nicht innerhalb des Rahmens der Ehegeschichte und ihrer Zeichenbedeutung und wird sich auch chronologisch kaum einordnen lassen.

C. Es ist nun die Gesamtheit der drei Kapitel auf ihre eigene und neue Struktur, d. h. auf die vom Redaktor beabsichtigte Aussage hin zu untersuchen. Zur Verdeutlichung mag abermals ein Aufbauschema dienen:

1 1-9   Voraussetzung: Ehe und Kinder des Propheten als Zeichen der Schuld und Verwerfung Israels;

2 4-9   Anklage und Züchtigung der Frau/Israels;

//2 10-15 Anklage und Verstoßung der Frau/Israels;

2 16-17 Neuer Anfang der Liebe, neue Wüstenwanderung;

2 18-22 והיה ביום ההוא: Neue Bundesschließung;

2 23-25 והיה ביום ההוא: Neue Landgabe als Aufhebung der Verwerfung;

3 1-4   Rückkauf der Frau und ihr/Israels Verstoßensein auf Zeit.

Dieser Aufbau macht deutlich:

1. Kap. 1—3 sind weder tatsächlich noch in ihrer Zeichenbedeutung chronologisch zu verstehen. Aus dem chronologischen Rahmen hebt sich die in 2 16-25 enthaltene, durch Kombination und Verschachtelung von Hoseaworten gewonnene Verheißung der neuen Heilszeit als deutlich in der Zukunft liegend gedacht (»an jenem Tage« v. 18. 20. 23) ab.

2. Die Verheißung von 2 16-25 läßt in ihrer auf den Redaktor zurückgehenden Komposition ein durch והיה ביום ההוא in v. 18 und 23 unterstrichenes dreistufiges heilsgeschichtliches Schema von Wüstenwanderung, Bundesschluß und Landgabe erkennen. In konsequenter Weiterführung der Botschaft des Hosea erwartet sein Schüler für die

Zukunft eine Erneuerung der Heilsgeschichte durch die alleinige Aktivität Gottes, der sich Israel erneut zuwenden wird.

3. Für die Gegenwart des Redaktors ist allerdings die in 3 1-4 angezeigte Zeit des Wartens unter der von Jahwe verhängten Züchtigung bestimmend. Deshalb steht der Selbstbericht von 3 1-4 am Schluß der drei Kapitel. Die gegenwärtige, verzweifelt scheinende Situation Israels, das Ende seiner staatlichen Existenz, ist trotz, in und wegen seiner Totalität Zeichen und Unterpfand der bei Gott bereits beschlossenen neuen Geschichte Israels als des Volkes Jahwes.

Diese Beobachtungen führen zu der Vermutung, daß ein aus dem engsten Schülerkreis des Hosea stammender, mit seiner Botschaft und seinem Leben vertrauter Tradent die in Kap. 1—3 vorliegende Einheit aus Prophetenworten, Selbstbericht und themaartig vorangestelltem Fremdbericht in der Zeit nach der 722 erfolgten totalen Katastrophe des Nordreiches zusammenstellte, um in der Hoffnungslosigkeit die durch Jahwe selbst bereits gesetzte neue Hoffnung zu bezeugen. Es darf ferner angenommen werden, daß der Redaktor im Gebiet des ehemaligen Nordreiches beheimatet war und wohl auch wirkte. Jenseits aller Beweisbarkeit dürfte die Vermutung stehen, daß hier ein Zeugnis aus jenem Kreis vorliegt, in dem das Deuteronomium entstand.

Die hier vorgeschlagene Gesamtinterpretation von Kap. 1—3 hat die auf anderem Wege gewonnene Annahme bestätigt, daß 2 1-3 jüngeren Datums als die besprochene Grundeinheit ist. Auch gegen die Beurteilung von 3 5 erhoben sich keine Bedenken.

4 1-3:

Die Abgrenzung ist eindeutig.

V. 1: H. W. Wolff möchte v. 1a der gleichen Hand wie 1 1 zuschreiben, wofür besonders דבר יהוה spreche. Daß בני ישראל im folgenden nicht vorkomme, »wohl aber unmittelbar vorher 3 1.4.5 (und 2 1.2)« (83) ist kein schlagendes Argument, da die genannten Belege nach H. W. Wolffs Ansicht auf Hosea selbst zurückgehen. Das zweimalige כי ist möglich. Die Annahme (H. W. Wolff 82), daß »sich diese sekundäre Verknüpfung der Proklamationsformel mit der (begründeten) Urteilsverkündung von der genuinen Verbindung der das Gericht anredenden Aufrufformel mit der Anklage (Mi 6 2 Jer 2 12f.) unterscheidet«, bietet zwei Probleme:

1. Auf Hos 4 1a folgt keine Urteilsverkündung, sondern eine Anklage, die freilich durch כי eingeleitet ist. Der fließende Übergang bzw. die eigentlich sachfremde Unterscheidung von begründendem und deiktischem כי läßt aber das logische Problem, das die Verwendung der Partikel hier bereiten könnte, gering erscheinen.

2. Die Anrede von Mi 6 2 richtet sich nicht eigentlich an »das Gericht«, sondern, gemäß der Situation der Rechtsprechung im Tor, an die beim Prozeß Anwesenden. Ebenso wie die Rolle der im ריב Agierenden wechseln kann (vgl. das zu Mi 6 2-8, Nr. 80 Gesagte), sind auch hier zunächst die Israeliten als Anwesende zum Hören aufgefordert, um dann in v. 1b als eine der beiden Prozeßparteien, nämlich als die Beklagten, zu erscheinen. בני ישראל steht im Parallelismus zu יושבי הארץ. Daß 4 1a in Hos 5 1 »nur einen fernen Vorläufer« habe, läßt sich weder beweisen noch widerlegen. Ebenso verhält es sich mit der Echtheit von 4 1a. Solange sich nichts Sicheres ausmachen läßt, empfiehlt es sich nicht, den Halbvers Hosea abzusprechen.

V. 2 : ונאף פרצו braucht nicht geändert zu werden. פרץ i. S. v. »sich ausbreiten« setzt zwar mit den abstrakten Subjekten hier eine Metapher voraus, ist aber so öfter bezeugt, am eindeutigsten Hi 1 10 und II Chr 31 5. Auch der Parallelismus zu dem ebenfalls metaphorischen נגעו am Schluß des Verses stützt פרצו. Für נגע vgl. Jdc 20 34. 41 (Subj. הרעה) sowie i. S. v. »eintreffen« einer Zeit Esr 3 1 Neh 7 72; dazu Hif'il: Ez 7 12 Cant 2 12 Koh 12 1 Est 2 12 u. ö.

4 4ff.:

Anhaltspunkte zur näheren Abgrenzung ergeben sich erst aus der Einzelanalyse.

V. 4 : אך + Juss. begegnet I Sam 1 23; besonders, um ein Gesetz einzuschärfen: Ex 12 15 31 13 Lev 23 27. 39 Num 1 49; + אל Num 14 9. Aus den syntaktischen Verhältnissen dieser Stellen (אך meist am Satzanfang) könnte man geradezu den Eindruck gewinnen, daß אך dort einen Weisungssatz (Gebot oder Verbot) einleitet, wo nicht sofort das Verbum folgt und also der Weisungscharakter nicht aus dem Modus des vorangestellten Verbs ersichtlich ist. Das trifft auch für Hos 4 4 zu. Jedenfalls zeigt der Textbefund, daß nichts gegen die Annahme des Spruchbeginns in v. 4 spricht.

»Der Artikel kann beim Vokativ fehlen« (H. W. Wolff), gegen die Deutung von כהן als Vokativ, die auch durch die folgenden Verbalformen der 2.m.sg. unterstützt wird, erhebt sich also ebenfalls kein Widerspruch.

Die Verba in v. 4a sind absolut gebraucht; es ist zu übersetzen:

»Ja nicht führe ein Mann einen Prozeß,
und nicht übe jemand Rechtsprechung aus«,

d. h. die dem freien Mann eigentlich zustehende Rechtsfunktion wird ihm abgesprochen. V. 4-5 nennen die freien Männer als Rechtsfähige, die Priester und die Propheten, d. h. die Gesamtheit des Volkes in seinem institutionell festgelegten Verhältnis zu Jahwe in Rechtspre-

chung, kultischer Unterweisung und Orakelerteilung. Den Propheten aus v. 5 herauszukonjizieren (W. Rudolph) oder als Glosse anzusehen (zuletzt H. W. Wolff), ist also nicht unumgänglich und daher methodisch eher abzulehnen.

(18) Für v. 4b sind verschiedene Emendationen vorgeschlagen worden. Den Konsonantenbestand würde am besten J. D. Michaelis' Vorschlag bewahren: וְעַמְּךָ מְרִיבֵי כֹהֵן, was eine Begründung zu v. 4a wäre: »Niemand prozessiere, denn jeder Prozeß richtet sich eigentlich gegen mich«. Die Schwierigkeit dieser Lösung liegt aber darin, daß der so formulierte Vorwurf im folgenden nicht wieder aufgenommen oder auch nur vorausgesetzt wird. Außerdem würde man vor 4b eher כי erwarten als anreihendes ו. So ist es unumgänglich, tiefer in den Konsonantenbestand einzugreifen und (so auch H. W. Wolff und W. Rudolph) וְעַמְּךָ רִיבִי כֹהֵן zu lesen. V. 4 bildet als Tripeldreier eine zusammenhängende Einleitung. Das ו ist mit adversativer Nuance zu verstehen, bietet zugleich aber auch eine Art von Begründung für v. 4a: »Keiner führe mehr einen Prozeß, sondern/denn mein Prozeß läuft (jetzt) gegen dich, o Priester.«

Die bei H. W. Wolff mitgeteilten Erklärungsversuche der Textentstellung sind nicht so überzeugend, daß eine weitere Hypothese völlig überflüssig wäre. Auszugehen ist von LXX, ὁ δὲ λαός μου ὡς ἀντιλεγόμενος ἱερεύς = וְעַמִּי כְּמָרִיב כֹהֵן. Die mater lect. י, die nach עם steht und hinter מריב fehlt, kann auf sich beruhen bleiben, da es sich hierbei zumindest zeitweise um ein rein orthographisches Problem gehandelt haben kann. Das bedeutet, daß der sichere Konsonantengrundbestand der zur LXX-Vorlage führenden Textüberlieferung ועמכמר(י)בכהן war. Die Deutung von כהן als Vokativ scheint zwar notwendig, bietet aber doch den Anstoß des fehlenden Artikels und ist darum nicht selbstverständlich. Wurde aber כהן nicht als Vokativ angesehen, konnte es nur noch nomen rectum einer Genetivverbindung sein, deren nomen regens in der vorangehenden Konsonantengruppe zu suchen war. Von ריב aus lag dann die Ergänzung zum Part.hi. nahe, wenn עם als »Volk« vokalisiert wurde, was aus dem Kontext insofern verständlich ist, als in v. 6 wirklich vom Volk die Rede ist und der für v. 4b sich aus der erschlossenen Textform ergebende Vorwurf (nach Dtn 17 12 oder unmittelbar einleuchtend?) eine Begründung für das Verbot von 4a wäre.

(18a) Die in LXX nicht vorausgesetzte Hinzufügung der Vergleichspartikel wäre dann eine von der Grundänderung unabhängige Dittographie eines Buchstabens (כ). Es sind also folgende Textstufen anzunehmen:

1. a) Grundtext: וְעַמְּךָ רִיבִי כֹהֵן
   b) Deutung von כהן als n.rect., Lesung וְעַמְּךָ als Subj. ergibt

c) Emendation וְעַמְּךָ מְרִיבֵי כֹהֵן, entspr. dem LXX-Bestand;
2. כ-Dittographie ergibt MT.

(19) V. 5 : Gegen היום i. S. v. »heute« vgl. W. Rudolph 96. Mit ihm ist das ה als mater lectionis zur Verbalform zu ziehen. Die falsche Abtrennung erfolgte wohl wegen der Umdeutung zu einer Drohung. Eine Änderung in יומם ist dagegen überflüssig, vgl. einfaches יום für »bei Tage« Ps 82 2; לילה ויום I Reg 8 29 Jes 27 3 Est 4 16. Der zweigliedrige Ausdruck (hier in umgekehrter Reihenfolge) ist auf die beiden parallelen Vershälften aufgeteilt.

Zu v. 5b: Die Verbalwurzel ist durch v. 6a gesichert, doch ist MT trotzdem unverständlich. Die Erwähnung der Mutter erscheint im Zusammenhang merkwürdig, da sich der Spruch (gegen H. W. Wolff) kaum nur gegen einen bestimmten Priester als Individuum richtet. W. Rudolph vokalisiert m. Pluralform von אמה i. S. v. »Priesterfamilie«. Die Stellung zwischen v. 5 und v. 6b, in denen der Priester jeweils im ersten Versteil direkt angesprochen wird, läßt dies auch für v. 5b erwarten. Entweder ist die Verbalform von der 1.comm.sg. in die 2.m.sg. zu ändern und mit ו fortzufahren, oder אמך ist in אֹתְךָ zu ändern (A. Weiser). Nun drückt aber schon v. 6a aus, daß das Volk durch das Verstummen des Priesters in Mitleidenschaft gezogen wird. Der nach v. 5a erwartete Leidensgenosse des Priesters ist also nicht im letzten Wort von v. 5b zu suchen.

(20) Angesichts der Probleme, die der Text aufgibt, leuchtet deshalb die Lesung der nota accusativi mit Suff. und Annahme eines Schreibfehlers מ\ת (allenfalls sinnvoll nach 2 4) am ehesten ein.

Für ודמיתי ist mit KBL Pi'el zu lesen (vgl. die Deutung in Vulg.). Daß דמה₂ pi. sonst im AT nicht belegt ist (H. W. Wolff), spricht nicht dagegen. Daß, wenn »נדמה v. 6a sicher ‚perire‘« bedeute, »für das Qal die Bedeutung ‚perdere‘ nicht bestritten werden« könne, ist nicht sicher. Zu intrans. Qal wird passivisches Nif'al gebildet bei der verwandten Wz. דמם. Für die Herbeiführung des Qal-Zustandes müßte man nach den von E. Jenni erarbeiteten Grundsätzen Pi'el erwarten.
(21) V. 6: Vor נדמו ist vermutlich noch ein ו zu ergänzen (quadratschriftliche Haplographie ו\ו).
(22) Das überschüssige א der suffigierten Verbalform ist mit den Masoreten als Schreibfehler anzusehen.

Zwischen v. 6 und v. 7 sieht H. W. Wolff einen Riß, der für ursprünglich selbständige Einheiten spreche. Dagegen stellt W. Rudolph (99) fest, daß »genau wie in v. 5f. jeweils der Schuld der Priester die göttliche Strafandrohung gegenübergestellt wird« und daß der von H. W. Wolff genannte formale Wechsel in der Nennung der »Söhne« begründet ist. Auf Grund der Entsprechung von Verschuldung und göttlichem Strafhandeln ist אמיר in v. 7 zu belassen.

(23) V. 8: Nur נפשׁו ist wohl mit den meisten Kommentaren und LXX in נפשׁם zu ändern. Erfolgte die Änderung wegen falschen Bezuges auf עמי?

V. 9: Der Vers ist weder als Glosse auszuscheiden (z. B. E. Sellin) noch der redaktionellen Zusammenstellung zuzurechnen. Die Schwierigkeiten liegen nämlich hauptsächlich im Verhältnis zu v. 10 (vgl. die Kommentare). Die einfachste Lösung ist deshalb die Ansetzung des ursprünglichen Wortschlusses nach v. 9. Es ergibt sich auch metrisch eine einleuchtende Struktur:

v. 4	Tripeldreier	— Einleitung
v. 5-6a	2 Doppeldreier	— Drohwort
v. 6b-8	4 Doppeldreier	— Begründung (Scheltwort)
v. 9	Tripeldreier	— abschließende Zusammenfassung der Strafankündigung.

4 10-11:

V. 10 kann nicht gut vor v. 9 gestellt werden, weil der Drohcharakter erst nach v. 9 stilistisch deutlich ist. Andererseits hinkt er der abschließenden Drohung in v. 9 seltsam nach, besonders wenn man v. 10b mit der erneuten Strafbegründung für echt hält, wogegen nichts spricht. D. h. entweder ist v. 10 hier fehl am Platze, oder er ist unecht.

Der Sinn des Satzes (vgl. W. Rudolph, der Text ist nicht zu ändern) läßt wohl vermuten, daß er in den Zusammenhang eines Vorwurfs gegen die Priester gehört und mithin auch an seiner jetzigen Stelle im inhaltlich zutreffenden Kontext steht. Trotzdem dürfte es sich um ein Fragment handeln, dessen Anfang verlorengegangen ist. Die Strafbegründung folgt in v. 10b. 11, die (vgl. LXX) zusammengehören.

יקח לב ist asyndetischer Relativsatz zu תירושׁ, könnte aber auch trotz der Mehrzahl der Objekte als Prädikat angesehen werden, was vermutlich zur Verstrennung des MT führte. In masoretischer Deutung ist v. 11 ein Weisheitswort und v. 10b nach der bei W. Rudolph vorgeschlagenen Art grammatisch zu verstehen (שׁמר יהוה als Objekt zu עזב, dabei Voranstellung des Objektes des abhängigen Verbs, vgl. dazu auch die akkadische Infinitivkonstruktion nach W. von Soden, GAG § 149b).

Die Änderung von זנות in זנונים durch Verwendung der Konsonanten von ויין (L. Köhler, H. W. Wolff) wäre nur dann zwingend, wenn זנות unmöglich wäre. Das ist nicht der Fall. Welche Bedeutungsdifferenzen zwischen beiden bestehen, läßt sich kaum sagen. Vielleicht bezeichnet זנונים mehr die Eigenschaft (vgl. H. W. Wolff 13 zu 1 2), זנות dagegen die konkrete Betätigung. Das würde im Kontext gut passen. Das Nebeneinander von יין und תירושׁ deutet einleuchtend W. Rudolph

110. Wenn תירוש der besonders gefährliche eben vergorene Most ist, erklärt das auch, warum der asyndetische Relativsatz gerade hier steht. Es ergibt sich somit eine am Anfang unvollständige Worteinheit von v. 10 und v. 11, die durch Stichwortanknüpfung (אכל v. 10 und v. 8; Wz. זנה v. 10. 11 und v. 12. 13. 14) und inhaltlich (Thema der Abgötterei) mit den übrigen Stücken von Kap. 4 verbunden ist.

4 12-14:

Nach dem zu v. 10-11 Gesagten verbietet sich die überwiegend vertretene Ansetzung des Spruchbeginns in v. 11. Mit v. 12 beginnt eine neue Einheit (Th. H. Robinson), und zwar eine Jahwerede, die sich nicht mehr gegen die Priester, sondern gegen das Volk als ganzes richtet. Freilich ist auch dieser Spruch thematisch mit dem vorhergehenden verbunden.

(24) V. 12: Statt התעה ist (vgl. BHK, App.) התעהו zu lesen (falsche Abtrennung). Für den asyndetischen Anschluß der zweiten Vershälfte vgl. v. 6bβ. 7b. 10.

V. 14: V. 14aα mit BHK, App. auszuscheiden, besteht keine Veranlassung. Auch יפרדו braucht nicht in die entsprechende Form des Nif'al geändert zu werden (W. Rudolph). Zwar würde es sich nur um ein Vokalisationsproblem handeln, aber die Pi'elform paßt im Parallelismus zu יזבחו besser.

Das Pronomen הם kann mit peiorativer Nuance gebraucht und im Kontext der Rede eindeutig sein.

Der Spruch endet in v. 14 vermutlich mit einem in den Gedankengang einbezogenen Sprichwort. Die Abgrenzung am Spruchende ist eindeutig, weil v. 15 deutlich sekundär ist und v. 16 ein ganz anderes Bild bringt. Auch wenn die hier vertretene Einteilung in die Sprucheinheiten v. 1-3; v. 4-9; v. 10-11; v. 12-14 nicht im einzelnen sicher zu beweisen oder auch nur wahrscheinlich zu machen ist, darf als vorläufiges Ergebnis festgehalten werden, daß hier ursprünglich verschiedene Sprüche redaktionell zu einer Einheit zusammengefaßt wurden, die unter der Überschrift (4 1) der Prozeßeröffnung besonders durch den Übergang von v. 3 zu v. 4 einen relativ geschlossenen Charakter erhält, der durch die Bezeichnung als »kerygmatische Einheit« beschrieben werden könnte. Ohne voreilig eventuelle Ergebnisse vorwegnehmen zu wollen, darf vermutet werden, daß die von H. W. Wolff erarbeiteten kerygmatischen Einheiten auch sonst öfter das Werk späterer Hände sind. Diese Vermutung tut seinen Einzelergebnissen keinen Abbruch.

4 15:

(25) Die Abgrenzung gegenüber v. 16 ist eindeutig. LXX las einen etwas anderen Text, aber MT läßt sich ohne Änderung verstehen. Sicher ist der von allen Auslegern angenommene Anklang an Am 5 5, der sich besser erklärt, wenn man v. 15 nicht als hoseanisch ansieht, obwohl sich natürlich nicht beweisen läßt, daß Hosea nicht »gewiß als Knabe den harten Reden des judäischen Künders gelauscht« (M. Buber, Glaube, 159) habe und selbst Amos zitiere. Auch wenn man die Echtheit annimmt, muß man aber zumindest die Erwähnung Judas als späteren Zusatz erklären. Zudem fügt sich v. 15 nicht in den Zusammenhang mit v. 14 oder v. 16 (gegen H. W. Wolff).

In v. 15bβ wird meist באר שבע eingefügt, da in der Tat das Verbot, bei Jahwe zu schwören, für sich allein betrachtet schwierig ist. Trotzdem muß eingeräumt werden, daß der Verlust des durch das Verb שבע gestützten, auch in Am 5 5 (vermutlich sekundär, vgl. Am Nr. 56) vorhandenen Ortsnamens sich schwer plausibel machen läßt. Insofern erscheint es nicht abwegig, die von J. Wellh. u. a. (zuletzt W. Rudolph) vertretene Einfügung »im Blick auf die Textgeschichte als Willkür« (H. W. Wolff 113) zu bezeichnen.

Andererseits ist das Schwören bei Jahwe nicht verboten. Die einzige Lösungsmöglichkeit des Problems liegt auf der von H. W. Wolff gezogenen Linie, die schon im Targum durch den Zusatz לשקר vorgezeichnet ist. Zu vergleichen ist innerhalb des AT Jer 5 2: Das Schwören bei Jahwe ist ebenso wie der Besuch der (Jahwe-)Heiligtümer im Grunde genommen Abgötterei. In v. 15 wird also wie bei Amos (Am 4 4ff.), aber anders als im hoseanischen Kontext nicht vor dem Baalskult, sondern vor der trügerischen Jahweverehrung gewarnt.

Die Formulierungen lassen vermuten, daß der Vers, der von einem judäischen Glossator herrührt, nicht nur Am 5 5 in seiner schon erweiterten Form (vgl. Am Nr. 56), sondern auch Am 4 4 und wohl auch das nicht von Amos stammende Wort Am 8 13-14 (s. o. zu Am Nr. 131) kennt und voraussetzt, also zumindest mit jenem gleichzeitig ist, d. h. frühestens aus dem 7. Jh. stammt. Das Verbum אשם in v. 15a, das freilich in einem solchen Warnungswort sinnvoll ist, scheint gleichwohl auf Am 8 14 anzuspielen, ebenso auch die Erwähnung des Schwörens, obwohl hier vom Schwur bei Jahwe, dort aber vom Schwören bei (allerdings vielleicht nicht als solchen empfundenen) fremden Gottheiten die Rede ist. Wenn der Anspielungsstil von v. 15 so richtig verstanden ist, darf angenommen werden, daß an dieser Stelle in das Hoseabuch ein Wort eingefügt ist, dessen Urheber man eher in den Tradenten des Amosbuches suchen würde, daß aber andererseits der Anfang dieses Wortes (v. 15a) mit seiner stilistischen und terminologischen (זנה) Einbettung in das Hoseagut den Gedanken nur zufälliger Einfügung in

das Buch verbietet. Sind beide Prophetenbücher bzw. deren literarische Vorstufen, in einem gemeinsamen Tradentenkreis im vorexilischen Juda überliefert und bewahrt worden, oder handelt es sich um
ein Wort aus nachexilischer Zeit, dessen Erwähnung der drei Heilig-
tümer nur mehr literarischen Sinn als Warnung vor Abgötterei hat?
In jedem Fall liegt hier eine judäische Aktualisierung der Botschaft
des Hosea im Lichte der Worte des Amos vor.

4 16-19 (vgl. Anhang Nr. 4):

Die Abgrenzung ist nach beiden Seiten hin, besonders gegen den
Spruchbeginn in 5 1, eindeutig.

V. 16: H. W. Wolff und W. Rudolph wollen עתה ירעם יהוה im Text
belassen, müssen es aber deshalb wie F. Hitzig als Frage ohne Fragepartikel auffassen. Sehr anfechtbar wie die von H. W. Wolff dem
ganzen Kapitel und seiner Interpretation zugrunde gelegte dramatische
Situationsschilderung ist auch hier die damit zusammenhängende Erklärung des Fehlens der Fragepartikel dadurch, »daß die frühe Nieder-
schrift noch den Tonfall der Rede und die Kenntnis der Gegenrede
voraussetzt«. Noch mehr Vorbehalte sind gegenüber der Erklärung
von הנח לו als eines Ausrufs »einer kleinen Schar aggressiver Gesetzes-
treuer« am Platze. Der Spruch muß ohne die Zuhilfenahme drama-
tischer Einzelzüge einer erschlossenen Situation erklärt werden.

W. Rudolph lehnt die Auffassung ab, in v. b liege eine »zusam-
menhanglose Heilsweissagung« vor, da ihr Hereinkommen nicht geklärt werden könnte. Um eine Heilsaussage handelt es sich sicher im
vorliegenden Fall; denn W. Rudolph (nach H. Steiner) stellt fest, daß
מרחב »im AT immer ein positiver Begriff ist« (107). Dazu sind heranzuziehen (L. 864b): II Sam 22 20 △ Ps 18 20 Hab 1 6 Ps 31 9 118 5.

(26) Weder die Deutung von v. 16b als Frage noch die Annahme, es
handle sich um ein Zitat aus einem Kultlied (A. Weiser, H. W. Wolff)
beseitigen die Schwierigkeit, daß im Text keine Frage zu erkennen ist
und sein unmittelbar sich ergebendes grammatisches Verständnis dem
so erschlossenen inhaltlichen exakt entgegengesetzt ist. Es bieten sich
mithin drei Möglichkeiten:

1. MT zu belassen, aber statt der Feststellung in v. 16b eine (noch
dazu rhetorische) Frage zu erschließen;

2. nur v. 16bα auszuscheiden (BHK App.). Der übrigbleibende
Text würde Israel mit zwei Tieren vergleichen, nämlich der störrischen
Jungkuh und dem Lamm auf weiter Flur. Diese Bilder würden also
ungefähr auf einer Ebene liegen. Im Bild des Lammes könnte man
eine weitere Explikation des Freiheitswillens Israels sehen: Wie ein
Lamm auf weiter Flur fühlt es sich wohl, aber doch ist seine Situation
objektiv die der Verlorenheit. Verlockend ist auch der Gedanke eines

Wortspiels zwischen מרחב und חבור. Die Glosse hätte dann von den mit dem Herdenbild verbundenen Heilsweissagungen im AT her den Text umgedeutet. Trotzdem bietet auch dieser Lösungsversuch Schwierigkeiten, die in der eher positiven Wertigkeit des Lammbildes (Jes 11 6 Jer 11 19) und der eindeutig positiven Begriffsfüllung von מרחב liegen. So bleibt nur,

3. V. 16b insgesamt auszuscheiden. Der Anstoß einer Frage ohne Fragepartikel, der die einzige Möglichkeit, den Text zu erklären, belastet, wäre dann umgangen. Die Deutung von v. 16 als Ironie (vgl. für רעה zu Mi 5 5), die W. Rudolph für die ältere Exegese referiert, würde nämlich ebenfalls eine Schwierigkeit bieten, da dann die Beschreibung Israels hier durchbrochen wäre, um von Jahwes strafender Reaktion zu sprechen, während v. 17 die Beschreibung wieder aufnimmt. Vor allem würde natürlich auch so das positive Bildkolorit stören.

Sieht man dagegen v. 16b als Glosse zu 16a an, so wird die Funktion des Halbverses durchaus deutlich (gegen W. Rudolph). Der Glossator sah in v. 16 die Beschreibung Israels in seiner historischen Existenz vor Jahwe und setzte dem die Erwartung seiner künftigen Existenz unter Jahwes Obhut entgegen. Der Vers ist Ausdruck einer eschatologischen Erwartung (zu עתה i. S. v. futurischem אז vgl. Mi 4 7 5 3) auf dem Hintergrund des Heilsweissagungen an die Herde Jahwes. Anknüpfungspunkt für die Glosse könnte הנח לו gewesen sein. Nach dem Verständnis des Glossators wäre folgendermaßen zu paraphrasieren:

»Israel: wie eine störrische Jungkuh ist es störrisch;
   (aber) jetzt wird Jahwe sie weiden wie ein Lamm auf weiter Flur. —
Ein Götzendiener ist Ephraim;
   (aber) er (= Jahwe) wird ihm Ruhe verschaffen. Es hört auf
   sein Zechen . . . etc.«

V. 17: Von A′ (ἀνέπαυσεν ἑαυτῷ) her kann man הַנַּח לו als Attribut zu Ephraim erwägen (vgl. BHK App.). V. 16 und 17 bilden zusammen eine Einheit (Doppelvierer), in der Israel im synonymen Parallelismus zu Ephraim steht. V. 16 beruht auf der Assonanz ישׂראל — סרר (vgl. ähnlich Hos 12 4) und ist durch die Assonanz פרה — אפרים (vgl. ähnlich Hos 8 9; auch 9 16) mit v. 17 verbunden. Sachlich erinnert v. 17 an Hos 8 9. **(27)** Die Änderung zu הַנַּח לו ist nach Ex 32 10 II Sam 16 11 II Reg 23 18 zu verstehen, vielleicht auch als Distanzierung wie v. 15. **(28)** V. 18: סר סבאם wird von allen Versionen bestätigt (W. Rudolph).

Man braucht jedoch nicht mit W. Rudolph bei LXX ᾑρέτισεν innergriechische Textkorruption zu Hilfe zu nehmen, um סור als Grundwort zu erschließen: αἱρετίζειν (H-R. 36a—b) ist zwar wenig (27mal) belegt, nur 6mal im Zwölfprophetenbuch, und zwar außer an dieser Stelle zweimal für חמל und dreimal für בחר. Trotzdem erwägen

H-R. hier als Grundwort סוּר, was man dadurch stützen könnte, daß αἱρεῖν (H-R. 36a) in Ez 26 16 סוּרhi. wiedergibt. Da LXX an der in Rede stehenden Stelle ohnehin eine in MT nicht belegte Konsonantengruppe las, kann diese auch noch das ה der Hif'il-Form von סוּר enthalten haben.

W. Rudolphs Vorschlag, der den Konsonantenbestand bis auf die Hinzufügung von ו unangetastet läßt, setzt jedoch seine Änderung von v. 17 voraus. H. W. Wolff nimmt nach C. van Gelderen ein Nacheinander an: »ist ihr Gelage vorüber, so treiben sie Unzucht«; dem würde aber eher Imperfekt im Folgesatz entsprechen.

Sicher scheint, daß mit v. 18 nach der Beschreibung nunmehr die Nennung der inkriminierten Taten Israels folgt. Will man nicht mit J. Wellh. auf ein endgültiges Urteil verzichten, das tatsächlich kaum erreichbar scheint, müssen die Vermutungen zumindest möglichst nahe am Text bleiben, d. h. es muß von סוּר aus eine Deutung versucht werden, da es auch im Hinblick auf סרר wahrscheinlich ist. Zu erwägen sind:

1. סָרוּ סֹבְאָם = »die Zecher gehen abseits« oder »sind übermütig«;
2. סָר סָבְאָם = »ausschweifend ist ihr Saufen«.

1. würde die von W. Rudolph genannte Schwierigkeit des Subjektswechsels von v. 17 auf v. 18 vermeiden. Ein neuerlicher Subjektswechsel innerhalb v. 18 braucht nicht zu bestehen. Wenn זנה qal für die Unzucht der Frauen gebraucht wird und offenbar vornehmlich von der weiblichen Seite her gesehen ist, worauf nicht nur die Bezeichnung זונה weist, sondern auch die von Hosea eingeführte Metapher von זנה qal »von Jahwe weg«, wobei Israel die Rolle der Frau einnimmt, leuchtet der Gebrauch des Hif'il für den Umgang von Männern mit Dirnen unmittelbar ein. Dann ist also, sofern das Sinnsubjekt die Israeliten sind, in v. 18 vom tatsächlichen Umgang mit Dirnen die Rede, was auch zu סבא paßt.

2. dagegen würde MT bewahren, aber es wäre auch recht mißverständlich, da סוּר meist »aufhören« heißt (Am 6 7). Diese Bedeutung ist hier aber nicht möglich, weil in v. 18b das Scheltwort fortgesetzt wird (anders W. Rudolph).

Ohne letzte Sicherheit zu erlangen, darf demnach für v. 18a סָרוּ סֹבְאָם gelesen werden. Damit wird der Subjektswechsel vermieden, der Konsonantenbestand bis auf die mater lectionis gewahrt und die Entstehung von MT aus der Annahme erklärt, daß hier bereits das Drohwort beginne und סוּר wie in Am 6 7 zu verstehen sei. Für סוּר i. S. v. »ausschweifend, maßlos sein« vgl. Prov 11 22. Der Vers ist zu überestzen: »Ausgelassen sind die Säufer, in Hurerei huren sie ...«.

Statt אהבו הבו nur אהבו (אָהֵב) zu lesen, befriedigt nicht, weil der Begriff als solcher nicht negativ ist. Die LXX ist darum eher durch gerade bei so schwierigem Text naheliegende Haplographie zu erklären

und MT (mit. Vok. הָבוּ?) zu belassen gemäß W. Rudolphs Deutung (allerdings ohne weitere Belege): »sie lieben das ‚Her damit' (als Zuruf an die Dirne)«.

Wenn אהב bereits ein Objekt hat, kann dieses nicht in קלון gesucht werden. קלון מגניה muß also ein selbständiger Nominalsatz sein, der vermutlich das Scheltwort abschließt. Damit verbietet sich H. W. Wolffs Herleitung von מגן₂ (KBL), aber auch im מ die Präposition מן (LXX) zu erblicken, ist nicht möglich. Gegen die Richtigkeit der LXX-Lesart גאון (sicher gegen H. S. Nyberg zu behaupten) spricht auch J. Wellh.'s Bemerkung, daß der Gegensatz zu קלון nicht גאון, sondern כבוד ist. **(29)** Das Suffix muß wohl trotz W. Rudolphs Rettungsversuchen geändert werden, auch wenn man an מֵגֵן oder מַגֵן = »Geschenk« denkt. Der Text würde sonst zu unübersichtlich. H. S. Nybergs phantastische Überlegungen können unerwähnt bleiben. Ob die LXX-Variante αὐτῶν für αὐτῆς auf eine andere, richtige hebr. Grundlage zurückgeht, bleibt unsicher. *מגנה konnte zu מגניה/מגנה verlesen werden, vielleicht wegen des gleichen Suffixes im unmittelbaren Kontext (v. 19a). V. 18 ergibt somit einen weiteren Doppelvierer.

V. 19: צרר ist als 3.m.sg. vorangestellt trotz f. Subjekts möglich. Anders verhält es sich mit בכנפיה, das zu ändern (BHK App.) keine Veranlassung besteht.

(30) Statt אותה las LXX defektiv אתה, hatte also den gleichen Konsonantenbestand, der sich nur durch Verschreibung ה)ם erklären läßt. Vielleicht setzt sie bereits die Änderung in מגניה voraus, vielleicht ist aber auch auf die Kuh in v. 16 Bezug genommen.

(31) Für מזבחותם las LXX möglicherweise besser ממזבחותם (יבשׁו) meint dann die vom Wind Erfaßten). Haplographie des מ ist bei dem langen Wort und der auch sinnvollen Bedeutung von MT verständlich. Die masoretische Vokalisation weist vielleicht auf verlorenes מן hin und stellt zwei Lesarten zur Auswahl. Nach der hier vorgenommenen Rekonstruktion ergibt sich folgende metrische Struktur für v. 16-19:

v. 16a. 17   Doppelvierer — beschreibender Vergleich mit Namenassonanz;

v. 18   Doppelvierer — Scheltwort im engeren Sinne als Explikation von v. 17;

v. 19   Sechser — Drohwort.

5 1-2:

Die Abgrenzung ist umstritten. Die meisten Ausleger sehen 5 1-7 als eine Einheit an. Seit A. Alt (KS. 2, bes. 165 und 187 Anm. 1) wird aber die zumindest relative Selbständigkeit von v. 1-2 gesehen, die freilich in der Sammlung der Hoseaworte in einer sekundären Einheit auf-

gegeben ist. Letztere wird zwar dem eigentlichen Gegenstand des Inter-
esses der vorliegenden Untersuchungen näherstehen, doch ist Voraussetzung eine zumindest annähernde Vorstellung von den verarbeiteten
Grundeinheiten. Zu Hos 5 1-2 ist dazu auf H. Donners Ausführungen
(VT Suppl. 11, 42ff.) zu verweisen. In v. 3 löst ein neues Scheltwort
das Drohwort von v. 2b ab und markiert so den Einschnitt.

V. 1: W. Rudolph möchte בית ישראל ändern, weil es zwischen Priestern und Königshof fehl am Platze sei. Statt der Volksgesamtheit
erwartet er die Repräsentanten und liest deshalb שבי wie sonst זקני.
Diese Erwägungen sind aber nicht zwingend. Man kann auch (H. W.
Wolff) annehmen, daß die Anrede möglichst vollständig sein und alle
Verantwortlichen umfassen soll. An erster Stelle stehen die Priester,
weil ihnen die Unterweisung obliegt (4 6), aber die Verantwortung für
die hinter v. 2a sich verbergenden Verfehlungen trifft auch ganz Israel,
wobei natürlich an die männlichen Vollbürger gedacht ist. Auch das
Königshaus darf für sich keine Ausnahme beanspruchen. Vielleicht
kann man auf Grund dieser Überlegungen משפט hier geradezu mit
»Rechtsfähigkeit« wiedergeben, die sich sowohl nach der aktiven als
auch nach der passiven Seite hin entfalten läßt und dem von H. Donner (44) festgestellten Doppelsinn von objektiver Rechtsnorm und
Jahwes Rechtsstreit mit den Beklagten entsprechen würde. Es könnte
die Nennung des משפט gewesen sein, die die Einordnung des Spruches
hier (nach Kap. 4) veranlaßte.

V. 2: V a ist in dieser Form nicht haltbar. In Anlehnung an F. W.
K. Umbreits Vorschlag wird meist ושחת השטים העמיקו hergestellt, was
durch Änderung nur eines Konsonanten einen guten Text ergibt. Dagegen wendet H. Donner ein, daß nichts darauf hindeute, daß Sittim
»ein sakrales oder politisches Zentrum für einen Bevölkerungsteil
Israels gewesen ist und daß es stellvertretend für eine ganze Landschaft
hätte stehen können« (46) und schlägt statt dessen vor: ושחת הַשָּׂטִים
העמיקו i. S. v. »und ihr Abtrünnigen wart eine Fallgrube, die man ein-
getieft hat«. Der Vorschlag ist aber aus zwei Gründen problematisch:
1. Er entspricht formal nicht den beiden vorangegangenen Vorwürfen; 2. die Satzstellung ist merkwürdig, vor allem, wenn man MT
nicht umstellt, so daß sich fast unweigerlich die Bedeutung ergibt:
»Und eine Fallgrube haben die Abtrünnigen tief gemacht.« Bei der
von H. Donner befürworteten Wortfolge bleibt aber die Umstellung
unerklärlich, es sei denn, man nähme Ausfall und späterhin falsche
Einordnung von שחת an. Auch ist zu fragen, ob selbst bei dieser Satzstellung die vorgeschlagene Bedeutung unmittelbar erkennbar gewesen wäre und man nicht השטים als vorangestelltes Subjekt zu der
folgenden Verbalform hätte auffassen müssen. Allenfalls wäre noch
der Bezug auf die Angesprochenen denkbar, wenn mit שחת der Relativsatz begönne: »und (ihr seid) die Abtrünnigen, die eine Grube tief

machten«. Das würde aber wiederum nicht der Struktur der anderen Sätze entsprechen.

Die Nennung des relativ bedeutungslosen Sittim wäre noch problematischer, wenn man den Hintergrund des Spruches nicht in politischen Ereignissen, sondern in kultischen Verfehlungen sähe. Wenn es aber nicht auszuschließen, ja sogar wahrscheinlich ist, daß auch Sittim von den assyrischen Strafmaßnahmen betroffen wurde, ist das zusammen mit der relativ einfachen Erklärung der Textentstellung ein Argument für F. W. K. Umbreits Konjektur. Die Nennung einer Ortschaft in Randposition wird noch verständlicher durch die geographische Lage in der Jordansenke, die zum Bild der Fallgrube ebenso paßt wie das ausgebreitete Netz über der Wölbung des Tabor. Allerdings bleibt der konkrete Anlaß der Erwähnung gerade dieses Ortes dunkel.

Die Änderung in בשטים (A. Weiser) läßt sich vertreten, ist aber unnötig. **(32)** Reiner Akkusativ des Ortes macht als schwierigere Konstruktion die auf fehlendem Textverständnis beruhende falsche Abtrennung eher begreifbar.

Nachdem das ה zum ersten Wort gezogen und שטים i. S. v. »Abtrünnige« verstanden worden war, wozu העמיקו das Prädikat bildete, ergab sich folgerichtig die weitere objektive Textkorruption als subjektive Textkorrektur:

(33) 1. ושחתה mußte einen negativen Begriff enthalten, der das Objekt zum Verb bildete. Eigentlich hätte feminine Segolatbildung von der Wz. שחת als »Verderben« nahegelegen. Warum das ת durch ט ersetzt wurde, bleibt also, wenn es sich nicht um einen unwahrscheinlichen Hörfehler handelt, unklar. Aberratio oculi oder psychologisch bedingter Fehler nach dem ט in שטים ist gleichwohl möglich. Vielleicht liegt hier überhaupt die Veranlassung für die ganze Textkorruption. Weitere Klärung wird nicht möglich sein. In unverderbter Form wird der Text in Hos 9 9 (s. u. zu Nr. 91) vorausgesetzt.

(34) 2. לכלכם oder לכם (≙ LXX?) wurde zur 3.m.pl. geändert. מוסר ist gut verständlich, während vor einem Partizip eher הנני und dann direktes Objekt zu erwarten wäre (vgl. zur Konstruktion z. B. *Jes 28 16 65 18 Jer 9 6 10 18 Ez 16 37 22 19 Hos 2 8 u. ö.). Die gleiche Konstruktion von Drohung durch אני + Substantiv liegt in 5 12 vor.

5 3-7:

V. 3: הזנית bietet Schwierigkeiten. W. Rudolph beurteilt die in den Versionen bezeugte Form der 3.m.sg. als Angleichung an נטמא, da auch sonst der plötzliche Übergang in die Anrede bei Hosea vorkomme. Für die 2. pers. spricht aber nur die Bezeugung in MT, dagegen aber der Parallelismus zu נטמא, da Israel und Ephraim hier einen synonymen

Parallelismus bilden, bei dem nicht mit einem Wechsel der Verbalformen zu rechnen ist; dagegen spricht ferner die einhellige Bezeugung
der LXX, deren Übersetzungstechnik im Dodekapropheten eine sekundäre Angleichung nicht entspräche; dagegen spricht schließlich die
3.m.pl. in v. 4, die man zwar meist ändert, die sich jedoch halten läßt
(s. u.). **(35)** Mithin ist 3.m.sg. zu lesen, aber nicht Hif'il, das der hier
vorliegenden übertragenen Bedeutung von זנה nicht entspricht, sondern (s. o. S. 138) Hof'al als Entsprechung zu נטמא. זנה ho. ist sonst
nicht belegt, aber als Passiv zum Hif'il sinnvoll (W. Rudolph).

Auf welchen konkreten historischen Moment sich עתה bezieht,
ist nicht auszumachen. Assoziative, durch späten Laryngalschwund
mit bewirkte Verwechslung mit אתה könnte, wenn der Fehler erst nach
der Zeit der LXX oder gleichzeitig entstanden ist, zu der Änderung
oder Verschreibung (ת(ה) mit Ergänzung des י) in MT geführt haben.

V. 4 : Für יתנו lesen die meisten Ausleger יתנום, so daß מעלליהם das
Subjekt ist. Der Gedanke ist theologisch interessant, aber stilistisch
unsicher. J. Wellh. (113) bemerkt deshalb: »Statt יתנו wird ein Verbum
verlangt, mit der Bedeutung: aufgeben, ablassen von.« Es ist möglich,
MT in diesem Sinne zu verstehen, wenn man annimmt, daß נתן hier
wie Mi 5 2 »preisgeben« bedeutet (vgl. auch Hos 11 8): »Sie geben ihre
Machenschaften nicht auf ...«. So scheint auch LXX den Text zu
verstehen.

V. 5 : »Die Auffassung von גאון ישראל hat sich nach Amos 6 8 zu
richten« (J. Wellh. 113).
(36) וישראל ist offensichtlich Variante zu ואפרים (BHK App.), vielleicht aus 5a (Kontext) ergänzt, um zum pluralischen Prädikat ein
zweites Subjekt zu schaffen. Der Glossator sah also in Ephraim weniger
das Kollektivum, als eine individuelle Größe; seinem Sprachempfinden
hätte sg. Prädikat entsprochen wie in v. 5bβ. **(37)** Möglicherweise stammt
die Ergänzung von der gleichen Hand wie die judäische Glosse in v. 5bβ,
die eventuell das Exil voraussetzt (W. Rudolph wegen des Pf.). Die
pluralischen Verbalformen brauchen beim Kollektivbegriff nicht geändert zu werden; ohne stilistische Härte ist in v. 5bα ein zusammen-
gesetzter Nominalsatz zu erblicken: »und Ephraim — sie werden strau-
cheln an ihren Missetaten.«

V. 7 : Der Text ist außerordentlich schwierig und kaum mit Sicherheit zu emendieren. Mit v. 6b fängt ein Satz an, der vermutlich, wie
in BHK vorausgesetzt, auch v. 7a umfaßt. **(38)** LXX las vor ביהוה ein
begründendes כי, das Rudolph ablehnt, weil in v. 7aβ ein weiteres כי
folge. Es kann aber auf v. 6b ein doppelgliedriger Begründungssatz
folgen, der zwei כי enthält. Denn v. 7aβ nennt nicht die Begründung
für v. 7aα, sondern wie dieser für v. 6b. Der Ausfall des כי ist durch
verschreibende Haplographie begründet. Bis v. 7a zeigt sich folgender
Aufbau:

v. 3a	Doppeldreier	—	}	
v. 3b-4	3 Fünfer	—	}	Scheltwort
v. 5-6a	2 Doppeldreier	—		Übergang vom Schelt- zum Droh-wort
v. 6b-7a	umgek. Siebener	—		Begründung der Drohung von Jahwe her

V. 7b scheint nun die Konkretisierung der Drohung für Israel zu bringen, nachdem von der Aufkündigung des Bundesverhältnisses durch Jahwe (v. 6b) auf Grund von Israels Bundesbruch (בגד v. 7a; von daher die »fremden Kinder« als nicht zum Jahwebund, den die Eltern verlassen haben, gehörig) die Rede war.

(39) LXX klärt den Text nicht. ἐρυσίβη (H-R. 584b) ist nur für צלצל (1mal) und חסיל (4mal) belegt, nicht für חרש/חרס, an das W. R. Harper denkt und das auch F. Dingermann für das wahrscheinlichste Grundwort hält. החסיל (H. W. Wolff) liegt graphisch zu fern.

Die hexaplarischen Zeugen lasen MT.

אכל könnte auch i. S. v. »ausrotten« gebraucht sein (vgl. Hos 7 7), doch legt der Kontext des Spruches und die Beziehung zum Kult eher als eine politische eine Naturkatastrophe nahe. Sachlich ist der Inhalt von v. 7b also sicher zu erschließen. Die beiden Suffixe der 3.m.pl. schließen sich aus, da Dativsuffixe (H. S. Nyberg) jedenfalls nicht sicher belegt sind. Will man also MT halten (W. Rudolph), muß man zumindest das Suffix der Verbalform streichen oder את als »zusammen mit« verstehen. »Nun wird ein einziger Monat sie verschlingen zusammen mit ihren Erbanteilen« (W. Rudolph) ist möglich, doch wäre חדש אחד oder החדש (≙LXX?) für den gerade angebrochenen Monat besser. Dann läge nur Haplographie ה/ח vor, aber MT kann auch einen ganz anderen Text ersetzt haben.

5 8-9:

Der Neueinsatz ist offenkundig. Zur weiteren Abgrenzung vgl. A. Alt (KS. 2, 163ff.) und H. Donner (47f.), aber auch unabhängig von der politischen Deutung J. Wellh. Anscheinend liegt eine Zusammenstellung von Israel und Juda betreffenden Stücken vor.

(40) V. 8: אחריך בנימין versucht W. Rudolph zu erklären. LXX ἐξέστη führt (H-R. 496c—497a) nach Hos 11 10. 11 auf חרד qal. J. Wellh.'s Konjektur החרידו hat also eine relativ gute Textgrundlage. Der Fehler dürfte aus Quadratschriftverschreibung entstanden sein und vielleicht die Form des Finalbuchstabens ך voraussetzen. Problematisch bleibt die Erklärung des א durch aramaisierendes Af‘el, das kaum eine Hif‘il-Form hätte verdrängen können. Anders verhält es sich, wenn das א ursprünglich ist und das für LXX zu erschließende ה (F. Dingermann)

Korrektur für ein erschlossenes Afʿel ist. In der Tat ist es möglich, 1.comm.sg. אחריד zu lesen, statt mit dem imp.m.pl. einen Parallelismus zu הריעו herzustellen. Denn die Nennung von Benjamin faßt die vorher genannten drei Orte zusammen (H. Donner), und die 1. pers. hat in v. 9b eine Entsprechung. Nicht parallele Vershälften liegen auch in v. 9a und b vor. Die Entstehung des Fehlers ist darum verständlich, weil sich im Kontext der Imperative ein Sinn ergibt. »Hinter dich, B.« könnte nach Ps 114 3. 5 (סבב לאחור) verstanden werden.

Ob בית און ursprünglich ist, läßt sich nicht entscheiden.

5 10:

Für die Abgrenzung ergibt sich die Alternative, entweder nach den Adressaten v. 10   (Juda),
                        v. 11   (Ephraim),
                        v. 12-14 (Juda und Ephraim) zu trennen (H. Donner
nach A. Alt), oder v. 10-12 (Juda und Ephraim)
          und   v. 13-14 (Juda und Ephraim) abzuteilen (W. Rudolph).

Mögen sich bei der zweiten Möglichkeit auch auf den ersten Blick einleuchtender wirkende Einheiten ergeben, so bleibt doch die Trennung zwischen v. 12 und v. 13 problematisch. Die evidente »Zusammengehörigkeit der Abschnitte« (W. Rudolph) spricht nur dann nicht dagegen, wenn man mindestens v. 10-14, eher schon v. 8-14 zu einer Einheit mit verschiedenen Sinnabschnitten zusammenfaßt. Diese Einheit, die im vorliegenden Text zweifellos besteht, kann aber nur sekundärer Art sein, weil die Einzelsprüche in verschiedenen Situationen gesprochen sind. H. Donners Abgrenzung ist darum auch aus formalen Gründen vorzuziehen. Zu erwägen wäre freilich noch eine Zusammenfassung von v. 10 und v. 11. Sie läßt sich bei der inhaltlichen Eigenständigkeit und formalen Ähnlichkeit der beiden Sprüche weder beweisen noch widerlegen.

5 11:

הואיל הלך ist nicht zu ändern (W. Rudolph). יאל hi. + fin. Verb ohne ו steht auch Dtn 1 5 II Reg 5 23 Hi 6 28 (GK. § 120g). In diesen Fällen liegt der Akzent nicht auf der Zielsetzung eines auf die Tätigkeit des zweiten Verbums gerichteten Entschlusses (inf. mit ל), sondern auf dem Entschluß als solchem: »E. hat einen Entschluß gefaßt, es ist gegangen ...«, nicht: »E. hat den Entschluß gefaßt zu gehen.« Allerdings stehen sich beide Aussagen sehr nahe.

(41) אחרי צו läßt sich auch nach Jes 28 10 nicht halten. Wenn das Targum (A. B. Ehrlich) und vermutlich auch LXX hier שוא voraussetzen, so ist darin höchstwahrscheinlich nicht die Bezeugung des richtigen Kon-

sonantenbestandes zu sehen, sondern das Auslegungsverfahren der
Substituierung eines ähnlichen Konsonantenbestandes zur Deutung
einer verderbten Stelle (al-tiqrā-Regel, s. o. S. 8). Denn die Entstellung
von שׁוא zu צו liegt graphisch nicht nahe. Mit B. Duhm ist צר zu lesen.
ר ist quadratschriftlich zu ו verlesen. Möglicherweise ist das ו von v. 12
Anf. als Suffix zu צר zu ziehen. Dann liegt auch noch dem Schreibfehler vorausgehende falsche Abtrennung vor. Der ganze Vers lautet
also (vgl. H. Donner 49):

> »Bedrückt ist Ephraim, am Recht geknickt;
> denn er ist eigensinnig gewesen, ist hinter seinem Feind her gegangen.«

5 12-14:

Die Abgrenzung gegen v. 15 (H. Donner mit Einschränkungen,
W. Rudolph) ist nicht unbestritten. Ein deutlicher Bruch liegt nicht
vor, wenn auch das Löwenbild nicht in v. 15 fortgesetzt wird. Zwar
könnte sich auch der Löwe mit seiner Beute in seine Höhle zurück-
ziehen (H. W. Wolff), doch ist, wie H. W. Wolff selbst feststellt, gerade das Bild des Beuteopfers hier nicht bewahrt. Gewiß darf man
eine Bildrede nicht pressen und vor allem nicht erwarten, daß ein einziges Bild im ganzen Spruch konsequent verfolgt wird. Der Bildinhalt
aber muß auch bei wechselndem Bilde der gleiche sein. Dieser Grundsatz ist für die Trennung von v. 14 und v. 15 entscheidend. In v. 14
greift Jahwe ein und bringt Verderben über Ephraim und Juda — der
Bildinhalt ist der gleiche wie in v. 12. In v. 15 zieht sich Jahwe zurück
und wartet ab; eine Umkehr des Volkes wird erwartet — die Situation
ist eine total andere, es liegt auch keine Bildrede vor, erst recht nicht
»Züge des kanaanäischen Mythos vom scheidendenGott« (H. W. Wolff
148). Eher wäre Hos 5 6b zu vergleichen.

(42) V. 13: Statt וישלח muß nach dem Parallelismus und dem Gesamtaufbau eine Bezeichnung für Juda stehen. A. Alt konjiziert deshalb
בית יהודה. Da diese Konjektur graphisch schwierig ist, ist eventuell
W. Rudolphs Vorschlag, ירושלם zu lesen, vorzuziehen, wenngleich hier
das Problem besteht, daß die politische Einheit des Südreiches eben
als (Haus) Juda bezeichnet wird. Sachlich wäre »Jerusalem« berechtigt. Der Fehler müßte durch scriptio continua zu erklären sein. Der
Haplographie der nahezu identischen Konsonantenfolge רו/רי folgte
dann Verlesung ח)ם oder bewußte Korrektur nach dem Sinn.

Das LXX-Plus πρέσβεις setzt vermutlich keinen weiteren Textbestandteil voraus, sondern ergänzt das Objekt zu ἀποστέλλειν. Ob
statt מלך ירב unter Annahme in diesem Fall freilich verständlicher
falscher Abtrennung מלכי רב (so auch H. Donner) zu lesen ist, bleibt
fraglich. Gern würde man hinter der Bezeichnung ein Wortspiel vermuten, das dann vorläge, wenn mit G. H. Driver eine Wz. *ירב =

»groß sein« anzusetzen wäre (so auch W. Rudolph). Hätte Hosea die Bezeichnung »Großkönig« ohne ironische Distanz einfach übernehmen können? Der Sinn könnte dann nur noch in der Gegenüberstellung mit v. 13bα gesehen werden. Die doppelte Bezeugung im vorliegenden Vers und in Hos 10 6 gebietet Vorsicht gegenüber einer Änderung, auch wenn MT dunkel bleibt. Ein auslautendes י wäre nicht unproblematisch, da es sich nicht um eine alte Cs.-Endung, sondern nur um Pleneschreibung für den Genetiv mit Casusendung handeln könnte.

Zu יגדה vgl. W. Rudolph.

(43) Der Übergang von 3. zu 2. pers. ist zwar bei Hosea möglich, aber doch unwahrscheinlich, wenn in v. 14 wieder 3. pers. folgt. מכם und לכם sind entweder in die Formen der 3.m.pl. zu ändern, oder ganz auszuscheiden. Letzteres ist wahrscheinlicher, da eine Änderung der 3. in die 2. pers. nicht aus dem Text zu erklären ist. Es läge auch keine Verankerung im Kontext vor, der in v. 15 nur להם bietet. Die beiden Glossen haben eine aktualisierende Tendenz, indem sie die Worte des Hosea einer Hörerschaft in vermutlich späterer Situation applizieren. Der Gedanke liegt nahe, daß sie auf 6 1 hinführen wollen.

5 15a:

Zur Frage der Zusammengehörigkeit mit 6 1-3 s. u. zu Nr. 45. Der Vers kann auch als selbständige Einheit betrachtet werden, da in 6 1 formal etwas Neues beginnt. Handelt es sich um ein Zitat, das v. 15b expliziert, so ändert das nichts am formalen Einschnitt zwischen v. 15 und 6 1.

(44) Für יאשמו liest J. Wellh. יִשֹּׁמּוּ = »sie werden stutzig«, was allerdings als Übersetzung etwas schwach wäre; vielleicht trifft »erschaudern« den Sachverhalt besser. LXX setzt diesen Text voraus. Gegen MT spricht nach H. W. Wolff, daß bei Hosea אשם »straffällig werden« heiße (aber vgl. gegen solche Differenzierung 14 1). Die Stelle, aus der er diese Bedeutung gewonnen hat, ist allerdings 4 15 (Nr. 25). Auch 13 1 ist ein zweifelhafter Text. Trotzdem ist es unwahrscheinlich, daß אשם bei Hosea »eine Schuld büßen« im kultischen Sinne heißen könnte, weil dann hinter v. 15 ein Verständnis stünde, das schon wegen v. 6 unmöglich ist. שמם ist in Hos 2 14 belegt und ergibt hier einen guten Sinn. In der Änderung von ישמו, die möglicherweise durch phonetische Identität gestützt war (quieszierendes א am Silbenschluß) liegt eine Interpretation nach 6 1 vor.

6 1-3:

(45) Die Deutung des in v. 1-3 enthaltenen Bußliedes ist schwierig. Verheißt der Prophet hier die innere Umkehr des Volkes, auf die nach

v. 15 die Strafe Jahwes abzielt (vgl. 2 9), oder zitiert er das Lied als eine Äußerung, die »dieselbe schnelle und leichtfertige Denkart erkennen« läßt, »mit der Israel und Juda in 5 12-14 ihr Heil von Assur erhofften« (H. Donner 53)? H. W. Wolff nimmt sogar an, daß dieses Bußlied von der Hosea feindlichen Priesterschaft formuliert sei, und kann sich darauf berufen, daß R. Hentschke darin die durch den kanaanisierten Jahwekult geprägte Volksfrömmigkeit erkennt.

Unabhängig von der Entscheidung, welche reale Situation hinter v. 1-3 steht, muß aber die Funktion des Liedes innerhalb seines jetzigen Kontextes zu verstehen sein. Innerhalb der Sprucheinheit von 5 15—6 6 (H. Donner, W. Rudolph) läßt sich diese Funktion, wenn man die hoseanische Autorschaft voraussetzt, nur aus dem Gesamtaufbau beschreiben:

5 15 — Strafankündigung Jahwes mit dem Ziel der Umkehr des Volkes;

6 1-3 — (Schein-)Umkehr des Volkes;

6 4-6 — Enthüllung der Leichtfertigkeit des Volkes, Gegenüberstellung von wahrem und falschem Gottesdienst.

Dementsprechend interpretieren die Kommentare. In der Gewißheit, mit der in v. 3 die Zuwendung Jahwes zum bußfertigen Volk erwartet wird, hat man »Selbstbeschwichtigung« (H. W. Wolff) und frevelhafte securitas entdeckt. Freilich hätte Hosea ihr selbst in 5 15 Vorschub geleistet, und W. Rudolph stellt mit Recht fest, daß das Bußlied »nichts enthält, was der Verkündigung Hoseas widerspricht« (138). Er nimmt deshalb an, daß es »ein echtes, auch vom Propheten anerkanntes Bußlied ist«.

Damit wird es auch für ihn unausweichlich, wie H. W. Wolff von anderen Voraussetzungen aus, Vermutungen über die nicht aus dem Text ersichtlichen näheren Umstände einer Bußfeier anzustellen, auf die v. 4-6 antworten. Auch diese Annahme geht also davon aus, daß die wahre Reue des Volkes, die so klar aus v. 1-3 spricht, nicht sein kann, weil sie auf Grund theologischer Einsichten, die aus der Verkündigung des Hosea gewonnen sind, nicht sein darf. Daß in der Ablehnung der Opfer in v. 6 gar keine Antwort auf die Buße gegeben wird, kann man nur auf dem Umweg über das Bußlied begleitende hypothetische Opferhandlungen umgehen (W. Rudolph) und macht sich damit der gleichen »Dramatisierung« des Textes schuldig, die W. Rudolph (99) seinerseits H. W. Wolff vorwirft.

Aus dem Text wirklich ersichtlich ist nur, daß Hosea in 5 15 eine Umkehr des Volkes erwartet, die in 6 1-3 ihren Ausdruck findet, und daß er in 6 6 anstelle der Opfer dieselbe »Gotteserkenntnis« verlangt, der (v. 3) die das Bußlied Formulierenden nachjagen wollen. — Diese Beobachtungen lassen sich kaum noch anders verstehen denn als In-

dizien für die Eigenständigkeit von 6 1-3. Ist dieser erste Schritt vollzogen, d. h. sieht man v. 1-3 nicht mehr als ein hoseanisches Zitat der
Bescholtenen an (wie Hosea zitiert, zeigt 12 9), so führt der Weg konsequent zu der von wenigen Kommentatoren, zuletzt und mit klaren
Argumenten von K. Marti begründeten Ausscheidung von 6 1-3 aus
dem echten Hoseagut. Sie wird im Grunde auch von H. W. Wolff befürwortet, wenn er annimmt, daß das Bußlied von den Hosea feindlichen Priestern formuliert sei und dafür gerade die fast sklavische
Bezugnahme auf echtes Hoseagut anführt. Gerade sie muß aber als
Argument für die Entstehung in späterer Zeit geltend gemacht werden.
Zu den von K. Marti aufgezählten übrigen Charakteristiken des Spät-
stils ist auch der vom Zitat und der Verankerung im Prophetenwort
lebende Musivstil zu rechnen. Hinzu kommen weitere Einzelheiten:
רדף ל (v. 3), das nur hier im übertragenen Sinne gebraucht ist,
aber ähnlich רדפי צדק (K. Marti) in Jes 51 1;
שחר nach der von F. Giesebrecht (s. u. Nr. 47) vorgeschlagenen
Lesung von v. 3a, sonst in überwiegend späten Texten (L. 1423c): Jes
26 9 47 11 (unsicher) Ps 63 2 78 34 Hi 7 21 8 5 24 5 Prov 1 28 7 15 8 17
13 24 im pi.; Prov 11 27 im qal. Gewiß ist es mißlich, einen Sprach-
beweis aus einer Konjektur zu begründen, die allerdings in diesem Fall
sehr sicher scheint. Zumindest v. 15b ist aber durch den Befund der
Wz. שחר und auch den Ausdruck בצר להם, der in die Psalmensprache
führt (vgl. die Belege bei K. Marti) der späteren Entstehung dringend
verdächtig.

Dafür, daß v. 15b zu 6 1-3 zu ziehen und gegebenenfalls mit diesem
einer glossierenden Hand zuzuschreiben ist (K. Marti), spricht auch
die syntaktische Struktur. Denn der עד־אשר-Satz reicht nur bis ובקשו פני,
während in v. 15b ein neuer Hauptsatz beginnt. Dem trägt sowohl die
masoretische Punktation, in der man den Athnach sonst bei מקומי erwarten müßte, als auch die der LXX ebenso Rechnung wie die aus der
metrischen Analyse gewonnene Zeileneinteilung bei H. Donner und
die Übersetzung bei H. W. Wolff. Völlig sachgemäß ergänzen denn
auch die Versionen vor v. 1 לאמר, worin natürlich eine Interpretation,
aber keine Textvariante zu sehen ist.

Ist diese Zugehörigkeit von v. 15b zu 6 1-3 erkannt und ernstge-
nommen, so ist es ganz deutlich, daß in der ganzen Einheit eine Ankündigung vorliegt, die man nur als Heilsweissagung charakterisieren
kann. Dafür spricht auch die bei H. W. Wolff und W. Rudolph mitgeteilte Ersetzung der Zeitangabe durch eine eschatologische Umschreibung im Targum.

Ob dahinter eine Abwehr des christlichen Weissagungsbeweises steht, ist zumindest zweifelhaft, wenn man bedenkt, wie spärlich die Bezeugung dieses Beweises
ist. Auch die bei H. W. Wolff zitierte Tertullian-Stelle ist kein »Weissagungsbeweis«,
da sie den Ausdruck nicht christologisch ausdeutet, sondern nur nach dem Prinzip

der גזרה שוה, das implizit auch in die christliche Exegese übernommen ist und noch
in der »dicta probantia«-Methode fortwirkt, die Kollektivdeutung (auf die Frauen
bzw. auf die Kirche) bietet. Das entspricht völlig der ekklesiologischen Deutung
Calvins.

Ebenso verfehlt wie die theologische Verwendung der Verse als eines direkt
christologischen Weissagungsbeweises ist die wissenschaftliche Vermutung religions-
geschichtlicher Hintergründe im Zusammenhang mit der Vorstellung vom sterbenden
und wieder auferstehenden Gott. W. Rudolph (136) hat hierzu das Nötige gesagt. Es
darf eben in keinem Fall übersehen werden, daß 6 2 nicht vom Schicksal Gottes, sondern
von seinem Handeln an Israel spricht und vollkommen in der Prophetie des Hosea
verwurzelt ist.

Auch v. 3 hat nichts mit einem Vegetationskult zu tun, wohl aber
mit der Verbindung zwischen Jahwe und Israel, die ihren Ausdruck
auch in der Landgabe gefunden hat. Dem Text entspricht bei Hosea
2 20. 23-25, die Erneuerung des Bundes im Bund mit der Natur, die der
Verstoßung und Wiederaufnahme Israels folgen soll. Darauf bezieht
sich 6 3 in einer Weise, die man nur durch die theologisch sachgemäße
Interpretation des Hoseawortes, nicht aber als Selbstbeschwichtigung
erklären kann.

Die Änderung von יורה in ירוה (F. Perles) wird der bewußten
Doppeldeutigkeit des Textes nicht gerecht, hinter dem das Sinnspiel-
element der biblischen (wie überhaupt der altorientalischen) Sprache
steht. Zu vergleichen sind Hos 10 12, wo der Kontext die Doppeldeutigkeit stützt, und Joel 2 23. In diesen Stellen liegt die Wurzel für die
Vorstellung vom »Lehrer der Gerechtigkeit« in Qumran, bei dessen
Bezeichnung ebenfalls noch beide Bedeutungsfelder mitgedacht werden (vgl. G. Jeremias 312f.).

Die Gesamtheit der bisher gemachten Beobachtungen läßt in
Hos 5 15b—6 3 eine Weissagung vermuten, die innerhalb des Hoseagutes und wohl auch innerhalb des Buches sekundär ist. Ursprünglich
dürfte 6 4 an 5 15a angeschlossen und das Juda und Israel gemeinsam
betreffende Stück abgeschlossen haben. Die Situation, in der 5 15b—6 3
entstanden ist, wird sich schwer bestimmen lassen, scheint aber sicher
das Exil vorauszusetzen. Die enge Bezugnahme auf Hoseaworte macht
die Datierung nahezu unmöglich. Vielleicht sind die Verse mit 2 1-3
zusammenzusehen. K. Marti vermutet ansprechend theologische Verankerung in Jer 3 22f., was ebenfalls (wegen der zunehmenden Bedeutung der jeremianischen Prophetie in nachexilischer Zeit) eine Spätdatierung befürwortet.

(46) V. 1: יך ist durch Haplographie des ו aus ויך entstanden.

(47) V. 3: כשחר נכון מוצאו ist mit großer Sicherheit zu ändern. Das Prädikat נכון ist für שחר nicht sachgemäß. LXX setzt noch den ursprünglichen Konsonantenbestand voraus (H. Donner), vermutlich, wie öfter,
in einer Form, die entweder defektiv geschrieben oder über eine Zwi-

schenstufe mit Defektivschreibung entstanden war. כְּשַׁחֲרֵנוּ כֵן נִמְצָאוֹ (F. Giesebrecht) fügt sich gut in den Zusammenhang. Es liegt über Defektivschreibung entstandene falsche Abtrennung und im Anschluß daran Haplographie des ו vor.

6 4-6:

Die Abgrenzung ist nach dem zu v. 1-3 Gesagten eindeutig; gegen die Verbindung mit v. 7ff. vgl. W. Rudolph. Für sich betrachtet, läßt das Wort der Reflexion Jahwes über das Bundesverhalten Ephraims und Judas keine direkten politischen Bezüge erkennen. Da aber beide Staaten zusammen genannt sind, wird man auch nach der Ausscheidung von v. 1-3 weiterhin an die Zeit des syrisch-ephraimitischen Krieges und vielleicht an dessen Ende denken dürfen. So soll das Wort jedenfalls anscheinend nach der Zusammenstellung mit 5 15 a als diesem und dem Vorangehenden nachgeordnet erscheinen. V. 5 blickt wohl auf Zeiten der Züchtigung schon zurück. Er nimmt die Stelle ein, wo man ein Drohwort erwarten würde, aber es wird vielmehr das schon geschehene Unheil rekapituliert (v. 5) und begründet (v. 6). Da aber in v. 5 ein neuer Redeteil vorliegt, verwundert der Tripeldreier nicht und braucht jedenfalls nicht zu zwei Doppeldreiern ergänzt zu werden.

V. 5 ist im Grundbestand nicht zu ändern. Die theologische Interpretation der politischen Ereignisse entspricht dem Gesamtbild von Hoseas Prophetie. Die Propheten erscheinen als Instrumente des von Jahwe gewirkten Verderbens, das wiederum dazu dient, seine Rechtsnorm (משפט, vgl. zum Inhalt Hos 5 11) hervortreten zu lassen.

(48) הרגתים ist durch verschreibende Dittographie מ/ב mit dem folgenden Wort entstanden und in die unsuffigierte Form zu ändern. Vielleicht ist auch wie in LXX an die falschen Propheten gedacht und das Suffix auf sie bezogen worden.

(49) Mit LXX ist ומשפטי כאור zu lesen. Die falsche Abtrennung ließ eine Gebetsinterjektion entstehen. יצא, das schon LXX futurisch las, ist in die Perfektform umzuvokalisieren, da v. 5b als Folge von 5a noch zum Rückblick gehört.

V. 6 nimmt mit חסד das Thema aus v. 4 wieder auf.

Hos 5 8—6 6 handelt als Einheit über Ephraim und Juda:

v. 8-9	Entsetzen wider Ephraim;
v. 10	Zorn über Juda;
v. 11	Ephraim in selbstverschuldeter Bedrängnis;
v. 12-15	Jahwe als Krankheit für Ephraim und Juda, ihre Fluchtversuche in andere Bündnisse;
v. 15	Ziel der Züchtigung die Umkehr zu Jahwe;
6 4-6	Rückblick auf die Züchtigung: Gottes Ratlosigkeit vor der Untreue Ephraims und Judas.

Dieser Aufbau, der sowohl ungefähr der Chronologie entspricht als auch inhaltlich konsequent verläuft, läßt die Zusammenfassung dieser »kerygmatischen Einheit« vielleicht durch Hosea oder den engeren Schülerkreis wahrscheinlich werden.

6 7ff. (vgl. Anhang Nr. 5):

(50) Zur Abgrenzung gegen v. 6 vgl. W. Rudolph. Demnach ist zumindest das einleitende ו redaktionell, eher aber, wenn man vom Metrum in v. 8 und 9 (Fünfer) ausgeht, והמה.

V. 7: באדם im Sinne der Ortschaft Adam hat schon J. Wellh. vermutet. Gerade wenn es sich um eine kleine, sonst unbekannte Ortschaft handelt, wird die Verlesung כ‹›ב verständlich.

V. 7b erinnert mit בגד an 5 7; gehörten beide ursprünglich näher zusammen?

Daß mit ברית der Bund mit Jahwe gemeint sei, ist nicht schlüssig (W. Rudolph gegen H. W. Wolff). Vielmehr ist es durchaus denkbar, daß sich 7a, wie oft vermutet wurde (vgl. die Darstellung bei Rudolph, bes. 145), auf ein konkretes politisches Geschehen, vermutlich eine Revolution, bezieht, und 7b dieses Ereignis als Treuebruch gegen Jahwe enthüllt. Vermutlich geht es auch hier um die Eigenmächtigkeit des politischen Vorgehens. Wenn die Verschwörung des Pekach (II Reg 15 25) im Jahre 735 v. Chr. (Gilead gehört noch zum israelitischen Gebiet) gemeint ist, gehört der Spruch auch zeitlich in die Nähe der in 5 8—6 6 vereinigten Sprüche, die aber gleichwohl als Nord- und Südreich gemeinsam betreffend eine Einheit für sich darstellen.

V. 8: עקבה מדם, »bespurt von Blut«, ist möglich. Da in Hos 12 4 עקב₁ = »betrügen« belegt ist, wozu das Verbaladjektiv עָקֹב (Jer 17 9) gehört, kann hier auch beabsichtigte Doppeldeutigkeit vorliegen.

(51) V. 9: Der Text ist schwierig. חבר כהנים ist offenbar das Subj. des ersten Satzes. Es handelt sich also entweder um einen Verbalsatz mit regulärer Wortstellung, dessen Prädikat sich hinter der ersten Konsonantengruppe verbirgt, oder um einen Nominalsatz mit invertierter Wortstellung, wie nach MT anzunehmen ist: »Wie (das Harren?) eines Räubers ist der Priesterverband.«

Für חבר hat LXX ἔκρυψαν, setzt also einen anderen Text voraus, der sich freilich nicht sicher rekonstruieren läßt. κρύπτειν (H-R. 791c—792c) ist in der LXX als Wiedergabe von 13 hebr. Wurzeln belegt. Im Dodekapropheton ist es nur noch in Hos 13 14 für סתר und Ob 16 für Wz. צפן belegt. Vom Konsonantenbestand her ist hier am wahrscheinlichsten Wz. חבא (Cappellus) oder vielleicht noch besser חבה qal (Jes 26 20) oder pi. (nicht belegt). חבה ni. ist Grundwort für κρύπτειν in III Reg 22 25 IV Reg 7 12 Jer 29(49) 10.

Wenn LXX חבו las, lag also lediglich Verlesung ו\ר durch zu enge
Schreibung (Quadratschrift) vor, wodurch MT bestätigt wird. Auch
für den Rest des Satzes setzt LXX MT voraus.

Am Anfang las sie וכחך איש גדודים, also auch die Konsonantenfolge des MT.
A' καὶ ὡς θυρεός/προσδοκία ἀνδρὸς εὐζώνου hilft nicht weiter, da θυρεός bei A'
meist das Grundwort מגן hat (T. 114) und hier vermutlich (vgl. J. Ziegler) ein Fehler
in Syh. vorliegt. N. Turner hat anscheinend die Apparatnotierung bei J. Ziegler nicht
verstanden und wie oft nicht nur irreführend, sondern falsch eingeordnet[1]. Σ' (φρύ-
αγμα?/ fauces) las vielleicht וחכ(י)ו.

Von den Versionen wird mithin bis auf das auslautende י des
ersten Wortes der masoretische Konsonantenbestand von v. 9 bestätigt.
»Für die Räuber ist כחכי ... viel zu schwach« (J. Wellh. 117), und
das Verb scheint auch gar nicht die (negative) Bedeutung zu haben,
die es hier haben müßte. חכה pi. (nur Jes 30 18 qal) steht fast immer
(L. 491 a—b) mit ל und bezeichnet ein Zuwarten auf ein Ereignis oder
eine Gelegenheit, deren Ereignis bevorsteht. Meistens ist es das Harren
auf Gott. »Und wie das Harren von Räubern ist ein/der Priesterverband« ergibt nicht nur mit dem abs. Gebrauch schwerlich einen Sinn,
sondern würde auch zumindest die Herstellung des inf.cs. חכות ver-
langen (H. W. Wolff). Da aber LXX das auslautende י nicht stützt,
kann es wie die ganze sinnlose Form des inf.abs. als unsicher betrachtet
werden; es liegt die Vermutung nahe, daß eine unverstandene, sekundär notdürftig gedeutete Konsonantengruppe vorliegt.

Offenbar werden die Priester in irgendeiner Weise mit Räubern
(zum Plural vgl. W. Rudolph) verglichen. Es ist also nicht zu gewagt,
(52) das zweite כ als Vergleichspartikel zu verstehen: »Wie die Räuber
... der Priesterverband.« Höchstwahrscheinlich ist in וכח ein finites
Verb zu suchen. Das anlautende ו kann ohne Schwierigkeit auch als י
gelesen werden. Es ist also eine Verbalwurzel zu suchen, die die beiden
Konsonanten כח oder ihnen ähnliche enthält. יכח ergibt keinen Sinn.
Ferner kommen in Frage כחד, כחש, שכח. Im Bild des Räubers paßt כחד
am besten, das auch graphisch mit dem Ausfall des ד vor כ keine zu
große Schwierigkeit bietet. Wenn eine Pluralform in Pleneschreibung
יְכַחֲדוּ vorlag, erklärt sich die Haplographie וד/ח besonders gut. »Sie
verbergen sich wie Räuber« paßt sowohl in das v. 9b anscheinend fort-
geführte Bild der Wegelagerer als auch zur Aussage von Hos 5 3. MT
vermutet richtig hinter dem verderbten Konsonantengerüst eine Verb-
form und versucht, sie unter möglichster Beibehaltung des Buchstaben-
bestandes herzustellen. Es liegt eine grammatische Korrektur vor.

V. 9 aβ läßt sich zur Not mit W. Rudolph verstehen, indem man
דרך als Akk. des Ortes und adverbiale Näherbestimmung zu רצח, שכמה
dagegen als Adverbialbestimmung zum ganzen Satz auffaßt: »Am Weg

---

[1] Wenn für A' προσδοκία anzunehmen ist. könnte er MT voraussetzen.

morden sie, und zwar nach Sichem zu«, d. h. gerade dort, wo es zur
Asylstätte (Jos 20 7) geht. Der Text ist nicht zu ändern. V. 9b faßt mit
deiktischem כי zusammen.

V. 10: Für die Änderung zu בבית אל besteht kein zwingender Grund.
Wenn Kimchi dies als Targumlesart bezeugt (vgl. A. Sperber, Testi-
monien-App.), kann darin eine Deutung nach 4 15 liegen.

(53) שעروריה ist mit Qerē und nach Jer 5 30 18 13 23 14, wo bei wechselnden Formen gleichwohl das -ū- konstant bleibt, zu lesen.

Mit v. 10b beginnen kaum befriedigend lösbare Textschwierigkeiten. Der undeutliche Bezug von שם hat oft zur Konjektur oder Deutung
nach »Bethel« statt »Israel« in v. 10a geführt. Eine solche Vereinfachung ließe aber ungeklärt, warum die Änderung eintrat. Anscheinend muß v. 10bα einen parallelen Halbvers zu v. 10a bilden. אפרים steht
im synonymen Parallelismus zu בית ישראל. Dann erwartet man aber
auch einen Parallelbegriff zu שעروריה. Er liegt zwar in זנות vor, das
wegen des ל nicht in eine finite Form zu ändern ist (C. van Gelderen);
ein Blick auf die Belege von שעروריה bei Jeremia ergibt jedoch in Jer
5 30 einen anderen, zum Allgemeinbegriff שׁ vielleicht besser passenden
Parallelausdruck mit שַׁמָּה.

(54a) Ohne große Schwierigkeit läßt sich שמה für שם herstellen und
זנות als nach der Gesamtbotschaft des Hosea konkretisierender späterer
Zusatz erklären. Es besteht sowohl die Möglichkeit, daß in einer schrift-
lichen Vorlage שמה zu שם geändert und deshalb ein neues Subjekt ergänzt wurde, als auch die, daß זנות als Glosse neben שמה trat und dieses
erst später verlesen oder geändert wurde. (54) זנות ist als Glosse in 4 11
verankert. שמה kommt in Hos 5 9 vor und bezeichnet dort die Verwüstung des Landes. Im vorliegenden Spruch bezeichnet es die in v. 7-9
genannten und in v. 10a zusammengefaßten Vergehen zugleich als
Grund und Ausdruck innerer Zerstörung.

(55) Mit v. 10bα bricht der Spruch ab. V. 10bβ kann nicht mehr dazu-
gehören, da Israel bereits in 10a genannt und in 10bα durch »Ephraim«
wieder aufgenommen ist. Vielmehr liegt offenkundig ein Zitat von
Hos 5 3bβ vor, vielleicht vom gleichen Glossator wie זנות. Er wollte den
abgebrochenen oder unleserlich gewordenen Schluß des Spruches ergänzen.

6 11:

Hier erreichen die Schwierigkeiten ihren Höhepunkt. Der Grund
ist die Ambivalenz des Erntebildes, die sich aus der Unsicherheit ergibt, ob v. 11a als Glosse zu v. 10 Juda ins Verderben einbezieht oder
mit v. 11b auf eine Heilszeit ausblickt. Nach der Diskussion der Schwierigkeiten kommt W. Rudolph zu dem Schluß, daß v. 11 zwar Glosse
ist, aber jetzt an falscher Stelle steht. Diese Lösung ist unbefriedigend,
da sie nicht zu klären vermag, wie es zum jetzigen Text kam. V.a. wird

nicht deutlich, warum gerade die relativ späte Einfügung die falsche Stellung (statt zu 6 1-3) erklären soll.

LXX zog גם יהודה zum Vorhergehenden. גם bezieht den Satz zurück auf v. 10, also auf eine negative Feststellung; hingegen ist בשובי וגו׳ eindeutig positiv und kann nur zum folgenden gezogen, d. h. als Parallele zu כרפאי לישראל verstanden werden. Vorläufig ist also ein Einschnitt zwischen v. 11a und b anzusetzen. (56) Für sich betrachtet, ist dann v. 11a wirklich eine Unheilsansage auch an Juda. Zwar ist das Erntebild als Gerichtsbild sonst später belegt, aber nach Am 8 2 und vom Vorgang der Ernte her ist die Unheilsbedeutung nicht unwahrscheinlich. H. W. Wolff vergleicht als in der Formulierung ganz ähnlich Jer 51 33, wobei die Frage der Abhängigkeit ungeklärt bleiben muß, und Joel 4 13, weist aber auch auf das der Sache nach ähnliche Wort Am 8 2 hin. V. 11a ist also eine judäische Glosse im Anredestil (wie 4 15).

(56a) שת könnte ursprünglich שתי (1. pers. der Gottesrede) oder שתה (»du selbst hast dir bereitet ...«) gelautet haben. Die Form kann in die 3.m.sg. geändert worden sein, weil Juda als Subjekt des Satzes aufgefaßt (Gebetsanrede an Gott) und die 1. pers. in v. 11b nicht mehr als entscheidend empfunden wurde, da der Charakter als eschatologische Zeitbestimmung überwog, oder weil v. b zu 7 1 gezogen wurde. Möglich ist auch, daß der Glossator die Gottesrede nicht fortsetzte, sondern Jahwe als Subj. zur richtig überlieferten Form der 3. pers. zu ergänzen ist. Die Ausweitung des Spruches auf Juda ist sich des Dualismus beider Reiche bewußt; das Exil ist vermutlich noch nicht erfolgt.
(57) בשובי שבות עמי ist eindeutig ein Heilsausdruck, unabhängig davon, ob man שבות mit E. L. Dietrich von שוב ableitet, was durchgängig späte Datierung wegen der Abstraktendung auf -ūt(u) bedeuten würde (L. Gulkowitsch), oder mit E. Baumann von שבה. Für die von E. Baumann vertretene Ableitung sprechen (trotz der in der Sfire-Stele KAI 224, 24f. bezeugten fig. etym. השיב שיבת) verschiedene Gründe:

1. Die Ableitung ist etymologisch ohne weiteres, auch für die Schreibung mit mater lectionis י, einleuchtend;
2. es bietet sich eine innerisraelitische Erklärungsmöglichkeit, die nicht auf hypothetische Vorstufen fremder Eschatologie zurückgreifen muß, sondern in der Beziehung zur Rechtssphäre israelitischem Denken entspricht;
3. die Erklärung vermag allen Texten gerecht zu werden, und auch ein Bedeutungswandel bzw. die Entwicklung entsprechend dem Begriff der גולה, ist verstehbar;
4. der transitive Gebrauch des Qal wird aus der Neigung zur assonierenden Wortgruppe gerade dann verständlich, wenn שבות selbst nicht zur Wz. שוב gehört, so daß eine (scheinbare) figura etymologica eben nur mit dem Qal von שוב gebildet werden konnte.

Nach dieser Erklärung entfällt freilich die Ausscheidung aus dem Hoseagut mit chronologischen Gründen. Trotzdem fügt sich die Wen-

dung nicht in den Zusammenhang, da W. Rudolph zu Recht gegen
H. W. Wolff geltend macht, daß sich die Handlung nicht beliebig
wiederholen läßt. Erst recht ist nicht mit A. Weiser an eine regelmäßig
wiederholte »Schicksalswende« zu denken; שבות heißt sicher nicht
»Schicksal« (akk. *šīmtu*, plur. *šīmātu* ist mit hebr. שׂים verwandt). Aber
auch die Vorstellung von der Schuldhaft paßt nicht zu Hosea; wohl
redet er von Züchtigung, aber das Bild der Rückkehr in die Wüste
(2 16f.), das in diesem Zusammenhang gebraucht ist, ist nicht mit dem
Gedanken an eine Haft zu vereinbaren. Man wird darum in v. 11b
einen Parallelausdruck zu den beiden ersten Worten von v. 12 sehen
dürfen, wobei der Wechsel von ב und כ »sachlich ohne Belang« ist
(W. Rudolph 144), zumal die Formulierung mit ב ebenso wie die ganze
Wendung aus anderen Bibelstellen gewonnen ist, vgl. Jer 31 23 Zeph
3 20 Ps 14 7 ≙ 53 7.

Der Ausdruck כרפאי לישראל befindet sich in einem durchweg
negativen, Unheil verheißenden oder konstatierenden Kontext. Trotzdem kommt ihm selbst nach dem Inhalt von רפא Heilsbedeutung zu.
Hinzu kommt die in Hos 6 1-3 formulierte Erwartung der Heilung
durch Gott, die dort mit der Umkehr und Buße des Volkes verbunden
ist. In 7 1 folgt die Aufdeckung der Schuld Israels, wie sie in 6 10 vor-
ausgegangen ist. Diese Spannung zwischen Schuldaufdeckung und
»Heilung« läßt sich für den späteren Leser kaum anders als eschatologisch deuten. Hinzu kommt das Erntebild von v. 11a, dem zumindest
latente eschatologische Valenz zukommt und das in 11b höchstwahrscheinlich schon vorausgesetzt ist.

Der Glossator bringt nun die eschatologische Deutung durch die
Einfügung der Formel der eschatologischen Wende zum Ausdruck
und treibt damit eine sowohl aus dem unmittelbaren Kontext des in
Rede stehenden Wortes als auch aus dem gesamten Buch (v. a. 6 1-3)
als auch aus allgemeiner Schriftauslegung, d. h. Vergleich anderer
Stellen (שׁוב שבות z. B. Zeph 3 20 im Zusammenhang der Sammlung
des Volkes, die auch als eine — freilich heilsame — Ernte verstanden
werden kann) gewonnene Exegese des schwer verständlichen Prophetenwortes.

Demnach sind folgende Textstufen für v. 10b. 11 anzunehmen:
(54) 1. Verstümmelung des Spruchendes, Zufügung von זנות zu שמ(ה)
(55) und נטמא ישראל nach 5 3;
(56) 2. vielleicht von gleicher Hand die judäische Glosse v. 11a;
(57) 3. Einfügung von v. 11b // 7 1aα als eschatologische Deutung des
vorliegenden Textes.

7 1-2:

Zum einleitenden temporalen כ + inf. bei Hosea vgl. 11 2 (LXX:
Nr. 123). רפא paßt zum Folgenden, wenn man bedenkt, daß der Hei-

lungsprozeß schmerzhaft sein kann. Das Heilen des kranken, d. h. in sündiger Eigenmächtigkeit befangenen Volkes kann sich nur in der Aufdeckung der Schuld vor und durch Jahwe vollziehen.

(58) V. 1: עון//רעת und שקר ist nach LXX vorzuziehen. Der Plural wurde wohl wegen der in v. b geschilderten Einzelvergehen hergestellt.

V. 2a ist als konzessives Satzgefüge zu verstehen.
Mit v. 2b schließt der Spruch ab.

Die Nennung Samarias als des Ortes spezieller Bosheit und der עתה-Satz, der auf eine konkrete Situation Bezug nehmen könnte, werfen die Frage auf, ob auch dieser Spruch auf dem Hintergrund politischer Ereignisse zu verstehen ist. V. 1b könnte auf eine der zahlreichen Thronrevolten im Nordreich schließen lassen, so daß v. 2b die kritische Situation, die sich daraus ergeben hätte, schildern würde. Wenn hinter 7 1-2 die Revolte des Hosea ben Ela (II Reg 15 30) zu vermuten ist, die im Jahre 732 (M. Noth, G. I., 236) im Zusammenhang des syrisch-ephraimitischen Krieges stattfand, ist dieser Spruch ein Zeichen dafür, daß der Prophet zumindest zeitweise den Zusammenbruch der Koalition und die Konfrontation mit den von Juda alarmierten Assyrern als »Heilung« Jahwes verstanden hat. Diese Überlegungen würden mit 5 13 im Einklang stehen.

7 3-7 (vgl. Anhang Nr. 6):

Die Abgrenzung gegen v. 8 ist deutlich, da dort ein neuer Spruch beginnt (H. Donner, W. Rudolph). Untereinander sind v. 3-7 durch das Bild des Backofens verbunden. Der Text ist äußerst schwierig, v. a. durch das Ineinandergreifen von Bild und Deutung. Die Einheit des Spruches wird durch Wortentsprechungen gestützt, die bei der Textherstellung zu beachten sind. König und Beamte sind in v. 3 und v. 5a genannt, so daß ein Gegensatzpaar von שמח (v. 3) und חלה (v. 5a) vorliegen könnte, was ein weiterer Grund gegen J. Wellh.'s Konjektur (s. u.) wäre. Assonanz verbindet מנאפים in v. 4 mit אפה (auch v. 6, doch s. u.), der Vergleich mit dem Ofen תנור v. 4a mit v. 6. Außerdem könnte noch auf die Zeitangaben verwiesen werden: Tag (v. 5), Nacht und Morgen (v. 6). יחמו in v. 7a entspricht חמת in v. 5a, ebenso בער v. 4a mit v. 6.

V. 3: Die von J. Wellh. nach 8 10 vorgeschlagene Änderung in ימשחו wird mit Recht von H. W. Wolff und W. Rudolph abgelehnt, v. a. weil MT möglich und über eine Beamtensalbung nichts bekannt ist.

V. 4: Die Ausgefallenheit des Bildes macht auch die syntaktische Aufteilung problematisch: Bezieht sich »wie ein Ofen« gemäß der masoretischen Interpunktion auf das Vorangegangene, oder leitet es die zweite Satzhälfte der ersten Verszeile ein?

(59) בערה ist zwar als f. Partizip grammatisch nicht unmöglich, aber da in v. 4b אפה als Subjekt benötigt wird, muß das מ abgetrennt und zum Vorangehenden gezogen werden. BHK App. schlägt כמו תנור בער הם vor: »wie ein brennender Ofen sind sie«. Jedoch ist die Form des Vergleichs unbefriedigend. Daß das Vergleichswort mit einem erläuternden Attribut versehen ist, das Verglichene, d. h. die Bescholtenen, aber nur durch das Pronomen הם angeführt werden, macht das tertium comparationis gerade bei diesem Bild zu unsicher. Es ist darum eher zu erwarten, daß in einem zweiten Partizip (//מנאפים) eine Tätigkeit genannt wird, die zu dem Vergleich mit dem Ofen führt. Daher ist בערים zu lesen. Das ה bleibt schwierig, es sei denn, der Schreibfehler wäre älter als die quadratschriftliche Fassung des Textes, da sich in der althebr. Schrift ה und י in der Tat ähneln. Dann hat ein sehr alter Schreibfehler zu der falschen Worttrennung geführt, die wiederum der masoretischen Versgliederung zugrunde liegt.

בער hat hier, wie aus v. 6b hervorgeht, die Bedeutung »aufflammen«. Der Ofen flammt beim Anheizen auf (G. Dalman, AuS. IV, 89) und allenfalls noch beim Auffrischen des Feuers. Zwischen v. 4a und 4b besteht also eine zeitliche Abfolge; v. 4b gehört noch zum Vergleich, der Text ist nicht zu ändern:

> »Sie alle sind ehebrecherisch, entflammend wie ein Ofen;
> (dann) läßt der Bäcker vom Schüren ab
> vom Kneten des Teiges bis zu seiner Durchsäuerung.«

So unsicher die Einzelheiten auch bleiben, so wird man doch mit W. Rudolph u. a. vermuten dürfen, daß hinter diesem Vergleich wie hinter v. 3 der Vorwurf politischer Intrigen steht. Auch nach v. 6b handelt es sich um ein rasches Entfachen der Gewalttätigkeit nach einer Phase tatsächlicher oder scheinbarer Ruhe (v. 4b. 6bα).

(60) V. 5: מלכנו kann innerhalb der Jahwerede nicht richtig sein. מלכם (H. Oort) ist durch Verschreibung מ/נו verlesen, vielleicht durch Assoziation an den Tag Jahwes (»unser König« = Jahwe), wobei v. 5 insgesamt als Drohung aufgefaßt wäre, was durch die Erwähnung der Spötter auch naheliegend ist. Zur Verwechslung von נו und מ verweist W. Rudolph auf Jos 5 1, Ketib und Qere. המת מיין ist grammatisch möglich (vgl. W. Rudolph); die Infinitive der Versionen sind eher als durch die abweichende Vokalisation von החלו bewirkte Vereinfachungen denn als Varianten zu erklären. Es handelt sich um einen acc.modi zum Verb. Je nachdem, ob החלו transitiv oder intransitiv ist, sind die Verschwörer oder die Beamten Subjekt. Denn die Beamten gehören auf die Seite des Königs. V. 5a könnte von ihrer Unschädlichmachung durch den Weinrausch berichten. Das »Fröhlichmachen« (v. 3) von König und Beamten erwiese sich dann als hinterlistige Ausschaltung ihrer Aktionsfähigkeit durch die Verschwörer.

Da sich in v. 5b nur mit Schwierigkeiten durch Textänderung
die Rebellen als Subjekt einführen lassen (W. Rudolph) und auch der
Wein als Subjekt (H. W. Wolff) gezwungen wirkt und zumindest eine
Modifizierung der Bedeutung von משׁך nötig macht, liegt es nach dem
überlieferten Text am nächsten, den König als Subj. anzusehen, in
v. 5a aber demgemäß die Beamten. Dann ist החלו intransitiv und wohl
am besten in die ho.-Form umzuvokalisieren, die hier wie öfter (z. B.
Hos 5 3, s. o. S. 142) vom Hifʻil verdrängt wurde. Der Text von v. 5b
braucht gar nicht geändert zu werden, zumal wenn man die positive
Bedeutung, die משׁך in 11 4 hat, berücksichtigt: Der arglose König
zieht selbst (wohl in einer Geste der Gunstbezeugung) die Verschwörer
(לצצים, vgl. W. Rudolph) herbei.

(61) V. 6: Dazu paßt als begründender Halbvers v. 6a, wenn erkannt
wird, daß כתנור לבם eine aus der Deutung des Bildes von v. 4 und aus
dem Kontext von v. 6b gewonnene exegetische Glosse zu den לצצים
darstellt. Ihre merkwürdige Einordnung wird sich nur durch die Annahme interlinearer Schreibung erklären lassen. קרבו ist als qal zu
vokalisieren (A', Σ', Θ'); Das pi. ist durch das Eindringen von לבם als
Objekt bedingt. Zu übersetzen ist:

> »Seine Hand (d. h. er selbst) zieht sie herbei,
> denn sie haben sich in ihrer Hinterlist genähert.«

V. 6b schildert den letzten Abschnitt des verschwörerischen Tuns.
(61a) אֹפֵהֶם ist mit einigen Zeugen und vielen Kommentatoren (vgl.
die Aufstellung bei W. R. Harper) gegen MT, LXX und die hex. Zeugen zu vokalisieren. Der Grund der Fehlvokalisation ist nach dem
Kontext offenkundig; vielleicht hat auch sie die Einfügung der Glosse
(Nr. 61) bewirkt.

V. 7: Der Vorwurf geht vom konkreten Ereignis zur allgemeinen
Aussage über (J. Wellh.), die den Spruch abschließt. Noch einmal wird
die Bildrede aufgenommen, aber nur in bezug auf das Glühen des an-
geheizten Ofens, der zur Aufnahme (»Fressen«) der Brote bereit ist.
Merkwürdig ist die Bezeichnung שׁפט für die politischen Führer, wenngleich שׁפט als Terminus für Machtausübung anzusehen ist (W. Richter,
ZAW 77, bes. 71). V. 7bβ zieht die Bilanz aus der ständigen Unruhe
mit Bezug auf das Verhältnis zu Jahwe. Von diesem Schlußsatz her
wird der Vorwurf des Ehebruchs (v. 4), der durch die Assonanz zu אפה
textlich gesichert war, verständlich und die Einheit des Spruches bestätigt.

7 8-9:

Die Abgrenzung ist am Anfang klar, jedoch am Schluß nicht eindeutig. Zwar liegt zwischen v. 12 und v. 13 ein formaler Einschnitt (H.
Donner, W. Rudolph), der eher für selbständige Einheiten als für

Strophenabteilung (W. Rudolph) spricht, zumal zumindest der Akzent, wenn nicht der Inhalt des Vorwurfs überhaupt in v. 13ff. ein anderer ist; aber auch in v. 11 liegt ein Neueinsatz vor, der noch dadurch unterstrichen wird, daß v. 10 zweifellos spätere Erweiterungen bietet. Es ist also zu erwägen, ob nicht v. 8-9 ursprünglich eine Einheit für sich bildeten, die wegen des Kuchenbildes hinter den in v. 7 endenden תנור-Abschnitt gestellt wurde. Formal könnte der Spruch v. 8-9 mit 5 11 verglichen werden. Gegen die Abtrennung spricht ויהי in v. 11, das dann sekundäre Verknüpfung der beiden Ephraim-Sprüche (ähnlich der Zusammenfügung zu einer größeren Einheit in Kap. 5) sein müßte. In Abwägung des Für und Wider kann nicht mehr gesagt werden, als daß die ursprüngliche Selbständigkeit der beiden Sprüche etwas wahrscheinlicher ist.

Der Text von v. 8-9 ist vorzüglich erhalten und bedarf keiner Änderung. Das Metrum zeigt einen thematisch einleitenden Vierer (v. 8a) und drei Fünfer.

7 10:

(62) V. 10a ist als wörtliche Übernahme von 5 5a sicher sekundär und auch in den Kommentaren überwiegend ausgeschieden. Strittig ist die Frage der Echtheit von v. 10b, der jedoch schon durch die Formelhaftigkeit der Aussage (»Jahwe ihr Gott«, vgl. H. W. Wolff) zu denken gibt. In v. 8-9 ist zudem in durchgeführter Bildrede von Ephraim in der 3.m.sg. die Rede. V. 10bα ist offenkundig an Am 4 6. 8. 9. 10. 11 orientiert; v. 10bβ vielleicht an Stellen wie Zeph 1 6 2 3. H. W. Wolff, der für die Echtheit von v. 10b eintritt, muß gleichwohl בכל זאת als Glosse ausscheiden.

Warum aber wurde v. 10 hier eingefügt? — V. 11 schließt gut an v. 9 an, so daß gar keine Veranlassung besteht, durch v. 10 einen Übergang zu schaffen.

Daß gerade 5 5a hier eingesetzt wurde, erklärt sich (W. Rudolph) aus der Gleichheit der Aussage von 7 9bβ und 5 4bβ (Hillel 2). V. 10b kann inhaltlich aus dem Kontext von 5 5a (5 4a. 6a) gewonnen sein, verrät aber durch die aus dem Zitat noch anderer Prophetenstellen (Hillel 2 in bezug auf den Gesamtkanon) gespeiste Sprache den Musivstil späterer Zeit. Das Ich der Gottesrede (v. 12. 13. 14) meidet der Glossator; er redet nicht in eigener prophetischer Autorität, sondern treibt Schriftexegese.

In v. 11 beginnt, gleichviel, wie man über die Abgrenzung denken mag, jedenfalls insofern eine neue Einheit, als ein ganz neues Bild gebraucht wird, das v. 11 und 12 bestimmt. Mit v. 13 folgt darauf der Weheruf über Israels Vergehen, den man in seiner jetzigen Stellung als Résumé zu v. 11-12 auffassen kann. Zu ihm gehört auch noch v. 14a,

»und sie haben nicht zu mir gefleht in ihren Herzen«. Der Bildeinheit von v. 8-9 aber fehlt ein solches Résumé, obwohl sie inhaltlich und formal mit v. 11 (+ 12) zu vergleichen ist. Aus diesem Grunde dürfte der Glossator, der bereits die sekundäre Einheit der Sprüche in ihrer jetzigen Form vor sich hatte, v. 10 eingefügt haben. Er schuf damit eine Art sekundärer Strophenbildung, die vielleicht das ganze Kapitel umfaßt:

v. 1	Vergehen Israels —	v. 2	Unbußfertigkeit Israels
v. 3-7bα	Vergehen Israels —	v. 7bβ	Unbußfertigkeit Israels
v. 8-9	Vergehen Israels —	v. 10	Unbußfertigkeit Israels
v. 11-12	Vergehen Israels —	v. 13f.	Unbußfertigkeit Israels

Möglicherweise soll v. 15f. im Sinne eines abschließenden Drohwortes den Ausklang dieser größeren Einheit bilden.

Das zur Einfügung von v. 10 führende schematische Auslegungsprinzip könnte man entfernt mit dem dtr. Geschichtsschema vergleichen, wenn auch in keinem anderen Sinne als dem vergleichbarer Denkstrukturen, die bei der tiefgreifenden Wirkung von Dtn und Dtr. auf das israelitische Denken durchaus verständlich sind. Vor allem aber ist das Schema von Am 4 4-12 geprägt, dessen Kenntnis v. 10 durch das Zitat verrät.

7 *11-12*:

(63) Wenn die Annahme zutrifft, daß v. 8-9 und v. 11-12 selbständige Einheiten waren, ist ויהי in v. 11 eine redaktionelle Verknüpfung, die vielleicht ein zeitliches Nacheinander konstatieren will.

(64) V. 12: »Die letzten drei Worte sind unverständlich« (J. Wellh.). Die Verbalform der 1.comm.sg. ist auf jeden Fall notwendig. Die Vokalisation läßt bewußt die Wahl zwischen אֲיַסְּרֵם und אֹסְרֵם (A. B. Ehrlich). Die Form von סור verdient etwas mehr Vertrauen, weil sie zum Bild besser paßt und weil יסר als im Kontext verankert (v. 15) näher lag. Wenn überhaupt סור hi. gegen den eindeutigen, auch von LXX vorausgesetzten Konsonantenbestand überliefert wird, ist es zwar nicht inhaltlich, wohl aber, was hier den Ausschlag gibt, überlieferungsgeschichtlich die lectio difficilior. Die Metathese der mater lectionis י ist wegen יסרתי in v. 15 verständlich (Kontext).

(65) כשמע לעדתם kann auch durch A. B. Ehrlichs Hinweis auf die Targum-Lesung כשמע לעצתם nicht i. S. v. »als ob ich auf ihren Plan einginge« befriedigend erklärt werden, sondern zeigt nur, daß der Konsonantenbestand als so schwierig empfunden wurde, daß er nach der bekannten Regel zur Interpretation geringfügig modifiziert wurde. LXX τῆς θλίψεως αὐτῶν setzt schwerlich לרעתם (H. S. Nyberg) voraus, da θλῖψις (H-R. 652c—653b) nur einmal (Ps 33[34] 20) רעה

wiedergibt, überwiegend aber, und im Zwölfprophetenbuch an den
Stellen mit eindeutigem Grundwort ausschließlich, צר oder צרה. Graphisch liegt לצרתם hier auch vielleicht noch näher als לרעתם, da man
so keine Metathese, sondern nur Verschreibung ע/צ und ד/ר annehmen
muß, also in der Quadratschrift völlig einleuchtend. Nach dem uner-
klärlichen כשמע bietet MT gegenüber dem für LXX erschlossenen
Grundtext die lectio facilior, da sich ihm in der Zeit des Synagogen-
gottesdienstes allenfalls noch ein Sinn abgewinnen ließ als »gemäß
dem, was man ihrer gottesdienstlichen Versammlung zu Gehör bringt«.
Wenn לעדתם aus לצרתם entstanden ist, so ist diese graphisch leichte
Änderung also der Interpretation der Konsonantengruppe כשמע zu
verdanken, die für den zu erschließenden Grundtext sowohl sachlich
als auch metrisch störend ist. Eine Emendation läßt sich nicht vermeiden.

Bei den poetischen Versen entsprechender Zeilenschreibung steht
כשמע ungefähr über כי פשעו, ohne Vokalbuchstaben כפשע in v. 13. Sollte
dieser Ausdruck (Homoiarkton כי/בי) einmal im Laufe der Überlieferung ausgelassen und als Interlinearkorrektur wieder eingeführt worden sein, wird eine vertikale Dittographie der freilich in v. 12b ihren
Sinn verlierenden Konsonantengruppe wahrscheinlich. **(65)** כשמע לעדתם
stellt dann eine aus dem erschlossenen Konsonantenbestand verständ-
liche, inhaltlich interpretierende Emendation dar, die die philologische
Arbeit der frühen Exegeten erkennen läßt.

Nach dieser Emendation ergibt auch v. 12b einen Fünfer:

> »Wie Vögel des Himmels will ich sie herabholen,
> will sie ihrer Bedrängnis überlassen.

7 13-16 (vgl. Anhang Nr. 7):

V. 13: אפדם übersetzt H. W. Wolff deliberativ, W. Rudolph als
imperfectum de conatu. Beides ist möglich, letzteres etwas wahrscheinlicher, vgl. Hos 11 4 und (emendiert, Nr. 126) 11 3. Der Satz
enthält dann ein konzessives Verhältnis: »Und wollte ich sie auch er-
lösen, so redeten sie doch Lügen wider mich.«

(66) V. 14: »Wenn sie heulen auf ihren Lagern« (v. aβ) gibt zu schweren
Bedenken Anlaß. Weder befriedigt H. W. Wolffs Interpretation im
Sinne kanaanäischer Kultorgien, noch vermag W. Rudolphs Konjektur zu überzeugen, nach der der Grund des Heulens die Wohnungsnot
der Bescholtenen ist. Man muß zumindest erwägen, daß der Halbvers
weder zum Vorangehenden, von dem er durch כי abgehoben ist, noch
zum folgenden Satz gehört. Denn der mit על דגן asyndetisch anhebende
Satz 14b bildet zusammen mit dem durch ו angeschlossenen Satz v. 15
eine syntaktische Einheit, die eine Art chiastischen Gegenstückes zu
v. 13b. 14a bildet. Der Subj.-Folge ich — sie entspricht hier sie — ich.

Von diesen Überlegungen her ist v. 14aβ als Glosse anzusehen. Als
sachliche Parallelstelle für das Heulen auf den Lagern als Vorwurf
ergibt sich nur Am 6 1-7, ohne daß wörtliche Bezugnahme nachweisbar
wäre. Vielmehr hat es den Anschein, daß עַל מִשְׁכְּבוֹתָם eher an Mi 2 1
(vgl. Ps 36 5) anklingt, während ילל durch die öfter belegte Wortfolge
זעק — ילל (Jes 14 31 Jer 25 34 48 20 Ez 21 17) bedingt ist. Diese Überlegungen überzeugen freilich nur unter der Voraussetzung, daß v. 14aβ
wirklich eine Glosse vorliegt. Sie kann durch בלבם in 14aα veranlaßt
sein: Wenn sie in ihren *Herzen* nicht flehen, setzt das voraus, daß gleichwohl ein äußerliches Zeichen der Zerknirschung erfolgt. V. 14b berichtet
aber bereits von neuer Auflehnung, so daß die Glosse v. 14aβ eingefügt
wurde, um die Lücke zu schließen. In v. 15b folgt auf das göttliche Eingreifen das üble Sinnen der Betroffenen, das assoziativ auf Mi 2 1 führt.
Damit ist eine der Grundstellen für v. 14aβ gefunden. Die Glosse zeigt
exegetisches Bemühen v. a. nach der Methode von Hillel 2 in bezug
auf andere Prophetenstellen und läßt an relativ späte Entstehung
denken.

(67) Für יתגוררו ist mit zahlreichen hebr. Hss., LXX und nahezu allen
Kommentaren יתגדדו zu lesen. Verlesung ד/ר ist leicht denkbar, und
die masoretische Form könnte als Hitpol. von גוּר₃ = »sich fürchten«
(Hos 10 5) abgeleitet werden.

A' hat περιεσπῶντο. περισπᾶν wird bei Turner (T. 190) nicht aufgeführt (das
Lemma mit Hos 7 14 ist also dort nachzutragen), jedoch ist κατασπᾶν für גרר belegt (T. 130). A' bietet also keine Variante, sondern korrigiert nach MT.

יָסוֹרוּ ist in יָסוּרוּ zu ändern (vgl. die Kommentare).
(68) V. 15: Das Nebeneinander von חזקתי und יסרתי hat immer wieder
zur Ausscheidung des letzteren geführt. Dagegen wendet W. Rudolph
ein, daß dann das Wortspiel zwischen יסורו und יסרתי verlorengehe.
Man muß also annehmen, daß erst der Glossator die Assonanz herstellte, wenn man nicht mit W. Rudolph nach G. H. Drivers Vorschlag
in יסר ein Hapaxlegomenon, »nordisraelitisch-aramaisierend«, sehen
will, das später durch חזק ersetzt wurde und mit aram. אשר = »stark
sein« verwandt sein soll. Diese Hypothese ist nicht nur wegen des Vorkommens von יסר in Hos 10 10 sehr unsicher. Wenn überhaupt eine
Wortersetzung anzunehmen ist, dann eher die von חזקתי durch יסרתי,
was nicht nur zum Befund in LXX paßt, sondern auch dadurch verständlich ist, daß der Sinn von חזק pi. + זרוע im vorliegenden Kontext
doch nicht ohne weiteres einsichtig ist, da man eher eine Züchtigung
erwartet. Die Wahl der Wz. יסר durch den Glossator zeigt, daß auch
bei der Glossierung Assonanz als Verankerung im Text gelten konnte.
Diese Wortersetzung muß älter als die Variantlesung איסרם in v. 12b sein.
(69) V. 16: Er ist »unverständlich und gгossenteils corrupt« (J. Wellh.)
LXX εἰς οὐθέν hilft nicht weiter, weil es keine sicheren Rückschlüsse

erlaubt. Jedenfalls gibt οὐθέν die Konsonanten א-ע-ל wieder. Vielleicht las LXX לְאַל, ließ also ע aus. A' gibt vielleicht על לא(ל) wieder, die Vorlage der Quinta bleibt unsicher (vgl. H-R. 299c und T. 54).

Auf dem weiten Feld der freien Konjektur überzeugt noch am meisten H. W. Wolffs Vorschlag וְלֹא אֵלַי: Kehren sie schon um, so doch nicht zu Jahwe. Dazu paßt der Vergleich mit dem fehlschießenden Bogen; היו gehört also zum Folgenden. Vielleicht bietet LXX eine kleine Stütze für diese Konjektur, da sie das ע wohl nicht liest. Es muß also mit Haplographie des ו (ישובו ולא) und mechanischer Korruption des אלי gerechnet werden. MT bietet unter möglichster Wahrung des überlieferten Konsonantenbestandes eine aus der freilich selbst verderbten Stelle Hos 11 7 (auch dort geht Wz. שוב voraus: Hillel 2) gewonnene Deutung. V. 16aα ist ein Doppeldreier.

(70) »Vom Zorn ihrer Zunge, das ist ihr Spott« kann nicht richtig sein. זו לעגם scheint Glosse zu dem unverständlichen זעם לשונם zu sein, während »im Lande Ägypten« zum ursprünglichen Text gehören kann, da es der Feststellung, »sie kehren um, doch nicht zu mir«, eine besondere Pointe verleihen mag. Dahinter stehen wohl politische Ereignisse.

זעם heißt nicht »Frechheit«, obwohl diese an der Erklärung der Glosse orientierte Behauptung in den Kommentaren immer wieder auftaucht. Vielmehr heißt es »Zorn« bzw. die zur Ausführung kommende »Verwünschung« (vgl. KBL) und wird fast immer von Gott gebraucht. Von daher muß לשונם begriffen werden. Es betont, daß die Unheil wirkende Verwünschung von den Betroffenen selbst ausgeht, daß Jahwes Handeln also allenfalls darin besteht, sie sich selbst überlassen zu haben. Daß זעם לשונם eine stärkere Form für זעמם ist, wird klar, wenn man bedenkt, daß es kein hebr. Wort für »selbst, eigen« gibt, sondern daß das betonte Possessivpronomen durch den Genetiv eines die Person umschreibenden Substantivs (meist נפש — BM. § 110, 2b) ausgedrückt wird. Bei זעם ist der ausführende Körperteil die Zunge. So fügt sich auch v. 16b sinngemäß in den Kontext: Israel hat sich immer wieder von Jahwe abgewandt (v. 13a. 14bβ. 16a) und versucht, eigene Wege zu gehen. So fallen die Repräsentanten dieser Politik auf Grund des von ihnen selbst ausgesprochenen Verderbensurteils. Die Glosse bezieht sich mit dem f. זו auf den ganzen Ausdruck מזעם לשונם und interpretiert ihn vielleicht nach Jes. 28 14-18 (Hillel 6).

8 1-3:

»Der Alarmruf eröffnet ein begründetes Drohwort (1aβ-3), das in sich völlig abgerundet ist.« (H. W. Wolff 171).

V. 1: Der Text ist nicht zu ändern (vgl. H. W. Wolff und W. Rudolph). LXX las אל חקם כעפר (Verwechslung כ/ק).

(71) V. 2: Vor לי muß durch Haplographie mit dem vorangehenden Wort ein ו ausgefallen sein, da v. 2 syntaktisch und sinngemäß zu v. 1b gehört. אלהי kann als formelhaft kollektive Gebetsanrede trotz des pluralischen Subjekts der Verbalform bestehen.

(72) ישראל ist in LXX nicht bezeugt und sollte, obwohl sie »ihren guten Sinn hat« (W. Rudolph), als Hinzufügung aus dem Kontext (v. 3a) ausgeschieden werden.

V. 3: ירדפו steht für ירדפהו (BM. § 84, 2a).

Der ganze Spruch v. 1-3 besteht aus drei Vierern und einem abschließenden, mit der zweiten Vershälfte thematisch auf v. 1a zurückweisenden Fünfer.

8 4-6:

Die Abgrenzung wird in den Kommentaren meist anders vorgenommen, aber vgl. H. Donner 55f. W. Rudolph gibt dem Abschnitt v. 4-7 die Überschrift »selbstgemachte Könige und selbstgemachte Götter«. Sie kann aber eigentlich nur über v. 4-6 stehen, während v. 7 offenbar (7bβ) das Verhältnis zu den »Fremden«, also den Aspekt der Außenpolitik, im Auge hat. Das verbindet v. 7 mit dem Folgenden und hebt ihn von v. 4-6 ab.

V. 4: Die sich in Schreibung und Vokalisation aussprechende Auffassung der Texttradenten, daß השירו = הסירו sei, darf nicht über den Parallelismus mit המליכו hinwegtäuschen, wenngleich vielleicht das Mitdenken der Wz. סור beabsichtigt ist. Hosea wendet sich hier gegen Israels selbstherrliche Etablierung im Kulturland, die es nicht nach Jahwe fragen läßt. Eigentlicher Gegenstand des Spruches ist also die Kanaanisierung des Volkes, die sich im nichtcharismatischen Königtum (A. Alt, KS. 2, 126), im kanaanäischen Beamtentum (H. Donner, Or.Ant. 2, 229 ff.; man braucht also nicht wie W. Rudolph einen religiösen Investiturakt als Begründung der Verurteilung zu vermissen) und in den Reichsheiligtümern Jerobeams I. äußert, die zwar Jahweheiligtümer waren, in der praktischen Volksreligion aber vermutlich synkretistische Züge trugen (vgl. die Erwägungen bei M. Noth, G.I., 212f.).

(73) Dieser Hoseaspruch bildet eine der frühesten Verankerungen späterer Götzenpolemik, die wiederum auf ihn zurückgewirkt hat. למען יכרת ist eine Eintragung (A. Weiser), deren Terminologie für spätere Texte typisch ist (vgl. z. B. Zeph 1 11 Sach 9 10; hi. Mi 5 9-12 Nah 1 14 Sach 9 10 13 2). Der Zusatz ist auch durch das Metrum (Fünfer) erkennbar. Ob Sg. oder Pl. (LXX) der Verbalform zu lesen sei, ist nicht mehr zu entscheiden, da beides möglich ist (vgl. H. W. Wolff).

(73a) V. 5: זנח kann nicht richtig sein. Die meisten Kommentatoren ändern aus Gründen des Parallelismus in eine Form der 1.comm.sg.

Gegen den Imperativ (H. W. Wolff nach LXX) spricht (W. Rudolph) das Suffix, das einen imp.*f.*sg. erwarten ließe. Bei unverändertem Konsonantenbestand bleibt nur die Möglichkeit, das Part.pass.qal (hex. Zeugen teilweise, vgl. J. Ziegler App.) oder inf.abs.qal (W. Rudolph) zu lesen. Da der absolute Infinitiv mehr grammatische Möglichkeiten offenläßt, gebührt ihm, freilich nicht ohne Zweifel, der Vorzug: »Verwerfung in bezug auf dein Kalb, Samaria, mein Zorn ist wider sie entbrannt« (vgl. GK. § 113f).

(74) V. 5b ist Glosse (K. Marti, W. R. Harper, A. Weiser), die den Zusammenhang zwischen v. 5a und v. 6 interjektorisch durchbricht. »Die Frage מתי עד gehört zur Topik der Klage (Ps 6 4 13 2f. 35 17 79 5 80 5 89 47 Sach 1 12)« (H. W. Wolff 181). Daß Hosea (5 13) »לא יוכל als Ausdruck der Unfähigkeit« kennt (H. W. Wolff 182) ist nicht verwunderlich und liefert nicht den Beweis seiner Autorschaft. Merkwürdig ist allerdings, daß יכל hier mit reinem Akkusativ steht, nicht mit ל wie Hos 5 13 (auch Am 7 10 Jes 7 1 und in der überwiegenden Zahl aller Belege: L. 601c—603b); eher als mit »können« ist hier also mit »auszuhalten vermögen« (vgl. Hos 12 5) zu übersetzen. Der Satz ist die verzweifelte Interjektion (vgl. Jes 6 11) eines Lesers, der den Text offenbar für seine Zeit aktualisierte, in der »Israel« auf die Glaubensgemeinschaft bezogen werden konnte. Das ist kein sicheres Indiz, aber vielleicht ein Hinweis auf Entstehung nach 586. W. Rudolphs Übersetzung »Wann endlich wollen sie reinen Tisch machen?« geht dem Problem des Wortes נִקָּיֹן aus dem Wege. Es heißt nicht, auch nicht in Am 4 6 (s. o. S. 27), »Reinheit, Sauberkeit im physischen Sinn« (W. Rudolph 158), sondern kultische Reinheit und Schuldlosigkeit (Gen 20 5 Ps 26 6 73 13) und paßt schon deshalb kaum in hoseanischen Kontext.

(75) Außer in Am 4 6 steht es immer in Verbindung mit כפים, das sich auch hier herstellen läßt, wenn man dem unverständlichen כימ in 6a ein durch Haplographie nach כ ausgefallenes פ ergänzt. LXX las oder interpretierte בישראל. Die vorgeschlagene Konjektur entfernt sich weniger vom Konsonantenbestand als die in BHK App. erwogene und ergibt einen sinnvollen Satz (ישראל als Kollektivum mit pl. Prädikat): »Bis wann vermag Israel nicht Reinheit der Hände durchzuhalten?«, d. h. wie lange wird es vor Jahwe sündigen? Die Erwähnung der Hände ist auch im Zusammenhang mit v. 6a sinnvoll. Nach der Haplographie des פ kam es zur falschen Abtrennung durch andere grammatische Deutung: »denn von Israel ist es (scil. das Kalb), und ein Schmied hat es gemacht«.

8 7-10 (vgl. Anhang Nr. 8):

Zur Abgrenzung vgl. H. Donner.

(76) V. 7: Die m. Formen des Suffixes und der Verben stören nur
scheinbar; ändert man sie in solche der 3.f.sg., so wird nicht einsichtig,
warum der eindeutige Text nicht bewahrt wurde. Diesem Dilemma
versucht W. Rudolph durch eine unwahrscheinliche Konstruktion zu
entgehen, nach der קמה אין לו ein vorangestellter Relativsatz zu צמח
wäre. Besser und dem gebrauchten Bild adäquat ist sein zweiter Vorschlag, אין לַצֶּמַח zu lesen. Dabei wird צמח zum Subjekt des zweiten
Halbsatzes, der Subjektswechsel ist durch den Reim bedingt. »Keinen
Halm hat der Sproß — der bringt keine Kost«, d. h. wo der junge
Pflanzensproß nicht einmal bis zum stehenden Halm emporwächst,
ist erst recht keine Halmfrucht zu erwarten. Falsche Abtrennung
führte zur Lesung לו, die קמה als Subj. zu יעשה und darum als m. ansieht.

V. 7bβ bringt die Applikation auf Israel und zugleich die Verknüpfung des Sprichwortes mit v. 7a. Nicht nur wird aus Nichts nichts,
sondern aus Wind entsteht Sturm: Bringt der schwache Sproß, der
Israel ohne Jahwe ist, Frucht, so wird sie doch von Fremden verzehrt.

V. 8: נבלע ישראל muß, da es inhaltlich und in der Wortwahl anschließt, direkt hinter v. 7 stehenbleiben. Der Vers beginnt also mit
zwei Hebungen, so daß nicht durchgängig Fünfer (H. Donner) gelesen
werden können. Freilich könnte man v. 8a zu v. 7bβ ziehen, um dort
einen Sechser zu lesen.

נבלע kann auch tolerativ verstanden werden i. S. v. »sich verschlingen lassen«. Das paßt besser zum Vorwurf von v. 9 (המה = »sie
selbst«) und in den Zusammenhang der die Funktion des Scheltwortes
wahrnehmenden Schilderung. Das Drohwort folgt in v. 10. Der Text
von v. 8 ist einwandfrei erhalten.

V. 9: V. aβ.b bildet eine neue metrische und syntaktische Einheit.
Der Wildesel sollte nicht herauskonjiziert werden, da er ein schönes
und im Vergleich innerhalb weltpolitischer Dimensionen treffendes
Wortspiel zu Ephraim bildet. Formal sind wieder die früheren Ephraim-
Sprüche zu vergleichen (4 17 5 11 7 8. 11). »Ephraim« gehört gegen die
masoretische Akzentuierung zu v. 9aβ: »Ein Wildesel, der für sich
allein ist, ist Ephraim.« Der Wildesel vermag für sich allein nichts, da
er ein Herdentier ist. התנו אהבים gehört nicht mehr zum Bild, sondern
führt aus, worin der Alleingang Ephraims bestand. Indem es tat, was
alle Völker taten und tun mußten, löste es sich von Jahwe und damit
aus der einzigen für es möglichen Gemeinschaft; es wurde damit zum
»Gefäß ohne Wert«.

Zwar trifft es zu, daß LXX vom Wildesel nichts weiß (H. Donner), aber mit
ἀναθάλλειν (H-R. 77a) dürfte sie פרח (vgl. Ez 17 24), also eine ganz ähnliche Konso-

nantengruppe, wenn nicht gar פרה, voraussetzen. War פרא mit auslautendem ה geschrieben (vgl. Jer 2 24 ?), so ist die Verwechslung ה/ח kein Problem.

V. 10: Dieser Vers ist der Gegenstand mannigfacher Änderungsvorschläge der Kommentatoren. Für יתנו bietet LXX eine passive Form, die sich durch einfache Umvokalisierung zum Hofʻal herstellen ließe. Das Hofʻal ist die Passivform zum Hifʻil; das Verb im Hofʻal bedeutet also, daß das Subjekt der Verbalform von einem anderen, der Subjekt des Hifʻil wäre, veranlaßt wird, das zu tun, was das Qal des Verbums — sofern es sich um eine Tätigkeit handelt — ausdrückt. Das ließe sich hier vertreten, wenn man annähme, daß gesagt werden soll, daß Ephraim von einem anderen — Assur — veranlaßt wird, zu geben, d. h. Tribut zu zahlen. Nach der offenbar mit אקבצם beabsichtigten Antithese muß es aber heißen: »Wenn sie *sich* auch preisgeben unter die Völker, so will ich sie doch zusammenbringen.« Die Antithese wird durch גם כי unterstrichen. Zu קבץ mit negativer Bedeutungsrichtung vgl. Hos 9 6 Zeph 3 8. W. Rudolphs Einwand, daß an den Stellen, wo קבץ negativ ist, von der Sammlung von Menschen oder Dingen die Rede sei, die »vorher nicht zusammen waren«, entfällt, wenn man יתנו nach LXX ändert.

(77) Statt יתנו ist also reflexives Nifʻal נִתְּנוּ zu lesen. Verlesung י)נ (das zeitweise sehr ähnlich ist) kann noch begünstigt worden sein durch die Hifʻil-Form התנו im unmittelbaren Kontext. Daß die Versionen ebenso wie die meisten Kommentatoren קבץ für einen heilvollen Begriff halten, liegt daran, daß sie vom Exil und den es voraussetzenden Heilsweissagungen her denken.

Für v. 10b setzt LXX bekanntlich ויחדלו מעט ממשח מלך ושרים voraus. »Dieser Text, besonders die Ersetzung von ממשא durch ממשח, hat weithin Beifall gefunden. Trotzdem ist er abzulehnen, 1. weil Fürsten nicht gesalbt werden (vgl. 7 3), 2. weil man den Gedanken der Königsmacherei hier nicht mehr erwartet« (W. Rudolph 160). Ausschlaggebend ist der zweite Punkt. Gegenstand des Spruches ist nicht die Innen-, sondern die Außenpolitik gewesen. So ist der Bezug auf sie auch im abschließenden Drohwort zu erwarten. Einleuchtend ist darum die schon von J. G. Eichhorn und F. Hitzig vorgetragene, neuerdings von H. W. Wolff und W. Rudolph befürwortete Deutung von משא im Sinne von »Tributlast«. Ihr Vorzug liegt nicht nur darin, daß sie den überlieferten Text unverändert läßt und daß sich die Entwicklung משא) משה (משח (= LXX) eher begreifen läßt (s. o. zu פרא) als umgekehrt, sondern vor allem in der Einheitlichkeit zwischen Scheltwort und Drohwort. War dort im ironischen Bild von den »Liebesgaben« die Rede, so nun von den lastenden Abgaben. Beide Male geht es im Prinzip um dieselbe Sache, aber der Sinn ist auch hier typisch hoseanisch: Was Ephraim sich in seiner Eigenmächtigkeit eingebrockt hat, das läßt Jahwe es nun in seiner Strafe auslöffeln.

Mit der Ablehnung der LXX-Lesung für ממשא ist auch die von
ויחדלו gegeben. H. W. Wolff vokalisiert וְיָחֵלוּ und macht geltend, daß
חיל »oft von politischer Not gebraucht« werde. Allerdings muß bedacht
werden, daß es sich bei den von ihm angeführten Stellen immer um
eine dem Geburtsvorgang entspiechende akute Bedrängnis handelt,
was sogar zum Topos der Gebärenden in der Heilseschatologie führt
(T. Lescow). Diese Situation ist aber hier nicht gemeint. Vielmehr geht
es um die dauernde Bedrückung durch den Tribut des assyiischen
Königs. Darum ist A. van Hoonackers Vorschlag וְיַחֲלוּ von חלה i. S. v.
»leiden, schwach werden« (Hos 7 5) vorzuziehen.

(78) Muß damit auch מלך שרים i. S. v. »Großkönig« (zuletzt H. W.
Wolff und W. Rudolph) verstanden werden? — Die Versionen setzen
einhellig מלך ושרים voraus, also eine auch sonst bei Hosea belegte Verbindung (3 4 7 3-7). Ist es schon an sich unwahrscheinlich, daß gerade
Hosea den Großkönig sozusagen mit seiner offiziellen Titulatur ein-
führte, so sprechen die beiden Stellen 5 13 und 10 6 geradezu gegen die
hier gebotene Form. In bezug auf die Überlieferungsgeschichte kann
man aber nicht sagen, daß MT die lectio difficilior biete (W. Rudolph).
Nach 586 mußte v. 10a an das Exil erinnern, und überdies spricht Hosea
hier ja wirklich von der durch den Großkönig auferlegten Last. Da die
Texttradenten, wie sich immer wieder zeigt, innerhalb ihrer Zeit glän-
zende Exegeten waren, legte sich die Streichung oder (unbewußte)
Auslassung des ו nahe. Es liegt eine exegetische Korrektur vor; denn
daß der Text mit ו die größeren Schwierigkeiten bot, zeigt die LXX
zugrunde liegende Fassung.

משא steht also nicht im st. cs., sondern im absolutus. König und
Beamte sind das Subjekt zu ויחלי. Sie als die Repräsentanten der be-
anstandeten Politik werden binnen kurzem selbst unter ihr zu leiden
haben.

8 11-13:

Mit deiktischem כי beginnt eine neue Einheit, deren Abgrenzung
dadurch gegeben ist, daß v. 14 eine andere Situation voraussetzt.

(79) V. 11: »Das erste לחטא ist zu streichen, da es dem zweiten Satz
die Bedeutung raubt« (J. Wellh.); die Eintragung erfolgte aus dem
unmittelbaren Kontext.

»Die Tempusfolge אכתוב impf. — נחשבו pf. zeigt hier wie in v. 13a,
daß die vorangestellte impf.-Aussage als »Umstandsausdruck« einen Nebensatz vertritt, der auf die pf.-Hauptaussage zugeht« (H. W. Wolff 186).
Dieses Satzgefüge ist aber tempusungebunden und kann sowohl einen
Tatbestand der Vergangenheit als auch einen Potentialis der Gegenwart ausdrücken (BM. § 122, 1). Insofern ist auch nicht sicher zu entscheiden, ob Hosea hier, wie H. W. Wolff meint, eine schriftliche Gesetzes-

überlieferung voraussetzt, wenngleich es zumindest für den Dekalog (vgl. 4 2) als möglich gelten darf.

(80) Bei der Entscheidung zwischen רבּוֹ (Ketib) und רָבֵּי (Qere) wird dem Qere der Vorzug zu geben sein, obwohl pl. von לב sonst nicht vorkommt. Gerade dieser Umstand kann zur Lesung רבו geführt haben. LXX stützt trotz gleichen Konsonantengerüstes nicht רִבּוֹ und steht somit in einer Traditionslinie mit den Masoreten. Der Plural wird auch wegen des pl. Verbums gebraucht. Zu übersetzen ist »meine vielen Weisungen«. Da תורה eigentlich die eine Unterweisung Jahwes ist (Hos 4 6 8 1) muß der Plural der Einzelerteilungen der Weisung durch die vorliegende Genetivverbindung ausgedrückt werden. רבו ⟨ רבי ist Verschreibung י/ו zugunsten des geläufigeren Ausdrucks.

(81) V. 13: זבחי הבהבי, das LXX noch zu v. 12 zieht, bereitet Schwierigkeiten. Die beiden letzten Konsonanten von הבהבי hat LXX als כי gelesen. Die hex. Zeugen bieten keinen anderen Text als MT. B. Duhms Vorschlag, זבחים אהבו zu lesen und auch der wohl noch bessere K. Martis, זבח אהבו, bieten einen Anstoß, den hinter LXX stehenden Text genauer zu prüfen. Darin liegt »die Erinnerung an die Wz. אהב« (H. W. Wolff 170). Diese kann auch aus dem vorliegenden Konsonantentext gewonnen werden, wenn man eine impf.-Form 3.m.pl.qal mit quieszierendem א annimmt. 1.comm.sg. אֶהָב ist Prov 8 17 belegt. Demnach ist zu lesen: זֶבַח יֶהָבוּ. Würde man LXX folgen und mit (deiktischem) כי fortfahren, wären auch die beiden letzten Konsonanten geklärt, allerdings ohne textgeschichtliche Wahrscheinlichkeit. Es muß also damit gerechnet werden, daß eine Dittographie vorliegt, wobei das Suff. der 1.comm.sg. aus ו entstanden ist, weil es nach dem Kontext zu erwarten ist: זבח יהב(ו) ויזבחו

⟨ זבח יהב(ו) יהב(ו) ויזבחו

⟨ (falsche Abtrennung): זבח הבהב(י) יזבחו

W. Rudolphs Mahnung, »wie könnte aus einem so einfachen Satz MT entstanden sein?« (161), steht der hier angenommenen Textentwicklung nicht entgegen, da יֶהָבוּ in der Tat eine nicht einfache Form wäre. So ergibt sich ein Parallelismus, wobei von יהבו zwei Objekte, זבח und בשׂר, abhängen:

> »Schlachtopfer lieben sie — und sie schlachten,
> Fleisch — und sie essen.« (l. וַיֹּאכלו).

Der Sinn ist ungefähr der gleiche wie in Am 4 5: Der Kult dient Israels Bedürfnissen, aber nicht Jahwes Willen.

»Der Wechsel von 1. und 3. Pers. Jahwes ... begegnet oft bei Hosea ..., insbesondere bei Übergängen zu lehrsatzartigen Formulierungen« (H. W. Wolff 174), vgl. 2 22. V. 13b ist nicht zu ändern; hier beginnt ein neuer Satz.

Auch die drei letzten, sicher von Hosea formulierten Worte »sie müssen nach Ägypten zurück« dürfen trotz der metrischen Schwierigkeiten nicht gestrichen werden.

8 14:

(82) Dieser Vers ist in bezug auf die Echtheitsfrage stark umstritten. Bezweifelt oder ausgeschieden wird er u. a. von B. Stade, J. Wellh., W. Nowack, K. Marti, W. R. Harper, während sich Th. H. Robinson nicht klar entscheidet und neuerdings A. Weiser, H. W. Wolff und W. Rudolph die Echtheit behaupten. Dennoch überwiegen die Bedenken:

1. Der Spruch gehört, wie auch die Verfechter der Echtheit bemerken, sicher nicht in den vorliegenden Zusammenhang.

2. »Hier taucht zum ersten und einzigen Male Juda in diesem Kapitel auf« (W. Rudolph 169).

3. Es liegt ein unverkennbarer Anklang an Amosstellen (den Kehrvers im Völkergedicht Kap. 1f.) vor.

4. »Allerdings heißt Jahwe nirgendwo sonst bei Hosea der *Schöpfer* Israels .... Genau vergleichbare Formulierungen finden sich erst bei Dtjs (51 13 44 2)« (H. W. Wolff 188).

1. und 2. sind natürlich keine zwingenden Argumente, sondern nötigen nur, wenn man Hosea als den Verfasser ansieht, für die Entstehung in die Zeit Jerobeams II. hinaufzugehen.

3. dagegen wiegt schwerer. Daß »die Ähnlichkeit von v. 14b mit den genannten Amosstellen ... einfach in der Natur der Sache« liege (W. Rudolph 169), ist eine Verlegenheitsauskunft angesichts der wörtlichen Übernahme der 1.comm.sg., die innerhalb von v. 14 einen Bruch bedeutet. Es läßt sich kaum von der Hand weisen, daß ein Zitat vorliegt. Wenn H. W. Wolff bemerkt, daß auch Hos 4 15 an ein Amoswort erinnere, jedoch Hosea nicht abgesprochen werden könnte, so ist hier von einer anderen Entscheidung über 4 15 (s. o. Nr. 25) her auch eine andere Grundlage für die Beurteilung von v. 14 gegeben. Die Zusammengehörigkeit beider Verse wird als erwägenswert im Auge zu behalten sein.

Vollends ist es kein stichhaltiger Einwand gegen 4., wenn H. W. Wolff und W. Rudolph auf den *sachlichen* Hintergrund von 11 1 und 13 4 (auch 9 10 wäre zu vergleichen) verweisen. Hier geht es um die Terminologie, nicht um die Identität der Grundgegebenheiten israelitischen Glaubens. Die natürlich von niemandem intendierte letzte Konsequenz einer solchen Betrachtungsweise wäre der Verzicht auf formale, und damit im Grunde auf die hauptsächlichen, Kriterien historisch-kritischer Arbeit am Alten Testament.

Die Nennung »seines Schöpfers« gibt vielmehr eine Datierungshilfe an die Hand, die eine zeitliche Einordnung dieses Spruches und etwa mit ihm verwandter erst in die Zeit um oder nach II-Jesaja empfiehlt. Natürlich bedeutet diese Entscheidung nicht die Bestreitung der Angemessenheit der Einfügung an dieser Stelle: Daß sie »gut gewählt ist und den Intentionen Hoseas entspricht, ist nicht zu leugnen« (W. Rudolph 170). Die Glosse ist sowohl in der Gesamtheit des Hoseabuches (שכח in 2 15 4 6 13 6) als auch im unmittelbaren Kontext (הרבה v. 11) verankert.

»היכלות scheinen Götzentempel sein zu sollen« (J. Wellh.), da sie im Zusammenhang des Vergessens des Schöpfers stehen. Sachlich können damit nur die Reichsheiligtümer gemeint sein, doch zeigt der in Analogie zum Jerusalemer Tempel gebrauchte Ausdruck die zeitliche Distanz. Dementsprechend wird Juda nicht das gleiche vorgeworfen, da dort ja der legitime Jahwetempel stand. Seine Schuld bestand vielmehr im Bau befestigter Städte, die, als Schutz gegen Feinde gedacht, nicht Jahwe den einzigen Beschützer sein ließen (vgl. z. B. Jes 7).

ערים בצרות ist ein von der dtn./dtr. Literatur geprägter Begriff (vgl. z. B. Dtn 1 28 3 5 9 1 Jos 14 12 II Sam 20 6 II Reg 18 13 19 25 und in der chr. Literatur — L. 272c—273a).

V. 14 blickt zurück auf die Katastrophe, die Juda ebenso wie Israel getroffen hat. Er sieht den Grund dafür in Israels religiösem und Judas politischem Autarkiebestreben von Jahwe. Damit unterscheidet er Juda und Israel als politische Größen, sieht aber in ihrer Geschichte das eine Wort Jahwes, das durch die Propheten gesprochen ist, am Werk. Er formuliert diese theologische Einsicht, die eine Aktualisierung des Prophetenwortes darstellt, in Anlehnung und Unterordnung an die Worte sowohl Hoseas als auch des Amos.

9 1-5:

Die meisten Kommentatoren sehen in v. 1-9 eine Einheit, doch scheint in v. 7 nach der Unheilsankündigung der vorangegangenen Verse ein neuer Spruch mit einem Disput zwischen Prophet und Volk zu beginnen (E. Sellin, A. Weiser). Für die Abtrennung von v. 6 von v. 1-5 ist auf W. Rudolphs (177) überzeugende Begründung zu verweisen. Der Personwechsel innerhalb v. 1-5 kann dagegen nicht Anlaß weiterer Unterteilungen oder Emendationen sein.

V. 1: W. Rudolph möchte es durch Änderung der Verben in die entsprechenden f. Formen umgehen, »daß Israel als Mann angeredet wird, obwohl ihm das Verhalten einer Dirne vorgeworfen wird«. Das ist aber vermutlich eine zu starke Strapazierung des übertragenen Gebrauchs von זנה bei Hosea, der »Israel« immer als m. verwendet (4 16

5 3. 5 10 1; bes. 11 1 und in der Parallele mit Jakob 12 3). Für זנה mit
m. Subj. vgl. 4 12 (sek. 4 15).

(83) Statt גיל ist wohl sicher תָּגֵל mit LXX und den anderen Versionen
zu lesen, obwohl אל גיל nicht unmöglich ist (H. W. Wolff, W. Rudolph)
und MT die lectio difficilior bietet. Der Parallelismus ist aber entscheidend. Es liegt Haplographie ל/ת vor.

(84) V. 2: Statt ירעם hat LXX ידעם gelesen, da γιγνώσκειν (H-R.
267a—270c) weitaus überwiegend, im Dodekapropheten allein, zur
Wiedergabe von ידע dient. LXX kann also nicht für רעה₂ (KBL, H. S.
Nyberg) »kennen« herangezogen werden. Sowohl MT als auch LXX
sind bedenkenswert. Für die Entscheidung zwischen beiden ist zu überlegen, womit der Parallelbegriff zu כחש בְּ erlangt wird. כחש pi. + בְּ
heißt »verleugnen« (Jos 24 27 Jes 59 13 Jer 5 12) und verlangt eher
»nicht kennen« als »nicht weiden, d. h. sorgen für« als Äquivalent.
Insofern ist H. S. Nybergs und H. W. Wolffs Argumentation zuzustimmen. Statt des eher unsicheren רעה₂ ist aber wohl ידע nach Hos 5 3
vorzuziehen und יְדָעֵם zu lesen. Verschreibung ר〉ד ist geläufig und hier
sogar nicht sinnstörend.

(85) בה ist aus בם verlesen, das einige hebr. Handschriften bieten
(BHK, App.).

V. 3: ושב ist ein stativischer Prekativ, vgl. BM. § 101, 1. 6.

V. 4: יערבו wird seit A. Kuenen gern in יערכו geändert. Ansprechend ist G. R. Drivers Vorschlag, nach akk. *erēbu* = »eintreten« ein
Hif'il i. S. v. »darreichen« (wie בוא hi.) der Opfer anzunehmen. W.
Rudolph verweist dazu auf das Südarabische und Syrische. Freilich
könnte man auch vom hebr. ערב₃ = »angenehm sein« aus (das, entsprechend etwa dem deutschen »angenehm«, auch mit *erēbu* verbunden werden könnte) ein Hif'il zum Qal postulieren. Doch verteidigt
H. W. Wolff mit guten Gründen MT. Der Subj.-Wechsel, der dabei
in Kauf genommen werden muß, wird in v. 4aβ fortgesetzt, und W.
Rudolphs Einwand, daß es nicht darum gehe, daß die Opfer nicht angenehm seien, sondern darum, daß sie überhaupt nicht dargebracht
würden, trifft zwar sachlich zu, könnte aber dann hinfällig werden,
wenn ערב auch terminus technicus für das einfache Darbringen wäre.
Das läßt sich freilich nicht belegen. Auf jeden Fall aber ist der masoretische Konsonantenbestand beizubehalten und entweder Qal oder
Hif'il zu vokalisieren. Auch in v. 4aβ kann man MT unbedenklich folgen, da der in 4aα begonnene Gedanke fortgesetzt wird: Nicht nur
werden keine Opfer mehr dargebracht, sondern die Lebensmittel, die
dazu dienen könnten, sind »wie Brot von Trauernden für sie: Alle, die
davon essen, werden verunreinigt«.

(86) V. 4b ist sicher nicht in seiner Gesamtheit hoseanisch. »Nicht
kommt es in Jahwes Haus« scheidet H. W. Wolff als Glosse aus, aber
damit muß konsequenterweise auch der erste Teil des Satzes fallen

(W. Rudolph), denn selbst wenn, wie H. W. Wolff annimmt, נפש hier »Gier« hieße, würde der Gedanke nicht zur vorangehenden Drohung passen. Zur Deutung der Glosse ist auf W. Rudolph (176) zu verweisen. Daß allerdings die Erwähnung eines bestimmten Tempels »der Exilsituation nicht entspricht« und deshalb auf nachexilische Zeit weise, vermag nicht zu überzeugen. Gerade im Exil wird die Sehnsucht nach dem einen Tempel, der natürlich spätestens seit der josianischen Reform als der von Jerusalem in aller Bewußtsein war, stark gewesen sein. Die Situation von v. 4bα, nach dem das Brot nur dem profanen Gebrauch dient (לנפשם = »für sie selbst«), ist, wie W. Rudolph selbst bemerkt, die der Exilierten. Ein vom Exil geprägter Leser hat hier eine theologische Auslegung des in v. 4a Gesagten aus der Sicht seiner Zeit gegeben.

V. 5 beschließt den Spruch zum Festjubel mit einer auf den Anfang zurückweisenden Frage.

9 6:

Die ursprüngliche Eigenständigkeit von v. 6 hat W. Rudolph (177) nachgewiesen. V. 6 ist nicht für den Aufbau von v. 1-5 nötig, weil v. 5 seine Begründung in v. 4 hat. Inhaltlich ist v. 6 von v. 1-5 total verschieden, da es nicht mehr um die Möglichkeit oder Unmöglichkeit des Festefeierns, sondern um das Ende der physischen Existenz geht. So setzt der Spruch v. 6 auch eine andere Situation voraus. משד darf nicht willkürlich geändert werden, zumal der Vorwurf, nach Assur und Ägypten zu gehen, ohnehin von der Drohung in v. 3 zu unterscheiden ist und v. 6aβ nur Ägypten erkennen läßt. V. 6 setzt eine Katastrophe voraus. Wenn diese Beobachtungen richtig sind, dürfte hier einer der letzten Sprüche Hoseas vorliegen, der in die Zeit des Endes des Nordreiches gehört. Vor der absehbaren Katastrophe suchen sich einige durch Flucht nach Ägypten zu retten oder auch ihren mobilen Besitz in Sicherheit zu bringen (vgl. W. Rudolph). Aber ihr Weg endet wie der der Zurückbleibenden im Nichts:

> »Siehe, sie gehen vor dem Verderben fort —
> Ägypten wird sie einsammeln, Memphis sie begraben;
> Kostbarkeit eignet ihrem Silber, aber
> Disteln werden sie beerben; Dorngestrüpp in ihren Zelten.«

(87) Das einleitende כי ist also wohl redaktionell, da deiktischer Gebrauch wegen הנה unwahrscheinlich ist. Hier wird ein Stück ältester Redaktionsarbeit erkennbar, die zur Bildung größerer Sprucheinheiten führt. Der Anlaß für die Anfügung von v. 6 an v. 1-5 hat wohl in der Drohung v. 3bα gelegen, die der Redaktor in den hinter v. 6 stehenden Ereignissen erfüllt sah.

V. 7:

Es ist sehr zu erwägen, ob nicht auch v. 7a aus der gleichen Zeit
des Unterganges stammt und die Entsprechung zu v. 3 bildet. Die Zuordnung zu v. 1-5 ist, obwohl sie sich in den Kommentaren weithin
durchgesetzt hat, nicht gänzlich überzeugend. Natürlich paßt jeder
Unheilsspruch hinter v. 1-5, aber es ist auch den Redaktoren nicht das
Gefühl für angemessene Zusammenstellung abzusprechen. Wenn aber
v. 7a nicht für sich allein betrachtet werden muß, ist er weit eher zu
v. 6 als zu v. 1-5 zu ziehen. Will man also nicht v. 1-9 als eine Einheit
betrachten, so ist das Problem nicht mit dem Hinweis zu lösen, daß
»man dann keinen Grund für die Strafandrohung von v. 7a erfährt«
(W. Rudolph). V. 7a konstatiert einen Sachverhalt, der evident gewesen sein kann oder auch die Bekanntschaft mit der Botschaft des
Hosea voraussetzt. Es muß nicht immer alles gesagt werden; wenn
v. 7a wirklich von Hosea stammt und etwa in der Zeit des Unterganges
gesprochen wurde, ist eine weitere Begründung überflüssig.

Die Wortwiederholung (H. W. Wolff 193) berechtigt stilistisch
zu Zweifeln an Hoseas Autorschaft, »die Abstractbildung *schillûm*
ist für Hosea auffällig« (J. Wellh.), sie kommt nur noch Jes 34 8 und
Mi 7 3 (L. 1450a) vor, das zugehörige Femininum Ps 91 8. Ähnlich verhält es sich mit פְּקֻדָּה (vgl. L. 1181c und H. W. Wolffs Aufstellung zu
יום פקדה: außer Jes 10 3 und dem späten Mi 7 4 nur Jer-Stellen). Trotzdem reicht diese Basis sprachlicher Indizien nicht aus, Hosea den Vers
abzusprechen. Ohne Sicheres v. a. auch über das Verhältnis zu v. 6
ausmachen zu können, darf man am ehesten vermuten, daß auch mit
v. 7a ein aus einer anderen Situation stammender Spruch als Erfüllung
hinter v. 1-5 gestellt wurde.

Freilich darf ידעו nicht geändert werden, wozu die in LXX vorausgesetzte Verlesung ר\ד v. a. seit A. van Hoonackers Vorschlag,
יָרִיעוּ zu lesen, immer wieder Veranlassung gegeben hat. Diese Änderung ist nicht nur »genial ..., aber ... unnötig« (W. Rudolph 173),
sondern auch durch die Vorentscheidung, einen Übergang zu v. 7b
schaffen zu wollen, belastet und auf Grund der Bedeutung der Wz. רוע
äußerst fragwürdig.

רוע hi. (L. 1325b—e) bezeichnet eine Lärmerzeugung, die, wo es um den
Gebrauch der menschlichen Stimme geht, als unartikuliert bezeichnet werden muß,
sei es, daß es sich um Kriegsgeschrei (Jos 6 10. 16 Jdc 15 14 I Sam 17 20 Jes 42 13)
handelt, um sonstige laute Alarmschreie (Jos 6 5. 20 I Sam 4 5 Hi 30 5 Esr 3 11. 13),
Fluchtrufe (Jdc 7 21; unsicher Jes 15 4) oder lautes Jammern (Mi 4 9); um Sieges-
oder Freudenjauchzen (I Sam 10 24 17 52 Jes 44 23 Jer 50 15 Zeph 3 14 Sach 9 9 Ps 41 12
47 2 66 1 81 2 95 1. 2 98 4. 6 100 1 Hi 38 7). Dem entspricht der Gebrauch des Verbs
für das Blasen von Alarmtrompeten (Num 10 7. 9 Hos 5 8 Joel 2 1 II Chr 13 12. 15.

In v. 7b folgt eine artikulierte und sinnvolle Rede; mag die Wut
des Volkes gegen Hosea auch groß gewesen sein, so wird man doch

kaum annehmen dürfen, daß die in v. 7b zitierte Kritik in unartiku-
liertem Gebrüll unterging.

Was gegen eine Abgrenzung von v. 7a gegen v. 7b spricht, ist
lediglich die masoretische Verstrennung. Sie ist als Zeugin des Text-
verständnisses ernst zu nehmen, aber nicht überzubewerten. Zweifellos
hat der Redaktor, der die größere Einheit von v. 1-9 herstellte, damit
einen sinnvollen Zusammenhang schaffen oder darstellen wollen. Wo
aber seinen Arbeitsmethoden nachgespürt werden soll, muß immer
wieder auch versucht werden, die ursprünglichen Einheiten zu ermitteln. Das wird freilich um so schwerer, je überzeugender die Ergebnisse
der alten Redaktionsarbeit sind.

9 7b-9 (vgl. Anhang Nr. 9):

Wenn W. Rudolph an anderer Stelle (99) H. W. Wolff »Dramatisierung« des Textes vorwirft, mutet es inkonsequent an, daß er v. 7b-9,
obwohl er sie als selbständige Einheit behandelt, mit v. 1-6 zusammen-
nimmt und hier hinter der Textanordnung noch den Gang der Ereignisse
zu erkennen glaubt (178): »Diese Exilsverkündigung, die in die augen-
blickliche Festfreude wie eine schrille Dissonanz hineinklingt, führt
zu wütendem Protest der Hörer, der sich in der Beschimpfung des
Propheten Luft macht.« Zweifellos ist v. 7bα ein Zitat, das ohne Einführung die Anwürfe der Gegner des Propheten wiedergibt (vgl. H. W.
Wolff, ThB 22, 47); es ist auch möglich, daß die Anklagen gegen den
Propheten anläßlich der Erntefestrede laut wurden; aus der Zusammenstellung der Sprüche aber läßt sich das weder beweisen noch
widerlegen.

Das Zitat selbst umfaßt nur v. 7bα, während in v. 7bβ bereits die
Entgegnung beginnt (W. Rudolph). Sie setzt die These der Verrückt-
heit des Propheten scheinbar voraus, indem sie in v. 7bβ den Grund
angibt (על ist in diesem Sinne zum Vorhergehenden zu beziehen, J.
Wellh.). Allerdings setzen nun erhebliche Textschwierigkeiten ein.

(88) Die einfachste Lösung am Ende von v. 7 ist die Ergänzung des
Artikels vor dem Substantiv bzw. die Auflösung der in MT vorliegenden falschen Abtrennung (J. Wellh.). Daß dann zweimal רב steht, ist
angesichts des Textzustandes das kleinere Übel. Da auch MT einen
grammatisch vertretbaren Sinn ergibt (»Wegen der Fülle deiner Schuld
gibt es auch viel Anfeindung«), ist die falsche Abtrennung verständlich.

Wenn also v. 7bβ nicht als selbständiger Satz, sondern als Weiterführung von 7bα und inhaltlich als Umkehrung des Vorwurfs anzusehen ist, wird damit auch das Problem von v. 8a einer Lösung näher-
gebracht, das H. W. Wolff (202) folgendermaßen formuliert: »Sagt
der Satz über das Volk oder den Propheten aus? Ist er also 7bβ oder
8b zuzuordnen?« Da nach der hier vorgeschlagenen Lesung von 7bβ

diese Alternative nicht mehr besteht, wird anzunehmen sein, daß die Darstellung der Schuld des Volkes bereits in v. 8a beginnt.

(89) V. 8: Freilich kann der Text in seiner jetzigen Form nicht in Ordnung sein. LXX führt auf צפה אפרים עם אל(הים) נביא. Dazu fügen A′ und Σ′ noch ἐμοί (= אלי?) hinzu, wenn nicht innerhexaplarische (syr.) Verderbnis von דילי = μου zu לי = ἐμοί vorliegt und die Zeugen also MT bestätigen (vgl. J. Ziegler App.). Nach dem Kontext muß צפה ein negatives Verhalten des Volkes beschreiben. E. Sellin hat denn auch vorgeschlagen, mit »auflauern« zu übersetzen, wogegen H. W. Wolff (193) geltend macht, daß das Verb in diesem Sinne »nur Ps 37 32 belegt und mit ל statt עם verbunden« sei. Andererseits würde der Vorwurf ganz dem in 8b Gesagten entsprechen. Nun ist nicht zu bezweifeln, daß עם אלהי ohnehin Schwierigkeiten verursacht und das Suffix zumindest in dem LXX vorliegenden Text nicht bezeugt war. נביא fällt durch seine Artikellosigkeit gegenüber v. 7b auf.

Angesichts dieser Beobachtungen und der Nötigung zu einer Konjektur ergibt sich unter möglichster Wahrung des Konsonantenbestandes der Vorschlag, צֹפֶה אֶפְרַיִם עַמּוֹ אֶל הַנָּבִיא zu lesen: »Es lauert Ephraim, sein (eigenes) Volk, auf den Propheten.« In MT liegt praktisch nur eine falsche Abtrennung vor, die wohl durch die Vorstellung von der prophetischen Wächterpflicht bedingt ist (vgl. Jer 6 17 Ez 3 17 33 2. 6. 7). Wie MT verstanden werden kann, zeigt die Übersetzung von M. Buber-F. Rosenzweig: »Der als Späher, o Efraim, zugesellt ist meinem Gott, ein Künder …«. Für »sein Volk« in bezug auf den Propheten vgl. z. B. Mi 1 9.

(90) Wenn אלהיו in v. 8b nicht nach LXX geändert werden soll, muß man »Haus seines Gottes« notgedrungen auf das Land beziehen (H. W. Wolff). Gegen Schlußfolgerungen, die hier einen Beleg für Hoseas Funktion als Kultprophet nahelegen sollen, vgl. H. W. Wolff. Vielleicht ist aber doch בית אלהים vorzuziehen und als Gattungsbezeichnung (»selbst an gottgeweihter Stätte«, so erwägungsweise W. Rudolph 174) zu verstehen. Die Korrektur zum suff.3.m.sg. //דרכיו war grammatisch wie auch dogmatisch naheliegend.

(91) V. 9: »Der Rest von v. 9 scheint zufällig aus 10 9 und 8 13 zusammengeweht worden zu sein« (J. Wellh. 123), aber auch der Anfang ist nicht unproblematisch. העמיקו שחתו zieht J. Wellh. zu v. 8 und liest שַׁחַתוֹ. Dann ist aber משטמה in v. 8 unverwertbar, d. h. man hat eine Textschwierigkeit durch eine neue behoben. Anderseits würde das Graben der Grube wohl zu v. 8bα passen. Eine ähnliche Bildwelt liegt in Hos 5 1-2 vor. Nun ist natürlich nicht zu bestreiten, daß Hosea zweimal dasselbe sagen kann, aber es ist doch auffällig, daß auch in 5 1 dem Bilde der Fanggrube das der Vogelfalle (פח) vorausgeht. Dazu kommt, daß v. 9b in der 3.m.sg. offensichtlich von Gott redet, während man sie nach dem grammatischen Kontext auf den Propheten beziehen

müßte. So läßt sich doch nicht so leicht als ein »kurzsichtiges Urteil«
(W. Rudolph 180) bezeichnen, zu vermuten, daß v. 9b aus 8 13 übernommen ist.

Größte Schwierigkeiten aber bereiten die »Tage von Gibea« in
9aβ, die zumeist auf die in Jdc 19—21 berichteten Ereignisse bezogen
werden. So glaubt H. W. Wolff (204), hierin einen Beweis für die Ver-
trautheit Hoseas mit levitischen Kreisen sehen zu dürfen, während
W. Rudolph »für die Frage nach der Entstehungszeit von Judc. 19—21«
berücksichtigt wissen will, »daß diese Geschichte zu Hoseas Zeit im
Nordreich so bekannt war, daß das bloße Stichwort »Gibea« genügte,
um die Hörer ins Bild zu setzen« (180). — Die Gefahr eines Zirkel-
schlusses liegt nahe: Zum Stichwort »Gibea« ist dem Leser des Hoseatextes keine spektakulärere Schandtat als die in Jdc 19—21 berichtete
bekannt; also hat Hosea vermutlich auf sie Bezug genommen; also
muß diese Geschichte alt genug sein, um von Hosea berücksichtigt
worden zu sein.

Nun ist aber bekanntlich gerade Jdc 19—21, das aus dem Rahmen des dtr. Geschichtswerkes herausfällt, eine literarische Größe,
die jedenfalls gewichtige Indizien für eine späte Entstehung an sich
trägt. Das Nötige ist hierüber bei J. Wellh., Prolegomena (1927⁶, 231
bis 233) gesagt. Ohne Definitives über die Beurteilung von Jdc 19—21
sagen zu wollen, muß betont werden, daß weitreichende Schlüsse aus
der Verbindung dieser Erzählung mit Hos 9 9 nicht gezogen werden
dürfen. Eher ist noch die, freilich verzweifelte, Auskunft vorzuziehen,
daß es schlechterdings nicht auszumachen ist, worauf die »Tage von
Gibea« hier anspielen.

Vielleicht führt es aber weiter, J. Wellh. zu folgen und zu fragen,
wo sonst im Hoseabuch Gibea erwähnt ist. Bekanntlich ist das in 5 8
und 10 9 der Fall. In 10 9 werden sogar auch die »Tage Gibeas« genannt. Konsequent werden sie auch dort von H. W. Wolff und W. Rudolph auf Jdc 19—21 bezogen, obwohl das tertium comparationis
schwer zu finden ist, da es in der Richtergeschichte gerade nicht um
die Sünde Israels geht. Entsprechend kompliziert ist denn auch W.
Rudolphs Interpretation zu 10 9 (200). מן deutet er mit A. B. Ehrlich komparativisch; die Sünde Israels zu Hoseas Zeit werde mit der
Benjamins »zur Zeit Gibeas« verglichen. Während aber Benjamins
Schuld damals nur in der Duldung der Sünde bestanden habe, trete
bei Hoseas Zeitgenossen neben die Duldung und über sie hinaus das
Tun der Sünde. Dieser Vergleich, so scharfsinnig er ist, steht und fällt
aber (vgl. W. Rudolphs Interpretation des Gesamtspruches) mit der
Annahme, daß Hosea auf den vollen Bestand von Jdc 19—21 Bezug
nehmen konnte. Das darf aber mit Recht bezweifelt werden.

Es scheint sogar möglich, einen der Verankerungspunkte der späten Erzählung
von Jdc 19—21 im Hoseabuche zu sehen. Dort ist in 5 8 im Zusammenhang mit Gibea

vom Verderben Benjamins die Rede, in 5 9 folgen die »Tage der Zurechtweisung«
und die »Stämme Israels« in bezug auf die Kundgabe von נאמנה. An der hier in
Rede stehenden Stelle Hos 9 9 ist vom Heimsuchen der Schuld die Rede. In 10 9
kann man übersetzen: »Seit den Tagen Gibeas hast du gesündigt« und damit Gibea
als einen Wendepunkt in der Geschichte Israels ansehen, dem die Stellung von Jdc
19—21 innerhalb seines jetzigen Zusammenhanges entspricht. Es kann hier nicht der
Versuch unternommen werden, weitere in bereits vorliegendem biblischem Gut verankerte Einzelzüge in Jdc 19—21, etwa die Aufbietung der Stämme durch die Zer-
stückelung entsprechend I Sam 11, das literarisch sicher älter ist, zu verfolgen. Hier
sei nur wiederholt, daß J. Wellh.'s Argumentation zu 10 9 ebenso volle Beachtung
verdient (s. u. S. 187) wie sein Verdacht, daß 9 9 z. T. aus 10 9 »zusammengeweht« sei.

Die Gesamtheit der zu v. 9 gemachten Überlegungen erlaubt den
Schluß, Gedanken von W. Nowack und K. Marti folgend, den Vers
entweder ab כימי, wahrscheinlicher aber insgesamt für einen sekundären Abschluß des in v. 7b-8 (nur fragmentarisch?) erhaltenen Hoseawortes anzusehen, das in seiner jetzigen Form in der Tat eines Schluß-
satzes zu entbehren scheint. Weder v. 9b in MT noch seine Änderung
nach Formen der 1.comm.sg., die hier die Gottesrede herstellen will,
vermögen aber einen formal befriedigenden Abschluß zu schaffen.
(91) Der Glossator orientierte sich am vorgegebenen Hoseawort, so
weit es ging: nach 5 8 zitiert er nach dem gleichen Stichwort (Hillel 2)
פה Hos 5 2 in seiner noch nicht verderbten Form, d. h. er sieht 5 1-2
im größeren Zusammenhang, der ihm in 5 8 das Stichwort »Gibea« in
Verbindung mit »Tagen der Zurechtweisung« an die Hand gibt, das
seinerseits wiederum mit den »Tagen von Gibea« verbunden wird
(10 9). Die eigentliche Unheilsandrohung ist wörtliche Übernahme aus
8 13 und zeigt möglicherweise, daß sich der Redaktor nicht eigener
prophetischer Autorität teilhaftig wußte, sondern lediglich Tradent
des Hoseagutes war. Zeitlich läßt sich die Glosse schlecht einordnen
doch spricht nichts dagegen, in ihr den Abschluß der sekundären Einheit von v. 1-9 zu sehen und sie der Hand zuzuschreiben, die diese
Einheit zusammenstellte. Für relativ frühe Ansetzung spricht vielleicht auch, daß das Material zu v. 9 nur aus echtem Hoseagut, nicht
aus anderen prophetischen Büchern gewonnen ist. שָׁחֵתוּ, das nach 5 2
zu lesen ist, ist sekundär, vielleicht durch den Bezug auf Jdc 19—21,
zur Verbalform umvokalisiert worden.

9 10ff. (vgl. Anhang Nr. 10):

»Es ist längst aufgefallen, daß zwischen 9 9 und 9 10 eine tiefe
Zäsur im Hoseabuche vorliegt« (H. W. Wolff 208). Sie äußert sich
leider auch darin, daß die schweren Textprobleme noch zahlreicher
werden als im bisher besprochenen Teil des Buches.
Die Analyse der in 9 10-17 vorliegenden redaktionellen Einheit
steht großen Schwierigkeiten gegenüber. Die Verse 11. 13 und 16 spre-

chen von Ephraim, v. 10 von Israel. Allerdings kann, wie z. B. 11 1
und 3 zeigen, auch sonst »Ephraim« und »Israel« bei gesamtisraeli-
tischen Traditionen wechseln (s. u. Exkurs S. 240). L. Rost rechnet
deshalb mit der »Weiterführung der Tradition« Gesamtisraels im Nordreich bei Hosea. Zwischen v. 10 und v. 11 sehen auch H. W. Wolff und
W. Rudolph, die v. 1-17 mehr unter dem Gesichtspunkt der Einheit
betrachten, einen Einschnitt. Das gleiche gilt für den Übergang von
v. 14 zu v. 15. H. Donner behandelt v. 11-14 ansprechend als einen
Spruch mit politischem Hintergrund. An J. Wellhausens Vorschlag,
v. 16 zwischen v. 11-12 zu stellen, ist zumindest die Beobachtung richtig,
daß er thematisch eher dorthin gehört als zu v. 15. V. 15 möchte man
dann als Fortsetzung von v. 10 ansehen, wenngleich der Wechsel von
der Anrede (v. 10) zur 3. pers. (die Väter können in v. 15 nicht mehr
gemeint sein) ein Hindernis bietet. Man würde eher noch eine Zeile
erwarten, in der noch einmal Israel oder Ephraim genannt wäre und
der Vorwurf vom Verhalten der Väter auf das der jetzigen Generation
überginge. Innerhalb von v. 11-14 (H. Donner) fällt nun v. 13a als eher
hindernd der literarkritischen Analyse zum Opfer. Sein Anfang könnte
einen wörtlichen Bezug auf v. 10aβ herstellen und zu v. 15 überleiten.
Das würde auch zu den von W. Rudolph zu v. 13a angestellten Überlegungen passen.

Angesichts des geradezu verzweifelten Textbefundes in 9 10-17
darf darum vorgeschlagen werden, in v. 10. 13a. 15 eine ursprüngliche
Einheit zu vermuten (v. 13 hinter v. 10 schon bei E. Sellin). Diese Hypothese rechnet mit einer tiefgreifenden Umordnung der Sprüche in
v. 10-17. Ihren Gründen auf die Spur zu kommen, muß auch hier das
eigentliche Ziel der Untersuchung sein.

(92) V. 10: בראשיתה ist metrisch und sachlich überschüssig und von
der Mehrzahl der Kommentatoren als Glosse erkannt. Allerdings wird
nicht recht klar, warum sie hier nötig ist. Denn daß das Wort בכורה
nur viermal belegt ist (W. Rudolph), macht bei der Geläufigkeit der
Wz. בכר noch keine Worterklärung nötig (A. B. Ehrlich). Darum ist
auch die Deutung nach ב essentiae (Th. H. Robinson, H. W. Wolff)
nicht restlos überzeugend, sondern eher noch die von H. W. Wolff und
W. Rudolph allerdings verworfene »an seinem (des Feigenbaumes)
Anfang«, d. h. »wenn er zum erstenmal trägt«. So versteht M. Buber
(Glaube 169) den Text. Der Grund für die Glossierung wird so ein-
sichtiger. Der unvergleichlichen Köstlichkeit von Trauben in der Wüste
gegenüber, die E. Sellin sogar an der Echtheit des Textes zweifeln ließ,
verliert das zweite Bild etwas an Leuchtkraft. Handelt es sich aber
um einen Baum, der bisher noch nicht getragen hat, so wird die Kost-
barkeit der ersten Frucht evident. Mit בראשיתה liegt also eine Glosse
vor, die eine sachliche Erklärung zu dem in v. 10aβ gebrauchten Bild
bieten will.

Nach der Ausscheidung besteht v. 10a aus zwei Vierern.

(93) Zu v. 10b bemerkt J. Wellh.: »Schwerlich hat Hosea ... בשת und שקוצים geschrieben.« Hinter בשת vermutet man natürlich zunächst בעל, der aber ohnehin im Text steht. נזר kommt im ni. außer an dieser Stelle nur Lev 22 2 Ez 14 7 und Sach 7 3 vor, außerdem im Hif'il fünfmal in Num 6 und einmal Lev 15 31 (L. 914a—b). שקוצים, ein vornehmlich dtr. Wort, bezeichnet außer an dieser Stelle immer (L. 1495a bis b) Götzen, nicht aber deren Verehrer. Es ist also auch hier unwahrscheinlich, daß gesagt werden soll, die Israeliten seien שקוצים geworden.

Vielmehr ist שקוצים das Subj. zu ויהיו, und das Prädikatsnomen verbirgt sich in כאהבם. Es ist darum Verlesung כ)מ anzunehmen und (vgl. Hos 2 7) מְאַהֲבָם zu lesen.

(94) »Ihr Liebhaber« bezieht sich auf Baal Peor. Nachdem aber dieser Name nach באו als Ortsname verstanden wurde, mußte die eigentliche Tat des Abfalls als frei nach Num 25 paraphrasierende Glosse »und sie weihten sich der Schande, und Scheußlichkeiten wurden ...« eingefügt werden.

Danach ergibt sich für das Grundwort ein dritter, inhaltlich und sprachlich überzeugender Vierer:

> »Jene kamen — Baal Peor wurde ihr Liebhaber.«

V. 13a: Dieser Halbvers setzt nach v. 10, d. h. nach der Nennung der Vätergeneration (vgl. z. B. Jer 2 1-13 Ez 20), nun mit der gegenwärtigen Größe Israel = Ephraim ein. Der Text ist anscheinend verderbt.

(95) Hinter ראיתי könnte man noch לי erwarten, das sich vielleicht im folgenden Wort verbirgt. Für ראה mit לְ i. S. v. »sich ausersehen« vgl. Gen 22 8 Dtn 33 21 I Sam 16 1. 17. In den folgenden Worten muß ausgedrückt sein, wozu Ephraim ausersehen wurde. Man erwartet ein ähnliches, nun aber auf das Kulturland bezogenes, Bild wie in v. 10 und findet es auch in MT angedeutet. Der von LXX vorausgesetzte Text differiert stark, ist aber nicht heranzuziehen, da er offenbar auf Korrektur nach dem Kontext (v. 13b) beruht. Es ist mit W. Rudolph festzuhalten, daß »‚gepflanzt auf einer Aue' auf alle Fälle stehenbleiben« muß. Daraus folgert er, daß der Pflanzenname, der nach der f. Form שתולה zu erwarten ist, in לצור stecken muß und schließt sich F. Hitzigs (auf W. Arnoldi zurückgehendem) Vorschlag an, auf arab. ṣawr = »Palmensetzling« zu rekurrieren. In diesem Fall scheint eine arabische Etymologie vertretbar, da ein Pflanzenname aus dem Kontext ohne weiteres zu erschließen ist, MT nicht geändert werden muß und es auch verständlich ist, daß die spätere Überlieferung entweder auf צור oder auf צור, also die beiden bekannten Worte gleichen Konsonantenbestandes, führt. Auch die in LXX erkennbare Korrektur fügt sich gut in dieses Bild der Überlieferung ein.

Es ist also in v. 13a lediglich falsche Abtrennung לצור ⟨ לי צור, die aus dem Verlust der Wortbedeutung resultierte, anzunehmen. Überlieferungsgeschichtlich ist dieser Sachverhalt noch einleuchtender als die von W. Rudolph ebenfalls erwogene Lesung ציצה, die dann mechanisch entstellt worden wäre.

Der Spruch bricht mit v. 15bα ab. V. 15bβ enthält einen neuen Vorwurf, der eher zu v. 17 gehört. Auch diese Anordnung des Textes geht also auf Kosten des Redaktors.

V. 10. 13a. 15a. bα bilden eine Sprucheinheit aus zwei einander inhaltlich und formal entsprechenden Teilen, I = Vätergeneration und II = jetzige Generation. Gilgal spielt also nicht auf ein geschichtliches Ereignis an, sondern steht exemplarisch für die Verfehlungen des Kulturlandes, wie die Baal-Peor-Periode als Abschluß der Wüstenzeit gesehen wird. Das Drohwort von v. 15aβ. bα erfolgt nicht wegen der Sünden der Väter, sondern der der Zeitgenossen Hoseas, d. h. »Ephraims«. Es wird die Vertreibung aus dem Lande angedroht. Der Abfall der Väter am Ende der Wüstenzeit wird lediglich als Typos für den Abfall Israels im Kulturland zitiert. Demnach ergibt sich folgende Struktur:

I	v. 10	2 Vierer	— Israels Kostbarkeit vor Jahwe;
		1 Vierer	— Israels Antwort: Abfall von Jahwe;
II	v. 13a	1 Doppeldreier	— Ephraims Bestimmung vor Jahwe;
	v. 15	1 Vierer	— Ephraims Antwort: Abfall von Jahwe.
		1 umgek. Siebener	— abschließendes Drohwort: das Ende.

9 11ff. (vgl. Anhang Nr. 11):

Zur Abgrenzung zwischen v. 10 und v. 11 s. o. S. 179, für den ganzen Spruch H. Donner (80 ff.).

(96) Nach J. Wellh.s Vorschlag ist v. 16 zwischen v. 11 und 12 zu stellen. Die Umstellung geht auf eine redaktionelle Maßnahme im Interesse der Schaffung einer größeren Einheit zurück. In der hier rekonstruierten Reihenfolge ist der Spruch noch stärker durch die Figur der catenatio gekennzeichnet. Der Text ist weitgehend fehlerfrei.

(97) V. 16: Statt בלי (Dittographie des י) ist vielleicht mit dem Qere בל zu lesen.

(98) V. 12: בשורי wird von den Versionen im Konsonantenbestand bestätigt. H. S. Nybergs Annahme eines aus dem Arab. erschlossenen Verbums שור = »Rache nehmen« bietet wohl mehr Unsicherheiten als MT selbst. Auch שור₂ = »abreisen« (E. Sellin, H. W. Wolff) ist merkwürdig. Die Schreibvariante שׂ für ס bietet nicht solche Schwierigkeiten, daß man diese einfachste Erklärung nicht von den Masoreten übernehmen könnte. So versteht auch A' den Text.

(99) V. 13: Zur Ausschaltung von v. 13a aus dem vorliegenden Zusammenhang s. o. S. 179. Hier dürfte der Grund der falschen Einordnung weniger in der Absicht des Redaktors, als im Fehler der Überlieferung zu suchen sein. V. 13a gehört hinter v. 10. Da auch v. 11 mit אפרים und der Vergleichspartikel beginnt, ist aberratio oculi (vel mentis) und dadurch bedingte Auslassung einer Zeile gut vorstellbar. Verhältnismäßig sicher wird man hier auch mit Nachtrag am Rand rechnen dürfen. Daß der Vers schließlich an falscher Stelle in den Text wieder eingeführt wurde, liegt wohl daran, daß das Bild von 13aβ schon nicht mehr verstanden wurde. Dann konnte der mit »Ephraim« beginnende Vers zum Verse gleichen Anfangs 13b gestellt werden, zu dem, bei anderer Vokalisation, בנוה eine Stichwortverknüpfung bot. Die Zusammenordnung beider Verse zu einer Doppelaussage (vgl. LXX!) äußert sich auch in der Einfügung des ו vor v. 13b, die auf die Hand zurückgehen wird, die v. 13a hier einordnete.

V. 13b folgt nun auf v. 12, d. h. es ist zu erwarten, daß von Jahwes Handeln an Ephraim die Rede ist. Die Infinitivkonstruktion läßt sich dann als von v. 12b abhängig verstehen. Das Objekt des mit der Präp. ל verbundenen Infinitivs ist vorangestellt (vgl. W. von Soden, GAG § 149b—c, zum Hebräischen GK. § 115, 1a). אל הרג ist apo koinou sowohl auf Ephraim als auch auf die Söhne zu beziehen. Der absolute Schluß des Spruches bietet also nicht eine Steigerung (W. Rudolph) sondern eine Art von Zusammenfassung. Hinter dem »Hinausziehenlassen zum Schlächter« darf man politische Ereignisse vermuten (H. Donner).

V. 14 gehört nicht mehr zur Gottesrede, schließt aber als Gebet des Propheten den Spruch ab. Auch diese Fürbitte konstatiert die Ausweglosigkeit des Verderbens.

9 15bβ. 17 *(vgl. Anhang Nr. 12):*

Nach der vorgenommenen Abgrenzung der beiden größeren Sprucheinheiten innerhalb v. 10-17 bleiben v. 15bβ und v. 17 übrig. Sie scheinen zusammen zu einem Spruch oder Spruchfragment zu gehören. Nach dem in v. 15bβ enthaltenen Wortspiel könnte der Spruch ursprünglich mit »Israel« begonnen haben.

Hinter v. 17 wird seit E. Sellin gern die Vorstellung vom »ewigen Juden« vermutet (z. B. A. Weiser, H. W. Wolff, W. Rudolph), obwohl diese Interpretation äußerst problematisch ist und hauptsächlich auf einer Assoziation der Interpreten an Gen 4 12. 14 beruht.

Sinnvoller erscheint der Vergleich mit einer anderen Hoseastelle, an der das Verb נדד vorkommt: Hos 7 13, wo vom Abweichen von Jahwe (// פשע) die Rede ist. Auch hier liegt, wie beim expliziten Vogelvergleich v. 11, das Bild des Flatterhaften zugrunde (vgl. Jes 16 2).

נדד auf Israels Seite entspricht מאס auf Gottes Seite. Dabei ist es sowohl möglich, daß v. 17b den *Vorwurf* des orientierungslosen Verhaltens unter den Völkern enthält und also וַיְהִי zu lesen ist, als auch, entsprechend der masoretischen Vokalisation, daß noch das Drohwort fortgesetzt wird.

(100) Die Vokalisation als Teil des Scheltwortes ist inhaltlich wahrscheinlicher, wenn man wirklich hier ein echtes Hoseawort vermuten darf, wogegen nichts spricht. Vom geschehenen Exil aus konnte freilich v. 17 insgesamt als prophetische Unheilsweissagung auf dieses Exil und die aus ihm resultierende Diasporasituation verstanden werden.

V. 17b als Vorwurf fügt sich mit v. 15bβ gut zu einer inhaltlichen Einheit zusammen, in der einmal mehr Israels Selbstherrlichkeit gegenüber Jahwe angegriffen wird. Metrisch sind zwei Vierer zu erkennen.

10 1-2:

Zur Abgrenzung vgl. zuletzt W. Rudolph (190).

V. 1: Der Text ist fehlerfrei erhalten. שוה pi. = »gleichmachen« (II Sam 22 34 ≙ Ps 18 34) ergibt einen guten Sinn, da der Spruch ganz auf dem Gedanken der Entsprechung beruht. Je reicher Israel im Kulturland wird, desto reicher läßt es die Zeichen der Kulturlandreligion werden. Der üppige Weinstock bringt die »ihm entsprechende« üppige Frucht, die doch zum Verderben führt (v. 2). Mit seiner positiven Bildwelt und Begrifflichkeit ist der Spruch ein Beispiel der bei Hosea viel seltener als etwa bei Amos vorkommenden Ironie.

V. 2: אשם hat hier die das Resultat implizierende Bedeutung des »straffällig werden« (H. W. Wolff). Ob statt הוא einmal der Gottesname stand, läßt sich nicht entscheiden. Wenn הוא nicht extra zu betonen ist, besteht der Spruch nur aus einem Fünfer und 4 Vierern, sonst aus je einem einleitenden und schließenden Fünfer und drei Vierern.

10 3-4:

Die Abgrenzung ist mit der Entscheidung gegen die Einheit von v. 1-8 gegeben (A. Weiser, Th. H. Robinson, W. Rudolph). In v. 5ff. geht es um kultische Verfehlungen, hier jedoch um politische.

V. 3: עתה ist wohl wie in v. 2 zu deuten, d. h. auf die Gegenwart zu beziehen. Auch in v. 2 folgt auf präsentisches עתה impf. (gegen H. W. Wolffs Einwand). Damit erhebt sich das Problem, wie v. 3 zu verstehen ist. Die Auskunft, daß v. 3b die Antwort des Propheten auf v. 3a darstelle (E. Sellin), hat keinen Anhalt im Text. Auch die Änderung der 1.comm.pl. des Verbums ירא in die 3.m.pl. (BHK, App.) entzieht sich der Schwierigkeit ohne ausreichende Begründung. Da wegen

des Gebrauchs von עתה in v. 2 hier auch der Ausweg der futurischen Deutung (W. Rudolph) abgelehnt ist, kann v. 3b nicht anders denn als fingiertes Zitat (vgl. zu dieser Redefigur H. W. Wolff, ThB 22, 71) verstanden werden, in dem der Prophet die tadelnswerte Haltung der Bescholtenen erst ans Licht bringt. Ein besonders deutliches Beispiel dieser rhetorischen Technik bietet Jes 28 14-18. Das fingierte Zitat spiegelt eine Situation der Resignation oder Hoffnungslosigkeit. Es gibt keinen rechten König mehr, weil es keine Jahwefurcht gibt und mithin auch kein König etwas ausrichten kann. Der Spruch dürfte in die letzten Jahre der Wirksamkeit Hoseas und der Existenz des Nordreichs gehören.

(101) V. 4: Statt דברו ist mit LXX כרת // אלות//דַּבֵּר zu lesen. Es handelt sich um falsche Auflösung des als Defektivschreibung angesehenen Konsonantenbestandes // יאמרו (v. 3).

(102) V. 4b »ist nicht in Ordnung« (J. Wellh.). Daß allerdings משפט »sich nicht mit ראש vergleichen« lasse, ist mit Blick auf Am 6 12 nicht überzeugend. An dieser Stelle hat man den Eindruck, daß Hosea das Wort des Amos gekannt hat oder beide auf das gleiche Wort Bezug nehmen, doch läßt sich darüber nichts Sicheres ausmachen. Im engeren Sinne literarische Abhängigkeit von Amos ist nicht anzunehmen. Das Bild des Hosea ist durchaus eigenständig und zeigt die gleiche Ironie wie v. 1-2. פרח wird man metaphorisch verstehen müssen (oder wie Ex 9 9. 10 u. ö. i. S. v. »ausbrechen«). Erst durch v. 4bβ wird die Metapher überdehnt. Warum aber wurden die Worte aus Hos 12 12 hier eingeführt? Der der Glossierung zugrundeliegende Gedankengang läßt sich nur noch annähernd vermuten. Auszugehen ist von dem nicht ohne weiteres einsichtigen Vergleich des Rechtes mit Gift, der Anlaß zu Überlegungen zum Text gegeben haben wird. Eine Art von Stichwortverankerung mit Hos 12 12 ist auch durch die Worte שׁוא (v. 4 / 12 12) und און (v. 5 / 12 12) gegeben. Trotzdem vermißt man als eigentliches Stichwort die Altäre, (Hos 12 12b), die zwar im weiteren Kontext vorkommen (v. 1. 2. 8), aber gerade in v. 4 fehlen. Will man hier überhaupt noch weiter fragen, so bleibt nur die Hypothese, daß, als v. 4 glossiert wurde, vermutlich darin von »Altären« die Rede war, d. h. daß das inhaltlich schwierige משפט entweder zeitweise aus dem Kontext zu מזבחות emendiert war, oder dieses hier nach der Methode der ähnlichen Lesung (s. o. S. 8) substituiert wurde.

10 5-8:

(103) V. 5: לעגלות muß wegen der folgenden m. Suffix-Formen geändert werden. W. Rudolphs Vermutung einer Abstraktendung bietet keine Hilfe, da die Unstimmigkeit der m. Formen bleibt und nur schwach durch constructio ad sensum zu erklären ist. In diesem Fall

darf man wohl den Versionen folgen und עגל lesen. Der Fehler scheint nur durch aberratio oculi auf בית erklärbar (A. B. Ehrlich).

גור heißt hier »fürchten für« (W. Rudolph), wie der Kontext in v. 5 (אבל!) erkennen läßt. שְׁכַן (st.cs. von שָׁכֵן) ist nicht nach LXX zu ändern, weil deren Plural beim Kollektivum keinen Aufschluß über den Numerus der hebräischen Vorlage gibt. אבל ist stativisches Perfekt: »denn in Trauer ist sein Volk über es«. עליו₂ ist weder zu ändern noch auszuscheiden, da sonst dem Doppeldreier (v. 5bα) eine Hebung fehlen würde. Daß יגילו hier das Gegenteil von Freudenäußerungen meint, aber nicht zu ändern ist, sondern durch die Assonanz an גלה gehalten wird, hat schon A. B. Ehrlich gesehen. Auch ohne die von W. Rudolph übernommene Konjektur M. Tsevats עֹלָלוּ von *עולל = »klagen« ist hier der ironische Gebrauch von גיל erkennbar und zu vergleichen mit dem ambivalenten Gebrauch von מרזח in Am 6 7.

(104) V. 6: Mit den Versionen ist יוּבָלוּ zu lesen. Die aus Defektivschreibung resultierende Singularform geht vielleicht auf das Mißverständnis אותו als »sein Zeichen« zurück.

Zur Änderung von מלך ירב besteht hier ebensowenig Sicherheit wie in 5 13. בשנה ist als Wort ungeklärt, da bei Ableitung von בוש der Nominaltyp rätselhaft ist. Trotzdem muß es nach dem Kontext ungefähr »Schande« heißen (Verschreibung aus בשת?); zur Verbindung mit לקח verweist H. W. Wolff auf Ez 36 30 und Jer 20 10.

V. 6bβ heißt nicht, was mit W. Rudolph zu beanstanden wäre, »Israel wird zuschanden *mit* seinem Rat«, sondern »... von seinem Rat her«, d. h. auf Grund seines Rates. Diese Aussage fügt sich inhaltlich voll in den Gesamtspruch, in dem vom endgültigen Zusammenbruch der israelitischen Politik gegenüber Assur die Rede ist und diese im Zusammenhang mit der Abgötterei gesehen wird, da beide zwei Aspekte des einen Abfalls von Jahwe sind. Jetzt kommt die Zeit, wo Israel auslöffeln muß, was es sich eingebrockt hat.

V. 7: Mit Bezug auf Samaria ist נִדְמָה zu vokalisieren und dann mit מלכה ein neuer Satz zu beginnen (J. Wellh.). Trotzdem steht nicht der Untergang Samarias im Vordergrund, aber auch nicht allein »das Schicksal des Baal« (W. Rudolph), sondern das Ende des Nordreiches überhaupt, das sich in der staatlichen Ohnmacht (v. 7), besonders signifikant aber in der Zerschlagung der Kultstätten äußert. Das Partizip im Drohwort ist ungewöhnlich (vgl. H. W. Wolff), konstatiert aber vielleicht einen schon bestehenden Zustand. Es könnte auch נדמה als 3.m.sg.pf.ni. gelesen werden, wobei sich die Inkongruenz des Genus durch die Voranstellung erklären ließe.

(105) V. 8: Die Ergänzung von בית nach במות ist überflüssig, da aus dem Spruchanfang (v. 5) ersichtlich ist, worum es geht. Die Ersetzung von »Haus« durch »Höhen« unterstreicht die Bedeutung Bethels als des Inbegriffs des inkriminierten Kultes.

Ein weiteres besorgt die Glosse »Israels Sünde«, die nicht nur metrisch (ohne sie bildet v. 8a einen Sechser), sondern vor allem formal stört (J. Wellh.). In v. 8 ist von der Vernichtung realer Objekte die Rede; die sachlich berechtigte Glosse bringt einen stilistischen Bruch mit sich. Sie erinnert an die Glosse in Mi 1 5 (Nr. 4), ist aber zeitlich kaum näher zu bestimmen.

10 9-10 (vgl. Anhang Nr. 13):

Text und Inhalt dieses Abschnittes sind äußerst schwierig. Dabei geht es vor allem um die rechte Deutung dessen, worauf die »Tage Gibeas« anspielen (s. o. zu Nr. 91). Der schwerwiegendste Einwand gegen den Verweis auf Jdc 19—21 ist nach wie vor (also auch nach W. Rudolphs Interpretation) die Tatsache, daß nach jener Erzählung Israel gerade nicht in Gibea gesündigt hat. Wollte man überhaupt eine zu Jdc 19—21 führende alte Gibea-Tradition hinter dem Hoseatext vermuten, wäre nach seiner Formulierung noch eher damit zu rechnen, daß Hosea hier wie in der Beurteilung der Revolution des Jehu (1 5) von der üblichen Beurteilung der Ereignisse abweicht.

Warum aber sollte nicht auf das Königtum Sauls, d. h. die Anfänge des Königtums überhaupt, Bezug genommen sein? Der Einwand, daß »Gibea wohl Sauls Königssitz war ..., aber nicht der Ort der Verschuldung Israels bei den Anfängen des Königtums« (H. W. Wolff 238), ist nicht ganz überzeugend, da er nicht berücksichtigt, daß es hier um die rein assoziative, also nicht literarische, Bezugnahme auf den Ort und seine Ereignisse geht. Schon die Namensform גבעת שאול (I Sam 11 4 15 34 II Sam 21 6 Jes 10 29) läßt erkennen, daß diese Gedankenverbindung von Gibea und Sauls Königtum den Hörern des Hosea vertraut sein mußte.

Zwei weitere Einwände verdienen Beachtung:

1. Hosea sei gar nicht dem Königtum an sich feindlich, sondern nur der realen nordisraelitischen Form seiner Verwirklichung (W. R. Harper) und

2. Hosea sehe den Beginn der Versündigung nicht erst innerhalb des Kulturlandes, sondern (9 10) schon beim Eingang in es (W. Rudolph).

Ad 1: Es ist aber mit der Deutung auf das Königtum Sauls gar nicht notwendig gesagt, daß die Kritik dem Königtum als solchem gilt. Ohne daß die Frage hier grundsätzlich zu erörtern wäre, ist es aber möglich und wahrscheinlich, daß Hosea hier den Beginn einer Kette von Selbstherrlichkeit und Gewalttaten sieht, die bis in die Königsmorde seiner Zeit hineinreicht.

Ad 2: In Hos 9 10 ist von der Verfehlung der »Väter«, d. h. der Wüstengeneration, die Rede. Aber auch wenn man nicht zwischen ihr

und den im Lande Lebenden theologisch unterscheiden kann, ist es doch kaum legitim, Hosea auf diese eine Aussage hin festlegen zu wollen. Ein Prophet ist kein Systematiker.

Nach allen bisherigen Überlegungen ist nicht einzusehen, warum mit den »Tagen Gibeas« nicht das Königtum Sauls gemeint sein soll. Bei aller Unsicherheit des Textes ist doch festzuhalten, daß v. 9bβ erkennen läßt, daß nun ein kriegerisches Ereignis in Gibea, also im Süden des Landes, zu erwarten ist (J. Wellh.). Da diese Auffassung zu der Nennung Gibeas in 5 8 paßt, ist eine Änderung des ב in כ (W. Rudolph u. a.) nur dann nötig oder überhaupt möglich, wenn man von vorneherein den Bezug auf Jdc 19—21 voraussetzt.

V. 9: Der Übergang von der Anrede in die 3.m.pl. ist zwar nicht unmöglich, aber es ist doch erwägenswert, חַטַּאת zu lesen (J. Wellh.): »Von den Tagen Gibeas her (besteht) Israels Sünde«. Mit v. 9b beginnen die z. T. kaum lösbaren Textschwierigkeiten.

(106) Nach dem Sinn erwartet man sicher, daß לא תשיגם keine Verneinung, sondern im Gegenteil eine Behauptung enthält. Trotzdem ist es mißlich, über den Umweg einer rhetorischen Frage ohne Fragepartikel zu einem beteuernden לא zu gelangen, wie es H. W. Wolff und W. Rudolph nach R. Gordis versuchen. (Lat. beteuerndes *nonne* läßt sich nicht vergleichen, da dort gerade die Fragepartikel vorhanden ist.) Der Zweifel richtet sich also nicht gegen die Annahme, daß die verneinte rhetorische Frage eine starke Bejahung sein kann, sondern dagegen, daß diese Frage ohne Fragepartikel erscheint. Es ist zu unsicher, bei einem grammatisch eindeutigen Satz anzunehmen, daß er das Gegenteil dessen besagen soll, was er nach grammatischer Evidenz ausdrückt. Man erwartet darum hier entweder אם לא oder הלא. Aus paläographischen Gründen ist הלא vorzuziehen, da ה zu דו von עמדו verlesen sein oder wegen dieser beiden Konsonanten durch Haplographie ausgefallen sein kann.

(107) V. 10: Statt באותי liest LXX בָּאתִי (vgl. J. Ziegler!). In der Tat ist eine Verbalform eher zu erwarten, und die Tempusfolge hat H. W. Wolff ausreichend durch den Hinweis auf den finalen Nebensinn von ואסרם erklärt. Allerdings: »Dunkel bleibt bei Annahme von ursprünglichem באתי, wie ו in M[T] in die Wortmitte geriet« (H. W. Wolff 233). Das Problem läßt sich lösen und zugleich ein sinnvoller Text herstellen, wenn man statt der 1.comm.sg.pf.qal von בוא die gleiche Form des Hif'il vokalisiert. Haplographie des ה nach auslautendem ה von v. 9 ist kein Problem, ebensowenig ihr folgende Verlesung י/ו. Ein vergleichbarer Fall, ebenfalls auf Grund der Schreibung אי statt יא im Wortinnern, liegt Jer 25 13 (vgl. BHK App.) vor.

(108) V. 9: Statt עלוה ist mit hebr. Überlieferung (BHK App.) עולה zu lesen. Die Annahme versehentlicher Konsonantenmetathese ist

einfacher als die einer sonst nicht belegten Wz. עלה₂ = »ungerecht handeln« (KBL).

Der Schluß von v. 9 ist also zum Anfang von v. 10 zu ziehen, wie schon im Druck der BHK geschehen. בוא hi. + על ist belegt in Gen 6 17 Ex 11 1; + אל in Jer 32 42. Das Verb steht in Unheilsankündigungen mit dem Objekt רעה in Jer 4 6 32 46; נגע Ex 11 1; שֹׁדֵד Jer 15 8; ... גוי Jer 5 15. Im vorliegenden Hoseatext kann das Objekt nach dem Sinn ebenfalls nur ein Unheilsereignis sein, d. h. es kommt praktisch nur מלחמה in Frage, das aber seinerseits Subj. zu תשיגם ist. So bleibt nur die Annahme eines asyndetischen Relativsatzes möglich.

(109) Bis jetzt ist שם עמדו in v. 9 ungeklärt. Wenn aber (Nr. 106) דו aus ה verlesen ist, bleiben nur vier Buchstaben stehen, die entweder ein oder zwei Worte bilden. Eine Form von שמע paßt nicht in den Zusammenhang, wohl aber עָם, oder besser noch defektiv geschriebenes עַמִּי//ישראל. Dann aber ist in שם ein Parallelbegriff zur »Sünde« zu suchen und אשם zu lesen.

(110) Nach dem nicht mehr erklärbaren, wohl zufälligen Ausfall des א mußte שם // הגבעה gelesen werden. Damit war der Boden für die weitere Korruption bereitet, auf die wohl auch die Kenntnis von Jdc 19 ff. nicht ohne Einfluß geblieben ist.

Demnach sind v. 9-10a folgendermaßen zu übersetzen:

»Von den Tagen Gibeas her (besteht) die Sünde Israels,
die Verschuldung meines Volkes.
Wird sie nicht in Gibea der Krieg ereilen,
den ich über die Gewalttäter bringe, daß ich sie züchtige?«

Die Echtheit des abschließenden Verses 10b ist seit J. Wellh. und W. Nowack bezweifelt, neuerdings aber wieder stärker verfochten worden (Th. H. Robinson, A. Weiser, H. W. Wolff, W. Rudolph). Zur Sammlung der Völker schreibt J. Wellh. (126): »So unbestimmt reden die Späteren, aber nicht Amos und Hosea.«

Der Vers erinnert an die Formulierungen im Zusammenhang der Völkerkampfschilderungen (Jes 13 4 43 9 Mi 4 11 Sach 12 3), wo allerdings das reflexive Nif'al gebraucht ist, während hier rein passivisches Pu'al steht. Will man den Text nicht ändern, kann darum nur durch Passiv (W. Rudolph) übersetzt werden. Dieses Passiv betont, daß auch die Völker nur Werkzeug für die Züchtigung Israels sind. Daß Hosea auch in 7 8 und 9 1 die Fremdvölker עמים nennt, erklärt nicht, warum er hier beim allgemeinen Ausdruck bleibt, obwohl es doch offensichtlich um ein konkretes Ereignis (v. 9!) geht. Es ist also an W. Nowacks Beobachtung festzuhalten, daß Hosea sonst immer »Assur« oder »Ägypten« nennt. Darum ist es aber auch nicht überzeugend, daß er an die vielen im assyrischen Heer vereinigten Nationalitäten gedacht haben sollte. H. W. Wolff verwirft denn auch diese

Auskunft zugunsten der Annahme, »daß er mit dem dunkel andeuten-
den Plural ... die überlegene Macht des Erziehers Israels bezeugen
will« (239).

(110) Läßt man sich aber an Hand der stilistischen Kriterien einmal
auf die Hypothese der späteren Einfügung von v. 10b ein, so lösen sich
die Probleme, die der Text aufgibt. Vor allem die Frage, was mit den
zwei Sünden gemeint sei, läßt sich aus der Botschaft des Hosea nicht
hinreichend erklären. Jedenfalls ist es höchst problematisch, anzunehmen, Hosea habe gerade von zwei Verfehlungen sprechen können
und nicht vielmehr von dem einen Abfall von Jahwe oder den vielen
Missetaten, die sich daraus ergeben. Alle Deutungen (vgl. die Zusammenstellung bei W. R. Harper) der beiden Verfehlungen sind entweder
auf Grund der Annahme einst geschehener »Grundsünden« ohne aktuellen Bezug der Strafe theologisch problematisch oder historisch unwahrscheinlich. W. Rudolphs Lösung ist einerseits befriedigender,
setzt aber andererseits die Endgestalt von Jdc 19—21 voraus (s. o.
S. 177).

Den Weg zu einer angemessenen Interpretation zeigt E. Jacobs
(76) Hinweis auf Jer 2 13. Nun ist zwar grundsätzlich die Bezugnahme
sowohl Jeremias auf Hosea, als auch eines Hosea-Glossators auf Jeremia möglich. Zusammen mit den anderen Zweifeln, die der Text bietet,
ist aber hier eher Letzteres anzunehmen, zumal der Jeremiatext die
»zwei Schlechtigkeiten« expliziert, der Hoseatext sie aber, ohne Erklärung änigmatisch, wie etwas Bekanntes nennt.

Jetzt zeigt sich auch ein Weg zur Interpretation von אסר und
damit die Möglichkeit, באסרם ohne Änderung im Text zu belassen.
אסר = »binden« steht im Zusammenhang mit Haft und Gefängnis:
Gen 40 3. 5 Jdc 16 21. 25 II Reg 17 4. Von diesem Gebrauch her dient
das Part.pass.qal zur Bezeichnung der Glieder des noch nicht zurück-
gebrachten Israel in der Zerstreuung Jes 49 9 61 1. Zu vergleichen ist
ferner auch אסיר z. B. in Jes 42 7 Thr 3 34 und Jes 24 22. Deutlich wird
der Gedanke des mit אסר ausgedrückten Leidens Israels vor der endzeitlichen Vollendung in Sach 9 11, in dem wohl auch eine Typisierung
auf die Josephsgeschichte vorliegt.

Der Anklang an das Völkerkampfmotiv und die Gefangenschaft
Israels um seiner doppelten Sünde willen sprechen sehr für die spätere
Einfügung von v. 10b. Auch das Motiv für diese theologische Glossierung wird aus dem Kontext erahnbar. Sicher war im Hoseawort von
der Versündigung Israels und von dem von Jahwe gewirkten Krieg
gegen es die Rede. In v. 11 beginnt zwar ein neuer Spruch, in der
jetzigen Zusammenstellung aber erscheint v. 11 als Fortsetzung von
v. 10. In ihm wird Ephraim mit einer Jungkuh verglichen (das Bild
ist in sich positiv), die zu dreschen liebt. In v. 12 schließlich folgen
Aussagen, die zumindest eine späte Zeit nicht nur als Aufforderungen,

sondern auch als Verheißung lesen mußte. Das gilt in besonderem
Maße für v. 12bβ, der unmittelbar an Gen 49 10 und Sach 9 9 anklingt
(zu vergleichen auch Jes 3 14 41 8 62 1 66 15) und sicher nicht erst von
der christlichen Exegese nicht ohne Bezug auf Mi 5 1 gelesen werden
konnte. Der »Lehrer der Gerechtigkeit« in Qumran zeigt den eschatologischen Akzent dieser Stelle. Dieser Kontext warf auch auf das Bild
der dreschenden Jungkuh für die späteren Leser ein anderes Licht
(vgl. Jer 50 11). Es ist nicht nur an das Dreschen der Völker durch
Jahwe (Hab 3 12) zu denken, sondern v. a. an das Dreschen als Bild
der Vernichtung der Völker durch Zion im endzeitlichen Geschehen
Mi 4 13 (s. o. zu Mi Nr. 67). So wird es verständlich, daß ein Glossator
im Anschluß an den von Hosea ob der Sünde Israels angekündigten
Krieg der Züchtigung, der nach v. 8b auch mit durchaus auf die Endzeit deutbaren Schrecknissen verbunden war (es ist bei der Glossierung
ja immer auch der sekundäre, redaktionelle Kontext der Worte zu
beachten) und vor dem Bild Ephraims als dreschender Jungkuh das
Völkerkampfmotiv anklingen ließ. Allerdings *werden* hier die Völker
versammelt; die Ambivalenz des Bildes, hier durch die »Gefangenschaft« Israels gewahrt, neigt sich doch schon ganz zur heilvollen Seite
der Überwindung der wider Israel Versammelten.

Die Glosse ist theologisch orientiert und deutet den Hoseatext
im Lichte anderer prophetischer Aussagen, aber primär aus dem unmittelbaren Kontext zu einer neuen, eschatologisch aktualisierenden
Gesamtheit. Die »zwei Verfehlungen« haben ihren Verankerungspunkt
in Jer 2 13, ihre unmittelbare Veranlassung aber wohl in der Exegesie-
rung der Sünde Gibeas sowohl auf das Königtum, als auch auf die Geschehnisse von Jdc 19—21, die hier vielleicht als Typos (vgl. אסף in
Jdc 20 11. 14 — H. W. Wolff) für die Versammlung der Völker gegen
Israel dienen. Einen wörtlichen Haftpunkt für die Einfügung im hoseanischen Kontext bietet nach dem Prinzip der Assonanz באסרם im Verhältnis zu ואסרם.

Auch hier läßt sich also wieder nicht nur ein einzelner Grund der
Glossierung nennen, sondern vielmehr ihre Motivation aus der Verbindung von wörtlicher Verankerung im Kontext, theologischer Auslegung
des weiteren Kontextes und Analogieschluß (Hillel 2) nach ähnlichen
Stellen, und zwar nicht nur innerhalb desselben Buches. Auf Grund
dieser Merkmale ist die mutmaßliche Datierung eher spät anzusetzen.

(111) Statt עינתם ist mit Qere und den Versionen עונתם zu lesen (Verschreibung י/ו).

10 11-13a *(vgl. Anhang Nr. 14):*

Die Abgrenzung ist, wenn man nicht von H. W. Wolffs Grundvoraussetzung ausgeht, eindeutig sowohl gegenüber dem Vorangehen-

den, als auch gegen v. 13b-15, da dort der Inhalt wie die Form verschieden sind.

(112) V. 11: Das ו dürfte eine redaktionelle Verknüpfung sein. Daß es in LXX nicht belegt ist, besagt nicht unbedingt, daß es spät ist. Vielleicht kam es mit v. 10b in den Text.

Es geht in diesem Spruch wie in 9 10. 15 und 11 1ff. um die Schönheit Israels durch Jahwes Erwählung und die Mißachtung dieser Gabe. Daß eine angelernte Kuh zu dreschen liebt, ist kein Wunder, da sie dabei fressen kann. Mit dieser leichten Tätigkeit (vgl. die Kommentare) will sie aber weniger tun, als sie eigentlich kann. Das Bild wirkt in seiner Gesamtheit, darf aber nicht allegorisch etwa auf Erwählung, Wüstenwanderung und Landnahme ausgedeutet und verteilt werden.

(113) In v. 11aβ ist mit W. Rudolph על zu ergänzen und Pi'el zu vokalisieren, da keine der vorgeschlagenen Deutungen zu MT innerhalb des Spruchzusammenhanges befriedigt. עבר pi. ist möglich, wenn an die Herbeiführung des Zustandes gedacht ist, in dem das Joch (Stativ = Resultativ des Qal) auf dem Hals liegt, vgl. E. Jenni, Pi'el.

על ist durch Worthaplographie ausgefallen, da der Satz innerhalb des größeren redaktionellen Zusammenhanges auch so einen Sinn ergibt. עבר hat dann die Bedeutung des heilvollen, verschonenden Vorübergehens. Nach der Ergänzung ergibt auch v. 11aβ einen Fünfer.

Nach dem Subjektswechsel steht zunächst das Perfekt (ähnlich in 11 1-6, s. u. S. 200), das durch das Imperfekt als Form der Erzählung (R. Meyer, OLZ 59, 125) fortgeführt wird. Sicher haben die nicht konsekutiven Impf.-Formen hier voluntativen Nebensinn: »Ich legte das Joch auf ..., ich wollte anspannen ..., es sollte pflügen ...«. Dann wird v. 12 mit seinen Imperativen als Zitat des (einstigen) Befehls Jahwes an Israel verständlich. Mit v. 12 wird das eigentliche Bild zugunsten einer im gleichen Bereich bleibenden metaphorischen Sprache aufgegeben.

(114) Die Nennung von Juda in v. 11b überrascht, obwohl Juda in einigen politischen Sprüchen Hoseas (5 10 5 12 6 4) genannt ist. Grundsätzlich ergeben sich drei Möglichkeiten:

1. »Juda« gehört wirklich zum ursprünglichen Hoseatext (H. W. Wolff);
2. »Juda« hat »Israel« ersetzt und geht auf eine judäische Redaktion zurück (H. S. Nyberg);
3. »Juda« ist ohne Ersatz zu streichen.

H. W. Wolff argumentiert, daß in einem Text, der von der Landnahme handelt, Juda neben Ephraim sinnvoll sei. Dagegen ist grundsätzlich nichts einzuwenden, wenn auch Hosea sonst in Rückblicken auf die Heilszeit Juda nicht nennt (9 10. 13b. 15 10 1-2). Es hat den Anschein, als nenne er Juda namentlich nur in den genannten Stellen als

politische Größe, d. h. kaum anders als etwa Assur oder Ägypten.
W. Rudolph weist ferner darauf hin, daß im vorliegenden Text gesagt
werden müsse, wozu Ephraim eingespannt werden soll. Nun ist zwar
auch das Einspannen als solches verständlich; nach der Nennung von
Jakob hat es aber den Anschein, als sollte nicht von verschiedenen
Einzelgrößen, sondern von Israel als Einheit geredet werden, wobei
»Israel« und »Ephraim« austauschbar sind (s. u. Exkurs S. 241), d. h.
Ephraim und Jakob stehen nicht im synthetischen, sondern im syno-
nymen Parallelismus. Damit ist die Lesung »Juda« ausgeschlossen.

Gegen eine Ersetzung von »Israel« ist von diesen Gründen her
nichts einzuwenden. Es muß aber beachtet werden, daß, wenn schon
die Entscheidung gegen »Juda« gefallen ist, nunmehr auch die Metrik
zu berücksichtigen ist: Ohne »Juda« oder einen Ersatz für es ergibt
sich auch für v. 11b ein Fünfer. Der erste Halbsatz ist zu übersetzen:
»ich spannte Ephraim ein, daß es mir pflüge«. Die Einfügung von Juda
ist besonders dann verständlich, wenn die Verbalform noch ohne Subjekt war. Sie läßt erkennen, daß der Glossator den Spruch auf ganz
Israel bezog als auf eine Glaubens- und Schuldgemeinschaft und deshalb zu Ephraim und Jakob den Namen des (einstigen?) Südreiches
ergänzte.

(115) H. Graetz' Vorschlag, statt לו am Ende des Verses לי zu lesen (Verschreibung ו>י), ist auf Grund des Inhaltes von v. 11 sehr zu erwägen,
bleibt aber dennoch unsicher. Die Verschreibung wäre wegen des folgenden לכם verständlich.

(116) V. 12: V. 12aβ kehrt wörtlich in Jer 4 3 wieder, wo er aber einen
inhaltlich konstitutiven Bestandteil des Textes bildet, während hier
mit 12aα schon das Entscheidende gesagt ist. Auch wird in v. 13 nur
auf 12aα Bezug genommen. Der »Neubruch« ist zwar auch am absoluten Anfang sinnvoll, innerhalb des metaphorischen Abschnittes aber
nur dann, wenn bereits ein Abfall erfolgt ist. Dem entspricht die Jeremiastelle, während Hosea nicht gut sagen kann, daß Israel ständig
einen Neubruch brechen soll, auch nicht aus dem Grunde, weil diese
Arbeit besonders schwer ist. Man könnte höchstens annehmen, daß
Hosea hier im Gegensatz zu 12aα wirklich vom Neuanfang redet, daß
12aβ b also nicht mehr Zitat einer ein für allemal ergangenen Aufforderung, sondern neue Paraenese ist. Dann würde innerhalb von
v. 12 der Übergang vom Rückblick auf die Vergangenheit zur Gegenwart liegen. Dagegen spricht aber v. 13, der eindeutig den Rückblick
fortsetzt, indem er Israels Versagen gegenüber der Anweisung Gottes
konstatiert.

»Und es ist Zeit, Jahwe zu suchen, bis er kommt und euch Gerechtigkeit regnen läßt«. — Wenn man den Text nicht ändert, ergibt
sich ein syntaktisches Verhältnis, das in sich problemlos ist und zur
angegebenen Übersetzung führt. Dieser Satz kann aber schwerlich auf

Hosea zurückgehen, obwohl das »Suchen Jahwes« in der hoseanischen Botschaft verankert ist. Auf die Ähnlichkeit der Formulierung von 12bβ zu Gen 49 10 Sach 9 9 etc. ist bereits hingewiesen worden. Die Doppeldeutigkeit der Form יורה hat diese Stelle mit Hos 6 3 (Nr. 45) gemeinsam. Hier liegt u. a. eine der Wurzeln für die Vorstellung vom Lehrer der Gerechtigkeit in Qumran. Sie ist mit Joel 2 23 zu verbinden, wo aber das Wort- und Sinnspiel besser, und d. h. erst die eigentliche Transparenz vom Bild zur Sache durch sprachlichen Gleichklang ergebend, im Kontext begründet ist, während man an der in Rede stehenden Hoseastelle nur vom Wissen um jene Joelstelle und ihren Hintergrund her die Doppeldeutigkeit erfassen kann. Gleichwohl gehört sie auch hier zum rechten Textverständnis (vgl. die Kommentare). Somit läßt sich der Sachverhalt kaum anders erklären als durch die Annahme einer späteren Texterweiterung, die wohl auch 12aβ mit umfaßt und die hoseanischen Bilder im Lichte und in der Sprache der späteren Prophetie auslegt (Zweifel an der Echtheit hatten auch P. Volz und K. G. Grimm). Den Anstoß dürfte die Auslegung des Hoseawortes im Vergleich mit der von Jer 4 3 (Hillel 6) gegeben haben. Mit dem »Suchen Jahwes« ist die aktualisierende Auslegung einer späteren Zeit, die in 12aβ. b vorliegt, im hoseanischen Wort- und Gedankengut verankert. Sie treibt Aktualisierung in der Exegese nach anderen Prophetenworten anderer Bücher, d. h. in der Unterordnung unter die Autorität bereits früher ergangenen prophetischen Wortes, die sich möglicherweise auch im Wechsel von der 1. pers. der Gottesrede zur Nennung Jahwes in der 3. pers. zeigt.

Mit v. 13a schließt das ursprüngliche Hoseawort ab. Seine metrische Struktur ist nach den vorgeschlagenen Änderungen eindeutig:

v. 11-12: 4 Fünfer,
v. 13a: 1 Sechser als Abschluß.

10 13b-15:

Der Text dieses Spruches ist nicht so stark verderbt, wie es in den meisten Kommentaren den Anschein hat.

V. 13: Für die Änderung von בדרכך nach LXX wird der bessere Parallelismus zu den »Kriegern« geltend gemacht. Trotzdem ist der von LXX vorausgesetzte Text als lectio facilior zu beurteilen (W. Rudolph). Zudem gehört die Nennung von Wagen oder Reiterei zur Topik der späteren prophetischen Aussagen (Jes 36 9 Mi 5 9 Sach 9 10; zweifelhaft Jes 2 7) und könnte hier Zweifel an der Echtheit eher erhärten als zerstreuen. Grundstelle für diese Aussagen scheint Jes 31 1 zu sein, dessen erster literarischer Niederschlag vielleicht in Jes 36 9 vorliegt. In beiden Fällen steht ebenfalls בטח, so daß die Entstehung des LXX vorliegenden hebräischen Textes überlieferungsgeschichtlich einfacher

zu verstehen ist als umgekehrt MT, der gleichwohl in die hoseanische
Aussage paßt. MT ist deshalb zu belassen und der auf LXX hinfüh-
rende Text als von ähnlichen Stellen beeinflußt (Hillel 2) zu verstehen.

V. 14: וקאם ist stehengebliebene Pleneschreibung.

בעמך ist weder in den Plural (H. W. Wolff) zu setzen, noch in בעריך
zu ändern. Der Angesprochene könnte der König sein, was die Einheitlichkeit des Spruches (v. 15bβ!) trotz des Wechsels in die 2.m.pl.,
mit der Israel angesprochen wird (v. 15), plausibel machen würde.

(117) Für die Entscheidung, ob יושד in den Plural zu ändern sei, läßt
sich aus LXX kein Argument gewinnen (W. Rudolph). כל als sg. Subjekt (H. W. Wolff, W. Rudolph) bleibt eine grammatisch zu unsichere
Lösung. Vielleicht liegt sehr späte Haplographie des ו nach ד vor,
wenn man nicht mit Defektivschreibung rechnen will, die allerdings
bei der Endung fraglich ist.

כשד שלמן בית ארבאל hat der Exegese seit jeher Schwierigkeiten bereitet. Der Text wird, mit Ausnahme einer Verlesung des ד von שד in
ר, auch in LXX vorausgesetzt (so richtig W. Rudolph gegen die Überzahl
der Kommentare). Den Vergleich für »eine gelehrte Glosse« zu halten
(H. Donner), löst das Problem nicht, sondern verschiebt es. Für eine
Glosse würde freilich J. Wellh.s Einwand gegen E. Schraders Identifizierung des שלמן mit einem gleichnamigen moabitischen König gelten:
»non licet parva componere magnis«. Immerhin ist aber für Hosea ein
weiterer Vergleich des — aus späterer Sicht — Geringen mit dem
»Großen« in Kap. 6 7 belegt. E. Sellins Konjektur, die שלום und ירבעם
herstellt, ist völlig willkürlich und hat keinerlei Rückhalt in LXX,
die für ארבאל lediglich eine Vokalisationsvariante bietet und שלמן nicht
ändert. So bleibt nur die Notwendigkeit, sich mit den für Salman und
Arbeel vorgeschlagenen Deutungen auseinanderzusetzen.

Gewiß fällt dem modernen Exegeten hier zuerst Salmanassar ein,
doch ist nicht von der Hand zu weisen, daß gerade die Größe dieses
Namens ein überlieferungsgeschichtliches Argument gegen die hier
gebotene Kurzform liefert. Anders verhält es sich mit E. Schraders
bereits zitierter Vermutung, daß hier der keilschriftlich belegte moabi-
tische König Salaman gemeint sei. Diese Annahme würde wenigstens
zu einer der vier möglichen Lokalisationen der Ortschaft (H. Donner
166f.), der im ostjordanisch-gileaditischen heutigen Irbid, passen.
Selbst wenn diese Identifizierung notwendig unsicher bleibt, ist damit
zu rechnen, daß Hosea, wenn überhaupt das Stück echt ist, auf ein
Beispiel exemplarischer Grausamkeit anspielt, das sehr wohl als Einzel-
fall zu trauriger Berühmtheit gelangt sein konnte, ohne doch welthistorische Tragweite zu besitzen. Je weniger universalhistorisch relevant die Gestalt des Salman ist, um so größer wird die Wahrscheinlichkeit, daß er hier gemeint sei, wenn das Wort echt ist. Insofern kommt
der Identifizierung mit dem moabitischen Salamanu zur Zeit Tiglat-

pilesars III. die größte Gewichtigkeit zu, ohne daß es doch sicher sein könnte, daß es sich nicht um eine heute gänzlich unbekannte historische Persönlichkeit aus dem Umkreis Israels handele. Auf keinen Fall ist der Text zu ändern oder gar auszuscheiden. Mangelnde historische Detailkenntnis des heutigen Exegeten darf nicht zum Instrument literarkritischer Arbeit werden. Übrigens spricht auch das Metrum für den durch die Entsprechung שׁדד/שׁד gestützten Text: sowohl v. 13b, als auch 14aα und 14aβ ergeben je einen Fünfer. V. 14b eröffnet mit drei Hebungen den vierten Fünfer, dessen letzte zwei Hebungen in den ersten beiden Worten von v. 15 zu sehen sind. So wird zwar לכם durch das Versende vom Satzbeginn abgetrennt, doch wird durch diese Form des Enjambement (ähnlich z. B. Am 5 1) das Überraschungsmoment gestärkt.

(118) V. 15: Statt עשה las LXX vermutlich אעשׂה. Ausfall des א ist merkwürdig und kann wohl nur mechanischem Verlust (Materialbeschädigung?) zugeschrieben werden. W. Rudolph erwägt יעשׂה, das graphisch einfacher wäre, aber gar keine Textgrundlage, auch nicht die der Versionen, für sich hätte.

(119) Auch *בית ישׂראל (LXX) ist vermutlich einer solchen Beschädigung zum Opfer gefallen. War der Text etwa teilweise unleserlich geworden, so bietet MT vermutlich die befriedigendste Textherstellung nach dem erhaltenen Konsonantenbestand und läßt sich auch theologisch sinnvoll deuten: »So hat euch Bethel getan«, d. h. so verheerend hat sich für euch die Sünde von Bethel ausgewirkt.

(120) רעת רעתכם ist wahrscheinlich teilweise Dittographie (A. B. Ehrlich), obwohl sich so eine superlativische Bedeutung ergibt (GK. § 133i). Es könnte allerdings auch hier eine Textbeschädigung vorgelegen haben, die zur interlinearen Einfügung von רעת und später zu der superlativischen Fehldeutung führte.

Alle für v. 15 vorgeschlagenen Textänderungen werden durch LXX gestützt, d. h. die Fehler können jünger als die Übersetzung ins Griechische sein.

(121) בשׁחר ist kaum richtig. Gegen den Verweis auf J. Ziegler (BBB 1, 285f.) vgl. W. Rudolph 206. Am einfachsten und zugleich sinnvollsten ist die Änderung in כשׁחר (H. Graetz, E. Sellin, W. Rudolph), das von einigen hebräischen Hss. (W. Rudolph) geboten und von einer lukianischen Handschriftengruppe der LXX (vgl. J. Ziegler App.) sowie einer bei Cyrill von Alexandrien belegten Lesart der jüdischen Übersetzer vorausgesetzt wird. Verlesung ב>כ ist graphisch kein Problem.

11 1-6 (vgl. Anhang Nr. 15):

Die Abgrenzung und der Text dieses Abschnitts bieten außerordentliche Schwierigkeiten und können nur dem Kriterium unter-

worfen werden, ob sich die vorgeschlagenen Entscheidungen an der Gesamtinterpretation bewähren. Gegen die Einheitlichkeit des Kapitels (E. Sellin, A. Weiser, H. W. Wolff und hier auch W. Rudolph) ist hier wie in den anderen Fällen geltend zu machen, daß die Feststellung von Einzelsprüchen nicht der sinnvollen Einheit des Gesamtkapitels widerspricht, daß diese aber gleichwohl bereits als Ergebnis einer exegetischen Arbeit am Text, als die auch die Redaktionsarbeit zu begreifen ist, erfaßt werden kann.

V. 8-9 hält nicht nur Th. H. Robinson, sondern auch S. Herrmann für eine selbständige Einheit, implizit auch H. Donner. V. 10 und 11 scheidet W. Nowack als unecht aus (W. Rudolph wenigstens v. 10 teilweise), und auch S. Herrmann rechnet sie nicht zum Vorhergehenden.

Für v. 1-7 ergeben sich große Schwierigkeiten aus dem schlechten Erhaltungszustand des Textes. Trotzdem dürfte es eine Verirrung sein, wenn Th. H. Robinson v. 4-7 überschreibt: »Der barmherzige Herr und sein Vieh.« Zur Einheit und Eigenart des in die Gegenwart mündenden heilsgeschichtlichen Rückblicks v. 1-5 ist vielmehr die Analyse bei H. Donner (84 ff.) zu vergleichen. Der Rückblick hat die Funktion eines Scheltwortes, während v. 6 sicher ein Drohwort bietet. Falls mit v. 7 wieder ein Scheltwort beginnt, was jedoch nicht klar ist (W. Rudolph), ist vor v. 7, andernfalls nach v. 7 abzugrenzen.

V. 1: לבני ist nicht zu ändern, obwohl LXX לבניו voraussetzt (Interpretation nach Hos 9 13 ?).

(122) V. 2: קראו ist wohl sicher und mit nahezu allen Kommentatoren nach LXX sowie dem folgenden כן in כְּקָרְאִי zu ändern. Denn W. Rudolphs Einwand (209), »wie sollte daraus MT geworden sein?«, ist zwar schwerwiegend, doch wird seine Annahme, LXX habe den inf. abs.qal gelesen und richtig aufgelöst, der Übersetzungstechnik der LXX im Dodekapropheten nicht gerecht, die den abs. Infinitiv auch durch einen griechischen Infinitiv wiedergeben würde. Man muß also annehmen, daß כ nach ני haplographiert und dann **(123)** um der grammatischen und inhaltlichen Verständlichkeit (Subj. wohl die Baale) willen י zu ו geändert wurde.

(124) Von dieser Textverderbnis ist die falsche Abtrennung bzw. die Zusammenziehung von מפני und הם, die in der Vorlage der LXX, die auch das erste Wort richtig las, nicht vorlag, abhängig (H. W. Wolff). Es liegt also Textentstellung auf Grund des veränderten grammatischen Bezuges vor.

Zum Einsatz mit הם vgl. Hos 9 10.

(125) V. 3: Vermutlich ist die Änderung der Verbalform in הרגלתי der Annahme eines gemeinsemitisch nicht nachweisbaren Tifʿel vorzuziehen. Dann liegt Verschreibung ה<ת vor, doch bleibt der Fall unsicher. *ta-* als Präfix ist schwerlich denkbar.

(126) Auch für v. 3aβ hat LXX den besseren Text bewahrt. Es ist sicher אקחם mit fast allen Kommentaren und entsprechend LXX zu lesen. Gegen H. S. Nybergs (von W. Rudolph aufgenommenen) Vorschlag, מקחם als Verbalsubstantiv im acc.modi spricht nicht nur die merkwürdige Nominalform und Konstruktion sowie der Inhalt (ein Kind lernt nicht laufen, *indem* man es auf den Arm nimmt), sondern wiederum auch die Übersetzungstechnik der LXX. Das Impf. hat die gleiche Funktion wie bei אמשכם in v. 4 (s. u. S. 200 zusammenfassend zur consecutio temporum).

Auf eine nicht mehr völlig erklärbare Weise, wahrscheinlich wieder durch Materialbeschädigung, muß das א verlorengegangen und die Form dann als unregelmäßige 3.m.sg.pf.qal aufgefaßt worden sein.

(127) Dem entspricht die Änderung von *זרועתי in die Form mit Suff. der 3.m.sg., also eine grammatische Korrektur, die natürlich LXX noch nicht vorliegen konnte, da sie noch אקחם las.

(128) V. 3b scheint nicht an der richtigen Stelle zu stehen (W. R. Harper, BHK App., H. Donner). Nicht nur stehen die drei Hebungen metrisch isoliert, was für sich allein noch kein zureichendes Argument für eine Änderung wäre, sondern auch der Gedanke fügt sich besser hinter v. 4b ein. Dann leitet er nämlich zu v. 5 über, wo von politischen Dingen die Rede ist, und steht so in vergleichbarem Kontext wie רפא in Hos 5 13. Die Begründung der Auslassung kann wohl nur in aberratio oculi von *ואוכילם (s. u. Nr. 134) zu רפאתים gesucht werden. Hier ist mit Marginalnachtrag zu rechnen, der zur falschen Eintragung führte. Dadurch entsteht statt des zweigliedrigen (v. 1-2. 3-5) ein dreigliedriges Schema vom Heilshandeln Gottes und Abfall des Volkes. Für eine spätere Überlieferungsstufe ist dieser Aufbau plausibel; Hos 9 10. 13b. 15 ist aber zweigliedrig. Wenn, wie angenommen werden darf, רפא ein Wortspiel zu אפרים bildet und auch als solches empfunden wurde (vgl. 5 13 7 1), mußte der Versteil entweder nach 4b oder nach 3a wieder eingefügt werden.

(129) V. 4: »mit Menschenseilen« und »mit Stricken der Liebe« bilden eine Dublette (H. Donner). בחבלי אדם wird auch von LXX gestützt, so daß die in BHK App. vorgeschlagene Konjektur אמת ebensowenig aus dem Text zu begründen ist wie E. Sellins חסד. Würde man das graphisch am nächsten liegende אהבה konjizieren (H. Donner), so müßte בעבתות אהבה gestrichen werden. Das ist überlieferungsgeschichtlich unwahrscheinlich, da dies von beiden Ausdrücken der seltenere ist (vgl. Jes 5 18). Vielmehr ist anzunehmen, daß das seltene Wort und die metaphorische Verwendung zur Glossierung »mit Menschenseilen« im Sinne einer Erklärung des kondeszendenten Verhaltens Gottes an Israel führte. Die Glosse war syntaktisch am besten vor אמשכם einzuordnen, das nun apo koinou für beide Ausdrücke steht. Ohne

die Glosse ist hier wie in den übrigen Versen das Verb vorangestellt. Wortersetzung und Sacherklärung fallen in dieser Glosse zusammen.

(130) Über die Interpretation der zweiten Hälfte von v. 4 a bestehen Kontroversen unter den Kommentatoren. Gegen die Lesung עוּל (E. Sellin) macht W. Rudolph geltend, daß in v. 4 nicht mehr vom Kind, sondern vom Rind die Rede sei (so auch Th. H. Robinson). Diese Feststellung ist aber allein aus der Erwähnung der Stricke zu gewinnen, wenn ihr metaphorischer Gebrauch nicht klar ist, bzw. die »Menschenseile« nicht als Glosse ausgeschieden werden. V. 4 b spricht dagegen sehr wohl für das Kindesbild, da man sich zum Rind nicht neigen muß. Für die menschliche Interpretation vgl. bes. H. W. Wolff. Mit LXX ist sg. מָרִים zu lesen. Vielleicht ist der Plural nach לחיהם hergestellt, was bedeuten würde, daß der Text so verstanden worden wäre, als vergleiche sich Jahwe mit Personen, die das Joch anderer auf sich nehmen. Das wäre ein sehr spätes Textverständnis. Es ist also als ursprünglicher Text zu übersetzen: »und ich wurde/war da für sie wie einer, der einen Säugling aufzieht«. אהיה könnte Anspielung auf den Gottesnamen sein (vgl. Hos 1 8).

(131) Für על לחיהם, das ebenfalls starken Bedenken unterliegt, gibt E. Sellin eine zunächst ansprechende Erklärung (113): »Ein Glossator hat das Verb in dem Sinne *hochheben* verstanden, unnötig die Pluralform hergestellt und dann, um doch den Sinn des Zärtlichen, den Gestus der väterlichen Liebkosung, zu gewinnen, ein ... *an ihre Wangen* hinzugefügt.« In der Tat ist das Genrebild der Zärtlichkeit kaum Hosea zuzutrauen. Aber E. Sellins Erklärung setzt voraus, daß der in LXX noch nicht belegte Plural vor der Einfügung und völlig willkürlich hergestellt wurde, während hier (zu Nr. 130) der umgekehrte Vorgang für wahrscheinlich gehalten wurde. Infolgedessen muß auch ein anderer Grund für die Einfügung gesucht werden. Hier bietet W. Rudolphs Erklärung der Stelle, die auf der Vokalisation על beruht, eine große Hilfe. Denn sie macht deutlich, daß, ist das Bild vom Vieh durch על erst einmal vorausgesetzt, das Aufheben des Joches eine große, vom Halter des Tieres gewährte Erleichterung ist. Die Glosse על לחיהם präzisiert also den Bildinhalt, möglicherweise in Bezugnahme auf den weiteren Kontext, wo in 10 11 vom Einspannen des Tieres die Rede ist. Sie ist »verständlich, wenn das Aufheben des Joches von den Kinnbacken als Vorbereitung des Fütterns geschildert wird. Zwar verhindert das Joch mit seinen Haken und Schnüren das Kauen nicht; aber der mit einem zweiten Tier zusammengekoppelte angejochte Ochse kann sich schwer bücken, um ihm vorgeworfenes Futter zu fressen. Das Joch wird deshalb zum Füttern abgenommen / und die Erwähnung der Kinnbacken statt des Halses ist dadurch zu erklären, daß hier nicht an die Freiheit des vom Joch entledigten Tieres wie

Jes 10 27, sondern eben an seine Fütterung gedacht ist ...« (G. Dalman, AuS. II, 99f.).

In v. 4b wachsen die Textschwierigkeiten weiter. Der plötzliche Wechsel der Suffixe in den Sg., während bis jetzt immer von Israel im Plural die Rede war, ist kaum haltbar. Denn v. 4b bezieht sich grammatisch nicht auf den Säugling, sondern ist den übrigen Halbversen parallelgeordnet. LXX setzt MT voraus, liest aber statt לא in v. 5 לו. A' hat am Schluß βρώματα = אָכְלָם (T. 45), was von Hieronymus (cibos) für Σ' bestätigt wird. Hinter dieser Plurallesung einer hebraisierenden Textgruppe könnte sich das für die Verbalform nötige Suff. 3.m.pl. verbergen. Es wäre also אוכילם oder noch besser ואוכילם (E. Sellin, H. Donner) zu lesen. Das ו kann durch falsche Abtrennung zu אליו gezogen sein. Freilich ist nun auch אליהם zu lesen, also zwei Buchstaben zu ergänzen, die auf irgendeine Weise, vielleicht wieder Beschädigung des Schreibmaterials, verlorengegangen sein müssen. Es ist also folgende Hypothese der Fehlerentstehung möglich:

(132) וָאַט אלי[הם] וָאוכילם   — mech. Verlust zweier Buchstaben;

(133) ואט אליו (ו)אוכילם<   (≙ A') — gramm. Korrektur (zur Kongruenz);

ואט אליו   אוכיל<   = MT.

Die Verbalform ist umvokalisiert zum futurischen Tempus, vielleicht, weil man den Text als Verheißung verstand.

(135) V. 5: Daß das לא hier sinngemäß nicht möglich ist, ist in allen Kommentaren gesehen. LXX las statt dessen לו, doch ist dieser (Hör-) Fehler eher für den zu LXX hinführenden Überlieferungszweig anzunehmen als umgekehrt. Man könnte erwägen, ob das לא bei der Auslassung von v. 3b nach 4b stehengeblieben oder zur Textsicherung notiert worden ist. Eine andere Erklärungsmöglichkeit gibt es kaum, es sei denn, man wollte mit bewußter Korrektur nach v. 5b rechnen.

(136) Statt אל ארץ las LXX אפרים und bewahrte auch hier den unverderbten Text. Wieder ist mit mechanischer Korruption, vielleicht Unleserlichkeit, und sinngemäßer Ergänzung zu rechnen.

Bevor weitere Entscheidungen zum Text getroffen werden können, muß geklärt werden, ob in v. 5 ein Drohwort vorliegt, wie die meisten Kommentatoren annehmen, oder ob hier noch die Schilderung des Scheltwortes fortgesetzt wird. Diese letztere Ansicht vertritt mit guten Gründen H. Donner (89ff.).

Das wichtigste Argument ist die Unwahrscheinlichkeit einer Strafdrohung allein auf Grund der Sünden der Vergangenheit. Die Tempora der Verben, die auf den ersten Blick gegen die Interpretation als Scheltwort zu sprechen scheinen, bestätigen sie gleichwohl, wenn man sich von der traditionellen Auffassung des hebräischen Verbalsystems löst, nach der die beiden Konjugationen primär temporal aufzufassen wären.

Hier ist denn auch nur unter Vorbehalt der gebräuchlicheren Redeweise von »Tempora« die Rede (vgl. R. Meyer, OLZ 59, 117—126).
Ihre Abfolge im vorliegenden Spruch kann schematisch folgendermaßen
dargestellt werden (untergeordnete Sätze in Klammern):

v. 1	(כי + invert. NS.)	+ Impf.	+ Pf.
v. 2a.bα	(כ + inf.cs. mit Suff.)		+ Pf.

v. 2bβ	pron. Subj.	+ Impf.	+ Impf.
v. 3a. 4aα	(Subj.wechsel) pron. Subj.	+ Pf.	
		+ Impf.	+ Impf.
v. 4aβ.b		+ Impf.cons.	+ Impf. cons.
			+ Impf. cons.
v. 3b	(Subj.wechsel)	Pf. (+ NS. im stat. Pf.)	
v. 5		+ Impf.	+ Nomi-nalsatz.

Das Schema läßt erkennen, daß das eigentliche Erzähltempus
entsprechend dem älteren hebr. Verbalsystem (R. Meyer) das Impf.
ist. Bei einem Subjektswechsel tritt das Pf. ein, wird aber durch das
Impf. fortgeführt. Diese Beobachtung legt es nahe, auch das Impf. in
v. 5 historisch zu verstehen und stützt so die Überlegungen zum Inhalt.
In v. 6 stehen Perfekta, die die Folge ausdrücken (GK. § 112x-z). Mithin gehört v. 5a noch zum Scheltwort, v. 6 enthält das Drohwort.

V. 5b stört nun innerhalb von v. 5, wo er nur sinnvoll wäre, wenn
v. 5 Drohwort wäre. Er ist also entweder auszuscheiden (z. B. H. Donner), oder zu v. 6 zu ziehen, wo er als eine resümierend vorangestellte
Begründung (vgl. 8 3) den Folgesatz einleiten würde. Das Pf. ist dann
stativisch zu verstehen. Die Doppeldeutigkeit von שוב sollte nicht beseitigt werden, sondern spricht eher für die Authentizität des Textes,
der eine Art Oxymoron bietet.

(137) Statt des Plurals muß allerdings Sg. מאן gelesen werden, der von
einem Teil der LXX-Zeugen vorausgesetzt oder hergestellt wird. Die
Pluralform als Auflösung vermeintlicher Defektivschreibung dürfte
wohl durch die Plurale in v. 2-4 bedingt sein.

V. 6: Die Schwierigkeiten, die v. 6aβ bereitet, dürfen nicht dazu
verleiten, וכלתה בדיו kurzerhand auszuscheiden (J. Wellh., K. Marti).
Der Text ist in der Regel nicht so erweitert worden, daß sein Sinn
verdunkelt wurde.

B. Duhms Vorschlag, »Glieder« zu übersetzen, kommt nicht ohne
Textänderungen aus und postuliert ein Bild vom Volkskörper, das
zumindest zu gewagt ist, um es nur aus Konjekturen zu gewinnen.

Daß die LXX-Lesung »Hände« eine Vereinfachung ist, betont W. Rudolph mit Recht. Aber auch sein Vorschlag בְּדָיו = »im Bedarf dafür« wirkt äußerst gezwungen. Sein Einwand gegen H. W. Wolffs »Schwätzer« berücksichtigt nicht, daß H. W. Wolff selbst (248) nicht auf die von W. Rudolph zurückgewiesenen Stellen Jes 44 25 Jer 50 36 verweist, sondern auf »II בד (Hi 11 3 u. ö. s. KBL)«, so daß nicht »Schwätzer« sondern »Geschwätz« gemeint ist. Das aber bietet einen befriedigenden Parallelismus zu den »Ratschlägen« von v. b.

Wenn man das letzte Wort wegen der Länge doppelt betont, ergeben sich für das Drohwort zwei Fünfer:

> »Weil er sich geweigert hat umzukehren, so kreise
> das Schwert in seinen Städten;
> und es vertilge sein Geschwätz, und es fresse
> auf Grund ihrer (eigenen) Planungen.«

11 7 (vgl. Anhang Nr. 16):

Dieser Vers scheint jeder Bemühung um Verständnis zu spotten. Auch LXX hilft nicht weiter. Sie könnte gelesen haben: וְעַמּוֹ תָלוּא מ(ל)מוֹשָׁבוֹ וְאַל עַל יְקָרְיו יַחַר וְלֹא יְרִימוֹ, was kaum mehr Sinn ergibt als MT: »Und mein Volk — Aufgehängte zum Abfall von mir; und nach oben(?) rufen sie es/ihn, insgesamt erhebt er sie nicht.«

Angesichts der Fülle von Emendationsvorschlägen, die aus den Kommentaren ersichtlich sind (Zusammenstellung bei W. R. Harper, darüber hinaus v. a. H. W. Wolff und W. Rudolph) und der gleichwohl weiterhin bestehenden Unsicherheit wird man schwerlich über Vermutungen hinauskommen. Viel hängt dabei von der Entscheidung ab, ob in v. 7 ein Drohwort oder ein Scheltwort vorliegt. Im ersteren Fall müßte der Vers vielleicht noch an v. 6 angeschlossen werden, während es sich bei einem Scheltwort um ein Einzelfragment handeln könnte. Auf keinen Fall scheint eine Verbindung mit v. 8f. geraten.

Das Vorkommen von משובה, das (vgl. H. W. Wolff, auch gegen W. Rudolph) einen negativen Terminus darstellt (Jer 2 19 3 6. 8. 11. 12. 22 5 6 8 5 14 7 Prov 1 32 und auch Hos 14 5) läßt auf ein Scheltwort schließen. Das Suff. 1.comm.sg. muß als gen.obj. gedeutet werden. Wahrscheinlicher ist jedoch, daß nach LXX (138) (vgl. H. W. Wolff unter Hinweis auf F. Dingermann) das Suff. 3.m.sg. wie in Hos 14 5 auf das Volk als gen. subj. bezogen herzustellen ist. Es liegt also Verschreibung ו/י vor, wohl begünstigt durch die 1. pers. in v. 8 und durch עמי.

(139) Die Abtrennung von v. 6 läßt im satzeinleitenden ו ein redaktionelles Bindeglied vermuten.

(140) Die Herstellung des singularischen Suffixes bedeutet, daß auch für das Prädikat des Satzes der Singular zu erwarten ist, obwohl grund-

sätzlich beides möglich ist (Hos 4 6, aber sg. 4 12 10 5). תְּלוּאִים läßt sich ohnehin schwerlich halten. Ob das Pt.pass.qal von תלא den meist postulierten metaphorischen Sinn »einen Hang haben zu« wirklich haben kann, ist mit W. Rudolph zu bezweifeln. Es ist also hinter der in Rede stehenden Konsonantengruppe eine Form von לאה zu vermuten. Graphisch am einfachsten und sinngemäß zum Scheltwort passend ist S. Oettlis Vorschlag הַלְאֵנִי (vgl. Jes 7 13). Verschreibung ת\ה ist gut denkbar. Es ist aber damit zu rechnen, daß das ganze Wort zumindest zum Teil unleserlich geworden war und erst auf Grund der Beschädigung oder schlechten Lesbarkeit (נ\י > מ und ת\ה) MT als Textkorrektur, möglicherweise nach Dtn 28 66 (der Vers wäre dann anders verstanden worden, als handele es sich um Gottes Rückkehr zu Israel) hergestellt wurde.

(141) Daß וְאֶל עַל schwerlich richtig ist, ist in den neueren Kommentaren durchgängig gesehen worden, wenn auch die Verbesserungsvorschläge sehr verschiedenartig sind. Allerdings scheint eine Satztrennung zwischen diesen beiden Worten bis jetzt noch nicht erwogen worden zu sein, obwohl sich so eine Parallelaussage zu 7aα ergeben könnte. Denn nach לִמְשׁוּבָתוּ fehlt ein weiteres Verb, das möglichst mit ל konstruiert werden sollte. Dieses läßt sich durch die Ergänzung eines durch Haplographie verlorengegangenen י (Hapl. י/ו) gewinnen: Statt וְאֶל wäre dann יֹאַל zu lesen und der ganze sich ergebende Vierer zu übersetzen: »Mein Volk hat mich ermüdet, auf seinen Abfall hat es sich versteift.«

Daß statt עַל ursprünglich בַּעַל stand (H. W. Wolff nach E. Sellin), ist unwahrscheinlich. Es müßte zwischen אֶל und עַל ein Buchstabe ausgefallen sein, doch daß gerade das so geläufige בַּעַל verderbt wurde, ließe sich kaum erklären. Die Versionen bestätigen den Konsonantenbestand, für den sich drei Vokalisationsmöglichkeiten ergeben:

1. עֵל, das aber nirgends bezeugt ist,
2. עֹל nach den hexaplarischen Zeugen,
3. עַל nach MT und LXX.

Mit עֹל ohne Änderung des Konsonantenbestandes würde sich ergeben: »und das Joch, von dem gilt, daß sie es herbeirufen, es wird nicht aufgehoben werden.« יַחַד bereitet aber weiterhin Schwierigkeiten, und insgesamt ist dieser Lösungsversuch zu gezwungen. Man sollte eher erwarten, daß v. 7b, sei es auch nur als negatives Gegenstück, zu v. 8 hinleitet, da nur so die Einordnung dieses Fragments an dieser Stelle redaktionell plausibel wäre. Darum ist H. Graetz' Gedanke an Wz. רחם statt רום sehr bedenkenswert. Eher noch als die von ihm vorgeschlagene Form 3.m.sg. ist 1.comm.sg.impf.pi. zu erwarten (BHK App.) und das ל von לא zum Vorangehenden zu ziehen, da יחד sinnlos ist. Diese — freilich hypothetisch bleibenden — Überlegungen vorausgesetzt, könnte man folgenden Text lesen: עַל יִקְרָאֵהוּ וְיֶחְדַּל אֲרַחֵם — »ein

Joch wird es (das Volk) treffen, daß es ablasse und ich mich erbarme.«

Demnach sind folgende Textstufen anzunehmen:

(141 a) 1. Umvokalisierung der beiden ersten Worte, weil על nach ואל nach Hos 7 16 verstanden wurde (Hillel 2);

(142) 2. Haplographie eines ו zwischen י und ו;

(143) 3. Unleserlichwerden des Satzendes: מ>ח;

(144) falsche Abtrennung: יחד nach v. 8b (Kontext),

(143 a) Ergänzung des abschließenden Verbums vielleicht im Anklang an v. 4 (Kontext).

Wenn man sich den Weg vom ursprünglichen zum jetzt vorliegen-den Text so oder ähnlich vorzustellen hat, erhebt sich die Frage, wie überhaupt das Resultat dieser Entwicklung verstanden werden konnte. Die Bezugnahme auf andere Bibelstellen, etwa in v. 7a auf Dtn 28 66 und dessen Kontext (also die Diasporasituation späterer Zeiten) sind wohl mit zu bedenken. Dann konnte der masoretische Text folgender-maßen paraphrasiert werden: »Mein Volk — in Ungewißheit Lebende wegen des Abfalls von mir; nach oben hin ruft man es (nämlich durch die Propheten), aber insgesamt erhebt es sich nicht.«

Die entsprechende positiv aufhebende Verheißung folgt nach dem Zuspruch der göttlichen Liebe (v. 8-9) in v. 10.

11 8-9:

Die Verse bilden eine selbständige Einheit, deren Text verhält-nismäßig gut erhalten ist.

V. 8: Gegen J. Wellh.s Änderung von נחומי in רחמי verteidigen H. W. Wolff und W. Rudolph den Text mit guten Gründen. MT ist nicht nur verständlich, sondern auch wahrscheinlicher, gerade weil כמר ni. + רחמים geläufiger ist.

V. 9: Die metrischen Schwierigkeiten sind kein ausreichender Grund, um »heilig in deiner Mitte« auszuscheiden.

(145) בעיר ist kaum zu halten, vgl. die Zusammenstellungen der Text-möglichkeiten bei H. W. Wolff und W. Rudolph. Graphisch am ein-fachsten ist die Annahme einer Haplographie des א: אבוא אבער (J. Wellh., ähnlich K. Marti).

11 10-11:

(146) Die in diesen Versen enthaltene Heilsankündigung gibt zu Be-denken Anlaß, ob der Text ganz (J. Wellh., W. Nowack) oder teilweise (H. W. Wolff) als sekundär gegenüber dem echten Hoseagut anzu-sehen sei. Die Bedenken werden durch Beobachtungen sowohl zur Sprache, als auch zum Inhalt genährt:

הלך אחרי יהוה (L. 412c—423b s. v. הלך qal) kommt noch in Dtn 13 5 II Reg 23 3 △ II Chr 34 31 vor; הלך אחרי im übertragenen Ge-

brauch überhaupt anscheinend erst in der bereits durch das Dtn geprägten Literatur: Dtn 4 3 6 14 8 19 11 28 13 3 28 14 Jdc 2 12. 19 I Reg
11 5. 10 18 18. 21 21 26 II Reg 17 15 Jer 2 5. 8. 23. 25 7 6. 9 8 2 9 13 11 10
13 10 16 11 18 12 25 6 35 15. Auf dem Übergangspunkt vom wörtlichen
zum übertragenen Gebrauch befinden sich Jer 2 2 und auch Hos 2 7. 15
5 11. — 2 7. 15 bilden sicher das negative Gegenstück zu 11 10. הרד als
Ausdruck der Bewegung kommt I Sam 13 7 16 4 21 2 vor; eine genauere
Entsprechung zum hier vorliegenden Bild bieten aber Mi 7 17 (רגז)
und Ps 18 46 ≙ II Sam 22 46 (חגר/חרג) und v. a. Hos 3 5 (פחד אל יהוה).

Das Brüllen Jahwes wie eines Löwen kann schwerlich anders denn
als Bezugnahme auf Am 1 2 verstanden werden, das auch in Jer 25 30
und wörtlich in Joel 4 16 aufgenommen ist.

Inhaltliche Bedenken ergeben sich v. a. aus der Voraussetzung
einer weitverstreuten Diaspora, die man eher in späteren Texten erwartet und findet (Mi 7 12 Jes 11 11 27 13 Sach 10 10). »Hier sind in der
Tat die ‚Söhne aus dem Westen‘ fehl am Ort, da es zu Hoseas Zeit noch
keine Diaspora im Westen gab. Wir haben es mit einer Aktualisierung
späterer Zeit zu tun …« (W. Rudolph 213). Allerdings muß man, wenn
man nur diesen Versteil ausscheiden will, zu Umstellungen greifen.
Daß das Brüllen des Löwen, das normalerweise verscheucht und nicht
anlockt, hier nur zu erklären ist, wenn es dem Glossator schon vorlag,
ist kein Beweis für die Echtheit von v. 10, da der Glossator den Ausdruck auch an anderer Stelle der prophetischen Überlieferung, eben
im Amoswort, vorgefunden haben kann. Er bietet sich geradezu von
selbst an für eine Aufnahme in den Fundus ambivalenter, sowohl
furchtbarer, als auch ins Heil umschlagender eschatologischer Bilder.

Ohne weiter auf Einzelheiten einzugehen, muß als Hauptcharak-
teristikum der beiden Verse der Entsprechungsstil, mit dem positive
Formulierungen auf in anderem Kontext negative Äußerungen Hoseas
Bezug nehmen, gelten. »In der Umkehrung früherer Fehlorientierung
… und in Überholung der Androhung elenden Lebens und Sterbens
in Ägypten und Assur … verkündet er nun die Rückkehr der Geängs-
teten …« (H. W. Wolff 262).

הלך אחרי יהוה	entspr. מאהבים א″ ~ 2 7. 15;	צר א″ ~ 5 11
יונה	entspr.	7 11
das Vogelbild	entspr.	7 12 9 11, aber ohne wörtl. Aufnahme, wohl weil עוף negative Färbung hätte
Heimkehr aus Assur und Ägypten	entspr.	Verderben dort: 7 16 8 13 9 3. 6.

Es ist nicht einzusehen, warum man v. 10f. noch einmal unter-
teilen könnte, es sei denn auf Grund des Wechsels von 3. zu 1. pers.,

der allein aber zumindest für spätere Zeiten kein sicheres Indiz ist. Da aber einzelne Teile der beiden Sprüche auch von den Kommentatoren ausgeschieden werden, die zumindest einen Grundbestand des Spruches für echt halten, andererseits aber diese Teile durchaus nicht als Fremdkörper oder wirklich isolierbare Einheiten im Ganzen wirken, scheint es sicherer, den Spruch insgesamt für nicht hoseanisch zu halten. H. W. Wolff (263) meint, es sei »nicht ausgeschlossen, daß 10b ähnlich wie die Nachträge in 3 5 ... späterer judäischer Heilseschatologie entstammen«. Damit ist natürlich für eine Datierung noch kaum etwas gewonnen. Immerhin wird man vermuten dürfen, daß zumindest das babylonische Exil vorauszusetzen ist, eher aber noch die nachexilische Zeit mit ihrer Erwartung der Heimkehr der noch Zerstreuten aus aller Welt (Sach 10 10 etc.). Merkwürdig bleibt die Nennung der »Söhne vom Westen«. Offenbar bezeichnet Sohnschaft ohne nähere Erläuterung hier die Zugehörigkeit zu Jahwe und ist so mit Hos 2 2 (Nr. 4) zu vergleichen, das gewiß von 11 1 nicht unabhängig ist. Auf Jahwes gewaltigen Ruf hin sammelt sich eine neue Gefolgschaft in der Furcht vor ihm. Dieser Versammlung wird eine neue Landgabe zuteil (v. 11b): Dieser Vorgang spiegelt mit großer Wahrscheinlichkeit nachexilische eschatologische Gedanken.

Warum aber wurde der Spruch hier in den Hoseatext eingefügt? Handelt es sich um ein anonymes Stück, das fälschlich Hosea zugeschrieben wurde (ähnlich Jes 2 2-5), oder liegt eine bewußte Weiterführung der hoseanischen Gedanken vor, d. h. sind v. 10-11 von vornherein in bezug auf das Hoseabuch und diese Stelle innerhalb desselben formuliert? Ganz eindeutig wird sich die Frage schwerlich beantworten lassen; die Bezugnahmen auf Einzelheiten hoseanischer Unheilsweissagungen lassen aber eher Letzteres vermuten, obwohl v. 10 zugleich wie ein Kommentar zu Am 1 2 wirkt. Ähnliches Nachwirken der Prophetie des Amos ließ sich auch in 4 15 (Nr. 25) und 8 14 (Nr. 82) feststellen; der vorliegende Fall ist jedoch insofern weniger eindeutig, als gerade Am 1 2 eine weitgestreute Nachgeschichte gehabt hat. Ein direkter Anknüpfungspunkt für v. 10f. besteht im Kontext von Kap. 11 anscheinend nicht oder kann nur aus der Komposition von Kap. 11 insgesamt gewonnen werden. Dem Rückblick auf die Anfänge der Heilsgeschichte in Ägypten und den zur Katastrophe führenden Ungehorsam Israels (v. 1-6) folgt, wie auch immer der Text im einzelnen zu lesen ist, die Feststellung des Festhaltens am Abfall von seiten Israels (v. 7) und die Zusage des Festhaltens Jahwes an seiner Liebe (v. 8-9), die in sich bereits ein schließlich erfolgendes Erbarmen impliziert. Das gilt besonders für die Zeit der seit 586 mehr und mehr zunehmenden eschatologischen Erwartung einer künftigen Heilszeit, die nach dem Urbild der klassischen Heilszeit gesehen wird. So fügte der Glossator, der in v. 1-7 die Geschichte Israels bis auf seine

eigene Zeit geschildert fand, dem Gnadenzuspruch von v. 8-9 als Konkretisierung den Ausblick auf das eschatologische Heil an, das die Umkehrung aller fehlerhaften Geschichte und ihr Neubeginn ist: Wieder
eine Berufung zur Sohnschaft (v. 10b entspr. v. 1), aber nun nicht nur
aus Ägypten, sondern aus allen Ländern der Zerstreuung, der neue,
endgültige Exodus nach dem Typos des alten.

Noch ist das Vorkommen der Formel נאם יהוה an dieser Stelle nicht
erörtert worden. Zwar bietet auch sie ein Argument gegen die hoseanische Autorschaft, da sie sonst nur noch an drei Stellen, Hos 2 15.
18. 23 (Nr. 8, 11, 14) redaktionell vorkommt. Aber es wäre doch denkbar, daß H. W. Wolffs Vermutung, der Redaktor, der Kap. 11 zusammenstellte, habe den Heilsausblick so bekräftigen und einen Schlußpunkt setzen wollen, auch dann zutrifft, wenn v. 10-11 noch später eingefügt wurde. Das würde bei der hier vorgeschlagenen Einordnung
bedeuten, daß die abschließende Gottesspruchformel ursprünglich
hinter v. 9 stand und dort den Schluß des Kapitels zur Heils- und Unheilsgeschichte bildete. Aber das ist wenig wahrscheinlich. Nach den
bisher gemachten Beobachtungen hätte ein späterer Glossator bei der
Einfügung eines größeren Zusammenhanges schwerlich die Einheit
des vorangehenden, auszulegenden Textes in dieser Weise zerrissen,
daß er nur die Gottesspruchformel vom übrigen abtrennte und an den
Schluß des neuen Prophetenwortes stellte. So bestechend also H. W.
Wolffs Vermutung ist, hier solle der Schlußpunkt hinter die redaktionelle Einheit von Kap. 4—11 von der Hand dessen gesetzt werden,
der sie überhaupt erst schuf, so stark ist sie zu bezweifeln. Die Formel
hat vielmehr innerhalb v. 11 die Funktion, das göttliche Ich der Verbalform zu sichern, die möglicherweise selbst teilweise Zitat ist, vgl. Jer
32 37 oder, falls die Vokalisation in LXX nach שוב richtig ist, **(146a)**
bes. (auch in Verbindung mit על) Jer 16 15 24 6. In diesem Fall würde
שוב eine Stichwortverknüpfung zu v. 9a bilden.

12 1-2 (vgl. Anhang Nr. 17):

Die Abgrenzung von v. 3 ist in den älteren Kommentaren zumeist
vorausgesetzt und wird auch von H. W. Wolff innerhalb der größeren
Einheit von Kap. 12 so gesehen (269), während W. Rudolph in v. 1-3
»insofern eine Einheit« sieht, »als hier Juda in die Anklage einbezogen
ist« (223). Damit ist bereits das Problem von v. 1b angesprochen.

V. 1: Nach der Anklage gegen Ephraim/Israel folgt in MT eine
Aussage, deren sprachliche Gestalt das Verständnis ihres Inhaltes
nahezu unmöglich macht. Es verwundert nicht, daß nicht nur LXX
und Vulg. je einen anderen Text voraussetzen, sondern auch die Er-
klärungs- und Emendationsversuche der Kommentare bis auf den
heutigen Tag zahlreich und sehr verschiedenartig sind. Das Grund-

problem liegt in der doppelten Frage, ob Juda tatsächlich, wie in MT vorausgesetzt, zum folgenden und nicht vielmehr zum vorangehenden Satz (LXX) zu ziehen sei und ob v. b überhaupt eine positive Aussage enthalte oder das Scheltwort von v. a fortsetze.

Gehörte Juda wirklich zu v. a, so gewönne die negative Deutung an Wahrscheinlichkeit, zugleich aber auch die Echtheit, die mit Recht angezweifelt wird, wenn man in v. 1b ein Lob für Juda sieht. Welche Funktion sollte dieses Lob haben? Es trüge kaum etwas zur Klärung oder Begründung des Vorwurfs gegen das Nordreich bei. V. 1b ist gewiß »nicht einfach als sekundäre judafreundliche Glosse zu streichen, da der Aufbau des Spruches eine Spezialisierung des Scheltwortes erwarten läßt« (A. Weiser 88); aber auch ohne Vorentscheidung über die inhaltliche Deutung ist er zu dunkel, als daß man ihn leichten Herzens als Zusatz ausscheiden könnte. Gleichwohl scheint der Text kaum mehr als Erwägungen zu seinen Teilproblemen zuzulassen. »Das Verständnis wird erschwert durch die Unsicherheit der Bedeutung von רד, die auch durch die drei anderen Stellen, an denen רוד vorkommt, nicht behoben wird« (W. Rudolph 221). Besonders die Stelle Ps 55 3 ist selbst so zweifelhaft, daß sie zur Klärung nichts beiträgt. Daß dort und Gen 27 40 das Verb im Hif'il vorkommt, besagt nichts, da es sich um Impf.-Formen handelt, die ebensogut als Qal bzw. als scheinbare Hif'il-Formen angesehen werden können. In Gen 27 40 steht רוד parallel zum Zerbrechen des Joches. Wenn der Text korrekt ist, bezeichnet also רוד irgendeine Handlungsweise, die der eigenen Unabhängigkeit dient. Eindeutig negative Bedeutung hat das Verb in Jer 2 31: »Warum spricht mein Volk: רדנו, nicht wollen wir wieder zu dir kommen'?« Sowohl aus dem Kontext als auch aus dem Parallelismus geht hervor, daß es um eine gegen Jahwe gerichtete Handlung geht, die das Gegenteil von בוא אל ist.

Da die Jeremiasstelle dem Hoseawort, wenn es echt ist, am nächsten stehen dürfte, ist von ihr her, wenn man den Text nicht ändern will, eine negative Bedeutung von v. 1b wahrscheinlich. Zu vermuten wäre etwa: »es will noch immer unabhängig sein« o. ä., was jedenfalls mit v. 2 übereinstimmen würde. Dazu paßt freilich עַם auf keinen Fall; denn die Bedeutung »gegenüber, im Verhältnis zu« (T. H. Gaster) wirkt gezwungen; stattdessen würde man eher noch אל erwarten.

Nun muß für das sg. Prädikat noch ein Subj. gesucht werden, da v. 1b eine Konstruktionseinheit für sich ist. Ist das Subj. wirklich Juda, so bereitet freilich die invertierte Wortstellung Schwierigkeiten, da sie auf adversative Bedeutung schließen läßt (H. W. Wolff), die aber bei der negativen Begrifflichkeit von רוד nicht vorliegen kann. Infolgedessen liegt es nahe, (147) das ohnehin problematische עַם als עָם oder noch besser עַמִּי zu vokalisieren. Denn gegen die Verbindung עַם־אֵל als »Gottesvolk« spricht der nicht definierte Gebrauch von אל. In 11 9 ist

אֵל Gattungsbegriff im Gegensatz zum Menschen, אִישׁ (W. Rudolph). Deshalb ist die Lesung אֵלִי = »mir gegenüber, in Bezug auf mich« vorzuziehen. Das auslautende י kann nach falscher Abtrennung zu ו verschrieben am Anfang von v. 1bβ gefunden werden.

(148) V. 1bα lautet demnach ohne »Juda«, das wohl doch eher aktualisierende Glosse zum »Haus Israel« von v. a ist: »Immer noch ist mein Volk unbeständig/auf Unabhängigkeit aus mir gegenüber.« V. 1bβ allerdings läßt sich in der Tat kaum anders denn als positive Aussage verstehen. — Läßt er sich wirklich so verstehen? Wer sind die »Heiligen«, »mit denen« das Volk »beständig« ist? Oder ist auch hier עַם zu lesen und »das Volk der Heiligen« zu übersetzen? In diesem Fall wäre an die »Heiligen des Höchsten« im Danielbuch zu erinnern, die ebenfalls das irdische Israel bezeichnen (vgl. R. Hanhart, VT Supp. 16, 90—101 überzeugend gegen M. Noth, ThB 6, 274—290). Damit kommt man allerdings in Bereiche, die Hosea geistesgeschichtlich wie literarisch recht fern liegen dürften. — Es ist darum andererseits erwogen worden, קְדֵשִׁים zu lesen (C. H. Cornill u. a.), was auf den ersten Blick Hosea mehr zu entsprechen scheint. Aber in Hos 4 14 sind nur קדשות erwähnt, und überhaupt hat Hosea immer nur die weibliche (Kult-) Prostitution vor Augen. Darüber hinaus würde dieser Vorwurf an dieser Stelle auch kaum in den Kontext passen, der nach v. 2 politische Verfehlungen behandelt.

Schließlich bleibt die Möglichkeit, קדושים als Abstraktplural wie אלהים und als Parallelbegriff zu dem dann nicht zu ändernden אל aufzufassen (W. R. Harper). Aber dieser Gebrauch des Plural ist nicht bezeugt, und zudem würde man ihn nicht ausgerechnet im Parallelismus zum sg. אל finden.

(149) Die Aporie, in die alle bisherigen Überlegungen führen, läßt sich nur durch eine Textänderung umgehen. Unübertroffen ist nach wie vor E. Königs Vorschlag, der an ein Wortspiel zwischen מאן (belegt in Hos 11 5) und אמן denkt. Es könnte also gelesen werden וְעַם קָדֹשִׁי מֵאֵן אָמֵן, wobei lediglich ein א in den Text einzufügen wäre. Für diese Lösung spricht nicht nur die Wahrscheinlichkeit eines solchen Wortspiels bei Hosea, sondern auch der Inhalt des Satzes und die Tatsache, daß Wz. אמן, die ja auch in MT vorliegt, einen Gegensatz zu רוד bildet. עם קדשי als Bezeichnung für Israel ist nach Dtn 7 6 14 2. 21 26 19 28 9 bei Hosea gut denkbar. Problematisch ist nur das Substantiv אמן, das nur in Dtn 32 20 belegt ist. Graphisch einfach wäre auch אֹמֶן (Jes 25 1), das aber lexikalisch noch unwahrscheinlicher ist. Obwohl damit ein weiterer Buchstabe ergänzt werden muß, ist darum wohl אֱמוּנָה (Hos 2 22) vorzuziehen. Die zweite Vershälfte hat demnach ursprünglich gelautet: »mein heiliges Volk verweigert Beständigkeit.«

Wie kam es zu MT? — »V. 1b ist in seiner jetzigen Textgestalt als ein Lob Judas gedacht« (A. Weiser), oder jedenfalls als eine positive

Aussage über Juda. Es darf aber nicht von vornherein damit gerechnet werden, daß eine bewußte Umdeutung vorliegt. Nachdem »und Juda« als aktualisierender Zusatz nach 722 an v. 1a angefügt worden war (Nr. 148), konnte es natürlich wie in MT ebensogut zum folgenden Satz gezogen werden und mußte dann fast zwangsläufig zu einem adversativen Verständnis führen. Dann blieb aber den alten Textzeugen kein anderer Weg als der, den auch viele moderne Ausleger beschreiten, nämlich die Annahme einer positiven Bedeutung von רוד. Sie wurde dann erleichtert, wenn man עָם (wohl bei Defektivschreibung des suff. 1.comm.sg.) vokalisierte und mit falscher Worttrennung, aber gutem sekundärem Textsinn אֵל las, da י/ו zeitweise graphisch mehr oder weniger identisch waren. Das zweite עָם bereitet keine Schwierigkeiten.

Aber auch wenn zunächst noch עָם beibehalten wurde und MT eine noch spätere Textform repräsentiert, lag die Abtrennung und Lesung קדשׁים nahe. Denn es kann nicht geleugnet werden, daß die positive Aussage über Juda innerhalb ihres Zusammenhanges merkwürdig ist und näherer Erläuterung bedarf. Was ist mit »Juda« gemeint, das »mit Gott« unterwegs ist? Die spätere Exegese dürfte hier wiederum wie manche modernen Kommentare an die »Heiligen des Höchsten« gedacht haben, die als קדּישׁין (Dan 7 21f.), קדּישׁי עליונין (Dan 7 18. 22. 25) und sogar als עם קדּישׁי עליונין (Dan 7 27) und עם קדשׁים (Dan 8 24) an anderen Stellen des kanonischen Gutes belegt sind (Hillel 2). Zu nennen sind ferner Ps 16 3 34 10 und Dtn 33 3.

Die Annahme solcher Exegese nach anderen Schriftstellen und namentlich die Erwägung der direkten Verankerung in Dan 8 24 würden allerdings eine relativ späte Entstehung von MT vermuten lassen. Dazu stimmt der in LXX vorausgesetzte differierende und anders deutende Text. Auch dort ist aber das Versende korrupt, und zwar fehlt, abgesehen von der späten Verschreibung רי־ן ebenfalls das hier ergänzte א. Die Textform läßt eine Beschädigung oder Veränderung an dieser Stelle vermuten. Der Verlust des א von מאן bzw. die Verderbnis des Textes am Ende des Verses darf somit als Ausgangspunkt für die Korrektur- und Auslegungsversuche sowohl von MT als auch des LXX vorliegenden Textes angesehen werden.

Die hier erörterte Genese von Hos 12 1 läßt wiederum erkennen, daß auf keiner Stufe der Textgeschichte Willkür oder bewußte Veränderung am Werk ist, sondern vielmehr Auslegung als Aktualisierung (Nr. 148), philologische (Nr. 147) und theologische (Nr. 149) Exegese.

(150) V. 2: Die Unklarheit des Metrums reicht nicht aus, um v. 2aγ zu streichen. שׂד ist nach LXX in שָׁו zu ändern; die Verschreibung ד‹ו dürfte ganz spät sein. כל היום ist zum zweiten Satz zu ziehen, der insgesamt eine Präzisierung zu v. aα bietet, während in v. 2b die Konkretisierung folgt. Metrisch läßt sich in v. 2a am besten ein Doppelvierer lesen, während v. 2b die Doppeldreier von v. 1 wieder aufnimmt.

(151) Statt יובל ist wohl mit dem ו von v. 3 יוֹבִלוּ zu lesen. K. Dellers Lösungsvorschlag (3.m.sg.impf.pass.qal von *bll* = »mischen« im Sinne eines Rituals neuassyrischer Vasallenverträge) läßt zwar MT möglich erscheinen, doch ist das Nebeneinander von persönlicher (v. 2bα) und unpersönlicher (v. 2bβ) Konstruktion hart. Sachlich ist damit nichts gegen die Erklärung eines Bundesschlusses durch Öl eingewandt, der sich ohnehin aus dem Parallelismus ergibt. Entweder liegt also falsche Abtrennung oder Haplographie des ו vor.

12 3ff. (vgl. Anhang Nr. 18):

Die Schwierigkeiten, die Kap. 12 und insonderheit die Abschnitte über den Erzvater Jakob bieten, sind bis heute nicht endgültig gelöst. Auch hier können in bezug auf das literarische Verhältnis der einzelnen Verse zueinander nur zögernd Argumente gegeneinander abgewogen werden.

(152) V. 3: Das einleitende ו ist sicher nicht ursprünglich, sondern dient zur Verknüpfung mit v. 1-2, die ein isoliertes Scheltwort bieten. Da die Prozeßankündigung zugleich die Ankündigung des Gerichts impliziert, ist diese Anreihung verständlich.

(153) Die in den meisten Kommentaren vorgenommene Ersetzung von »Juda« durch »Israel« hält W. Rudolph für einen »Gewaltakt«. Trotzdem sprechen gewichtige Gründe dafür, vornehmlich das in v. 4 vorausgesetzte Wortspiel mit dem Namen Israel. Aber auch nach inhaltlichen Anhaltspunkten muß hier Israel genannt sein. Denn nach der Prozeßankündigung (v. 3) folgt zwar zunächst eine verhüllte Anklagerede in Gestalt des Berichts über den Erzvater. Es ist aber äußerst unwahrscheinlich, daß sich die Anklage in der mehr oder weniger historischen Reminiszenz erschöpft hätte; diese ist vielmehr nur das Bild für die gegenwärtigen Missetaten, um die die Anklage geführt wird (vgl. 11 5 im Verhältnis zu v. 1-4). Diese aktuelle Anklage, die Explikation der Jakobserzählung, folgt in v. 8-9. Dort ist aber (v. 9) von Ephraim die Rede, woraus sich wiederum der Rückschluß auf die Nennung Israels in der Prozeßankündigung ergibt. Zudem konstatiert H. W. Wolff (267): »Die finale Verknüpfung לפקד verlangt in 3a den gleichen Angeklagten wie in 3b.«

Offensichtlich ist »Juda« eine aktualisierende Wortersetzung, die wohl zunächst neben »Israel« gesetzt wurde, wie es auch für v. 1 (Nr. 148) zu erschließen ist, später aber das ersetzte Wort ganz verdrängte, während es in v. 1 wegen des veränderten grammatischen Bezuges erhalten blieb. Diese Art der Wortersetzung ist formal mit der Einfügung von אדני neben dem Gottesnamen im Amosbuch zu vergleichen. Die Ersetzung wird vermutlich nach 722, aber vor dem Ende des Südreiches vorgenommen worden sein.

(154) Das ו vor לִפְקֹד stört. Wie es in den Text geraten ist, ist unklar. LXX setzt es noch nicht voraus.

V. 5: V. 5aα bietet eine klare Dublette zu v. 4b und unterliegt daher schwersten Bedenken, die sich auch auf die weiteren, in ihrer Funktion nicht ganz klaren Notizen des Ergehens Jakobs erstrecken. »Ich hege Verdacht gegen 5-7«, bemerkt J. Wellh. (129), und zumindest was die Zusammengehörigkeit mit v. 4 betrifft, läßt sich dieser Verdacht schwerlich abweisen. V. 8 scheint in der Tat an v. 4 anzuknüpfen; אָוֶן in v. 9 nimmt dasselbe Wort mit anderer Bedeutung von v. 4 wieder auf. Außerdem wird erst mit v. 8 der Vorwurf von v. 4 gedeutet. V. 6 gehört sicher nicht in den Zusammenhang, sondern ist eine späte Doxologie (so auch H. W. Wolff). Die Anrede in v. 7 hat innerhalb der Anklagerede, die erst mit v. 9 endet, keine Funktion und gehört deshalb auch nicht in diesen Zusammenhang. Man muß also entweder v. 6 und 7 ausgliedern, oder mit v. 8 einen neuen Spruchbeginn ansetzen, was aus den genannten Gründen abzulehnen ist.

Der Inhalt von v. 5aβ. b scheint im Deuteteil keine Entsprechung zu haben. Ist man daher geneigt, ihn für sekundär zu halten, so ist doch die Frage zu klären, aus welchem Grund er hier eingefügt wurde und was er eigentlich besagt. Denn daß hier kein literarischer Bezug auf die Genesis-Erzählung vorliegt, ist so deutlich, daß immer wieder (nach der Literatur, mit der sich W. Rudolph auseinandersetzt, v. a. noch von E. M. Good, VT 16, 137—151) erwogen worden ist, ob der Hoseatext eine in der Gen nicht belegte Sondertradition über Jakob bietet. E. M. Good denkt z. B. für die Erwähnung des Weinens an eine sonst nicht belegte Tradition zum Namen אַלּוֹן בָּכוּת Gen 35 8. Jedenfalls gebietet gerade die Eigenständigkeit der in v. 5 enthaltenen Aussagen über Jakob Vorsicht für das literarkritische Urteil. Hinzu kommen möglicherweise auch die Tempora in ihrer eigentümlichen Verwendung: narratives Impf. wie in 11 4. 5.

(155) In die Überlegungen ist auch LXX einzubeziehen, die an zwei Stellen einen anderen Text las, nämlich בֵּית אָוֶן für Bethel und עִמּוֹ für עִמָּנוּ. — H. W. Wolff und W. Rudolph meinen, gegen die bei J. Ziegler (130f.) ausführlich begründete Annahme, daß אָוֶן für LXX ursprünglich sei, Einwände vom hebräischen Text her erheben zu müssen. Es darf aber nicht übersehen werden, daß J. Ziegler keine Aussage zur hebräischen Textkritik macht, sondern nur für die LXX feststellt, daß ὧν dem häufiger belegten μου vorzuziehen sei und auf eine hebr. Grundlage zurückgehe. Diese Annahme ist in der Kenntnis der Übersetzungstechnik der LXX im Dodekapropheten begründet und läßt sich schwerlich widerlegen. Eine ganz andere Frage ist es, ob der LXX vorliegende hebräische Text MT vorzuziehen sei.

Gewiß, »zur Zeit Jakobs war eben Bethel noch kein Beth-Aven« (W. Rudolph 222), aber das hindert nicht, daß Hosea es auch im Zu-

sammenhang mit der Jakobstradition, gerade da er sie im negativen
Sinne aufnimmt, verwenden konnte. Es scheint sogar ein Argument
für die ursprüngliche Lesung אָוֶן zu geben, und zwar die Verwendung
des Leitwortes אָוֶן in v. 4 und v. 9. Außerdem ist die Annahme einer
sekundären Änderung von Bethel gerade an dieser Stelle zweifelhaft,
da ja die literarische Jakobstradition gewichtig und positiv von Bethel
redet und gewiß für spätere Tradenten oder Ausleger maßgebend war.
Insofern ist בֵּית אָוֶן textgeschichtlich die lectio difficilior. Die »nachträgliche Änderung von M[T] nur an dieser Hoseastelle« (H. W. Wolff)
ist denkbar, ohne als Akt der Willkür aufgefaßt werden zu müssen;
der Glossator, der natürlich die Genesis-Überlieferung kannte, kann
der Meinung gewesen sein, den richtigen Text wiederherzustellen.
Vielleicht hat auch erst dazugeschriebenes »Bethel« schließlich den
Grundtext ersetzt. Jedenfalls liegt eine Wortersetzung verständlicher
Art vor.

(156) Sie könnte auf die gleiche Hand zurückgehen wie die Einfügung
von v. 5aα. Diese Dublette zu v. 4b wird überhaupt erst recht verständlich, wenn man 5aβ für ursprünglich hält. Denn hier entsteht noch für
moderne Kommentatoren die Frage, wer das Subjekt der Verbalformen
ist. Aus Kenntnis der Gen-Erzählung nimmt man an, daß der Engel
das Subj. sein muß, und diese Auslegung gibt auch der bab. Talmud
(Ḥullin 92a nach E. M. Good). Wäre aber 5aα gar nicht vorhanden,
müßte sogar אֱלֹהִים aus v. 4 als Subjekt erschlossen werden. Das aber
ist in höchstem Maße als Anthropomorphismus theologisch anstößig
und macht den Einschub nach Gen 32 29 notwendig (Hillel 3), wobei
für אִישׁ in richtiger und theologisch erklärbarer (vgl. E. M. Good) Auslegung מַלְאָךְ gesetzt wird. Daß die masoretische Vokalisation abermals
einen Schritt weiter geht und שׂוּר = סוּר herstellt, darf hier außer acht
bleiben.

(157) Die Vorlage der LXX hatte doch wohl richtig עִמּוֹ bewahrt,
während עִמָּנוּ Angleichung an das falsch gedeutete Suffix der Form
יִמְצָאֶנּוּ ist (H. W. Wolff). Es braucht sich nicht um bewußte Angleichung zu handeln, sondern um aktualisierendes Sicheinbeziehen der
den Text lesenden Gemeinde, graphisch begünstigt durch die mögliche
dittographische Verschreibung וּ/נ. E. M. Good nimmt beabsichtigte
Doppeldeutigkeit der Suffixe an, was aber bei einem Wort, das ganz
sicher nicht von vornherein mit Rücksicht auf sein Schriftbild konzipiert wurde, aus der Morphologie der gesprochenen Sprache sehr unwahrscheinlich ist. Richtig ist allerdings die E. M. Goods Vorschlag
zugrundeliegende Überlegung, daß Jakob natürlich als Repräsentant
des gegenwärtigen Israel genannt wird. Der jetzige Text entspricht
der Identifizierung im Sinne einer »corporate personality« (H. W.
Robinson, BZAW 66), die schließlich auch zur Einschaltung der Doxologie von v. 6 geführt hat.

(158) V. 6: Die Doxologie hat hier die gleiche Funktion wie im Amosbuch. »Der Hörer des tradierten Jahwewortes bekennt damit zugleich
Jahwes Heiligkeit (vgl. Ps 30 5 97 12) und seine eigene Schuld« (H. W.
Wolff 276). Daß jedoch v. 6 nicht der gleichen Redaktion angehört
wie die Doxologien im Amosbuch, hat H. W. Wolff v. a. aus der Verwendung von זכר statt שֵׁם wahrscheinlich gemacht. Durch זכר erhält
der Vers eine weniger statische Funktion als durch שֵׁם, »es unterstreicht
... stärker die je neue Vergegenwärtigung, die in der Nennung des
Gottes Israels ‚von Generation zu Generation' erfolgt (Ps 102 13 135 13)«
formuliert H. W. Wolff (277) unter Hinweis auf W. Schottroff. Dem
entspricht die dialogartige Ausformung durch den Einschub von v. 7
(Nr. 159) und die bewegte Gesamtstruktur des Kapitels. Ein Anhaltspunkt für die Datierung der Einfügung von v. 6 wird sich schwer
finden lassen, denn der »Schritt zur Konkretbedeutung ‚Name' wurde
anscheinend schon früh vollzogen« (W. Schottroff 295).
(159) V. 7: Der an die Doxologie anschließende Vers ist ebenso umstritten wie diese, wird aber von neueren Kommentatoren (A. Weiser,
H. W. Wolff, W. Rudolph) gern als hoseanisch angesehen. Er müßte
dann das Gerichtsverfahren gegen den Patriarchen abschließen oder
in wörtlicher Rede die in Bethel nach v. 5 gesprochenen Worte wiedergeben (so W. Rudolph, auch, wenngleich die Echtheit von v. 7 be-
streitend, J. Wellh.). In beiden Fällen erhebt sich die Schwierigkeit,
daß die ganze Anklage nur gegen den Erzvater, aber nicht gegen das
gegenwärtige Volk geht. Dieses kann zwar im Erzvater mit betroffen
sein, aber gerade bei den v. 4 und 5 angespielten Ereignissen ist schwer
begreiflich, wie sie Anwendung auf das Volk finden sollen. Nur wenn
v. 8ff. zum Vorangehenden gehört, wird die Anklage gegen Jakob im
Prozeß gegen Israel verständlich. Dann aber durchbricht v. 7 den
Zusammenhang.
Das kommt auch in H. W. Wolffs Annahme eines Neueinsatzes
von v. 8 und W. Rudolphs Anschluß von v. 13f. an v. 7 zum Ausdruck.
Von formgeschichtlichen Erwägungen her (Verwandtschaft mit Ps 37
34) ist v. 7 als paränetische Zutat angesehen worden (C. Westermann,
zitiert bei H. W. Wolff). H. W. Wolff (277) lehnt dieses Urteil wegen
»der parallelen Einführung eines Zitates in die Tradition in 10 12, wegen
der typisch hoseanischen Dreigliedrigkeit der Periode und wegen des,
abgesehen von תמיד, nachweislich hoseanischen Sprachgebrauchs«
ab.
Hinsichtlich des Wortschatzes kommt aber gerade der Ausnahme
Bedeutung zu. Denn bei einer Einfügung in hoseanisches Gut ist ja
von vornherein auch mit einer sprachlichen Verankerung in diesem
zu rechnen. Das Gewicht muß also primär auf Abweichungen liegen.
Auch קוה ist als Verb (L. 1244c—1245a) sonst nicht bei Hosea belegt
und kommt mit der Präposition אל (sonst ל) überhaupt nur noch zwei-

mal in den Psalmen vor: Ps 27 14 (bis) und Ps 37 34, ebenfalls zusammen mit שמר und in ähnlicher Formulierung.

In den Kommentaren wird durchgängig darauf hingewiesen, daß
v. 7 auf Gen 28 15 (J) Bezug nimmt. Dadurch wird die falsche chrono-
logische Abfolge der Begebenheiten aus dem Patriarchenleben besonders eklatant. »Hosea wahrt sich hier dieselbe Freiheit wie gegenüber
dem Dekalog«, erklärt W. Rudolph (227) und zitiert dazu M. Gertners
Ausdruck vom »homiletic arrangement«. Für v. 4-5 ist das in sich einleuchtend, weil der Aufbau von der sprachlichen Struktur bestimmt
ist. V. 7 aber sprengt den sinnvollen Ablauf der Ereignisse und hat
überdies in einer Anklagerede nichts zu suchen.

Vielmehr ist zum in v. 5 gegebenen Hinweis auf Bethel der ganze
Einschub angehängt, der zugleich Reminiszenz an die in Gen 28 be-
richtete Heilszusage an den fliehenden Erzvater und Paränese und
Verheißung für das Jakobsvolk in der Gegenwart des Glossators ist.
Zweierlei fällt besonders auf:

1. Die Aufnahme des Wortes שמר neben der Verheißung der Rückkehr aus Gen 28 15;

2. Die Verwandtschaft mit v. 13f. (vgl. W. Rudolph).

(160) Sie beruht auf folgenden Punkten:

a) der Bezugnahme auf die Situation Jakobs vor der Flucht, d. h.
auf Gen 28 und den Übergang zu 29 (v. 13);

b) dem Verbum שמר in allen drei Versen;

c) dem merkwürdigen Gebrauch des ב, der nur unter Vorbehalt
als instrumental bezeichnet werden kann, insofern diese Bezeichnung
differenziert, wo von der Sprache her Identität herrscht. Wenn man ב
einmal mit »durch« (v. 7. 14), das andere Mal mit »um willen« (v. 13)
wiedergibt, so wird das eigentlich dem Text nicht voll gerecht. Es muß
versucht werden, die Abfolge באלהיך (v. 7) — באשה (v. 13) — בנביא (v. 14)
auf einer Linie zu sehen. Die Verse deuten ein theologisches Schlußverfahren an:

Voraussetzung (v. 7):   Die Verheißung der Rückkehr an Jakob »um/
                         durch Gott«.

1. Reflexion (v. 13):   Jakob »hütete« aber um eine Frau, d. h. um
                         wieviel mehr muß Israel Treue und Recht
                         »hüten« (v. 7), nämlich »um Gottes willen«.

2. Reflexion (v. 14):   Gott führte Israel aus Ägypten und »behütete«
                         es »um/durch einen Propheten«, d. h. um wie-
                         viel mehr wird er Israel »behüten« »um Gottes
                         willen«, d. h. um seiner eigenen, in v. 7 erinner-
                         ten Verheißung willen.

(159—160) Die Verse 7. 13. 14 enthalten also, freilich nur andeutend,
zwei קל וחמר-Schlüsse (Hillel 1), die sich aus dem Vergleich der Er-

wähnung der Patriarchenereignisse in Bethel (v. 5) mit der Genesis-Erzählung ergeben (Hillel 6). Solche Schlußverfahren wurden später bestimmend für die theologische Arbeit der Rabbinen.

Wenn diese Beobachtungen annähernd richtig sind, ergeben sich Konsequenzen für die Beurteilung des Textes:

1. V. 7. 13. 14 gehören, wie W. Rudolph u. a. gesehen haben, zusammen, aber sie gehören nicht zum ursprünglichen Hoseawort, sondern versuchen, dieses in Bezugnahme auf den Pentateuch auszulegen.

2. Mit diesen Versen wird — darin ganz Hosea folgend — Israel als Volk mit dem Patriarchen im Sinne der corporate personality gleichgesetzt. Im Gegensatz zum Hoseawort wird darin aber nicht nur eine Anklage, sondern auch eine Verheißung und eine Aufforderung gesehen.

3. Die Zusage der Umkehr ist zumindest ambivalent, d. h. sie muß auch als Zusage der Rückkehr verstanden werden. Das ergibt sich aus v. 14, der in einer Weise auf den Exodus Bezug nimmt, die das Exodusgeschehen als Vorbild für ein anderes Geschehen vermuten läßt. Falls hier der Exodus wirklich als Typos für eine späte Rückkehr verstanden wäre, käme man für den zeitlichen Ansatz mindestens in die Zeit des Exils, es sei denn, man rechnete mit einer sonst nicht belegten Exodustypisierung einer Verheißung an die Zerstreuten des Nordreiches. Diese Denkmöglichkeit darf wohl aus historischen Gründen ausgeschlossen werden.

Man könnte v. 7. 13. 14 als Midraschvorform bezeichnen, wenn der Begriff des Midrasch nicht selbst so schwierig wäre. Für späte Entstehung spricht auch die offenbar literarische (anders Hosea selbst!) Bezugnahme auf die Gen-Erzählung.

Von der vorgetragenen Charakterisierung der drei Verse her erklären sich einige sonst schwierige Eigentümlichkeiten. Die Vätertradition, die (H. W. Wolff 280) in v. 13 mit den Worten עבד (Gen 29 20. 30) und שמר (Gen 30 31, aber auch 28 15) anklingt, ist nur dann »im Sinnzusammenhang nicht wiederzuerkennen« (H. W. Wolff), wenn man bei באשה wie H. W. Wolff an den »schimpflichen Umgang mit der fremden Frau im Aramäergebiet« denkt und darin eine Anspielung auf üble Sexualriten vermutet. Mit Recht macht W. Rudolph (231) geltend, daß die fremden Frauen »immerhin die Stammütter Israels« waren. Die Verse bieten eben keinen logischen Gegensatz, sondern einen Schluß a fortiori.

»Desgleichen befremdet die Passivconstruction בנביא נשמר bei einem so alten Schriftsteller auf das Äusserste« (J. Wellh. 130), nicht aber bei einem späteren Ausleger, vgl. das ins NT übernommene Passiv zur Umschreibung des Gottesnamens (F. Blass—A. Debrunner § 130, 1).

Trotz der Wahrscheinlichkeit, daß v. 7 (Nr. 159), 13 und 14 (Nr. 160) von der gleichen Hand in den Text eingefügt wurden, ist nicht anzunehmen, daß sie erst sekundär getrennt wurden, da sie jeweils in ihrem unmittelbaren Kontext verankert sind. V. 7 bezieht sich auf die Nennung Bethels in v. 5. Ob v. 6 erst nachträglich dazwischengetreten ist oder mit v. 7 zusammengehört, bleibt unklar, doch ist eine Zusammengehörigkeit zumindest gut denkbar, da der Doxologie als Bekenntnis der Schuld die Verheißung, der Nennung Jahwes als Lobpreis die Paränese folgt. תשוב ist zugleich verheißend und mahnend.

V. 13 aber enthält mit שׁדה ארם eine Stichwortverknüpfung zum unmittelbar vorangehenden Vers, der mit שׁדי endet. Wahrscheinlich nimmt auch die Nennung des »Propheten« in v. 14 auf die Erwähnung der Propheten in v. 11 Bezug, setzt diese also voraus. Die Auffassung von Mose als Propheten bildet bekanntlich schon den Grund von Dtn 18 18, wäre also auch Hosea selbst zuzutrauen. Trotzdem entfällt Hos 12 14 nach dem bisher Gesagten als früher Beleg dieser Anschauung (vgl. sonst noch Num 12 6ff. Dtn 34 10).

Mithin ist anzunehmen, daß die Verse 7. 13. 14 an ihrem ursprünglichen Platz innerhalb des Hoseatextes stehen. Die Untersuchung der Gründe für die Einfügung gerade an dieser Stelle setzt den Überblick über das ganze Kapitel voraus.

V. 8: Nunmehr schließt v. 8 unmittelbar an v. 5 an. Hier erfolgt der Übergang vom Rückblick in die Vergangenheit zur anklagenden Schilderung der Gegenwart.

»Mit כנען ist niemand anders als das gegen/wärtige Ephraim gemeint, das dem kanaanäischen Huren- und Händlergeist erlegen ist« (H. W. Wolff 277f.). Formal ist die Zeile mit den Sprüchen über Ephraim (7 8. 11 8 9 9 11 10 11; über Israel 10 1) und mit der Form der Stammessprüche zu vergleichen. Daß sich hinter »Kanaan« Ephraim verbirgt, zeigt sich in v. 9, wo die Selbstrechtfertigung des Angeklagten zitiert wird. Das Fehlen der Vergleichspartikel, d. h. das einfache Anführen eines Spruches über Kanaan als eines Wortes gegen Ephraim ist besonders scharf (W. Rudolph).

אך ist einschränkend gebraucht wie II Reg 22 7. Ephraim versucht, sich zu rechtfertigen. Das entlarvende Wortspiel ist offenkundig und läßt das fingierte Zitat des Angeklagten zu einer Vertiefung der Anklage werden, so daß in v. 10 unmittelbar das Urteil folgt. V. 9b ist also nicht nach LXX zu ändern, sondern gehört zum Zitat. Nur eine Änderung der Verbalform ins Nifʿal יִמְצְאוּ sollte erwogen werden.

V. 10: Die Selbstvorstellung Jahwes markiert den Übergang seiner Funktion als Ankläger in die als Richter. Der Inhalt des Urteils ist der Entzug des Landes, die Rückführung Israels auf den Ausgangspunkt seiner Geschichte, die »Begegnung« (מועד ist nicht zu ändern)

mit Jahwe. Die Seßhaften sollen wieder Nomaden werden. Damit endet
die Sprucheinheit, die eine klare metrische Struktur hat:

v. 3	Prozeßeröffnung	— Tripeldreier
v. 4. 5	Anklage des Erzvaters	— Doppeldreier + Sechser,
v. 8	Anklage Ephraims	— Sechser,
v. 9	Selbstrechtfertigung	
	Ephraims	— 2 Sechser
v. 10	Urteilsverkündung	— 2 Fünfer.

12 11f. 15 (vgl. Anhang Nr. 19):

Form, Abgrenzung und Inhalt dieser drei Verse sind so problematisch, daß mit den zur Verfügung stehenden Mitteln keine endgültige Lösung zu erlangen ist. Auch die Versionen bieten keine entscheidende Hilfe.

Eine Verbindung von v. 11 mit dem Vorangehenden ist nicht anzunehmen, weil v. 11 anscheinend keine Strafandrohung enthält, sondern einen Rückblick auf die Geschichte Jahwes mit seinem Volk;
das abschließende Impf. ist Erzähltempus. V. 12 könnte als Kontrast
zu v. 11 gehören. Der Inhalt ist dunkel, gehört aber vermutlich in den
Bereich prophetischer Kultkritik.

Da v. 13f. hier als sekundär bestimmt wurden und auch, wenn sie
für hoseanisch gehalten werden, in den Kommentaren meist an eine
andere Stelle gerückt werden, stellt sich die Frage, ob v. 15 an v. 12
anschließt. Mit 13 1 beginnt nach dem Drohwort von v. 15b etwas
Neues. Da v. 12b doppeldeutig ist, es sich also sowohl um ein Drohwort
als auch um eine ironische Ergänzung des Scheltwortes handeln kann,
ist die Zusammengehörigkeit nicht eindeutig. Der rein konstatierende
Charakter des Nominalsatzes ohne Kopula macht aber die Deutung
von v. 12b als Bestandteil des Scheltwortes wahrscheinlicher und spricht
somit auch für die Zuordnung von v. 15 zum Vorangehenden. V. 15a
faßt allgemein das Scheltwort zusammen (ähnlich 6 10 im Verhältnis
zu v. 7-9). Merkwürdig ist allerdings das Drohwort in der 3. pers.,
nachdem v. 11 mit der Jahwerede in der 1. pers. begonnen hatte. Hier
wird man hinsichtlich der Einheit der drei Verse wieder unsicher. Oder
sollte mit אדני gar nicht Jahwe gemeint sein, sondern in ironischer
Weise etwa der politische Oberherr? Das paßte wieder schlecht in den
Kontext der Kultkritik. Man kommt über Fragen nicht hinaus.

(160a) V. 11: Das einleitende ו könnte redaktionelle Verknüpfung
sein, doch ist nicht sicher, ob hier der tatsächliche Wortanfang vorliegt und nicht vielmehr ein Fragment, das als Jahwerede hinter die
Gottesrede in v. 10 gestellt wurde.

על ist nicht in אל zu ändern, vgl. H. W. Wolff.

Auch אדמה ist gut bezeugt und kann nicht auf Grund von Ver-
ständnisschwierigkeiten verändert werden. Nach dem Parallelismus
erwartet man die Bedeutung »gleich machen, vergleichen« (Jes 40
18. 25 46 5 Cant 1 9 Thr 2 13), doch ist das Verb sonst nicht absolut
gebraucht. Vielleicht ist nicht so sehr an die Gleichnisrede als an die
Gleichnishandlung der Propheten oder ihre Existenz als Selbstdar-
stellung ihrer Botschaft gedacht (vgl. Jes 8 18 und etwa die Ehe des
Hosea). Allerdings wäre auch die Lesung des Qal von דמה = דמם wie
Hos 4 5 möglich (vgl. 6 5), aber nach dem Parallelismus unwahrscheinlich.

(161) V. 12: MT ist in v. 12a unverständlich. אם kann sowohl konzessiv
als auch konditional gebraucht sein. Auch als Einleitung einer Frage
kann es allenfalls stehen. Statt אָון las LXX אין, was graphisch sehr
naheliegt. אך kann eine einfache Beteuerung unterstreichen oder den
Hauptsatz als Gegensatz zum konzessiven Nebensatz einleiten (Jer
12 1). Demnach bieten sich auf den ersten Blick folgende Übersetzungs-
möglichkeiten (e-g ≙ LXX):

a) Wenn G. Übel ist / bedeutet, fürwahr, so sind sie nichtig geworden;
b) Ist etwa G. Übel? Fürwahr, nichts sind sie . . .
c) Wenn G. übel ist, so sind sie im Gegenteil nichts . . .
d) Obwohl G. übel ist, sind sie nichts geworden . . .
e) Wenn es G. nicht gibt, fürwahr, so sind sie nichts . . .
f) Obwohl es G. nicht gibt, sind sie dennoch nichts . . .
g) Gibt es etwa G. nicht? Fürwahr, sie sind nichts . . .

c) und d) dürfen aus logischen Gründen ausgeschlossen werden.
    Aber auch die anderen Möglichkeiten bleiben rätselhaft, weshalb
W. Rudolph Gilead aus dem Text herauskonjiziert. Seine Lösung,
»Wenn sie aber Frevel aufdeckten (גִּלָּ עַל), galten sie als ein Nichts«,
ist aber auch unbefriedigend, weil das Subj. derVerbalform 3.m.pl.
(die Propheten) nicht mit dem der entsprechenden Form in v. aβ
(זבחו) identisch ist und weil גיל על i. S. v. »aufdecken« seltsam anmutet.
    H. W. Wolff erwägt, ob v. 12 die Eroberung Gileads durch Tiglat-
pilesar III. im Jahre 733 voraussetze. Dann läge allerdings die Lesung
אין nach LXX nahe, und der Spruch wurde vielleicht als Reminiszenz
an den früher gesprochenen Kap. 6 8 formuliert. In diesem Fall wäre
die konzessive Deutung vorzuziehen. Aber auch ein irreales Satzgefüge
wäre denkbar, wenngleich man dann eher לו statt אם erwarten würde.
Der Satz hieße dann: »Wenn auch Gilead (nämlich das dort nach 6 8
Geschehene) nicht wäre, so wären sie dennoch . . .«.
    Was aber soll der Nachsatz bedeuten? Seine lapidare Kürze
scheint jeder Erklärung zu spotten. Irgend etwas wird dem im אם-Satz
Angenommenen entgegengesetzt. Da in v. 12 zwei Ortsnamen vorkommen, liegt es nahe, sie in ein logisches Verhältnis zueinander zu

setzen und בגלגל zu v. 12aα zu ziehen (Th. H. Robinson). Der Satz wird sinnvoller und auch metrisch lesbar (Doppeldreier + Sechser):

> »Wenn auch Gilead nicht (mehr) ist,
> so sind sie doch nichtswürdig geworden in Gilgal;
> Stiere opfern sie, und auch ihre Altäre sind wie Geröll
> auf den Furchen des Feldes.«

Kultkritik und die Rüge gegen eine nach 6 8 zu vermutende Gewalttat gehören in diesem Spruch anscheinend zusammen. Dafür spricht auch der Schluß in v. 15.

Die Lesung און statt אין (ו/י) ist bei der Schwierigkeit des Textes wohl eine Textherstellung nach 6 8 (Hillel 2). Die Unklarheit von v. 12aα dürfte auch der Grund sein, warum בגלגל dem nächsten Satz zugeordnet wurde.

13 1-3:

Die Abgrenzung wird bestätigt durch eine Reihe von v. 1-3 eigentümlichen, besonderen Schwierigkeiten, die in den Kommentaren diskutiert werden.

V. 1: Schon die Deutung der sonst hebr. nicht bekannten Wz. רתת hängt nicht zuletzt von der Auffassung des ganzen Verses ab: Handelt es sich um einen Rückblick in die »Kinderzeit« Ephraims oder um einen Blick auf seine vergangene Stärke? Im ersten Fall wäre mit A. B. Ehrlich (auch W. Rudolph u. a.) an eine arab. Wz. *rtt* = »stammeln« im Sinne der unausgebildeten Kindersprache zu denken, bei der letztgenannten Möglichkeit dagegen an ein Wort für »Schrecken« gemäß aram. Belegen, den hexaplarischen Übersetzern und Vulg. sowie einem außerbiblischen Beleg (vgl. H. W. Wolff 286).

Als Vorlage für LXX, δικαιώματα, wird allgemein תֹרֹת angenommen, obwohl eine gewisse Unsicherheit bestehen bleibt, da δικαίωμα (H-R. 334b—335a) im Dodekapropheton nur noch zweimal vorkommt, und zwar für חקות (Mi 6 16) und משפטים (Mal 4 4 [3 22]), während תורה (H-R. 3, 271a) im Zwölfprophetenbuch einheitlich übersetzt wird im Sg. mit νόμος (Hos 4 6 8 1 Am 2 4 Mi 4 2 Hab 1 4 Zeph 3 4 Hag 2 2 Sach 7 12 Mal 2 6. 7. 8. 9 4 4 (3 22) — H-R. 948b—c), im Pl. mit νόμιμα (Hos 8 12 — H-R. 947a). Es ist also nicht anzunehmen, daß der LXX ein derart geläufiges und sonst einheitlich übersetztes Wort vorlag, sondern eher ein seltener vorkommendes. Graphisch liegt דָת am nächsten, das zwar m. Pluralform hat, was aber nicht hindert, daß die Übersetzer דתת statt רתת als דָּתֹת lasen (vgl. auch W. Rudolph).

Die größere sprachliche Belegbreite spricht für die Übersetzung »Schrecken«. Daß W. Rudolph (237) dann den Ausdruck »zu stark für Respekt oder Ansehen« findet, überzeugt nicht, denn offenbar soll doch ein Gegensatz zu v. b herausgehoben werden. Dann darf man ruhig mit einer gewissen Hyperbolik rechnen. Die Vokalisation von רתת muß offenbleiben.

Für נשא ist mit H. W. Wolff pt.m.ni. vorzuziehen. Die Vokalisierung als 3.m.sg.pf.qal behandelt (trotz der Akzentuierung) רתת als Akkusativobjekt. V. 1 ist mithin zu übersetzen:

> »Wenn Ephraim redete, war es Schrecken,
> erhaben war er in Israel;
> und er verschuldete sich am Baal und starb.«

Dieser Vers enthält drei Anstöße:

1. »Ephraim« wird hier als Teil Israels gebraucht, sonst aber als Synonym für »Israel« (A. B. Ehrlich), s. u. Exkurs S. 240f.

2. »... der Übergang zur Gegenwart wird in v. 2 durch ועתה (und heute noch) gemacht. An welches Ereignis der Vorzeit aber denkt Hosea? Untergegangen ist Ephraims Macht und Herrlichkeit nur einmal in / der alten Geschichte, durch die Philister. Freilich war die Ursache davon nicht der Baalsdienst ...«. (J. Wellh. 130f.). Dieser Verlegenheit entgeht A. B. Ehrlich, indem er וימת ändert, die meisten Kommentatoren vermeiden sie durch eine abschwächende Deutung von מות im Sinne der 733 erfolgten ersten Katastrophe des Nordreichs. Es muß aber stark bezweifelt werden, ob man dieses Ereignis wirklich ein »Sterben« nennen kann, zumal doch gerade der Rumpfstaat Ephraim erhalten blieb, also hier, wo »Ephraim« eindeutig das ephraimitische Teilgebiet bezeichnet, nicht von seinem schon erfolgten Tod die Rede sein kann.

3. Hosea »gebraucht indessen הבעל sonst nicht im Singular« (J. Wellh.).

Besonders 1. und 2. lassen es geraten erscheinen, eine andere Lösung für v. 1 zu erwägen: Es ist denkbar, daß auch die Katastrophe von 722 schon erfolgt ist, daß also die in v. 2 Bescholtenen nicht mit dem »Ephraim« von v. 1 identisch sind.

(162) Unter diesem möglichen Gesichtspunkt sind nun auch die weiteren Eigentümlichkeiten in v. 2 und 3 zu betrachten. Es ist nämlich nicht zu überhören, daß hier Anklänge und Wiederaufnahmen anderer Hoseaworte vorliegen.

Zu v. 2aα   מכספם וגו''   vgl. Hos 8 4;
Zu v. 2aβ   vgl. Hos 8 6;
Zu v. 3a   vgl. Hos 6 4.

A. B. Ehrlich will sogar v. 3a streichen, weil er annimmt, daß er aus 6 4 übernommen ist, da der Vergleich wohl dort, nicht aber hier passe. In der Tat hat man den Eindruck, daß die Funktion des Vergleichs als Vorwurf in 6 4 (Vergleichsgegenstand angemessen das Abstraktum חסד) hier zur Beschreibung der erfolgten Strafe (Vergleichsgegenstand mit gewagtem Bild die Menschen selbst) gewandelt ist.

Dahinter steht die Erwartung, daß die Missetat ihr entsprechend ver-
golten wird.

Nach allen diesen Beobachtungen darf vermutet werden, daß die
vorliegende Gestalt des Wortes 13 1-3 nicht auf Hosea selbst, sondern
auf seinen Schülerkreis zurückgeht. Wie weit die sonst nicht belegbaren
Formulierungen (v. 3b) auf Hosea zurückgehen, läßt sich nicht ausmachen. Natürlich wäre es auch denkbar, daß Hosea selbst noch nach
722 gesprochen hätte, doch läßt sie enge Anlehnung an Formulierungen
aus anderem Zusammenhang und der differierende Gebrauch der Bezeichnung »Ephraim« eher den Schülerkreis vermuten, der in den Ereignissen von 722 Hoseas Unheilsworte (2 5 9 6) verwirklicht fand.

Hat aber das Wort überhaupt noch nach 722 einen Sinn? An wen
richtet sich dann die Anklage von v. 2f.? Man wird diese Fragen nicht
mit letzter Sicherheit beantworten können. Wenn der oft vertretenen
These eines Zusammenhanges zwischen Hosea oder seinem Schüler-/
Tradentenkreis und jener Menschengruppe, in der das Dtn entstand,
einige Wahrscheinlichkeit zukommt, so ist die Aktualisierung des vorgegebenen Hoseawortes auf die neuen Ereignisse, die Anwendung der
hoseanischen Botschaft auf einen anderen Adressaten durch in diesen
Kreisen formulierte, Hoseaworte aufnehmende und auslegende neue
Prophetenworte nicht unwahrscheinlich. Sprachlich ließe sich die Verbindung zu dtn. Kreisen leicht vermuten (Dtn 9 12 27 15; daher II Reg
17 16 in der Rekapitulation der Sünden des Nordreichs).

Je nachdem, ob man annimmt, daß diese Kreise im früheren Territorium des Nordreiches weiterlebten oder daß sie nach Juda über-
siedelten, wird man auch verschiedene Adressaten für 13 1-3 vermuten
können: die im Lande verbliebene Restbevölkerung des Nordreiches
oder die Angehörigen des allein noch bestehenden Südreiches. Allerdings ist es auch möglich, daß diese Trennung nicht mehr der geistesgeschichtlichen Lage entsprach und beide Teile angesprochen sind:
die von schwerstem, von der heidnischen Weltmacht begünstigten
Götzendienst bedrohten Bewohner der Nordgebiete und die Judäer
vermutlich der Zeit der assyrischen Krise unter Manasse (vgl. die
Schilderung seiner Kultpolitik in II Reg 21 1-15 sowie Zeph 1 und die
josianische Reform II Reg 23). Es würde dann hier wie in manchen
Partien des Amosbuches (s. o. S. 59) die auslegende und aktualisierende Verarbeitung der an das Nordreich gerichteten Prophetie nach
dem Erlebnis des im Prophetenwort angekündigten, 722 eingetretenen
Unterganges des Nordreiches in der Anwendung auf das Südreich vorliegen. Hier ist also die Einheit Israels als Jahwes Volk zweifelsfrei
vorausgesetzt.

Vielleicht darf diesen Tradenten mindestens teilweise die redaktionelle Bearbeitung auch der Hoseasprüche zugetraut werden. Die
Anordnung von Kap. 12f. könnte z. B. sehr gut auf solcher auf die

Lage Judas im 7. Jh. als Mahnung, Warnung und Drohung abzielender
Auslegungsarbeit beruhen. Im 7. Jh. ist somit zum erstenmal in Israel
Theologie als Auslegung vorgegebener Offenbarung erkennbar.

(163) V. 2: Statt כתבונם las LXX כתבנית, also bei Defektivschreibung
lediglich eine Differenz zwischen ־ם und ת, die einfach zu erklären ist.
תבנית ist aber ein Modell oder Abbild, d. h. das Wort paßt nicht in den
Text, weil עצבים das Objekt sein muß und man nicht annehmen kann,
daß sie irgend etwas »nach dem Abbild von Götzenbildern machen«.
Freilich ist die m. Form sonst nicht belegt und sprachlich schwierig.
Hier liegt wohl Haplographie des ת vor dem ähnlichen ־ם vor.

(164) Die Konsonantengruppe זבחי אדם stellt eine crux interpretum
dar. Denn daß hier wirklich die Rede von Menschenopfern sei, wie
immer wieder (zuletzt von H. W. Wolff) angenommen worden ist, ist
schwer vorstellbar. »Menschenopfer würde der Prophet schwerlich
nur so beiläufig, mehr im Spott als in der Entrüstung, behandeln. ...
Er kann überhaupt über einen solchen Frevel nicht ad vocem Bilder-
dienst sprechen; wohl aber kann er es bei dieser Gelegenheit lächerlich
finden, daß Menschen Kälber küssen« (J. Wellh., ähnlich auch W.
Rudolph), man möchte hinzufügen: und daß sie solchen Kultbildern
opfern sollen.

So ist die von LXX und, was in bezug auf die Textqualität ernst-
zunehmen ist, auch von den hexaplarischen Zeugen vorausgesetzte
Lesart זבחו vorzuziehen. אדם ist dann Kollektivanrede (vgl. Mi 6 8,
allerdings mit Sg.), להם ist zu übersetzen »in bezug auf diese«. Daß die
Verlesung י>ו eintrat und die Deutung als »Menschen Opfernde« in
MT bewirkte, ist graphisch naheliegend und durch den Abscheu vor
der Abgötterei, der auch die schlimmste Entgleisung in Gestalt des
Menschenopfers zugetraut wird, verständlich.

V. 3: יסער ist als Puʻal (unpers. Subj. »man«) zu lesen.

13 4-8:

Die Abgrenzung ist nicht eindeutig. Die neueren Kommentare
betrachten 13 1—14 1 als Einheit, lassen aber Unterabschnitte gelten,
von denen einer v. 4-8 umfaßt. Ein deutlicher Neueinsatz liegt erst in
v. 12 mit dem Spruch über Ephraim vor. Denn ein Wechsel von Anrede und Rede in der 3. pers. erfolgt auch von v. 5 auf v. 6, ohne daß
eine Trennung vorzunehmen wäre, da v. 6 auf v. 5 Bezug nimmt. Die
Anrede der 2.m.sg. dürfte durch die Selbstvorstellungsformel bedingt
sein (vgl. 12 10).

(162a) V. 4: Das ו verknüpft mit v. 1-3.

(165) V. 5: Statt ידעתיך liest LXX richtig רעתיך, das vorzuziehen ist,
weil מרעית in v. 6 darauf bezogen ist und weil das Raubtierbild für
Jahwe eine Umkehrung des »Weidens« ist, da der Hirte vor den Raub-

tieren schützt. Die Verschreibung ד>ר und (vielleicht vorangegangene) Dittographie des י von אני sind verständlich, da sich so ein guter Sinn ergibt (vgl. Am 3 2).

V. 6: Der Versanfang ist schwierig. מרעית ist offenbar eine f. Nominalbildung mit präfigiertem מ von רעה. »Bildungen mit *ma-* bezeichnen eine Handlung (vgl. den aram. Inf. *maqtal*) oder deren Ergebnis, Ort und Zeit, Art und Weise des Vorgangs oder das Werkzeug« (BM. § 40,4). Gemäß dieser Nähe zum Infinitiv verteidigt H. W. Wolff das von MT gebotene Impf. cons. Unklar bleibt die Konstruktion bei W. Rudolph, der MT beläßt, den Nachsatz aber erst mit dem zweiten impf.cons. beginnen läßt. LXX hilft nicht weiter; sie las (ו)שבע als inf.abs. Auch der Vorschlag in BHK App. hat den Mangel, daß die Vergleichspartikel als satzeinleitende Konjunktion nicht eindeutig belegt ist. J. Wellh. ist zuzustimmen, daß statt der *maqtiltu*-Form eher כרעותם stehen sollte, doch reichen diese Bedenken nicht zur einer Emendation aus.

(166) Die beiden Formen von שבע sind allerdings verdächtig. H. W. Wolff sieht hierin die Figur des Stufenparallelismus, aber es ist weniger gezwungen, in שבע eine Variantlesung zu וישבעו zu vermuten. Denkbar, aber bei vier Buchstaben doch weniger wahrscheinlich wäre eine Dittographie. Das Impf.cons. ist in der Tat ungewöhnlich; auch nach der für 11 3 (Nr. 123) erschlossenen Konstruktion wäre eine Pf.-Form zu erwarten. Es ist also möglich, daß hier eine philologische Korrektur vorliegt, die vermutlich als Interlinearglosse in den Text geschrieben wurde, da sie vom Rand her kaum neben die noch vorhandene Form von שבע gestellt worden wäre. Ohne die Glosse ergibt v. 6 einen Sechser.

V. 7: Der Wechsel von impf.cons. und futurischen impf.-Formen ist nicht zu ändern (H. W. Wolff, W. Rudolph): »Da wurde ich ihnen wie ein Leu, und wie ein Panther will ich am Weg auflauern.«

Auch אשור ist als Verbalform beizubehalten. Wenn wirklich mit W. Rudolph an der Bedeutung von שור als »lauern« zu zweifeln und ein anderes Verb i. S. v. »anspringen« anzunehmen wäre, würde das nichts an MT ändern. LXX las »Assur« und folgte damit möglicherweise einer durch die Wortwahl beabsichtigten Assonanz. Denn daß hinter dem Raubtierbild die von Jahwe gewirkten geschichtlichen Ereignisse, die von Assur ausgehen, stehen, ist wahrscheinlich.

(167) V. 8: Entsprechend der zweiten Vershälfte erwartet man nach dem Parallelismus auch im ersten Halbsatz von v. b nicht eine Form der 1.comm.sg., d. h. die Fortführung des Vergleichs, sondern ein von Jahwe verschiedenes Subj. und entsprechendes Prädikat. LXX las denn auch וַאֲכָלֻם (Perf. bei Subjektswechsel, s. o. S. 200) und ein pluralisches Subjekt, das sie mit σκύμνοι δρυμοῦ wiedergibt. Die Vorlage dieser Übersetzung ist verschieden angenommen worden (vgl. die Aufstellung bei W. R. Harper 392):

כַּלְבִיָּא (Cappellus, sehr unwahrscheinlich), לביא (J. F. Schleusner), כפירים (H. Oort u. a. sinngemäß, aber graphisch schwierig), כפירי יער (S. Oettli, K. Marti). In der Tat gibt δρυμός (H-R. 394b—c) überwiegend und im Zwölfprophetenbuch ausschließlich יער wieder. σκύμνος (H-R. 1278a) kann sowohl כפיר (im ZPB. Am 3 4 Mi 5 8 [7] Nah 2 11 [12]), als auch גור (im ZPB. Nah 2 11 (12)f.), als auch לביא (Joel 1 6; sonst noch Gen 49 9 Num 23 24 24 9) übersetzen.

Insofern ist es möglich, daß LXX keine echte Variante zu MT bietet und daß δρυμοῦ lediglich Interpretament //שדה ist oder auf ein solches zurückgeht. Leider sind die hexaplarischen Zeugen an dieser Stelle nicht erhalten. Nach den bei H. W. Wolff und W. Rudolph genannten Gründen ist B. Duhms Vorschlag כְּלָבִים zu akzeptieren. Vermutlich war der Wortschluß unleserlich geworden, und der erhaltene Konsonantenbestand wurde nach dem im Kontext (v. 7) gebrauchten Bild ergänzt. Es dürfte sich um eine Beschädigung des Schreibmaterials gehandelt haben, die auch für die Mängel in v. 9b, die bei Sinnzeilenschreibung ungefähr darunter stehen, verantwortlich sein könnte.
(167a) Der Textänderung folgte naturgemäß die masoretische Vokalisation der Verbalform.

13 9-11:

Die Verbindung von v. 9-11 mit dem Vorangehenden ist verlockend. Zumindest ist die redaktionelle Verknüpfung hier besonders einleuchtend und wird noch durch den Bezug von Wz. ישע in v. 10 auf v. 4 unterstrichen. Daß dennoch zwei ursprünglich selbständige Sprüche vorliegen, ist nicht nur wegen des hier nicht allein durch formelhafte Sprache bedingten Wechsels in die Anrede (2.m.sg.) an Israel, die für sich allein kein hinreichend gewichtiges Argument böte, zu vermuten, sondern auch wegen der differierenden historischen Hintergründe. Zwar ist in beiden Fällen von Israels Verderben durch Jahwe die Rede. Aber während v. 7f. anscheinend eine einmalige, von außen kommende historische Katastrophe (das Jahr 733 kann erwogen werden) vor Augen hat, spielt v. 9-11 wohl auf das innenpolitische Hin und Her der Thronwirren im Nordreich an und steht somit in einer Reihe mit den Sprüchen 7 3-7 8 4-6.
»Die Imperfecta von v. 11 sind iterativ und überblicken die ganze Geschichte des ephraimitischen Königtums bis zur Gegenwart des Propheten« (W. Rudolph 245 nach W. H. Gispen). Deshalb läßt sich auch nicht sicher sagen, wie der Spruch zu datieren ist. Ein in v. 10 vorliegendes Wortspiel mit dem Namen des letzten Königs (W. Rudolph) ist gut denkbar. Trifft dieser zeitliche Anhaltspunkt zu, so liegt hier eines der letzten Worte des Hosea vor, vermutlich aus der Zeit zwischen der Beseitigung des Königs Hosea durch die Assyrer im Jahr 724 (M. Noth, G.I., 237) und dem Fall Samarias 722.

W. Rudolphs auf Hos 2 2 beruhende Bedenken hinsichtlich der Einbeziehung aller Könige Gesamtisraels — also auch der judäischen Könige und speziell Davids — in das hier ausgesprochene Verdikt des ganzen Königtums fällt dahin, wenn man (s. o. zu Nr. 4) 2 2 nicht für hoseanisch hält. Es muß damit gerechnet werden, daß Hosea mit »Israel« zwar das Jahwevolk insgesamt meint, konkret aber immer das Nordreich, an das seine Botschaft gerichtet ist, im Auge hatte. Jedenfalls ist nach den vorliegenden Versen, die als einigermaßen sicherer Beleg für Hoseas Stellung zum Königtum zu gelten haben, nicht anzunehmen, daß er die Davididen mit anderen Augen betrachtete oder überhaupt eine Differenzierung erwog.

V. 9: Statt der Form der 3.m.sg. ist sicher 1.comm.sg. שִׁחַתִּךָ herzustellen. MT »ließ vielleicht fälschlich das Subj. von v. 8b fortwirken« (H. W. Wolff 287).

(168) »Denn bei mir in deiner Hilfe« ergibt keinen Sinn. LXX setzt מִי בְעֶזרֶ(ךָ) voraus. Das Fragepronomen entspricht der Fortsetzung in v. 10, es liegt Verschreibung ב>מ vor.

Ohne weiteren Eingriff in den Konsonantenbestand, abgesehen von der Defektivschreibung, kann mit S. Oettli כִּי מִי בְעֹזרֶךָ gelesen werden. »Ich vernichte dich, fürwahr, wer gehört zu deinen Helfern? Wo ist denn dein König ...?« MT dagegen läßt sich nur schwer als sich aus dem Textfehler ergebende Verlegenheitslösung verstehen: »Er (der Löwe?) vernichtet dich, denn bei mir (bist du) bei deiner Hilfe.«

(169) V. 10: Statt עריך wird im allgemeinen שׁריך gelesen, wogegen W. Rudolph mit Recht die graphische Unwahrscheinlichkeit eines Wechsels von ע>שׁ (noch dazu, da שׂרים im unmittelbaren Kontext vorkommt) geltend macht und H. Graetz' Vorschlag צריך vorzieht. Verschreibung ע>צ ist gut möglich.

(170) Statt ושפטי las LXX יִשְׁפָטְךָ, was immer wieder zu der Konjektur שׁריך וישפטוך ... geführt hat, die jetzt auch I. L. Seeligmann (VT Supp. 16, 276f.) gegen W. Rudolph verteidigt, weil er die Nähe der Bedeutungen von שפט und ישׁע erarbeitet hat (275): »... der forensische Terminus שפט nimmt über die Bedeutung der Rechtshilfe hinaus die von der Hilfe der im Krieg Bedrohten an.« — Es ist aber nicht einzusehen, warum man nicht sowohl den graphischen, als auch den sprachlichen und inhaltlichen Erfordernissen Rechnung tragen soll, indem man entsprechend LXX ויושיעך//ישפטך liest und den König als Subjekt auffaßt. In MT liegt also einfache Verschreibung ו>י vor, der Vers ergibt einen Sechser, der folgendermaßen zu übersetzen ist:

»Wo ist denn dein König? Wo, daß er dich rette?
Möge er dir Recht schaffen bei allen deinen Feinden.«

אשר leitet ein neues Satzgefüge ein, ist also nicht zu ändern.

13 *12-14:*

Die Abgrenzung dieses Stückes ist ebenso umstritten wie seine Deutung. Nicht selten (z. B. BHK; W. Rudolph) wird v. 15a noch hinzugenommen, obwohl, wie auch immer man den Vers deutet, dort פרא doch eher im Gegensatz zum Folgenden gebraucht ist.

V. 13: Textänderungen sind überflüssig. Das Bild vom Geburtsvorgang ist hier gewissermaßen vom Kinde aus gesehen und darf nicht mit dem Bild der Gebärenden als Ausdruck letzter Bedrängnis vor der Befreiung (T. Lescow) verbunden werden.

כי עת stellt einen Temporalsatz (BM. § 121, 2b) dar und ist zu übersetzen: »Wenn es Zeit ist ...«.

V. 14: Der Text ist äußerlich gut erhalten, aber die Bedeutung stark umstritten. Handelt es sich um ein Heilswort oder eine Unheilsankündigung (vgl. zu den verschiedenen Meinungen W. R. Harper 404)? Nach v. 12 ist eher ein Unheilswort zu erwarten. Dann besteht auf jeden Fall ein Gegensatz zwischen v. 14a und 14b, sei es, daß man 14a als Frage ohne Fragepartikel (z. B. H. W. Wolff, W. Rudolph) oder die Impf.-Formen iterativ (Raschi) oder im Sinne eines Potentialis (gemäß BM. § 100, 2c) versteht. Im letzteren Falle müßte ein Umschlag von 14a auf 14b angenommen werden: »Ich wollte sie wohl auslösen ..., (aber nun:) wo ist deine Pest, Tod ...?«

Hinzu kommt das Problem, ob die Suffixe in 14b einen genetivus subjectivus andeuten, Jahwe sich also der verderbenbringenden Werkzeuge des Todes bedienen will (J. Wellh.: »Her mit deinen Seuchen ...!«; H. W. Wolff: »Befehlsfrage«), oder einen genetivus objectivus, die rhetorische Frage also wie in v. 10 eine negative Antwort voraussetzt: »wo ist die Pest gegen dich?« = »es gibt keine Pest gegen dich«.

Die in I Kor 15 55 angenommene Bedeutung der Frage als eines Triumphrufes hat zwar den Hinweis auf die grammatische Funktion der Frage in v. 10 für sich, aber den Kontext von v. 12 gegen sich, wenn man nicht 14b in den Potentialis von 14a einbezöge. Das würde zum Bild vom »unverständigen« Kind bei der Geburt passen: Die Möglichkeit der Befreiung wäre wohl gegeben, aber die Stunde wird verpaßt.

Weder lassen sich wirklich sichere Anhaltspunkte für eine zeitliche Einordnung des Spruches gewinnen, noch eine abschließende Antwort auf die aufgeworfenen Interpretationsfragen. Auf keinen Fall darf v. 14bβ auf Grund solcher Schwierigkeiten geändert werden. Sei es, daß נחם mit »Mitleid«, sei es, daß es mit »Reue« zu übersetzen ist, die 1.comm.sg. des Suffixes bezieht sich auf die gleiche Person wie die ensprechenden Formen in 14a. Das angedrohte Unheil ist irreversibel.

13 15:

Ein Ansatz zur Abtrennung von v. 15 und 14 1 zeigt sich in den neueren Kommentaren nur bei A. Weiser, ergibt sich aber indirekt auch aus H. W. Wolffs Ausführungen zum historischen Hintergrund beider Worte.

(171) A. Weiser erwägt, ob vor v. 15 etwas ausgefallen ist. Denn die Verknüpfung כי mit v. 12-14 ist deutlich sekundär. Vielleicht ist der Name Ephraim ausgefallen, zu dem Wz. פרא ein Wortspiel bildet (W. Rudolph). Deshalb ist auch nicht nach LXX יפריד zu lesen.

Διαστέλλειν (H-R. 311b—c) kommt nur noch dreimal (Mi 5 8 [7] Nah 1 12 Mal 3 11), jedesmal mit verschiedenem Grundwort, im Zwölfprophetenbuch vor und scheint also nicht auf ein bestimmtes hebr. Wort mehr oder weniger festgelegt zu sein. Es muß aber bezweifelt werden, ob LXX hier für die von W. Rudolph vorgeschlagene arab. Etymologie *frj* = »trennen« herangezogen werden kann. Allerdings ist eine Verschreibung von ד>א sehr unwahrscheinlich. Es kann deshalb erwogen werden, ob LXX hier פלא₂ pi. voraussetzt, das in Lev 22 21 mit διαστέλλειν wiedergegeben ist. Verlesung ל>ר liegt graphisch näher.

Daß man durch Änderung von אחים in אָחוּ = »Riedgras« ein »ziemlich schiefes« Bild gewinne, ist nicht einzusehen. Jedenfalls würde das Bild vom ausdörrenden Wind gut zu dieser Metapher passen. Allerdings muß das Hifʻil nicht i. S. v. »Frucht bringen«, also wie das Qal gedeutet werden, denn es ist auch kausativ möglich, wenn in elliptischer Rede das Objekt ausgelassen ist: »E. ist im Begriff, zwischen Riedgras Frucht zu erwarten«, aber der Ostwind macht alles zunichte. V. 15bβ gehört nicht mehr zur Metapher.

(172) Sicher ist בן als Defektivschreibung für בין zu betrachten; sie geht wohl auf die ähnliche Stelle im unmittelbaren Kontext (v. 13) zurück.

(173) Zur Konjektur אחו vgl. H. W. Wolff 288. Das seltene Wort führte zu falscher Abtrennung des מ von מפריא (K. Marti), wohl bei Verlesung י>ו.

(174) Die Impf.-Form von פרא stellt somit bereits eine grammatisch notwendig gewordene Korrektur dar.

Das Bild »spielt wahrscheinlich auf die Zeit an, in der Israel sich durch Anlehnung an Ägypten von Assur zu lösen sucht« (H. W. Wolff 297), also um 724. Salmanassar, der hier im Bild des Oststurmes als Werkzeug Jahwes erscheint, machte alsbald diesem Versuch ein Ende.

(175) Statt ויבוש ist vermutlich ויבש zu lesen. MT interpretiert das Bild.

14 1:

Vielleicht ist aus 13 15bβ zu entnehmen, daß die Strafexpedition Salmanassars V. noch nicht eingetroffen ist, sondern erst unmittelbar

bevorsteht. Daß 14 1 von diesem Spruch zu unterscheiden ist, ergibt
sich daraus, daß nun nicht mehr von Ephraim, sondern von Samaria
als Stadt (f.) die Rede ist. Damit ist formal und inhaltlich 14 1 als
selbständiges Wort erkennbar.

Man wird damit rechnen dürfen (so auch H. W. Wolff), daß das
Land bereits von den assyrischen Truppen eingenommen ist und die
Stadt sich im Belagerungszustand befindet. Vielleicht ist bereits das
Katastrophenjahr 722 erreicht.

Die Anordnung der Sprüche in Kap. 13 bis 14 1 läßt also ein chro-
nologisches Prinzip erkennen, geht aber auf redaktionelle Arbeit zurück. Die Abgrenzung zwischen 14 1 und 14 2 ist ohne weiteres einleuchtend, doch kann 14 2 gut als redaktioneller Abschluß für die
Spruchreihe von Kap. 13 betrachtet werden.

14 2-4:

Die Abgrenzungsfrage ist wieder schwierig. »14 2-9 fügen einen
prophetischen Aufruf in 2-4, der von Jahwe in 3. pers. spricht, und
eine Rede Jahwes in 5-9 zueinander« (H. W. Wolff 302). Aber auch
v. 2 und v. 3 sind noch voneinander unterschieden durch den Wechsel
von 2. pers.sg. zu 2. pers.pl., der freilich nicht allein als Kriterium der
Abgrenzung ausreicht. Sowohl W. Rudolph als auch H. W. Wolff betrachten v. 2-9 als eine Einheit, die freilich wieder aus mehreren Teilstücken besteht. Die früher (z. B. J. Wellh., W. R. Harper) stark be-
strittene Echtheit wird heute weitgehend angenommen, obwohl die
»Übereinstimmung dieses Abschnitts mit der sonstigen Verkündigung
Hoseas« (W. Rudolph 250) allein nicht die Echtheit garantiert, es sei
denn, man wollte meinen, alle sekundären Partien könnten mit der
jeweiligen Verkündigung des Propheten nicht übereinstimmen. Andererseits ist aber die hoseanische Autorschaft auch nicht allein deswegen
zu bezweifeln, weil sich der Abschnitt am Schluß des Buches befindet
(K. J. Grimm) und weil er Heilsworte enthält. Eine Gleichung »Heils-
prophetie = falsche Prophetie« oder »Zusätze zum Prophetenwort =
Abweichen von der wahren Prophetie« ist abzulehnen.

Vielmehr ist vornehmlich darauf zu achten, was der Text voraussetzt, zugespitzt formuliert: nicht nur auf das, was er sagt, sondern
auch auf das, was er nicht sagt, was aber zum Verständnis hinzugehört.
Gerade von daher werden sich Bedenken gegen v. 3f. ergeben. Es ist
aber nicht einzusehen, warum das literarkritische Urteil über einzelne
Verse zugleich über den Abschnitt insgesamt entscheiden soll. Auch
wenn er eine sinnvolle Einheit bildet, kann diese Einheit nicht-hosea-
nische Teile enthalten.

V. 2: Gegen die Abfassung durch Hosea spricht nichts. Eine de-
finitive zeitliche Einordnung läßt sich nicht gewinnen.

V. 3 : ‏לקח עם‎ (Ex 14 6 Jos 8 1 Jdc 4 6 I Reg 11 18) heißt immer
»mit sich nehmen«, d. h. es ist, wie W. Rudolph unterstreicht, nicht
an die Annahme von Worten (Jahwes oder des Propheten) gedacht,
sondern an die Mitnahme beim Hintreten vor Jahwe: »Das Kultgesetz
verlangt, daß man nicht mit leeren Händen vor Jahwe erscheine (Ex
23 15 34 20), damit sind Opfergaben, vor allem Tieropfer gemeint …«
(W. Rudolph 250). Hier ist also schon die Aussage von 3bβ vorweg-
genommen.

LXX las ‏אל יהוה אלהיכם‎, was ebensowohl auf Dittographie zurückgehen kann wie MT auf Haplographie der Konsonantengruppe.

Mit v. 3b beginnen Textschwierigkeiten. Bei ‏כל תשא עון‎ könnte
man mit Sperrung rechnen, was aber im Hebr. ohne Parallele wäre,
da II Sam 1 9 und Hi 27 3 durch die Verbindung mit ‏עוד‎ einen Sonderfall darstellen. Auch bei der adverbialen Deutung (GK. § 128e) bleibt
eine gewisse Unsicherheit. In aramäischen Dialekten kann ‏כל‎ adverbial
gebraucht werden (G. Dalman, GJPA. § 42, 1), und auch im Hebr.
ist dies in II Sam 1 9 Hi 27 3 nicht unwahrscheinlich. Man wird wohl
an eine Art modalen Akkusativs des indeterminierten ‏כל‎ (Gen 16 12
Jes 30 5 Jer 44 24; neutral Hi 13 1 42 2) i. S. v. »Alles« zu denken
haben. Daß ‏עון‎ eine epexegetische Apposition zu ‏כל‎ wäre, wäre auch
möglich.

(176) ‏וקח טוב‎ bereitet noch größere Schwierigkeiten. ‏לקח‎ bedeutet
immer, auch mit abstraktem Objekt (Ps 6 10 Prov 2 1 Ez 36 30 Jes
47 3 Jer 20 10), »annehmen« i. S. v. »zu sich hinnehmen« (auch Hos
10 6). Der Ausdruck enthält also die Aufforderung an Jahwe, »Gutes«
anzunehmen. Sprachlich ergeben sich nur zwei mögliche Bedeutungen
für ‏טוב‎, entweder als anzunehmende Eigenschaft Jahwes, oder als
Bezeichnung für das Dargebrachte. Die erste Möglichkeit ist aber von
den Voraussetzungen her sinnlos. Folgerichtig versuchen H. W. Wolff
und W. Rudolph, für ‏טוב‎ die Bedeutung »Wort« oder »Rede« nachzuweisen. Dieser Versuch, der sich auf Neh 6 19 und Ps 39 3a stützen soll,
überzeugt nicht. Zudem müßte man ein Suffix ergänzen. Merkwürdig
wäre die Parallelsetzung von ‏נשא עון‎ und ‏לקח טוב‎. Dagegen deutet der
Zeilendruck in BHK richtig an, daß der fragliche Ausdruck logisch
mit dem folgenden Satz zuzuordnen ist. Dann ist ebenso nach
dem Parallelismus wie nach der dargelegten Bewegungsrichtung von
‏לקח‎ und der Verbindung mit ‏טוב‎, einer Eigenschaft, die Jahwe von
vornherein zukommt (Ps 25 8 34 9 54 8 69 17 73 1 100 5 118 1. 2. 9 119 68
135 3 136 1 145 9), die aber dem ‏עון‎ Israels entgegengesetzt ist, anzunehmen, daß es um die Zusage Israels geht, sich zu bessern.

Nach dem Vorschlag von W. Nowack und K. Marti ist also ‏נַקַּח‎//
‏נשלמה‎ zu lesen. Die Verlesung ‏ו<ֹ‎ führte zur masoretischen Verseinteilung. Diese Zusage ist eine Antwort auf Hos 8 3.

Der Schluß des Verses wird meist nach LXX geändert oder doch interpretiert. W. Rudolph bleibt allerdings mit seiner Textherstellung auf halbem Wege stehen. Als Vergleichsmaterial für die »Frucht der Lippen« nennt H. W. Wolff Jes 57 18f. Prov 10 31 (?) 12 14 $\triangleq$ 18 20. Das störende מ erklärt er als »altkanaanäische Kasusendung« und verweist auf BM. § 45, 1, wo allerdings seine Behauptung keine Stütze findet.

Die Kasusendung besteht aus dem Auslautvokal, an den enkl. -ma antreten kann. Die Mimation »findet sich ugar. im Pl. und Du., außerdem begegnet -m sporadisch im adv. Akk. des Sg.« (BM. § 45,1). Die Funktion der Partikel -ma im Ugaritischen ist noch nicht restlos geklärt. Nach C. H. Gordon (UT. § 8. 16) kann sie auch in die cs.-Verbindung eintreten. Für das Hebräische hat sich ein solcher Fall bisher nicht wahrscheinlich machen lassen, wobei unter »wahrscheinlich« der Fall zu verstehen ist, daß eine andere Deutung als die eines nomen regens in cs.-Verbindung für das auf מ auslautende Wort nicht vorstellbar ist und des מ auch nicht einleuchtend auf graphischem Wege an die Stelle gelangt sein könnte. Vollends ausgeschlossen dürfte es sein, daß LXX diese, wenn überhaupt mögliche, dann höchstgradig altertümliche Konstruktion als solche verstanden hätte.

Wenn LXX hier καρπόν übersetzt, hat sie פרי gelesen, bietet also eindeutig die lectio facilior.

Denn es ist nicht unmöglich, MT sowohl grammatisch als auch inhaltlich zu verstehen. Grammatisch bietet sich die Erklärung mit einer Apposition im Sinne des arab. Permutativ (*badal*-Apposition) an, bei der (C. Brockelmann, AG. § 124; BM. § 98, 2) die Apposition eine Verdeutlichung oder Berichtigung beinhaltet. »Wir wollen bezahlen Farren, d. h. aber eigentlich: unsere Lippen«, diese zweifellos »gewagte Metapher« (W. Rudolph) ist durchaus sinnvoll.

שלם pi. bedeutet das Herstellen eines Zustandes der Vollständigkeit, den שלם qal darstellt, d. h. die Erstattung dessen, was zur Vollständigkeit fehlt. Man kann die Bedeutung von שלם pi. also am besten wiedergeben als »das Schuldige ersetzen, erstatten« und daher auch »bezahlen«.

Bei v. 3-4 handelt es sich, wie den Kommentaren zu entnehmen ist, um ein Bußgebet. Es liegt eine Versündigung (עון) der Beter vor, die beseitigt werden soll. Das in dieser Situation zu Leistende wäre eigentlich ein Sündopfer, durch das die Beziehung zwischen den Kultteilnehmern (1.comm.pl.) und Gott bereinigt würde. Als Gegenstand des Sündopfers ist der פַּר belegt, und zwar bes. Ex 29 Lev 4 8 16 Num 28f. Ez 43 19. 21 45 18. 22. — Andererseits aber hat sich schon aus v. 3aα eine kritische Haltung der Beter zum Opfer, genauer gesagt, eine Sublimierung der Opferhandlung in den geistigen Bereich erheben lassen. Wie dort »Worte« an die Stelle der Opfergaben überhaupt treten, so hier die Lippen (und das von ihnen Geredete, die in v. 4 folgende abrenuntiatio) an die Stelle und in die Funktion der פרים als Sündopfer.

Damit befindet sich v. ₃ in auffallender Nähe der dem Opfer
gegenüber kritischen Psalmen (40 ₇ 50 ₉. ₁₄f. [ebenfalls in Verbindung
mit שלם pi. v. ₂₃] v. a. 51 ₁₇. ₁₉). Die Topik dieser Aussagen hat über
das NT (Hebr 13 ₁₅) bis in die Kirchengesänge hinein gewirkt (z. B.
EKG 346, 2).

(177) V. ₃ geht demnach von zwei Voraussetzungen aus:

1. Eigentlich sind Opfer darzubringen, sowohl allgemein (v. ₃aα)
als auch besonders im Zustand der Verschuldung zur Sühne (v. ₃bβ);

2. andererseits kommt es aber vor Gott nicht auf das materielle
Opfer an, sondern auf das ethische Verhalten des vor ihn Tretenden:
Hos 6 ₆.

Gerade der Vergleich mit Hos 6 ₆ zeigt aber auch den Unterschied
von 14 ₃ gegenüber jenem Wort: Es wird nicht einfach ein Gegensatz
aufgestellt (לא זבח), sondern der Opfergedanke wird als selbstverständlich übernommen, aber so spiritualisiert, daß man geradezu von einer
Allegorisierung (etwa durch die erklärende Apposition in v. ₃bβ) der
Kultgesetze sprechen möchte.

Ohne mit der späten Datierung der oben zitierten Kultvorschriften
(P oder nicht zu den klassischen Pentateuch-Quellen gehörend) argu-
mentieren zu wollen, kann gesagt werden, daß hier eine geistige Syn-
these von Kultvorschriften und prophetischer Kultkritik zugrundeliegt, die es geraten erscheinen läßt, eine nachhoseanische Entstehung
von v. ₃-₄ zu erwägen.

Solche Erwägungen werden bestärkt durch die Voraussetzungen
der abrenuntiatio von v. ₄. Parallel zur Hilfe aus Assur erwartet man im
zweiten Halbvers eine Erwähnung Ägyptens, die der mit prophetischen
Äußerungen, bes. Jes 30 ₁₆ 31 ₁-₃, Vertraute auch unschwer erkennt.
»Verstehn kann das nur, wer Isa. 30 kennt« (J. Wellh.), auch Dtn 17 ₁₆
ist anzuführen. W. Rudolph, der, da er die hoseanische Autorschaft
der Verse behauptet, die Abhängigkeit von Jes leugnet, verweist dagegen auf Hos 8 ₁₄ (s. o. Nr. 82) und 10 ₁₃, wo allerdings vom Vertrauen auf die eigene militärische Kraft als Schuld Israels die Rede ist.
So wird man diese Stellen auch als eine der vielen Verankerungen von
v. ₃-₄ im Hoseabuch ansehen dürfen. Natürlich wurde auch ein Zusatz
zum Prophetenwort nicht ins Blaue hinein formuliert. Trotzdem ist
der wörtliche Bezug auf Jes 30 ₁₆ zumindest sehr wahrscheinlich. Damit wird ebenso wie in v. ₃ als Bezugsfeld der theologischen Gedanken
des Glossators nicht nur das Hoseabuch, sondern auch weiteres bibli-
sches Schrifttum erkennbar. Auch das spricht sehr für eine Spätdatierung. Die Topik von v. ₄ ist zudem auch in anderen sekundären Einschüben zu finden (s. o. zu Mi 5 ₁₂ (Nr. 76), auch speziell zu מעשה ידים):
Für das »Werk der Hände« als Götzenbezeichnung kann man mit H.
W. Wolff auf Hos 8 ₆ und 13 ₂ (Nr. 162) verweisen, wo aber der Sach-

verhalt verbal umschrieben ist, während der feste Nominalausdruck
erst später begegnet, wenn er auch sicher von Hoseas Prophetie mitgeprägt ist: Dtn 4 28 27 15 II Reg 19 18 22 17 Jes 37 19 Jer 1 16 10 3
25 6. 7 Mi 5 12 Ps 115 4 135 15.

V. 4b »entspricht der Form, die die Bittklage mit der Vertrauens-
aussage beschließt« (H. W. Wolff 304), vgl. Ps 10 18 60 14 und für con-
fessio neben abrenuntiatio Jos 24 16f. Schon wegen dieser innerhalb
der Form des Gebets sinnvollen Stellung ist die Streichung von v. 4b
»bequem, aber unbefriedigend« (W. Rudolph 248), und bequem auch
nur dann, wenn man vom Postulat der Echtheit des Übrigen ausgeht.
Ohne diese Grundsatzentscheidung erübrigt sich auch W. Rudolphs
Emendationsvorschlag. Für die Interpretation von 4b wird J. Wellh.
(133) Recht zu geben sein, wenngleich seine Feststellung nicht auf so
breiter Basis fußt, wie sie vorgibt: »Der Ausdruck יתום wird hier gebraucht, wie in den Psalmen, für das von Menschen verlassene, rein
auf Jahwe angewiesene Israel.« Daß die Terminologie (רחם) an Hosea
erinnert (H. W. Wolff), darf wieder im Sinn der Verankerung verstanden werden.

So darf zusammenfassend zu v. 3-4 (Nr. 177) gesagt werden:
Der Text »enthält mehrfach sehr wunderliches Hebräisch« (J.
Wellh. 133), wenn man ihn für ein Hoseawort hält. Seine Wunderlich-
keit ist jedoch das Ergebnis einer theologischen Auseinandersetzung
nicht nur mit der interpretierten Botschaft des Hoseawortes, sondern
auch mit anderen Teilen des alttestamentlichen Kanons, und zwar
höchstwahrscheinlich auch gesetzlicher Partien. Die Terminologie lebt
aus Anspielungen und nur angedeuteten Voraussetzungen und trägt
alle Merkmale des Musivstils. Die Verse sind darum erst späten, vielleicht nachexilischen Ursprungs und stellen eine aktualisierende Auseinandersetzung der (in 1.comm.pl. redenden) Gemeinde mit dem
Hoseabuch dar. In der Aktualisierung vollzieht sich die Annahme und
die im Bekenntnis vollzogene Aufhebung der Schuld, die, dem Wesen
der Aktualisierung entsprechend, nicht als objektives historisches
Faktum, sondern als noch relevanter Glaubensinhalt gesehen wird.
Darin liegt eine gewisse Gemeinsamkeit der theologischen Interpretation dieser Verse mit den Doxologien des Amosbuches oder Hos 12 6.
Das Gebet ist sowohl in Einzelzügen im Hoseabuch verankert, als
auch in der Hos 14 2 ausgesprochenen Grundvoraussetzung, daß Gott
»seinem Propheten seinen Willen zur Heilung kundgetan hat« (H. W.
Wolff 304).

14 5-9:

Im jetzt vorliegenden Textzusammenhang stellt diese letzte Jahwerede im Hoseabuch die Antwort auf das Bußgebet des Volkes dar. Das

bedeutet jedoch nicht, daß beide ursprünglich zusammengehören müssen. Es ist wahrscheinlich, daß das Bußgebet schon auf die Heilszusage als vorgegebene Antwort hin formuliert wurde. Denn die Bedenken, die namentlich ältere Kommentatoren gegenüber der Echtheit dieses Heilswortes hatten, werden überwogen von den Argumenten für die Abfassung durch Hosea. Es ist hier bereits wiederholt betont worden, daß die Echtheitsfrage nicht durch die Unterscheidung von Heils- und Unheilsprophetie zu lösen ist, sondern, zumindest für die Prophetie des 8. Jh., die am Anfang der überlieferten Schriftprophetie steht, eher durch die Untersuchung der Eigenständigkeit der Aussage oder der Bezugnahme auf unausgesprochene, aber für das vollständige Verständnis unerläßliche Voraussetzungen. Nach diesem Kriterium muß v. 5-9 für hoseanisch gehalten werden. Ein Glossator oder Ergänzer der hoseanischen Prophetie hätte sich enger an Hoseas sonstige Aussagen gehalten, aber kaum gewagt, eine derart eigenständige Bildsprache in der Jahwerede zu entfalten. Der Charakter der Eigenständigkeit wird dadurch, daß sich Parallelen im Hohenlied finden lassen, nicht geschwächt, sondern eher bestärkt. Die Parallelen aus prophetischen Schriften, die W. R. Harper anführt, scheiden durchweg als Quellen, meist auch als echte Parallelen aus.

Vergleichbar ist die unbedingte (nach der Auslassung von v. 3-4) Heilszusage der Verheißung des neuen Bundes in 2 20. 23-25, mit der sie auch die Schilderung der durch Jahwe geschenkten Segnungen des Kulturlandes gemeinsam hat. In diesen Sprüchen zeigt sich, daß Hosea keineswegs der Wüstenprophet war, der die Wüste als solche als den Ort des idealen Gottesvolkes angesehen hätte. Ziel der Erwählung in der Wüste war auch für ihn die Gabe des Kulturlandes, die das historische Israel freilich bis zur Unkenntlichkeit mißbraucht hatte.

Die Datierung des Spruches ist offen. Man ist zunächst geneigt, an die letzten Jahre des Nordreiches oder gar an eine Zeit nach seinem Untergang zu denken, wogegen allerdings ein Wort wie 9 6, falls es wirklich in jene letzte Zeit gehört (s. o. S. 173) sprechen würde. Da aber nach v. 5 alle Initiative von Jahwe ausgeht (נדבה!), ist es auch möglich, daß der Prophet irgendwann früher veranlaßt wurde, mit einer Umkehr des Volkes durch das heilende Eingreifen seines Gottes zu rechnen (vgl. רפא in 5 13 und 7 1). Vor allem muß noch etwas vorhanden sein, das überhaupt geheilt werden kann. Es wäre also ebensowohl möglich, daß das Wort schon während der Ereignisse von 733 oder 722 gesprochen wurde und daß die Verheißung wie jene von 2 20. 23-25 auf Grund der andersartigen Entwicklung noch nicht eingelöst war, als der Redaktor die Sprüche in Kap. 14, bzw. vermutlich im letzten Teil des Buches überhaupt, zusammenstellte. Er hätte dann das Heilswort zusammen mit dem Mahnwort v. 2 an den Schluß der Reihe von Sprüchen bis zum Untergang des Nordreiches gestellt. In

dieser redaktionellen Anordnung liegt also auch bereits ein Stück Aktualisierung vor, v. a. aber ein Zeugnis für das Weiterwirken des nicht eingetroffenen prophetischen Wortes und seinen Weg von aktueller Situationsbezogenheit zu aktualisierter Zukunftshoffnung.

(178) V. 5: V. b ist »am abweichenden Suffix als Glosse« erkennbar (H. W. Wolff 301). W. Rudolph (248) meint allerdings, daß das sg. Suffix nur »für unser Sprachgefühl hart« sei. — »Er interpretiert 5a von 11 9a her im Blick auf 13 11«, erklärt H. W. Wolff (für 13 11 zweifelhaft) und verweist zudem auf Jes 9 16bα, einen Text, der in der Tat die Formulierung mitgeprägt haben könnte. Auch eine Entsprechung von שוב und משובה liegt vor. Das כי kann hier als »wenn« übersetzt und der Satz zum folgenden gezogen werden (W. R. Harper). Die Einfügung ist in einer Zeit zu denken, in der der Tradent oder Leser das Prophetenwort zwar vorfand, aber die Einlösung der Verheißung noch nicht erkennen konnte. Daraus mußte geschlossen werden, daß Jahwes Zorn noch nicht aufgehört hatte. Für die Datierung ist damit nichts gewonnen, da eine solche theologische Erklärung seit 722 v. Chr. praktisch immer möglich war. Es ist aber gut denkbar, daß der Zusatz auf die redaktionelle Arbeit zurückgeht, der die Einheit des Kapitels zu danken ist. Ein Bezug auf Jes 9 16 kann sowohl auf mündlich als auch auf literarisch vermittelter Kenntnis beruhen.

(179) V. 6: »‚Wurzeln schlagen' ist zwar deutsch oder persisch, aber nicht hebräisch« (J. Wellh. 133). Aus diesem Grund bemängelt auch A. B. Ehrlich den Text. G. R. Driver (JTS 39, 165f.) zieht eine syrische Parallele heran, deren Wert er aber sogleich selbst relativiert, indem er einräumt, »this ... usage were of Persian origin«. Außerdem ist nach v. 7aα zu erwarten, daß die Wurzeln Subj. sind. Sprachlich weniger anstößig wäre, wenn man sich nicht zu radikaleren Änderungen (A. B. Ehrlich, J. Wellh.) entschließen will, die pl. Form נכה וַיַּכּוּ. wäre dann i. S. v. »treffen« oder »anstoßen, stechen« (W. Gesenius s. v. נכה, 1d—e) gebraucht, und es läge eine elliptische Ausdrucksweise vor: »und seine Wurzeln dringen durch wie die des Libanon«. Das ergibt einen guten Parallelismus zu 7aα ילכו. Der Vergleich mit dem Libanon soll nach W. Rudolph auf die Anschauung anspielen, daß die Berge tief verwurzelt sind. Entweder war die Pluralform ויכו defektiv geschrieben, oder sie wurde //יפרח in den Sg. geändert.

(180) V. 8: MT ergibt am Versanfang keinen Sinn (H. W. Wolff, W. Rudolph). שוב ist modal zu deuten (vgl. Hos 5 9) und statt des pt.act.m. pl.qal von ישב die 3.m.pl.impf.qal der gleichen Wurzel zu lesen. Die Verwechslung י/ו ist um so verständlicher, wenn man bedenkt, daß spätere Leser שוב sicher nicht modal auffaßten, sondern als Hauptverb, weil sie darin eine Verheißung der Rückkehr aus dem Exil sahen.

(181) Das Suffix an צל muß sich auf Jahwe beziehen (J. Wellh.); es ist also בצלי zu lesen (Verwechslung י/ו). Zum Inhalt vgl. Ez. 31 6. 17

Ps 17 8 36 8 57 2 63 8 91 1. Vielleicht ist auch an eine Überbietung von Hos 4 13 gedacht.

(182) Für v. aβ scheint sich die Änderung כנ für דג (z. B. H. W. Wolff, vgl. Jes 58 11) anzubieten. Aber die Verlesung ist doch fraglich. Daher ist mit W. Rudolph das nur einmal (Gen 48 16) belegte und darum leicht verkennbare Verbum דגה = »zahlreich sein« vorzuziehen und יְחַיּוּ וְדָגוּ = »sie werden aufleben und zahlreich sein« zu lesen. Haplographie des ו und Verlesung ן⟩ᵓ sind einfache Fehlerquellen. Nachdem die Änderung eingetreten war, mußte חיה pi. vokalisiert werden.

V. 8b ist schwierig, aber nicht unbedingt zu ändern (vgl. W. Rudolph, auch zu den Realien): »Und sie werden blühen wie ein Weinstock, dessen Ruhm so ist wie der des Libanonweines.«

(183) V. 9: »Alles wird klar, wenn man mit (LXX) לו statt לי liest und אפרים als casus pendens nimmt.« (W. Rudolph 249). Wieder liegt Verschreibung ו⟩י vor.

Der Wechsel von der 3. pers. im ersten Satz zur Anrede in der 2. pers. ist möglich.

V. 9 wird wohl von Anfang an als Abschluß zu v. 5-8 gehört haben. Zwei Doppeldreier (מה־לי עוד als eine metrische Einheit) schließen die Schilderung im Fünfermetrum ab. ענה in 9b bezeichnet das »Entsprechen« eines ungestörten Einklangs wie in Hos 2 17. 23. 24. Für ענה als erhörendes Antworten Gottes vgl. Mi 3 7. Daß שור i. S. v. »anblicken« demgegenüber »doch wohl zu schwach« sei (W. Rudolph), ist ein Eindruck, der nicht zur problematischen Änderung zu אשר pi. ausreicht. Es ist auch zu erwägen, daß hier die Umkehrung von 13 7 vorliegt. Wenn der Text in beiden Fällen korrekt ist, zeigt er, daß das gleiche ständige Wachen seines Gottes für Hosea dem historischen Israel zum Unheil wurde, aber dem verheißenen Israel Heil bedeutet.

(184) *14 10:*

Daß hier kein Prophetenwort, sondern ein Weisheitsspruch vorliegt, ist nicht zu bestreiten. An einen »Notschrei des Schreibers über die Sinnschwierigkeiten des überlieferten Textes« (H. W. Wolff 311) möchte der Exeget denken, der die Qualen der Unsicherheit gegenüber dem masoretischen Text ausgekostet hat. Doch ist gewiß nicht an diese Schwierigkeiten der modernen Kritik gedacht, sondern an die im höheren Sinne paradoxen Extreme, die in der hoseanischen Botschaft von dem Moment an vereinigt sind, da man die Worte nicht mehr in ihrem ursprünglichen Rahmen der Zeitgeschichte vernimmt, sondern sie für den Hörer und Leser in die Gleichzeitigkeit und Einheit des kanonischen Gotteswortes gefaßt sind (s. o. S. 10). Gericht und Verheißung, Verwerfung und Begnadung, Tod und Neubeginn für das eine Israel — wie ist das zu verstehen?

»Wer weise ist, der verstehe dieses,
wer verständig ist, der erkenne es«,

so wird man mit W. Rudolph (wegen der Fortsetzung in v. b) übersetzen müssen. Die Differenzierung der Kommentatoren, die דרכיו
hier entweder als die Weisungen (H. W. Wolff) oder als die Schickun-
gen (W. Rudolph) Gottes verstehen, wird möglicherweise der Intention
des Lehrers nicht gerecht.

Der Vers hat das Hoseabuch als ganzes zur Voraussetzung. Obwohl die zeitlose Sprache der Weisheit als solche keine Datierung erlaubt, wird man an eine Zeit zu denken haben, in der nicht nur das
Hoseabuch, sondern vielleicht gar die Prophetie überhaupt als abgeschlossen galt, so daß sich der Zusatz zum Prophetenwort auch formal
von diesem unterscheidet. Prophetische Aussage und Form ist nicht
mehr möglich, doch ist sogar dieses Wort noch sprachlich durch פשע
und v. a. כשל (vgl. H. W. Wolff) im kommentierten Prophetenwort
verankert.

Wenn die hier geäußerten Gedanken richtig sind, muß man in
der zeitlichen Ansetzung möglichst spät in die nachexilische Zeit hinabgehen, d. h. wenn wirklich das Ende der Prophetie vorausgesetzt ist,
wohl bis ins dritte oder die Wende vom vierten zum dritten Jh. v. Chr.

2. EXKURS: ISRAEL UND EPHRAIM BEI HOSEA

Die Frage, in welchem Verhältnis die beiden Bezeichnungen »Israel« und
»Ephraim« bei Hosea zueinander stehen, ist durch A. Alts[1] Vermutung einer chronologischen Differenzierbarkeit von besonderem Interesse. Sie soll hier anhangsweise erörtert werden, da sie immer wieder auch für Probleme der Spruchabtrennung oder sogar
für literarkritische Fragen relevant werden kann.

Auszugehen ist im Rahmen der vorliegenden Untersuchung von dem in der
Analyse als hoseanisch erwiesenen Spruchgut. In ihm kommt »Israel« an folgenden
31 Stellen vor: 1 4. 5. 6 3 1. 4 4 1. 16 5 1. 3 (bis). 5. 9 6 10 7 1 8 3. 8 9 1. 7. 10 10 1. 6. 9. 15 (bis!).
11 1. 8 12 1. 3 (!) 13 9 14 2. 6.

Der Name »Ephraim« ist an folgenden 37 Stellen belegt: 4 17 5 3 (bis). 5. 9. 11. 12. 13
(bis). 14 6 4. 10 7 1. 8 (bis). 11 8 9. 11 9 3. 8. 11. 13 (bis). 16 10 6. 11 (bis). 11 3. 5 (!). 8. 9
12 1. 2. 9. 15 13 12 14 9.

Sekundär ist »Ephraim« nur einmal (13 1) in dem aus dem engsten Schülerkreis
stammenden Wort über das Schicksal des Nordreiches belegt, während »Israel« gemäß
der generalisierenden Tendenz der späteren Textbearbeiter an 15 nicht auf Hosea

---

[1] KS. 2, 176 unter Hinweis auf H. Winckler bei E. Schrader, KAT³, 1903, 264. Etwas
ausführlicher und in Auseinandersetzung mit Einwänden von K. Budde wird die
These von A. Alt in KS. 2, 319 Anm. 1 dargelegt. Dort spricht A. Alt auch aus,
daß die Bezeichnung »Israel« wohl weiterhin der offizielle Name des Nordreiches
war, so daß bemerkenswert in proph. Texten aus der Zeit nach 733 nicht die Verwendung von »Israel« sei, sondern nur die von »Ephraim«. Zur Auseinandersetzung
mit A. Alts These vgl. H. W. Wolff 115. 144, bes. 212; W. Rudolph 114.

zurückgehenden Stellen vorkommt: 1 1 2 1. 2 3 5 4 15 5 5 6 10 7 10 8 2. 6. 14 10 8 12 13. 14 13 1.

Die folgende Zusammenstellung soll eine Übersicht über die zeitliche Verteilung und den Gebrauch beider Bezeichnungen geben. Um der Übersichtlichkeit willen wird die Form einer Tabelle gewählt, wobei die Datierungsansätze nur stichwortartig genannt werden. Wo auch in den Anmerkungen keine nähere Erläuterung gegeben wird, ist die Datierung entweder einhellig in den Kommentaren befürwortet oder ergibt sich aus den in der Einzelanalyse zum Text erarbeiteten Hinweisen[2].

Nur von »Israel« ist in folgenden Sprüchen die Rede:

1 5	wohl vor 746 v. Chr.
1 6 (»Haus I.«)	bis spätestens etwa 740
3 1-4	etwa zwischen 736 und 733[3]
8 1-3	frühestens 734, oder 733
10 1-2	nicht vor 733
10 13b-15	zwischen 735 u. 724, eher 735/4[4]
13 9-11	nach 724
14 2	unbestimmt

Dazu kommen noch die Fälle, in denen »Israel« zwar nicht zusammen mit »Ephraim« vorkommt, wohl aber mit anderen Adressaten und Betroffenen in einem Spruch genannt wird:

1 4 (»Königtum d. H. I.« mit »Haus Jehus«)	vor 746

[2] Daß die Reihenfolge der Sprüche innerhalb des Buches nichts über ihre Datierung aussagt, dürfte aus den Erwägungen zur Entstehungsgeschichte deutlich werden.

[3] Von der hier vorgeschlagenen Deutung der Gesamtheit von Kap. 1—3 her ergibt sich die Notwendigkeit, 3 1-4 später als 2 4-9 entstanden zu denken. Nach 2 4 müssen die Kinder bei der Verstoßung der Mutter schon älter gewesen sein, es sei denn, es läge (H. W. Wolff, W. Rudolph) eine rein durchgeführte Allegorie auf Israel vor, welche Annahme schon an der Differenzierung zwischen Söhnen und Mutter (vgl. die Kommentare) scheitert. Fallen hingegen in 2 4-9 Ehegeschichte und zeichenhafte Handlung (erstmalig?) zusammen, so müssen die Söhne, die spätestens bis 740 v. Chr. geboren sein dürften, bereits in der Lage gewesen sein, eine Zeugenaussage zu machen. Da über den Eintritt der Rechtsfähigkeit im vorexilischen Israel nichts Genaues bekannt ist, bleiben die Vermutungen unsicher. Trotzdem läßt sich sagen, daß 3 1-4 nach allem bisher Gesagten kaum vor 736 gesprochen worden sein kann. Vielleicht ist an die Zeit der unmittelbaren Bedrohung durch Tiglatpilesar III., also wohl 733 oder eventuell 734, zu denken.

[4] Entweder ist der Spruch vor dem Ausbruch des syrisch-ephraimitischen Krieges (H. Donner) oder in der Zeit nach dem Abklingen seiner Folgen (H. W. Wolff) entstanden, also zwischen 735 und 724. Aber auch nachdem sich der von Tiglat- pilesar konstituierte Rumpfstaat von den schlimmsten Folgen der Niederlage von 733 erholt hatte, dürfte er kaum noch über ein militärisches Kräftepotential der in v. 13 beschriebenen Art verfügt haben. Demnach entstand der Spruch »wohl während oder kurz nach dem Zustandekommen der antiassyrischen Koalition mit Damaskus« (H. Donner 166), oder eventuell im Rahmen der Ereignisse von 735/4 (vgl. dazu H. Donner 5), in denen sich Israel unter Pekach möglicherweise der assyrischen Macht entgegenstellte.

4 1-3 (»Haus I.« //
        Bewohner d. Landes)   unbestimmbar
5 1-2   etwa 733 oder 732[5]
10 9-10a (// »mein Volk«,
              konj.)   zwischen 733 und 727

»Ephraim« wird allein in folgenden Sprüchen genannt:

5 11   733 v. Chr.
7 8-9   nach 733[6]
7 11-12   um 725[7]
8 11-13   wohl unbestimmbar
9 7b-8   wohl unbestimmbar (noch unter Jerobeam II. ?)
9 11. 16. 12. 13b-14   spät, etwa 724
12 11f. 15   zwischen 733 und 724
13 12-14   um 724 ?[8]

    »Ephraim« kommt zusammen mit anderen Adressaten oder Betroffenen in folgen-
den Sprüchen vor:

5 12-14 (// »Haus Juda«)   733 v. Chr.
6 4-6 (// »Juda«)   733
10 11-13a (// »Jakob«)   nach 733 ?

    In einer beträchtlichen Anzahl von Sprüchen kommen »Israel« und »Ephraim«
wechselweise ohne erkennbaren Bedeutungsunterschied vor:

4 16-19   Datierung unbestimmt[9]
7 1-2   732 ?[10]

---

[5] Vgl. H. Donner 45. Der politische Hintergrund des Spruches ist nach wie vor festzuhalten. Einerseits werden die genannten Orte noch als israelitische vorausgesetzt,
   was sie bis 733 waren, andererseits ist dort etwas Beklagenswertes geschehen, an
   dem die Repräsentanten des Volkes die Schuld tragen.

[6] H. Donner nimmt v. 8. 9 mit v. 11-12 zusammen und datiert deshalb (80) auf die
   Mitte der zwanziger Jahre. Trennt man aber v. 8-9 als selbständigen Spruch vom
   folgenden ab, so wird die Datierung unsicher. Zumindest sind wohl die Ereignisse
   von 733 vorausgesetzt, vermutlich liegen sie sogar ein paar Jahre zurück, so daß
   man auf etwa 728—726 käme.

[7] Vgl. überzeugend H. Donner 80 Anm. 2 gegen H. W. Wolff, der wie nach ihm
   W. Rudolph an 733 v. Chr. denkt.

[8] Völlige Sicherheit ist nicht zu erlangen. Es bleibt ungewiß, welche Stunde der
   Geschichte Ephraim verpaßt hat. Sollte die Scheol wie in Jes 28 14-18 eine Anspielung auf Ägypten enthalten, so wäre an die Zeit der Fühlungnahme des letzten
   Königs Hosea mit Ägypten zu denken, wofür auch die innerhalb Kap. 13 chronolo-
   gische Anordnung der Sprüche geltend gemacht werden kann. So würde sich auch
   die Funktion von v. 14 innerhalb des Unheilsspruches am einleuchtendsten erklären:
   Die Auslösung aus dem Totenreich (≙ Ägypten) bedeutet keineswegs den Anbruch
   des Heils, denn: »Trost ist vor meinen Augen verborgen« (v. 14bβ).

[9] H. W. Wolff erwägt die Anfangszeit des Wirkens Hoseas, da nur kultische Verfehlungen genannt werden.

[10] Falls nach 5 13 mit רְאֹ auf die Ereignisse von 733 v. Chr. angespielt wäre, könnte
   es sich bei dem geschilderten Rechtsbruch und der Gewalttat um die Umstände der
   Revolte des Hosea ben Ela im Jahre 732 handeln.

8 7-10	733 oder 732
9 1-5	zwischen 733 und 727[11]
9 10. 13a. 15a	unbestimmbar
11 1-6	etwa 724
12 3-5. 8-10	vor 735 ?[12]
14 5-9	unbestimmbar

In direktem Parallelismus stehen »Israel« und »Ephraim« innerhalb folgender Sprüche:

5 3-7	Datierung unbestimmt[13]
6 7-10	vielleicht um 735
10 5-8	724 ?
11 8-9	zwischen 733 und 724[14]
12 1-2	zwischen 727 und 724[15]

Einen Sonderfall bietet der Spruch 5 8-9, in dem Ephraim eindeutig (wie Benjamin) als einer der Stämme Israels genannt ist. Der Spruch stammt aus dem syr.-ephraimitischen Krieg.

Dieser Textbefund bestätigt zunächst die Annahme, daß »Ephraim« als Bezeichnung des Nordreiches ein spezifisch hoseanischer Ausdruck ist, da es, abgesehen von 13 1, nur innerhalb echter Hoseaworte vorkommt, obwohl sich im allgemeinen das sekundäre Gut an den Sprachgebrauch des Grundwortes anlehnt. Das ist allerdings auch nicht verwunderlich, da nach 722 keine Notwendigkeit mehr bestand, vom Nordreich zu sprechen. Ephraim war also eindeutig im Bewußtsein der Tradenten eine Bezeichnung für das Nordreich[16]. Wäre es noch nötig, so würde dieser Sachverhalt

---

[11] Vgl. H. W. Wolff 197.

[12] Der Spruch setzt eine Zeit ungetrübten Wohlstandes voraus. Nach 735 ist schwerlich eine Situation denkbar, die der inkriminierten Stellung Israels im Kulturland entspräche.

[13] H. W. Wolff denkt an die Anfangszeit noch unter der Jehu-Dynastie.

[14] V. 9 setzt eine vorausgegangene Vernichtung voraus, muß also nach 733 formuliert sein. Andererseits ist nicht anzunehmen, daß schon Emanzipationsbestrebungen von Assur im Gange sind. Es ist also damit zu rechnen, daß der Prophet irgendwann zwischen 733 und 724 auf eine Begnadigung Israels gehofft hat. In diese Zeit könnten auch die übrigen Heilsworte fallen. Möglicherweise spiegelt 13 12-14 die Enttäuschung des Propheten darüber, daß sein Volk diese letzte Chance nicht wahrgenommen hat.

[15] Vgl. H. Donner 92. Der »Bund« mit Assur könnte vielleicht einen Huldigungsakt anläßlich des Herrscherwechsels im Jahre 727, der Salmanassar V. auf den Thron brachte, bezeichnen. Dann würde der Spruch eher an den Anfang der Regierung Salmanassars gehören, womit auch H. Donners Erwägungen im Einklang stünden, nach denen 12 2 älter als 11 1-6 und »die Entscheidung zugunsten Ägyptens ... anscheinend noch nicht gefallen« ist.

[16] Erst der Repristinationstendenz später Texte, die die zeitgenössische Geschichte nach den exemplarischen Gegebenheiten der Geschichte Israels typisieren, blieb es vorbehalten, mit dem aktualisierenden Bezug auf den Dualismus beider Reiche auch die Bezeichnung »Ephraim« wieder zu verwenden (Jer 31 9. 18. 20 sind dagegen direkte Bezugnahmen auf Hos 11 1-7): Sach 9 10. 13 10 7, wobei vermutlich auch Ez 37 16-25 zugrundeliegt.

zugleich die pseudepigraphische These ad absurdum führen, als wären spätere Glossatoren darauf bedacht gewesen, ihren Worten den Anschein der alten prophetischen Verfasserschaft zu geben. Es bestätigt sich, daß jede Erweiterung des prophetischen Wortes Aktualisierung auf neue geschichtliche Gegebenheiten bedeutet.

Die Tatsache, daß innerhalb der Kap. 1—3, deren Sprüche vermutlich den Anfängen der Wirksamkeit des Hosea entstammen, der Name Ephraim nicht vorkommt, könnte zu der Annahme verleiten, hier liege bereits ein Beweis für A. Alts Rumpfstaatentheorie vor. Es muß aber bedacht werden, daß der Sachverhalt ebenso gut eine Folge der Auswahl oder sogar der Gestaltungsprinzipien des Redaktors von Kap. 1—3 oder einfach ein Produkt des Zufalls sein kann. Wenn Kap. 1—3 nach 722 zusammengestellt wurde, lag es unter Umständen nahe, solche Sprüche auszuwählen, die von »Israel« sprachen.

Andererseits ergeben sich für die Sprüche, in denen Ephraim allein vorkommt, sichere Datierungen nur für die Zeit nach 733 v. Chr. Die Regierungszeit Jerobeams II. wurde nur — ohne sichere Anhaltspunkte — für 9 7b-9 erwogen, und 8 11-13 entzieht sich jeder zeitlichen Festlegung.

Hingegen kommt »Israel« allein in Worten aller Perioden der Wirksamkeit Hoseas vor, und zwar nicht nur als Bezeichnung des Jahwevolkes im heilsgeschichtlichen Zusammenhang, sondern auch für die politische Einheit des Nordreiches innerhalb politischer Auseinandersetzungen.

Bereits hier werden L. Rosts[17] Beobachtungen bestätigt, daß sich, ähnlich wie schon bei Amos, eine Bedeutungsverengung vom idealen Israel als dem Jahwevolk auf den Bereich des Nordstaates vollzieht. Allerdings ist eine Bedeutungsverengung im eigentlichen Sinne nicht zu beweisen. Es läßt sich lediglich feststellen, daß der Prophet auch da, wo er vom Jahwevolk als einer auf die Heilsgeschichte bezogenen Größe spricht, als konkrete Adressaten die Bewohner des Nordreichs vor Augen hat, ohne daß das Verhältnis Judas zu den Heilstraditionen oder der Dualismus der beiden Reiche als Gegensatz zu der Einheit des Gottesvolkes überhaupt reflektiert würden. Der Prophet hat eine aktuelle Botschaft zu verkünden, aber nicht zeitlose Dogmatik.

Die praktische Identität des Volkes der Heilsgeschichte mit dem Nordreich wird besonders deutlich, wo »Israel« und »Ephraim« im Rückblick auf die Geschichte Jahwes mit seinem Volk wechseln (9 10. 13a. 15a 11 1-6). In diesen Fällen könnte aber eine Differenzierung erwogen werden, die »Israel« mit der Vätergeneration, »Ephraim« mit dem zeitgenössischen Volk gleichsetzt. Das ändert allerdings nichts an ihrer Identität als Volk Jahwes.

Einige Sprüche, in denen »Israel« und »Ephraim« im Wechsel auftraten, scheinen sogar mehr oder weniger eindeutig in die Zeit vor 733 v. Chr. zu gehören. Das dürfte zumindest[18] bei 12 3-5. 8-10 der Fall sein, vermutlich auch bei 6 7-10. Hier scheint A. Alts Theorie ins Wanken zu geraten. Jedoch hat die hier unternommene Untersuchung nicht zu umstürzend neuen Ergebnissen geführt. Zusammenfassend läßt sich feststellen:

1. Hosea hat »Ephraim« als einen unter den Stämmen Israels genannt in 5 8-9. Als Kernland des Territoriums des Nordreiches bezeichnet es dieses als Staat im Gegensatz zum Südstaat Juda in 5 12-14 und 6 4-6, wobei Ephraim und Juda gleichermaßen dem Willen und Urteil Jahwes unterworfen sind.

2. Als das Kernterritorium des Nordreiches kann Ephraim als Synonym für Israel dort genannt werden, wo sich »Israel« in der Sicht des Propheten im Nordreich

---

[17] Rost, Israel, 26—32.
[18] Nach H. W. Wolff sogar auch 4 16-19 und 5 3-7.

konkretisiert. So können, da Hosea auch, wo er von den Heilstraditionen Gesamtisraels spricht, als Adressaten immer die Bewohner des Nordstaates anredet, »Israel« und »Ephraim« promiscue gebraucht werden, ohne daß dieser Wechsel irgendwelche Rückschlüsse auf die Datierung des betreffenden Spruches zuließe. Diese Synonymität von »Israel« und »Ephraim« bei Hosea ist mit jener von »Israel« und »(Haus) Joseph« bei Amos zu vergleichen[19].

3. Eine gewisse Bestätigung der These A. Alts bietet aber die Tatsache, daß die datierbaren Sprüche rein politischen Inhaltes, in denen Ephraim allein genannt wird, sämtlich in die Zeit ab 733 v. Chr. gehören. Auch hier bleibt freilich der leise Vorbehalt bestehen, daß ähnlich gravierende politische Ereignisse vor 733 ohnehin nicht nachweisbar sind, so daß der Wert des Textbefundes relativiert wird. Hinzu kommt, daß ähnlich auch »Israel« allein belegt ist.

Wenn also überhaupt ein Entschluß Hoseas anzunehmen ist, den Rumpfstaat mit dem Stammesnamen Ephraim zu bezeichnen, so hat er diesen Entschluß nicht konsequent durchgeführt und auch nicht erst seit 733 v. Chr. von Ephraim gesprochen.

Es ist darum mit der Möglichkeit zu rechnen, daß die Singularität der Bezeichnung des Nordreiches mit Ephraim bei Hosea nicht auf eine prophetische Sprachregelung zurückzuführen ist, sondern darauf, daß nur im Hoseabuch innerhalb des Alten Testaments ein Angehöriger des Nordreiches zu Wort kommt, der das Staatswesen möglicherweise nicht mit seinem offiziellen Titel, sondern mit der im ephraimitischen Kernland selbstverständlichen, aber inoffiziellen Bezeichnung benennt[20].

3. ZUSAMMENFASSUNG

Bei der Untersuchung der Hinweise auf die Überlieferungsgeschichte des Hoseabuches besteht unter den Kommentatoren eine gewisse Übereinstimmung nur in der Annahme einer Nahtstelle zwischen Kap. 1—3 und Kap. 4—14. Über das Zusammenkommen von Kap. 4—14 gehen die Meinungen bereits erheblich auseinander, wenn entschieden werden soll, ob diese Kapitel insgesamt nur eine überlieferungsgeschichtliche Einheit bilden (W. Rudolph) oder aus verschiedenen redaktionellen Teilstücken zusammengefügt worden sind (H. W. Wolff).

Die Erörterung dieser Fragen ist von zwei Ansatzpunkten her möglich und soll hier auch so erfolgen, daß die beiden Beobachtungsreihen für sich geführt und dann, falls das möglich sein sollte, zu einer Gesamthypothese vereinigt werden.

I. Der erste Arbeitsgang sichtet das durch die vorangegangene Einzelanalyse als echt angenommene Hoseagut der Kap. 4—14 nach möglichen thematischen oder sonstigen Zusammenhängen. Dabei zeigt sich, was auch in nahezu allen Kommentaren betont wird, daß solche übergreifenden, das Spruchmaterial ordnenden Gesichtspunkte sehr schwer zu finden sind.

[19] Am 5 6 15 6 6.
[20] Als moderne Parallele könnte das Verhältnis von »England« und »Großbritannien« in volkstümlicher Redeweise genannt werden.

Immerhin lassen sich einige Teilbeobachtungen machen.

5 8—6 6 bilden eine thematische Einheit, in der es, vermutlich in chronologischer Reihenfolge, um Ereignisse des syrisch-ephraimitischen Krieges geht[1]. Diese Spruchfolge bietet die einzigen auf Hosea selbst zurückgehenden Erwähnungen des Südreiches Juda. Thema der Zusammenstellung, wenn auch nicht ursprünglich aller Einzelsprüche, scheint das Verhältnis von Ephraim zu Juda und die Schicksalsgemeinschaft beider zu sein.

Eine Zusammenfassung unter das Stichwort זנה ist in 4 1—5 7 möglich[2], während mit 6 7 ein Zusammenhang beginnt, der von Bundesbruch und Gewalttat in Israel handelt. Gegenüber 4 1—5 7 liegt das Gewicht hier mehr, wenn auch selbstverständlich, da eine solche Trennung nicht voll der prophetischen Botschaft gerecht würde, nicht ausschließlich, auf politischen Vorgängen, und zwar sowohl der Außen- als auch der Innenpolitik.

Ein deutlicher erkennbarer Einschnitt im Buch scheint erst in 9 9 vorzuliegen[3]. Obwohl also keine übergreifende literarische Komposition in 6 7—9 9 festzustellen ist, ist auch kein Grund erkennbar, der für eine weitere redaktionelle Untergliederung spräche. Innerhalb dieses Abschnittes liegt eine Stichwortverknüpfung z. B. von 7 2 zu 7 3 (רעתם) vor. Aber auch 6 7 scheint sich mit בגד an 5 7 anzuschließen, von dem es durch die Einheit 5 8—6 6 vielleicht sekundär getrennt ist. Daß schließlich innerhalb 4 4 (1)—5 7 das Stichwort זנה herrscht, wurde bereits konstatiert. Demnach ist es möglich, in 4 1—9 9 unter Ausschluß von 5 8—6 6 eine Reihe von Sprüchen zu sehen, die durch die Gleichartigkeit der Überlieferungsgeschichte verbunden sind. Das Prinzip der Stichwort- und Themareihung läßt mnemotechnische Gesichtspunkte erkennen[4], die den Schluß auf ursprünglich mündliche Tradition zulassen und 4 1—9 9 damit grundsätzlich von Kap. 1—3 unterscheiden.

Mit 9 10 beginnt eine Zusammenstellung von Sprüchen, die sich vornehmlich mit der heilsgeschichtlichen Tradition des Gottesvolkes im Gegensatz zu seiner unheilvollen Gegenwart befassen. Die Einzelsprüche sind so zusammengestellt, daß sich eine Abfolge paralleler Rückblicke auf Israels Anfänge ergibt:

9 10-17   Von der Erwählung zur Verwerfung, d. h.
          von der Heilsgeschichte zur Unheilsgeschichte;
10 1-8   von der Pracht zur Ohnmacht;
10 11-15 von geschenkter Schönheit zu ertrotzter Zerstörung;
11 1-9   von der Erwählung durch das Versagen zur freien Gnade.

---

[1] A. Alt, KS. 2, 163—187, bes. 186.

[2] E. M. Good, Svensk exegetisk Årsbok 31, 21—63.   [3] H. W. Wolff 208.

[4] Vgl. für den neutestamentlichen Bereich R. Bultmann, Synopt. Tradition, 351 und die dort genannte Literatur.

Dieser Aufbau, der in Kap. 9 teilweise durch Verschachtelung von Spruchteilen[5] erreicht wird, könnte eine von Anfang an literarische Konzeption vermuten lassen. Am Schluß des ganzen thematischen Zusammenhanges erscheint in 11 8-9 das Wort von der freien Gnade Jahwes als ein zaghafter Heilsausblick. Damit ähnelt der Aufbau im Prinzip dem von Kap. 1—3[6], wenn er auch nicht so straff durchkomponiert ist. Die Zusammenstellung läßt von einer besonderen Berücksichtigung des Südreiches nichts erkennen, obwohl sie erst nach 722 erfolgt sein dürfte. Das Verhältnis des Südreiches zu den im Blick auf das Nordreich formulierten Geschichtsaussagen wird nicht reflektiert, wobei offenbleibt, ob Juda selbstverständlich in die Aussagen über Israel einbezogen werden konnte. Die Zusammenstellung erfolgte noch in ungebrochener Weiterführung der Worte des Hosea, also im Grunde auch nach dem Ende des Nordreiches noch aus dessen Sicht. Auch hierin liegt eine Gemeinsamkeit mit Kap. 1—3, die dafür spricht, beide Sammlungen zeitlich nicht weit voneinander anzusetzen, sondern in beiden das Werk eines wie auch immer zusammengesetzten Schüler- oder Tradentenkreises des Hosea zu vermuten.

Ein thematisch und formal erkennbarer Neueinsatz liegt in 12 1 vor[7]. 12 1-15 bietet, als redaktionelle Einheit betrachtet, eine Klage über das betrügerische Gottesvolk, das sich im Kulturland etabliert hat. In 12 1 und 8 liegen aktualisierende Eintragungen von »Juda« vor, die von den sonst im Buch erscheinenden »judäischen« Glossen zu unterscheiden sind[8]. 12 15 dient als Zusammenfassung des Vorangegangenen, bietet aber gleichzeitig einen Übergang zu 13 1 ff.

13 1—14 1 bilden im Aufbau eine so überzeugende Einheit, daß es sich nicht empfiehlt, 13 1-3 (Nr. 162) als nicht hoseanisch von den Erörterungen auszuschließen. Vielmehr scheinen diese Verse unmittelbar zur Redaktionsarbeit zu gehören, der die letzte Spruchsammlung zu verdanken ist. Die in Kap. 13 vereinigten Sprüche stammen insgesamt aus der letzten Zeit des Nordreiches vor dem Zusammenbruch und führen in chronologischer Reihenfolge auf diesen hin (13 15 14 1).

Da 14 3-4 (Nr. 177) erst später in den Text eingefügt wurde, schloß 14 5-9 als Wort der Verheißung den Rückblick auf die Geschichte des Verderbens ab. Wieder führt die vermutlich literarische Komposition

---

[5] S. o. zu Nr. 96.
[6] Die übliche Stellung von Heilsausblicken als Abschluß von Unheilsworten ist wohl nicht nur auf das von K. J. Grimm angenommene Prinzip des »euphemistischen« liturgischen Ausklanges zurückzuführen. Wo es sich nicht um sekundäre Texterweiterungen handelt, dürfte auch der Gedanke bestimmend gewesen sein, daß die Erfüllung der prophetischen Verheißung im Gegensatz zu der der Drohworte noch ausstehe.
[7] H. W. Wolff XXV.
[8] H. W. Wolff XXVI.

vom Unheilswort zu einem Heilsausblick wie in 3 1-4 und 11 8-9. Die
Verse 13 1-3 lassen aber erkennen, daß nun vermutlich das Südreich
als eigene Größe, die aber als Jahwevolk ebenso vom Wort des Hosea
betroffen wird, im Blick ist. Hier geht die redaktionelle Arbeit in die
erste Aktualisierung als Auslegung über.

Als vorläufiges Zwischenergebnis läßt sich also das Hoseabuch
nach der Art der Zusammenstellung der echten Sprüche in die folgenden Abschnitte gliedern:

1. 1 2—3 4   literarische Komposition aus dem engsten Schüler-
                kreis, vermutlich nach 722, aber noch aus der Sicht
                des (ehemaligen) Nordreiches;

2. 4 1—5 7
   6 7—9 9   Spruchanreihung nach anscheinend mnemotech-
                nischen Gesichtspunkten, vermutlich ursprünglich
                mündliche Tradition. Zeitlich kaum fixierbar; die
                Sammlung könnte noch zu Lebzeiten des Prophe-
                ten begonnen worden sein;

3. 5 8—6 6   eine Spruchfolge zum syrisch-ephraimitischen
                Krieg, die auf den Propheten selbst zurückgehen
                könnte oder jedenfalls noch vor 722 und vermutlich
                nicht lange nach 732 ihren Abschluß gefunden hat;

4. 9 10—11 9   ein vielleicht literarisch konzipierter Spruchkom-
                plex zum geschichtlichen Verhältnis von Erwäh-
                lung und Begabung Israels und seinem Versagen;
                wohl noch aus der Sicht des (ehemaligen) Nord-
                reiches;

5. 12 1-15 +
   13 1—14 1. 2. 5-9 der Weg zum Verderben und ein Heilsausblick;
                vermutlich literarische Konzeption mit aktuali-
                sierend paränetischem Bezug auf das Südreich.

II. In einem zweiten Arbeitsgang sind nun die im engeren Sinne
theologischen Ergänzungen des ursprünglichen Hoseagutes auf ihre
Funktion im Zusammenhang hin zu untersuchen. Man wird am besten
von äußeren Kriterien ausgehen.

1. Eine Gruppe von Zusätzen enthält Bezugnahmen auf Juda:

1 7   (Nr. 3)   zu vergl. mit 12 7; sonst schwierig einzuordnen;
4 15   (Nr. 25)   wohl aus einer Zeit, in der das Südreich noch be-
                   stand;
5 5   (Nr. 37)   könnte eventuell das Exil voraussetzen;
6 11a   (Nr. 56)   schwer zu erklären, vielleicht judäische Aktuali-
                   sierung;
8 14   (Nr. 82)   wohl mindestens exilisch;

10 11   (Nr. 114)   zeitlich kaum sicher einzuordnen;
12 1   (Nr. 148)   wohl sicher Glosse auf das noch bestehende Süd-
                     reich;
12 3   (Nr. 153)   wie Nr. 148.

Diese Übersicht zeigt, daß hier keine zusammengehörige Gruppe vorliegt. 8 14 (Nr. 82) ist sicher später als 586 v. Chr. entstanden, 12 1 und 3 (Nr. 148, 153) sicher vor 586; die übrigen hierher gehörenden Glossen ergeben keine eindeutige Datierung, doch zeigt schon die Differenz zwischen 8 14 und 12 1. 3, daß die Erwähnung Judas allein kein brauchbarer Ansatz zur Erhebung überlieferungsgeschichtlicher Vorgänge ist. Von einer bestimmten judäischen Redaktion[9] des Hoseabuches kann also nicht die Rede sein.

2. Theologische Exegese zum vorliegenden Text ohne soweit eigenständige Aussage, daß sich ein Datierungsansatz ergäbe, bieten folgende Ergänzungen:

2 10b   (Nr. 7);
6 11b   (Nr. 57);
8 5/6   (Nr. 74),   doch ist diese Ergänzung möglicherweise in die
                       nächste Rubrik (3) einzuordnen;
9 4b   (Nr. 86);
9 10   (Nr. 94)   eine bibelkundl. Erklärung zum Ortsnamen;
10 8   (Nr. 105)   vergleichbar mit Mi 1 5 (Nr. 4);
12 5aα   (Nr. 156);
12 13. 14 (Nr. 160);
14 5b   (Nr. 178).

Eine Glosse sui generis ist 14 10 (Nr. 184), die wie die Buchüberschrift (Nr. 1) zunächst außer Betracht bleibt.

3. Stark musivische, d. h. auf andere Schriftstellen auch außerhalb des Hoseabuches und sogar zuweilen des Prophetenkanons Bezug nehmende Eintragungen, die vornehmlich auf späte Datierung schließen und z. T. eine Liturgisierung des Prophetenwortes erkennen lassen, liegen an folgenden Stellen vor[10]:

vermutlich   1 7   (Nr. 3);
             2 1-3   (Nr. 4)*;
             3 5   (Nr. 17)*;
             4 16   (Nr. 26)*;
             5 15b—6 3   (Nr. 45)*;
             7 10   (Nr. 62);

---

[9] H. W. Wolff (XXVI) nimmt aufgrund einer anderen Einschätzung der eschatologischen Partien eine »recht frühe judäische Redaktion« an.

[10] Die mit * bezeichneten Stellen setzen mit einiger Sicherheit das Exil und in ihm entstandene Literatur voraus.

vermutlich	8 14	(Nr. 82);
	10 10b	(Nr. 110);
	10 12aβ. b	(Nr. 116);
	11 10-11	(Nr. 146)*;
	12 6	(Nr. 158);
	12 7	(Nr. 159);
	14 3-4	(Nr. 177)*(?).

Diese Gruppe relativ später Ergänzungen verteilt sich über das ganze Buch ohne Ausnahme. Es ist also anzunehmen, daß das Hoseabuch als ganzes nach der Zusammenfügung der ursprünglich einzelnen Überlieferungsteile noch eine lebhafte Nachgeschichte gehabt hat. Das Ausmaß dieser Beschäftigung Späterer mit der Botschaft des Hosea übertrifft die Nachgeschichte der Amosworte, hat aber nicht die Selbständigkeit, die die sekundären Partien des Michabuches auszeichnet.

4. Ergänzungen im Lichte eines oder mehrerer Amosworte liegen an insgesamt vier Stellen vor:

4 15	(Nr. 25);
7 10	(Nr. 62);
8 14	(Nr. 82);
11 10	(Nr. 146).

Nur in 4 15 kann aber mit einiger Wahrscheinlichkeit angenommen werden, daß die Bezugnahme nicht primär literarisch ist, als Schriftbezug, d. h. Exegese bereits im engeren Sinne kanonischen Gutes, sondern Auseinandersetzung mit noch lebendiger unmittelbarer Tradition der Amosbotschaft.

5. Freie, aktualisierende Ergänzung im Blick auf das noch existierende Südreich darf an folgenden Stellen angenommen werden:

4 15	(Nr. 25);
6 11a	(Nr. 56);
12 1	(Nr. 148);
12 3	(Nr. 153).

Unsicher bleiben 5 5 (Nr. 37) und 10 11 (Nr. 114). Diese Aktualisierungen auf eine Zeit zwischen 722 und 586 finden sich also nicht in Kap. 1—3.

6. Schließlich sind noch Ergänzungen zu nennen, die nur aus Hoseaworten, nicht aber aus anderen Propheten- oder sonstigen Schriftworten gewonnen sind. Das ist nur an zwei Stellen[11] eindeutig der Fall:

| 9 9 | (Nr. 91) | als Abschluß des fragmentarisch erhaltenen Spruches und zugleich der Überlieferungseinheit 4 1 bis 9 9; |

---

[11] 2 10b (Nr. 7) gehört nicht hierher, weil er nicht nur auf Hos 8 4, sondern wohl auch auf Dtn 8 13 Bezug nimmt.

13 1-3 (Nr. 162) als Rückblick auf die Geschichte des Nordreiches
und Einleitung der letzten Spruchreihe 13 4—14
1. 2. 5-9.

III. Nachdem nun von zwei Seiten her Ansatzpunkte für die Erhellung der Überlieferungsgeschichte der Hoseaworte gesucht worden sind, gilt es, die beiden Beobachtungsreihen auf Berührungspunkte hin zu prüfen.

Es ist anzunehmen, daß die sekundären Partien um so älter sind, je weniger sie auf außerhoseanisches Gut Bezug nehmen. 9 9b (Nr. 91) und 13 1-3 (Nr. 162) dürften also nach der literarischen Arbeit des Verfassers von Kap. 1—3 die ältesten nicht auf Hosea selbst zurückgehenden Passagen des Buches sein. Die vorliegende Untersuchung ist bisher davon ausgegangen, daß auch im Hoseabuch eine Scheidung der »verba ipsissima« und der Bearbeiter grundsätzlich versucht werden muß[12] und daß sich etwaige Erwägungen über eine »Schule« oder einen Tradentenkreis der Worte des Propheten erst von dieser Voraussetzung aus anstellen lassen.

Das Rechnen mit der Möglichkeit, den Grundbestand der Prophetenworte zu ermitteln, ist aber nicht mit der Annahme gleichzusetzen, daß sich auch über die unmittelbaren Umstände der ersten Verkündigung dieser Worte noch Hinweise finden lassen. Wohl erlauben Anspielungen auf welthistorische Konstellationen oder einzelne Episoden der Geschichte Israels in günstigen Fällen eine Datierung und somit eine Einordnung in bestimmte geschichtliche Situationen. Anders als z. B. bei Amos und Jesaja[13] liegen aber im Hoseabuch keine Angaben über die Szenerie der prophetischen Auftritte vor. Dieser Einwand muß gegen H. W. Wolffs Deutung der von ihm erarbeiteten kerygmatischen Einheiten als »Auftrittsskizzen«, die z. T. noch »Einwürfe von Hörern«[14] oder einen »Blickwechsel des Sprechers zu einer anderen Gruppe der Anwesenden«[15] erschließen ließen, erhoben werden. Praktisch setzt auch W. Rudolph diese Annahme an vielen Stellen seines Kommentars voraus[16], obwohl er sich andererseits gegen H. W. Wolffs »Dramatisierung« wendet[17].

Es soll nicht bestritten, sondern im Gegenteil unterstrichen werden, daß sich jeweils Gruppen von Einzelsprüchen in ihrer jetzt vor-

---

[12] Die Schwierigkeiten sind in der Tat sehr groß; trotzdem bleibt der von S. Herrmann (105) damit begründete Verzicht auf jeden Versuch, zum individuellen Hoseawort vorzustoßen, und der Vorschlag, im Hoseabuch lediglich den »Niederschlag eines ganzen Traditionskreises« zu sehen, unbefriedigend.

[13] Am 7 10-17 Jes 7 1-16.

[14] H. W. Wolff XXIV.

[15] H. W. Wolff XXV.

[16] Besonders in der zweiten Hälfte des Buches.

[17] W. Rudolph 99.

liegenden Anordnung zu größeren rhetorischen Einheiten zusammen-
fügen und daß man diese Spruchkomplexe auch in dem Sinne als
»kerygmatische Einheiten« bezeichnen kann, daß sie offenbar nach
dem Urteil der Tradenten zusammengehörten und durch die von H.
W. Wolff[18] genannten Merkmale und Mittel der Redaktion zusammengestellt wurden. Es handelt sich hierbei aber um überlieferungsgeschichtliche Vorgänge, die über die ursprüngliche Szenerie und »Verumständung«[19], in die das prophetische Wort erging, nichts aussagen.
Es liegt hier ein Tatbestand vor, der etwa dem Problem der synoptischen Jesusüberlieferung vergleichbar ist, obwohl die Dinge beim
Hoseabuch weniger kompliziert liegen. Wie etwa Matthäus in der Berg-
predigt (Kap. 5—7) aus dem ihm verfügbaren Material eine typische
Rede Jesu zusammenstellt, ohne daß es sich um *einen* historischen
Redegang handelte, ebenso sind die größeren Spruchkomplexe im
Hoseabuch als exemplarische Redeeinheiten anzusehen, die allenfalls
einen möglichen Verkündigungsvorgang darstellen, aber nicht einen
tatsächlichen protokollieren.

So bilden 4 1-19 z. B. einen unter dem Stichwort זנה zusammengefaßten Spruchkomplex, der in seinem jetzigen Zusammenhang, von
v. 1 aus gesehen, als ein großes Prozeßverfahren in Rede und Gegenrede
gesehen werden kann[20]. Trotzdem enthält er einzelne Sprüche, die ursprünglich möglicherweise in ganz verschiedenen Situationen ergingen.

In 5 8—6 6 liegen einige Sprüche vor, die zwar zum größeren Zusammenhang des syrisch-ephraimitischen Krieges gehören, die aber
trotzdem chronologisch zu differenzieren sind. In ihrer jetzigen Zusammenstellung können sie aber ebenfalls als ein Redegang gelesen werden,
der in der Frage 6 4-6 gipfelt.

Ein schönes Beispiel für zwar sachgemäße, aber sekundäre und
typische Situationszusammenstellung bietet auch die exemplarische
Ehegeschichte in Kap. 1—3, die, abgesehen von den Namen der Kinder,
sicher noch einen ursprünglich nicht in diesen Zusammenhang gehörenden Spruch (2 20. 23-25)[21] enthält.

Im Blick auf das ganze Buch muß immer auch erwogen werden,
daß Einteilung und Zusammenstellung auch das Produkt mehrerer
redaktioneller Vorgänge sein können. Die unter II, 3[22] genannten Ergänzungen etwa, die sich über das ganze Buch verteilen, bedingen
z. T. eine ganz neue Gliederung. 2 1-3 (Nr. 4) hebt die Drohung von 1 8

---

[18] H. W. Wolff XXIV.
[19] K. Budde, ZAW 39, 218—229.
[20] Ähnlich, wie der Schluß des Michabuches, d. h. Kap. 6—7, möglicherweise nach 6 1
als ein in liturgisches Geschehen übertragener Dialog, der aus dem ריב erwachsen
ist, aufzufassen ist.
[21] S. o. S. 124.
[22] S. o. S. 245.

auf und bewirkt so, daß der entscheidende Einschnitt innerhalb Kap. 1—3 von 2 15/16 auf den Übergang von Kap. 1 auf 2 hin verlegt wird. 1 2—2 3 bilden nun eine Einheit von Drohung und Verheißung, der 2 4 bis 3 5, durch die Anfügung von 3 5 (Nr. 17) unterstrichen, parallelgeordnet ist. Der Aufbau Unheil—Heilsausblick wird auch in den folgenden Kapiteln durch die sekundären Einschübe konstituiert. 4 16b (Nr. 26) deutet das Bild von v. 16a um und bildet zusammen mit 4 15 (Nr. 25), der schon früher angefügt wurde, den Abschluß zu 4 1-14.

4 17 eröffnet nun sekundär eine neue Anklagenreihe, der sich die lesende oder hörende Gemeinde, in der das Hoseabuch überliefert wurde, mit dem Bußlied 6 1-3 (Nr. 45) stellt. Hier tritt eine Dialogisierung zutage, die mit der Gestaltung des Michaschlusses verglichen werden kann.

Es folgen zwei Partien, die jeweils nach einer Reihe von Vorwürfen in ein allgemeines Résumé münden:

6 4 —7 9 mit dem Résumé in 7 10 (Nr. 62) und

7 11—8 13 mit dem Résumé in 8 14 (Nr. 82),

der die ursprünglich dem Nordreich geltenden Prophetenworte eindeutig auf Gesamtisrael und seine Geschichte bezieht. Durch die Einfügung von 8 14 (Nr. 82) wird wiederum der Einschnitt von 9 9 auf 9 1 vorverlegt.

Die mit 10 1 beginnende Spruchfolge mündet in v. 10, der durch v. 10b (Nr. 110) in eschatologische Dimensionen ausgeweitet wird. Nach dieser Ergänzung beginnt ein kleinerer Redegang, der aber vielleicht in der Spätzeit der Überlieferung insgesamt eschatologisch gedeutet wurde, worauf v. 12 (Nr. 116) hinweist, und so wohl mit v. 10 zusammengehört, so daß 10 1-15 als eine Verkündigungseinheit gelesen oder gehört werden konnte. Ihr ist wiederum parallel geordnet 11 1-11 durch den sekundären eschatologischen Abschluß v. 10-11 (Nr. 146).

Mit 12 1 beginnt der letzte Abschnitt des Buches, in dem die das Prophetenwort vernehmende Gemeinde durch die Doxologie 12 6 (Nr. 158) den Gott Jakobs als ihren Gott bekennt und mit dem paränetischen Einschub 12 7 (Nr. 159) zur Treue ermahnt wird. Der Überblick über die historische und durch das Bekenntnis aktualisierte Schuld Israels endet mit dem letzten Bußlied in 14 3-4 (Nr. 177), das zur Verheißung überleitet und v. 5-9 wohl eindeutig eschatologisch versteht.

Die beiden großen Bußabschnitte 6 1-3 (Nr. 45) und 14 3-4 (Nr. 177) stehen jeweils vor einem Gotteswort, das dadurch die Funktion einer Antwort auf den Bußruf des Volkes erhält. In 6 4ff. bleibt die Annahme der Umkehr ungewiß (»was soll ich dir tun?«), während in 14 5 endlich die entscheidende eschatologische Heilsverheißung erfolgt.

Diese durch die spätesten größeren theologischen Eintragungen erreichte sekundäre Aufgliederung des Buches kann als liturgische

Rahmung bezeichnet werden, obwohl offenbleibt, ob sie Rückschlüsse auf gottesdienstliche Vorgänge, etwa die Verlesung oder den mündlichen Vortrag des ganzen Hoseabuches in der nachexilischen Gemeinde erlaubt. Es ergibt sich also folgende, durch die jüngsten Textergänzungen markierte Einteilung:

I.	1 2 (1)—2 3	Die Verwerfung und ihre Aufhebung in der eschatologischen Verheißung;
	2 4—3 5	Züchtigung und eschatologische Umkehr;
	4 1-16	Abfall und Wiedereinbringung (v. 16b) Israels;
	4 17—6 3	Israels Schuld und Buße vor Jahwe.
II.	6 4—7 10	Israels Schuld in der Geschichte;
	//7 11—8 14	Israels Schuld in der Geschichte als Abfall vom Schöpfer;
	9 1-17	Schuld und Verwerfung Israels;
	10 1-15	vormalige Pracht, Verschuldung und eschatologische Läuterung (v. 10bff.) Israels;
	//11 1-11	Pracht, Verschuldung, e. Läuterung (v. 10f.) Israels;
	12 1—14 4	Verschuldung des Gottesvolkes und Buße vor Jahwe;
	14 5-9	die eschatologische Heilsverheißung.

Es ist wohl sicher diese späteste Form des Hoseabuches, die 14 10 (Nr. 184) abschließt.

Aktualisierende Erweiterungen im Blick auf das Südreich wurden innerhalb der von 4 1—9 9 reichenden Spruchsammlung in 4 15 (Nr. 25) 5 5 (Nr. 37) und 6 11 (Nr. 56) festgestellt, wobei ungewiß bleibt, ob Nr. 37 nicht doch aus der Zeit nach 586 stammt. 4 15 bezieht sich auf die Botschaft des Amos, 6 11a könnte im Zusammenhang mit der Ergänzung des Spruchendes in 6 10 (Nr. 55) nach Hos 5 3 eingefügt worden sein. In beiden Fällen ist es gut denkbar, daß keine Glossierung im eigentlichen Sinne, d. h. Ergänzung oder Erläuterung eines bereits geschlossenen Zusammenhanges, sondern Modifizierung des noch nicht abgeschlossenen Überlieferungsgutes vorliegt. Die Annahme liegt nahe, daß diese Modifizierungen möglicherweise noch mündlicher Tradition im Zusammenhang mit der Einfügung der Spruchreihe 5 8-15 6 4-6 an ihre jetzige Stelle erfolgten.

Daß die Sprüche aus dem syrisch-ephraimitischen Krieg gerade hier ihren Platz fanden, erklärt sich relativ einfach, wenn man damit rechnet, daß sie vor der Vereinigung des mit 9 9 abgeschlossenen Traditionskomplexes mit dem folgenden (9 10ff.) aufgenommen wurden. Dann gab es überhaupt nur 3 mögliche Stellen:

1. vor 4 1, also entweder an den Anfang vor die Einleitungsformel, oder falls 4 1 immer an Kap. 1—3 anschloß, zwischen die Ehegeschichte und den זנה-Komplex, also in jedem Fall störend;

2. nach 9 9, wo die Spruchreihe aber doch seltsam nachhinken würde, da v. 9 deutlich einen Abschluß für mehrere — vielleicht alle vorhandenen — Prophetenworte bilden soll;

3. zwischen die זנה-Spruch-Reihe und die Worte über Bundesbruch und Gewalttat, also die Stelle zwischen 5 7 und 6 7.

Ob 4 1—9 9 von Anfang an im Bezug auf Kap. 1—3 zusammengestellt, d. h. ob der Beginn mit den Worten zum Stichwort זנה von vornherein der Anschluß an die Ehegeschichte gewesen ist, muß offenbleiben; es ist aber nicht unwahrscheinlich.

Ferner scheint es möglich, daß die in Rede stehenden Tradenten der Hoseaworte irgendwie mit den vorexilischen Überlieferern der ja auch ursprünglich dem Nordreich geltenden Amosworte in Beziehung standen, worauf 4 15 (Nr. 25) hinweisen könnte. Dagegen kann der Komplex 9 10—11 9, innerhalb dessen sich keine vorexilischen Bezugnahmen auf Juda finden und der auch in seiner inneren Struktur neben Kap. 1—3 am ungebrochensten die Botschaft des Hosea bewahrt, vielleicht auf dem Territorium des Nordreiches oder doch in ausschließlich in dessen Traditionen lebenden Kreisen seine vorliegende Form gefunden haben.

Daß schließlich Kap. 12 mit den Ergänzungen in v. 1 und 3 (Nr. 148 und 153) auf das Südreich Bezug nimmt und 13 1—14 2. 5-9 wohl als direkte Mahnung an dieses zusammengestellt wurde, ist bereits ausgeführt worden. Es wurde annäherungsweise die Regierungszeit des Manasse, in der auch die Worte des Amos ihre erste größere Überarbeitung erfuhren[23], in der aber keine eigenen großen Schriftpropheten auftraten, erwogen.

Es mag erlaubt sein, hier noch einen Schritt weiter zu gehen und Gedanken modifizierend aufzunehmen, die A. Alt[24] zur Herkunft des Deuteronomiums geäußert hat. Sie laufen darauf hinaus, daß das Dtn ein Buch im Geiste des Hosea ist, das aber andererseits in der Einstellung zur sozialen Botschaft auch Verwandtschaft zum Inhalt der judäischen Prophetenbücher zeigt. A. Alt meint, dieser Nähe zur sozialen Botschaft der Propheten[25] des Südreiches nicht die Bedeutung zumessen zu müssen wie der durch hervorstechende Begriffe[26] belegbaren Nähe zu Hosea und nimmt deshalb an, daß das Dtn auf dem Territorium des ehemaligen Nordreiches abgefaßt und auf nicht mehr erkennbaren Wegen nach Jerusalem gebracht wurde.

Es erscheint aber als möglich, mit der Übersiedlung eines mehr oder weniger begrenzten Kreises von Jahwetreuen aus der assyrischen Provinz in das noch relativ unabhängige und jedenfalls den Jahwekult

---

[23] S. o. S. 59. [24] A. Alt, KS. 2, 250—275.
[25] Vgl. H. Donner, Or. Ant. 2, 229—245.
[26] Z. B. אהב für das rel. Verhältnis, חסד, דעת אלהים.

fortsetzende Südreich zu rechnen, in deren Mitte die von Hosea geprägte Tradition des Nordreichs fortlebte und sich einerseits in der
aktualisierenden Redaktion der überlieferten Prophetenworte, andererseits in der Konzeption des Idealgesetzes aus prophetischem Geiste
niederschlug. Der Gedanke erscheint verlockend, wenn auch nicht
beweisbar, daß so die prophetische Prägung des Mosebildes[27] im Deuteronomium und vielleicht andererseits auch die leider nicht näher
zu datierende exegetische Eintragung in Hos 12 13-14 (Nr. 160) eine
einleuchtende, durch die Vorgänge um und nach 722 bedingte Erklärung finden könnten.

Von den noch nicht berücksichtigten »judäischen« Eintragungen
ist, wie bereits ausgeführt[28], 1 7 (Nr. 3) wohl dem jüngsten Bestand
des Buches zuzurechnen[29], während 10 11 (Nr. 114) zeitlich nicht einzuordnen ist, da es sich auch um die Ergänzung eines vermeintlichen
Textverlustes handeln könnte. 5 5bβ (Nr. 37) und 8 14 (Nr. 82) setzen
das Exil voraus; 5 5bβ könnte bald nach 586 eingefügt worden sein.

Die Überschrift des Buches, 1 1 (Nr. 1) zeigt den gleichen Typ
wie mehrere andere Prophetenbuchüberschriften[30] und geht wohl auf
jene exilische Sammler- und Redaktorentätigkeit zurück, der ähnlich
wie beim Amosbuch[31] die Vereinigung der ursprünglich selbständigen
oder nach und nach zusammengetretenen Teile des Hoseabuches zu
danken ist.

Zusammenfassend lassen sich folgende Stufen der Buchwerdung
erschließen:

1. Kleinere Zusammenstellung(en?) von Sprucheinheiten noch
während der Wirkungszeit des Propheten: 5 8—6 6.

2. Eine biographische Denkschrift zu Leben und Botschaft des
Hosea, abgefaßt bald nach 722 im engsten Schülerkreis: 1 2—3 4.

3. Vermutlich im ersten Stadium noch mündliche Sammlung von
Prophetenworten nach vorwiegend mnemotechnischen Gesichtspunkten, vielleicht vor 722 begonnen, aber anscheinend erst später in Juda
abgeschlossen: 4 1—9 9.

4. Eine Sammlung zu Geschichte und Heilstradition Israels ohne
Bezugnahme auf das Südreich: 9 10—11 9.

5. Aktualisierende Sammlung von Droh- und Scheltworten des
Hosea als Mahnung für das Südreich nach 722, vermutlich zur Zeit
des Manasse, vielleicht im Zusammenhang mit der Entstehung des
Dtn zu denken: 12 1—14 9.

---

[27] Vgl. v. a. Dtn 18 15ff.
[28] S. o. S. 244.
[29] S. o. S. 245 unter II, 3.
[30] S. o. zu Nr. 1.
[31] S. o. S. 62.

6. Sammlung und Zusammenstellung aller Traditionsteile zum Hoseabuch mit der Überschrift 1 1; nach 586.

7. nachexilische Erweiterungen und Neugliederung des Buches im Rahmen seiner Verlesung oder liturgischen Verwendung in der nachexilischen Gemeinde.

8. Nachwort eines Lehrers nach dem Abschluß der prophetischen Tradition: 14 10.

IV. Zusammenfassung und Ergebnisse aller Einzeluntersuchungen

Der Versuch der systematischen Erfassung einiger Grundprinzipien der Glossierung alttestamentlicher Texte, der hier an Hand der Bücher des Amos, Micha und Hosea unternommen wird, hat zwischen der freien Ausgestaltung des Textes, die bereits in den Erwägungen zur Datierung besprochen wurde, und der im engeren Sinne glossierenden Arbeit, die einzig und allein der Bewahrung und Sicherung des Überlieferten dient, wohl zu unterscheiden. Zwar ist beiden im Grunde dasselbe Bemühen gemeinsam, das gegebene Prophetenwort für die eigene Zeit verstehbar zu machen, sei es durch eigenständige Weiterführung oder Entfaltung in den großen, im engeren Sinne theologischen Einschüben, sei es durch geringfügige Erläuterungen des unverständlich Gewordenen, Korrektur des wirklich oder scheinbar Beschädigten, Wiedergewinnung und Erhaltung des zeitweise Verlorenen und dessen, was einst zu seiner Ersetzung diente. »Bewahrung« ist das eine Leitwort, das aller glossierenden Arbeit vorangestellt scheint. Dies ist auch der Grund, warum die Untersuchung solcher Arbeit nicht die Textkritik ausklammern kann; oftmals ist es gerade der Textverlust oder -Fehler, der die Glossierung erst hervorruft. Für die vorliegenden Studien ist jedoch eine andere Unterscheidung wichtig, die Unterscheidung zwischen unwillkürlich in der Überlieferung entstandenen Fehlern und ihrer bewußt und mit dem Willen zur Wiederherstellung oder Erläuterung erfolgten Korrektur.

Als *häufigste Fehlerursachen* ließen sich beobachten:

im Amosbuch:	*im Michabuch:*	*im Hoseabuch:*

1. wahrscheinlich *mechanischer Textverlust* (Materialbeschädigung, Unleserlichkeit):

Nr. 14; 63; 135	Nr. 6; 7; 8; 38; 47; 89	Nr. 69; 109; 118; 119; 126; 132; 136; 144; 149; 167
(= 3 Fälle)	(= 6 Fälle)	(= 10 Fälle)

2. *Buchstabenverwechslung:*

א > ת — Nr. 41

ב > כ — Nr. 51

ד > ך — Nr. 40

ד > ר — Nr. 133　　ד > ר — Nr. 74; 112　ד > ר — Nr. 65; 67; 84

		ה > דו — Nr. 106
		ה > כ — Nr. 5(?)
	ה > מ — Nr. 113	
ה > ר — Nr. 101		
	ה > ת — Nr. 116	ה > ת — Nr. 35; 125; 140
		ו > ד — Nr. 150
	ו > י — Nr. 92; 110	ו > י — Nr. 111; 138; 173; 180; 183
		ו > נ — Nr. 182
		ח > מ — Nr. 143
		י > ה — Nr. 59
י > ו — Nr. 26;		י > ו — Nr. 53; 80; 107; 115(?); 147; 164; 170; 181
		כ > ב — Nr. 121
	כ > ל — Nr. 40	
	כ > מ — Nr. 104	
	ל > ת — Nr. 79	
		מ > ב — Nr. 168
	מ > ה — Nr. 44	מ > ה — Nr. 29(?); 30; 85
		מ > ח — Nr. 42
		מ > כ — Nr. 93
		מ > נו — Nr. 60
מ > ת — Nr. 85		
		נ > ו — Nr. 176
		נ > י — Nr. 77
	נ > כ — Nr. 90	
	נו > מ — Nr. 117	ני > מ — Nr. 140
		ע > צ — Nr. 169
		צ > ע — Nr. 65
	ר > ד — Nr. 88	ר > ד — Nr. 165
		ר > ו — Nr. 41
ת > מ — Nr. 136		ת > מ — Nr. 20
(= 7 Fälle)	(= 13 Fälle)	(= 43 Fälle)

3. *Dittographie:*

a) 1 Buchstabe identisch:

Nr. 34; 130; 142	Nr. 18; 81; 109	Nr. 18a; 97; 165

b) 1 Buchstabe mit Verschreibung:

מ/ב — Nr. 11		מ/נ — Nr. 48
נ/ו — Nr. 120; 149		נ/ו — Nr. 157

ו/י — Nr. 35
ו/נ — Nr. 96
פ/ס — Nr. 17

c) mehr als 1 Buchstabe:

	Nr. 24 (2 Buchst.)	Nr. 38 (2 Buchst.)
	Nr. 29 (1 Wort)	Nr. 81 (2 Buchst.)
(= insges. 6 Fälle)	(= 8 Fälle)	(= 7 Fälle)

4. Haplographie:

a) 1 Buchstabe identisch:

Nr. 28	Nr. 19; 22; 33; 36; 43	Nr. 31; 46; 47; 69; 71; 107; 142; 145; 181; 182

b) 1 Buchstabe mit Verschreibung:

ח/ה — Nr. 42
מ/ה — Nr. 93   מ/ה — Nr. 100

ו/ד — Nr. 117
ח/דו — Nr. 52
ו/י — Nr. 37; 87   ו/י — Nr. 141
ו/נ — Nr. 21
ה/ח — Nr. 39(?)

ו/י — Nr. 99

בי/כ — Nr. 122
ת/ל — Nr. 83
ת/מ — Nr. 97

כ/פ — Nr. 75
מ/ר — Nr. 81

מ/ת — Nr. 163

c) mehr als 1 Buchstabe:

Nr. 106 — הנה/יהוה	Nr. 16 — אני/אינני
Nr. 108 — הנני/יהוה	Nr. 42 — 2 Buchst.
Nr. 140 — אדני/אלהי	Nr. 113 — 2 Buchst.
	Nr. 120 — 3 Buchst.
(= insges. 8 Fälle) (= 9 Fälle)	(= 23 Fälle)

5. Homoioteleuton:

Nr. 78; 84	Nr. 5; 30	— — —
(= 2 Fälle)	(= 2 Fälle)	

6. Homoiarkton:

Nr. 13; 46; 72	— — —	Nr. 99
(= 3 Fälle)		(= 1 Fall)

7. *andere aberratio oculi:*

Nr. 34; 77   — — —   Nr. 22; 33; 65; 103;
                                                           108; 128

(= 2 Fälle)   (= 6 Fälle)

8. *Falsche Abtrennung* (meist nach anderer Textkorruption
   oder verändertem Textverständnis):

Nr. 94; 99   Nr. 15; 20; 26; 32;   Nr. 19; 24; 32; 41;
                          39; 46; 49; 82;   42a(?); 47; 49; 59;
                          87; 103   75; 76; 81; 88; 89;
                                                   95; 124; 147; 173

(= 2 Fälle)   (= 10 Fälle)   (= 17 Fälle)

9. *Hörfehler:*

Nr. 123   Nr. 23; 115   Nr. 44 (vielleicht)
(= 1 Fall)   (= 2 Fälle)   (= 1 Fall)

Hinzu kommen besonders im Hoseabuch Textveränderungen aufgrund falschen Überganges von Defektiv- zu Pleneschreibung oder umgekehrt. Hier liegen aber meist schon andere Fehlerquellen vor:

                          Nr. 28; 56a(?); 58; 101;
                          137; 172; 179
                          (= 7 Fälle).

Bei dieser Aufstellung bietet die Fülle von Fehlern und Problemen im Hoseabuch keine Überraschung. Allerdings läßt es sich, da es als einziges auf einen Propheten des Nordreichs zurückgeht, nicht ohne weiteres mit den beiden anderen Büchern, bei denen die Überlieferung von vornherein im Südreich stattgefunden haben kann, vergleichen.

Nicht nur relativ zu seinem Umfang, sondern auch in den absoluten Zahlen überwiegen die Fehler im Michabuch gegenüber dem Amosbuch bei weitem. Vermutungsweise könnte dieses Ergebnis mit der Tatsache verbunden werden, daß das Amosbuch mit der exilischen Redaktion im wesentlichen abgeschlossen war, das Michabuch jedoch — wie in geringerem Maße auch das Hoseabuch — eine reiche nachexilische Geschichte erkennen läßt, die auf der literarischen Stufe vollzog, was bei den Amosworten allenfalls auf der vorliterarischen geschah.

Sind hier zwei Stufen der Kanonbildung greifbar, dergestalt, daß das Amosbuch bereits früher als ganzes quasi kanonisch fixiert war, das Michabuch wie wohl auch das Hoseabuch länger lebender Text blieb[1]?

---

[1] F. Overbeck, Anfänge, 29, spricht vom Kanon als dem »Totenschein der Literatur«, die ihn bilde.

Daß es nur die häufigere Benutzung, die regere Abschreibetätig-keit[2] wäre, die die größere Zahl der Korruptelen verursacht hätte, ist deshalb schwierig anzunehmen, weil es eine Zeit relativer Ruhe und das heißt schmaler Überlieferung gegeben haben muß, auf die die ver-muteten Textbeschädigungen schließen lassen, die zwar offenbar durch Vergleich korrigiert wurden, jedoch ursprünglich auf jeweils nur eine Handschrift zurückgehen können. Einigermaßen sicher scheint nur zu sein, daß der größte Teil der Textverluste bzw. -korrekturen be-reits vorlag, als die letzte große Erweiterung des Buches, die hier auf die Mitte des 4. Jh. datiert wurde, erfolgte. Jene letzten Eintragungen selbst sind bis auf wenige Ausnahmen ausgezeichnet erhalten.

Auf die Frage, ob die Glossierung interlinear oder marginal er-folgte, ergibt sich kaum eine Antwort aus dem vorliegenden Material. Die sekundären Partien größeren Umfangs scheinen ohnehin unmittel-bar in den Textverlauf eingetragen, d. h. dieser selbst bei einer solchen Gelegenheit neu geschrieben worden zu sein, so daß im Grunde keine Glossierung, sondern die Abfassung eines neuen literarischen und inhaltlichen Zusammenhanges unter Verwendung und Auslegung des prophetischen Grundwortes geschah. Zumindest für das Michabuch wird man die Vorgänge, die zur Endgestalt führten, so sehen dürfen.

An einigen Stellen war jedoch anzunehmen, daß der in Rede stehende Textteil vom Nachtrag am Rand her an die falsche Stelle eingedrungen sei:

Am 2 10/9 (Nr. 13) — durch die beiden ואנכי;
Am 4 7 (Nr. 39) — וגם אנכי Randvar. zu v. 6;
Am 4 10b (Nr. 46) — באפכם (Homoiarkt.), Fehldeutg. v. באש;
Am 5 16 (Nr. 72) — אל (Homoiarkt.) wegen falscher Interpunktion;
Am 5 26 (Nr. 78) — צלמיכם (Homoiot.) Textkorr., falsch. Bezug.
Mi 2 3 (Nr. 25) — על המשפחה הזאת hinter חשב als Bezugsw.;
Mi 2 4 (Nr. 30) — שדוד נשדונו (Homoiot.) wäre auch möglich;
Mi 2 8 (Nr. 41) — שבי מלחמה anders vokalisiert.
Hos 9 13 (Nr. 99) — (Homoiarkt.) durch gleichart. St. w. (בנוה);
Hos 11 3b (Nr. 128) — Assonanz אפרים — רפא.

Mit interlinearer Eintragung war zu rechnen bei

Hos 7 16 (Nr. 61) und
Hos 13 6 (Nr. 166).

Bei den beiden Micha-Stellen Nr. 25 und 41 kann man im Zweifel sein, ob es sich nicht um bewußte Umstellung handelt, die auch für die folgenden Fälle zu erwägen ist:

---

[2] Hier sei noch einmal darauf hingewiesen, daß die Art der auf S. 254—257 zusammen-gestellten Fehlergruppen eindeutig für weit zurückreichende *schriftliche Überlieferung* spricht.

Am 5 3   (Nr. 53) — לבית ישראל zum Wortschluß;
Am 7 7   (Nr. 106) — אדני hinter הנה als Deutung;
Mi 6 14/15 (Nr. 94) — ותסג וגו׳ wegen Zusammenstellung Hunger/
                       Schwert?

Sollte die Umstellung wirklich als bewußte Maßnahme eines Glossators erfolgt sein, so wäre dieses Verfahren auf der Stufe des Glossierung das Pendant zu der freien Wortverschachtelung und Reihung der
ersten Sammler und Redaktoren[3] auf der Stufe des Überganges von
mündlicher zu schriftlicher oder von freier zu gebundener Überlieferung. Auf der letzten Stufe, auf der der nun unantastbar gewordene
Text nur noch ausgelegt wird, steht als Entsprechung die Auslegungs-
regel Eliezer 32.

I. Ein solches Verfahren, das zweifellos auch der Bewahrung bzw.
Wiederherstellung des Textes dienen soll, ist einer ersten größeren
Gruppe von Eingriffen in den Text zuzuordnen, die hier als *Philolo-
gische Arbeit* am Text bezeichnet werden soll.

Zur *grammatisch-stilistischen Erhaltung* und Gestaltung des Textes
gehören

a) Minimalkorrekturen eines verderbten oder mißverstandenen
Textes zur Herstellung der vermuteten Grundform:

Am 4 4   (Nr. 36) — Auslassung des ו copul.;
Am 4 10   (Nr. 45) — Einführung von ו copul.;
Am 5 6   (Nr. 57) — Einfügung der Vergleichspartikel;
Am 5 23   (Nr. 75) — Änderung der Suffixe nach הסר;
Am 6 2   (Nr. 85) — Vertauschung der Suffixe;
Am 9 1   (Nr. 136) — Imp. + Suffix.
Mi 1 14   (Nr. 22) — Herstellung der 2. pers.;
Mi 6 16   (Nr. 96) — reguläre Metathese;
Mi 7 3   (Nr. 101) — Einführung des ו copul.;
Mi 7 3   (Nr. 102) — Einführung des finalen ל vor dem Infinitiv.
Hos 4 4   (Nr. 18) — Herstellung des Partizips;
Hos 4 8   (Nr. 23) — Änderung des pl. in sg. Suff. (wegen עמי);
Hos 5 2   (Nr. 34) — Änderung des Suffixes nach dem Vordersatz;
Hos 6 9   (Nr. 52) — Herstellung einer Nominalform im Cs.;
Hos 8 10 (Nr. 78) — Auslassung des ו in vermeintl. cs.-Form;
Hos 9 8   (Nr. 90) — Herstellung der Suff.-Form statt st.abs.;
Hos 10 6 (Nr. 104) — Herstellung der sg. Form des Verbs;
Hos 11 2 (Nr. 123) — Herstellung einer Verbalform aus dem Konso-
                      nantenbestand;
Hos 11 3 (Nr. 127) — Änderung des Suff. nach verd. Verbalform;
Hos 11 4 (Nr. 130) — Herstellung des Pl. entspr. d. Suff.;

---

[3] Z. B. in Am 5 Hos 1—3 und 9 10-17 (Nr. 96).

17*

Hos 11 4   (Nr. 133) — Herstellung gramm. sinnvoller Wortform aus
                          d. Konsonantenbestand;
Hos 11 4   (Nr. 134) — Auslassung des nicht mehr sinnvollen Suff.;
Hos 13 6   (Nr. 166) — Ersetzung der impf. durch pf. Form;
Hos 13 15 (Nr. 174) — Herstellung einer fin. Verbalform.

Ergänzung eines als fehlend empfundenen Satzteiles:

Am 2 7   (Nr. 12) — על עפר ארץ zu השאפים;
Mi 1 7   (Nr. 9)   — וכל עצביה als Obj. zu אשים שממה;
Mi 1 10   (Nr. 13) — אל₂ aus dem ersten Halbvers übernommen.
Hos 5 5   (Nr. 36) — viell. + ישראל wegen pl. Prädikats;
Hos 10 11 (Nr. 114) — + ישראל als Subj.

b) *Sicherung* des richtigen grammatischen Verständnisses:

Am 1 13   (Nr. 8)   — למען für einfaches ל;
Am 2 12   (Nr. 16) — לאמר vor Zitat;
Am 3 1   (Nr. 18) — לאמר vor Zitat;
Am 3 14   (Nr. 32) — עליו zu פקד;
Am 4 11   (Nr. 47) — את (n.acc.) vor Akkusativobj.
Hos 5 13   (Nr. 43) — + לכם und מכם;
Hos 8 2   (Nr. 72) — + ישראל (Subj.).

Auf der Ebene der Redaktion, d. h. der Buchwerdung der zusammengestellten Prophetenworte, gehören in diese Rubrik nicht nur die bereits erwähnten Wortschachtelungen zur Schaffung größerer Einheiten, sondern auch die dem gleichen Zweck dienenden Eintragungen oder (selten) Kürzungen, so:

a) נאם יהוה im Amosbuch sekundär: Nr. 15; 23; 28; 89; 96; 116; 125; 127; 144; 146;
im Hoseabuch redaktionell: Nr. 8; 11; 14; ebenso wie (והיה) ביום ההוא:
Hos Nr. 2; 11; 12; 13.

b) außerdem:

Am 5 4   (Nr. 54) — כי zum Anschluß an v. 3;
Am 5 7   (Nr. 60) — Auslassung eines הוי o. ä.;
Am 6 9   (Nr. 91) — + והיה zur Verknüpfung;
Am 6 13   (Nr. 95) — Auslassung eines הוי o. ä.;
Am 7 9   (Nr. 110) — Einleitung des Fremdberichtes;
Am 7 17   (Nr. 111) — Zusammenfassender Schluß des Fremdberichts;
Am 8 3   (Nr. 116) — ביום ההוא נאם יהוה;
Am 8 9   (Nr. 125) — והיה ביום ההוא ..., Einleitung;
Am 9 5   (Nr. 138) — ויהוה אלהי צבאות Überleitung zur Doxologie;
Mi 3 1   (Nr. 52) — ואמר;
Mi 6 1   (Nr. 78) — Überschrift zum Schlußteil?
Hos 2 10   (Nr. 6)   — verknüpfendes ו (statt Prozeßeröffng.?);

Hos 2 16 (Nr. 9)   — verknüpfendes לכן;
Hos 6 7 (Nr. 50)   — verknüpfendes והמה;
Hos 7 11 (Nr. 63)   — verknüpfendes ויהי;
Hos 9 6 (Nr. 87)   — כי in Zusammenstellung mit v. 1-5;
Hos 9 13 (Nr. 99)   — verknüpfendes ו;
Hos 10 11 (Nr. 112)   — verknüpfendes ו;
Hos 11 7 (Nr. 139)   — verknüpfendes ו;
Hos 12 3 (Nr. 152)   — verknüpfendes ו;
Hos 12 11 (Nr. 160a)— verknüpfendes ו;
Hos 13 4 (Nr. 162a)— verknüpfendes ו;
Hos 13 15 (Nr. 171)   — כי zur Begründung von v. 14.

Angesichts der schon öfter erwähnten Tendenz der Überlieferung
zur Bewahrung alles Überlieferten ist es allerdings sehr fraglich, ob
die Auslassung eines noch so geringen Teiles der betreffenden Grundeinheit überhaupt einem Redaktor zuzuschreiben ist und dieser sie
nicht vielmehr schon als durch die mangelhafte, vielleicht mündliche
Tradition gegeben vorfand. Die bewahrende Tendenz zeigt sich besonders in den Fällen, in denen aufgrund rezensierender, d. h. text-
vergleichender Tätigkeit eine zeitweise verlorene oder verderbte Lesart wieder in den inzwischen korrigierten Text aufgenommen wird,
ohne daß die Korrektur rückgängig gemacht wird. Beide Textformen
werden vielmehr nebeneinandergestellt und so gut wie möglich har-
monisiert:

Am 3 5 (Nr. 20)   — פח neben ארץ;
Mi 1 6 (Nr. 6)   — לעי השדה neben למטעי כרם;
Mi 3 2b (Nr. 53)   und
Mi 3 3b (Nr. 54)   — jeweils neben den entspr. Halbversen;
Mi 6 10 (Nr. 89)   — האש בית רשע neben dem hergestellten Text in
                       MT und LXX.
Hos 13 6 (Nr. 166) — שבעו neben וישבעו.

Ebenso scheint noch die masoretische Vokalisation zwei Lesarten
in einer Art »forma mixta« zur Wahl stellen zu können:

Am 1 11 (Nr. 7)   — שָׁמְרָה für שָׁמָרָה / שִׁמְרָה;
Am 4 3 (Nr. 34)   — וְתִשְׁלַכְתֶּנָה für וְהָשְׁלַכְתֶּן / וְתִשְׁלַכְתֶּנָה;
Am 5 11 (Nr. 65)   — בושסכם für בוסכם / בושכם;
Mi 6 14 (Nr. 93)   — וְיֶשְׁחֲךָ für וְיֵשַׁחֲךָ / וְיֶשְׁחָךָ.
Hos 4 19 (Nr. 31)   — מִזְבְּחוֹתָם für מִזְבְּחוֹתָם / מִמִּזְבְּחוֹתָם;
Hos 7 12 (Nr. 64)   — אֲיַסְּרֵם für אֲסִירֵם / אַיְסְרֵם.

Schließlich erfolgte auch Textkorrektur möglichst unter Benutzung des erhaltenen Konsonantenbestandes:

Am 9 1   (Nr. 135);
Mi 1 5   (Nr. 5);
Mi 1 6   (Nr. 6);
Mi 6 10   (Nr. 89).
Hos 10 9 (Nr. 109);
Hos 11 4 (Nr. 133);
Hos 11 7 (Nr. 144);
Hos 12 1 (Nr. 149);
Hos 13 8 (Nr. 167).

Zur philologischen Arbeit im weitesten Sinne kann auch noch die *Wortersetzung* gerechnet werden, die meist durch Beischreibung des ersetzenden oder die Aussprache sichernden Wortes zum ersetzten vorgenommen wird:

a) אדני zum Tetragramm im Amosbuch: Nr. 3; 22; 25; 29; 33; 38; 52; 71; 88; 97; 100; 103; 105; 107; 109; 112; 118; 126; 128; 134; 139. Einmal im Michabuch: Nr. 2.

b) andere Ersetzungen:

Am 8 8   (Nr. 124) — נגרשה (gleiche Stammesmod.) zu נשקה;
Mi 1 11   (Nr. 16) — בשת zu עריה;
Mi 2 5   (Nr. 34) — בגורל zu (בקהל) neben חבל;
Mi 2 8   (Nr. 42) — שלמה zu אדר;
Mi 2 10   (Nr. 47) — ohne erhaltenes Grundwort;
Hos 6 10 (Nr. 54) — זנות zu שמה*;
Hos 7 15 (Nr. 68) — יסרתי zu חזקתי;
Hos 11 4 (Nr. 128) — בעבתות אהבה zu בחבלי אדם;
Hos 12 1 (Nr. 148) — ישראל zu יהודה;
Hos 12 3 (Nr. 153) — ישראל zu יהודה;
Hos 12 5 (Nr. 155) — און statt אל.

II. Neben der im engeren Sinne philologischen Arbeit steht die mannigfache *Auslegungstätigkeit innerhalb des alttestamentlichen Textes,* d. h. die Glossen im engeren Sinne, die der Verdeutlichung des kanonischen Gutes dienen:

1. *Sacherklärungen:*

Am 3 4   (Nr. 19) — »aus seiner Höhle«;
Am 7 1   (Nr. 98) — »und siehe, K. ist nach der Königsmahd«;
Am 7 4   (Nr. 104) — »und es fraß das Gefilde«;
Am 8 6b   (Nr. 121) — »und Kornabfall verkaufen«;
Am 9 9   (Nr. 147) — »unter allen Völkern« (zur Bilddeutung);
Mi 2 12   (Nr. 50) — »sie tosen mehr als menschlich« (zurBilddeutg.);
Hos 9 10 (Nr. 92) — »in ihrem Anfang«;
Hos 11 4 (Nr. 131) — »auf ihren Kinnbacken« (Präzisierung).

Überwiegend handelt es sich aber um

2. *Glossen theologischen Inhalts.*

a) letzte Ausläufer freier Texterweiterungen:

Am 8 8	(Nr. 122)	— Anwendung von 9 5 (1 1) auf 8 7. 9;
Mi 1 5	(Nr. 4)	— Explikation der Begriffe aus der michanischen Theologie;
Mi 1 13	(Nr. 21)	— theol. wertende Einordng. in die Gesch. Israels;
Mi 4 8	(Nr. 66)	— »Übersetzung« des Begriffs ממשלה;
Mi 6 9	(Nr. 86)	— doxologischer Einschub;
Mi 6 12	(Nr. 91)	— theologische Parallelaussage;
Hos 7 14	(Nr. 66)	— Textergänzung;
Hos 8 5/6	(Nr. 74)	— gebetsartige Interjektion;
Hos 9 4b	(Nr. 86)	— Auslegung zu v. 4a;
Hos 12 7	(Nr. 159)	und
Hos 12 13f.	(Nr. 160)	— Auslegung nach Genesis-Erzählung;
Hos 14 3-4	(Nr. 177)	— »Bußliturgie«;
Hos 14 5b	(Nr. 178)	— theol. Erklärung der Heilszusage.

b) Inhaltlich stärker gebundene theologische Erläuterungen:

Am 4 10	(Nr. 43)	— »nach Art Ägyptens«, Vergl. mit Pent.;
Am 4 10	(Nr. 44)	— »mit der Gefangenschaft eurer Pferde«, theol. begründete Textherstellung;
Am 5 22	(Nr. 74)	— »außer ihr bringt mir Brandopfer dar«, Einschränkung im Blick auf andere Stellen;
Am 6 5	(Nr. 87)	— »wie David«, z. Erklärung des Tadels;
Am 7 4	(Nr. 102)	— + »Jahwe«, Deutung der Vision;
Mi 2 1	(Nr. 24)	— »und Böses Tuende«, Schuld-Strafe-Entsprechung zu v. 3;
Mi 3 8	(Nr. 56)	— »(d. h.) Jahwes Geist«, Erklärung aus d. späteren Sicht von wahrer u. falscher Proph.;
Hos 7 6	(Nr. 61)	— »wie ein Ofen ist ihr Herz«, Harmonisierung mit dem verwendeten Gleichnis;
Hos 7 16	(Nr. 70)	— »das ist ihr Stammeln«, nach Jes 28 14-16;
Hos 8 11	(Nr. 79)	— »zum Sündigen«, bez. auf die Altäre;
Hos 9 10	(Nr. 94)	— »und sie weihten sich …«, bibelkundl. Ergänzg. zu Baal P. als Ortsnamen;
Hos 10 8	(Nr. 105)	— »Israels Sünde«, zu den »Höhen«;
Hos 12 5	(Nr. 156)	— »und er kämpfte mit dem Engel …«, Sicherung gegen Anthropomorphismus.

III. In vielen Fällen ist bereits beobachtet worden, daß das glossierende im ursprünglichen Wortgut verankert ist; daß z. B. gerade אדני als Textqere und נאם יהוה als sekundäre Gottesspruchformel im Amosbuch gehäuft auftreten, weil sie in der eigenen Sprache des Amos

verankert sind. Dieses *Prinzip der Verankerung* ist schließlich zur
Grundmethode aller Textarbeit geworden. Orientiert sich das aktualisierende Wort am aktualisierten[4], das typisierende am Typos, so auch
das glossierende am glossierten.

1. So entwickelt sich allmählich eine der wichtigsten exegetischen
Normen, die גזרה שוה (*Hillel 2*) von verschiedenen Vorstufen aus:

a) Orientierung an vorgegebenen Worten zur Bildung neuer:

Am 8 4. 6f. (Nr. 119) nach Am 2 6 6 8;
Am 8 13-14 (Nr. 131) nach Am 8 11-12 5 1;
Am 1 9-10 (Nr. 4) nach Am 1 6f.;
Hos 2 10b (Nr. 7) nach Hos 8 4;
Hos 6 10 (Nr. 55) nach Hos 5 3;
Hos 7 10 (Nr. 62) nach Hos 5 4a. 6 etc.;
Hos 9 9 (Nr. 91) nach Hos 5 2. 8 8 13 10 9;
Hos 13 1-3 (Nr. 162) nach Hos 6 4 8 4.

Inhaltlich orientiert sich Am 3 14 (Nr. 31) an Am 7 10 etc.;
Am 4 7-8 (Nr. 40) an Amos und seiner
Botschaft insgesamt. In Am 4 7-8 und
Hos 6 10 (Nr. 55) liegt bereits der Über-
gang zur reinen Textbewahrung/-Korrektur vor:

Am 3 12 (Nr. 27) nach Am 6 4;
Am 8 3 (Nr. 115) nach Am 6 10 (הס);
Mi 7 12 (Nr. 111) nach Mi 4 8;
Hos 6 10 (Nr. 54) verankert in Hos 4 11;
Hos 7 16 (Nr. 69) nach Hos 11 7;
Hos 10 4 (Nr. 102) nach Hos 12 12;
Hos 11 7 (Nr. 141a) nach Hos 7 16 (?);
Hos 12 12 (Nr. 161) nach Hos 6 8.

Schließlich muß mit zunehmender Kanonisierung, d. h. Gleich-
geltung und -Berücksichtigung aller biblischen Bücher, die Heran-
ziehung ähnlicher Stellen zur Texterklärung oder Korrektur über die
Grenzen des betreffenden Buches hinaus ausgeweitet werden, wie es
der eigentlichen גזרה שוה entspricht:

b) Ergänzung oder Korrektur nach anderen biblischen Stellen:

Am 1 11 (Nr. 6) nach Jer 3 5;
Am 5 18 (Nr. 73) nach allen Stellen des Tages Jahwes (vgl. Eliezer
Am 5 26 (Nr. 76) nach II Reg 17 16;   [12);
Am 5 26 (Nr. 77) nach II Reg 17 30;
Mi 1 7 (Nr. 8) nach Jer 6 8 Mal 1 3;
Mi 1 10 (Nr. 10) nach II Sam 1 20;

---

[4] Vgl. die aktualisierende Auslegung von Amosworten im 7. Jh.

Mi 2 4	(Nr. 27)	nach Am 5 9 u. ä.;
Mi 3 12	(Nr. 57)	nach Hab 2 12;
Mi 4 3	(Nr. 61)	nach Jer 8 19 (?);
Mi 6 14b	(Nr. 95)	nach Jer 44 12. 13. 18. 27 15 9 etc.;
Mi 7 10	(Nr. 107)	nach Jes 10 6; vgl. Sach 9 3 10 5;
Hos 4 17	(Nr. 27)	nach Ex 32 10 II Sam 16 11 II Reg 23 18;
Hos 5 8	(Nr. 40)	nach Ps 114 3. 5 (?);
Hos 7 14	(Nr. 66)	nach Mi 2 1 Am 6 1-7;
Hos 7 16	(Nr. 70)	nach Jes 28 14-16 (oder eher Hillel 6?);
Hos 9 8	(Nr. 89)	nach Jer 6 17 Ez 31 7;
Hos 11 7	(Nr. 140)	nach Dtn 28 66 (?);
Hos 12 1	(Nr. 149)	nach Dan 8 24;
Hos 14 5	(Nr. 178)	nach Jes 9 16b (?).

Dazu kommen noch die stark musivischen sekundären Partien, deren im Textteil aufgezeigte Einzelbezüge hier nicht zu wiederholen bzw. auch kaum erschöpfend nachzuweisen sind, so im Hoseabuch Nr. 3; 4; 17; 26; 45; 57; 82; 146; 177.

2. Das Prinzip der Verankerung im gegebenen Wortbestand liegt auch der auf die exegetische *Regel vom Kontext* (*Hillel* 7) hinführenden Methode zugrunde, Textemendationen oder Ergänzungen mit Elementen aus dem Kontext vorzunehmen.

a) Sachlich aus dem Kontext erschlossen sind

Am 3 10	(Nr. 24);
Mi 6 2	(Nr. 81);
Hos 11 4	(Nr. 131);
Hos 13 8	(Nr. 167).

b) Worte oder Wortgruppen aus dem Kontext dienen zur Emendation: Am Nr. 14; 17; 20; 58; 59; 63; 129;
Mi Nr. 7; 17; 32 (?); 38; 53; 54;
Hos Nr. 15; 29; 36; 61a; 72; 79; 102; 143a; 144; 172.

3. Neben גזרה שוה (Hillel 2) und Kontext (Hillel 7) sind jedoch kaum *Vorstufen der* rabbinischen *exegetischen Normen* zu beobachten. Für קל וחמר (Hillel 1) und כלל ופרט (Hillel 5) ist das allerdings bei prophetischen Texten auch kaum zu erwarten[5]. Fälle von בנין אב (Hillel 3—4) könnte man in Am 5 18 (Nr. 73) im Vergleich mit Zeph 1 15 Joel 2 2 und in Hos 12 5 (Nr. 156) im Vergleich mit Gen 32 29 sehen. Bei Am 5 18 (Nr. 156) und Hos 8 4 (Nr. 73) scheint schon gegenseitige Auslegung (Eliezer 12) vorzuliegen. Gewisse Affinitäten bestehen schließlich zwischen dem Vergleich zweier Stellen nach Hillel 6 und der Eintragung des להיות in Mi 5 1 (Nr. 71) nach II Sam 7 8 aufgrund

---

[5] Ob קל וחמר in Hos 12 7. 13. 14 (Nr. 159f.) mitbestimmend war, bleibt unsicher.

des Vergleichs der messianischen Verheißung mit der Nathanweis-
sagung. Ähnlich ist die Ergänzung zu Hoseaworten in Hos 12 7. 13. 14
(Nr. 159f.) im Vergleich mit Gen und Hos 10 12 (Nr. 116) im Vergleich
mit der Botschaft des Jeremia. Die Eintragung des אל in Mi 1 10 (Nr.
13) kann mit Eliezer 22 verglichen werden.

Das von I. L. Seeligmann u. a. genannte Prinzip der Assonanz
ist grundsätzlich schon auf der Ebene der Redaktion oder sogar vor
ihr in Stichwortverknüpfungen und Abwandlungen wirksam. Vom
Glossenmaterial sind zu vergleichen:

Am 5 8   (Nr. 61)   — הפך;
Am 8 11   (Nr. 129) — מצא / צמא;
Am 9 2-4a   (Nr. 137) — vgl. zu Nr. 137;
Mi 5 13-14 (Nr. 77)   — die Hinführung auf 6 1/2;
Hos 7 15   (Nr. 68)   — יסורו / יסרתי;
Hos 11 3b   (Nr. 128) — רפא / אפרים;
Hos 11 11   (Nr. 146) — ישב / v. 9 שׁוב.

Hier wie in den Vorstufen zu Hillel 2 und 7 ist der eine Grundsatz
bestimmend, daß kein neues Wort in den Text eingefügt werden kann,
ohne in diesem bereits verankert[6], d. h. irgendwie aus dem Grundwort
begründet und legitimiert zu sein. Glossierung als Auslegung geschieht
nicht nur in Auseinandersetzung mit dem glossierten Wort und als
seine Erläuterung, sondern auch als die Entfaltung des dort Angelegten. Aus diesem Grunde ist es problematisch, von »dogmatischen
Korrekturen« zu sprechen[7], wenn man den Intentionen des Glossators
gerecht werden will. Mag es sich aus der Sicht jener Objektivität, die
der moderne Exeget für sich in Anspruch nehmen möchte, um Korrekturen handeln, so ist doch festzuhalten, daß sie für den, der sie
schrieb, Explikationen waren. Dieser in der zusammenfassenden Untersuchung der Glossierungsmethoden bestätigte Sachverhalt hat wiederum seinen Grund in dem geschichtlichen Aspekt des Kanons, in
der Ansammlung und Entfaltung der geschehenen Prophetie, die in
der Sicht der Überliefernden als solche, indem sie selbst weiter überliefert wurde, auch weiter wirkte. Die Grenze jenes geschichtlichen
Werdens trat ein, als die Geschichte der Offenbarung als abgeschlossen
geglaubt wurde und sich der Kanon als die nun ein- für allemal fixierte
Gestalt des früher ergangenen, freilich weiter gültigen Prophetenwortes in seiner letzten Form ergeben mußte.

Diesem Aspekt der geschichtlichen Entwicklung allen prophetischen Wortes zum Kanonischen hin, einer Entwicklung, die durch
das ständige Anwachsen des bereits gegebenen Offenbarungswortes,

---

[6] Die Art der Verankerung ist primär im Wort begründet und nicht, wie es vielleicht
modernem Denken plausibler sein möchte, in einer Abstraktion des Sachgehaltes.
[7] G. Fohrer, ZAW 63, 43.

auf das sich alles Neue beziehen lassen muß[8], charakterisiert wird, kann der von H. Gunkel ausgegangene Ansatz der Formgeschichte nicht voll gerecht werden: »Diese sucht die literarischen Gattungen im at. Schrifttum zu erfassen in der Erkenntnis, daß nach dem altorientalischen literarisch-ästhetischen Empfinden bestimmte Stoffe bestimmte literarische Formen erfordern — in Gegensatz zu unserem (westlichen) Empfinden, nach dem die echte Größe literarischen Schaffens um so stärker hervortritt, je mehr die schöpferische Persönlichkeit im Werk spürbar wird«[9].

Bei den »literarischen Einheiten«, die H. Gunkel in seiner Literaturgeschichte[10] bespricht, handelt es sich eigentlich um vorliterarische Einheiten, die bei der Literaturwerdung, d. h. der Zusammenstellung zu Büchern, zu größeren Einheiten zusammengefügt wurden[11]. Insofern ist auch H. Gunkels Ansicht, »daß die Exegese den Maßstab des ‚Zusammenhanges‘ in den prophetischen Büchern und Stücken nur mit großer Vorsicht anlegen darf«[12], zu einseitig, indem sie die Aufgabe der Exegese nur in der historischen Erhellung dessen, was der Prophet in dem einen Moment der Wortformulierung gemeint haben könnte, sieht, nicht aber im Verständnis der von diesem Urwort ausgehenden und um es sich bildenden Überlieferung. Ihre bestimmende »Form« ist die ständige Aufnahme des Vorgegebenen. Die daraus resultierende scheinbare Formlosigkeit, die Verwischung der Grundformen der Rede, ist nicht nur das Grundprinzip der Schrift, sondern kann ihrerseits wieder formbildend, literaturprägend wirken[13]. Nur so

---

[8] Noch einmal sei an das Verhältnis zwischen »klassischer« und »klassizistischer« (und noch späterer) Prophetie hingewiesen, s. o. S. 10.

[9] F. Baumgärtel, RGG[3] I, Sp. 1186. — Allerdings ist der hier behauptete Gegensatz zwischen orientalischem und »westlichem« Empfinden insofern problematisch, als nicht der auch in der abendländischen Literatur für lange Zeit dominierende Formzwang berücksichtigt wird. Die Dichtung des klassischen Altertums ist vollkommen von den Formen geprägt, durch die, nicht gegen die der Dichter allein schöpferisch wirken konnte. Ein Lehrgedicht z. B. *konnte* ebenso wie das Epos nur im epischen Versmaß verfaßt sein, die lyrischen Versmaße sind allein der Lyrik vorbehalten, usw. Aber auch in der Prosa ist weitgehend die Form der Darstellung vorgegeben. Man vergleiche die Ausführungen der klassischen Theoretiker zu den drei genera dicendi, z. B. Cicero, De or. II, 10, 41—43 usw.; sowie überhaupt die Stiltheorien, die auf diesem Formzwang aufbauen.

Für die Prosa läßt sich die Entwicklung der Formen innerhalb der Literaturgeschichte am besten verfolgen bei E. Norden, Kunstprosa.

[10] H. Gunkel 32 f.

[11] Z. B. Jes 6 1—9 6.

[12] Literatur 33.

[13] Dieser Aspekt kommt auch bei K. Koch, Formgeschichte, 125 ff., in den Erörterungen für ein »Programm einer biblischen Literaturgeschichte« zu kurz. »Die Literaturgeschichte *endet*« vielleicht »*in der Bildung des* alttestamentlichen *Kanons*«, aber

kann erklärt werden, wieso die nachexilischen Prophetenworte sich so grundlegend von den vorexilischen unterscheiden[14], daß es geradezu verfehlt wäre, mit den formgeschichtlichen Kriterien der Exegese vorexilischer Propheten auch sie erfassen zu wollen. Wer versuchen würde, z. B. Sach 9—11 nach den gleichen Gesichtspunkten zu analysieren wie Mi 1—3, würde nicht nur aus historischen, sondern auch aus formgeschichtlichen, das heißt in diesem Fall literaturgeschichtlichen, Gründen scheitern.

Denn der Weg von der frühesten Prophetie zu ihren letzten Ausläufern und weiter bis zu den frühesten Auslegern ist auch der Weg von den Grundformen prophetischer Rede zu den Grundsätzen der Auslegung prophetischer Schrift. Es ist, um nur ein Beispiel für die Gesamtheit des damit Angedeuteten zu geben, der Weg vom Grundwort über seine Aktualisierung zur Typisierung und schließlich, als nur noch Auslegung möglich ist, zur Typologie.

---

diese selbst ist ein historischer Prozeß, der sich über Jahrhunderte erstreckt und schon deshalb nicht mit dem Aufhören des Hebräischen als Volkssprache (H. Gunkel) gleichgesetzt werden darf, ohne daß man sich einer petitio principii schuldig macht, die eben Literaturgeschichte mit den lebendigen Gattungen gesprochener Rede und mit »selbständigen Schöpfungen« im Gegensatz zu »Bearbeitungen« gleichsetzt (vgl. K. Koch 126 mit Angabe der entsprechenden Gunkel-Zitate, v. a. Anm. 7).

Gewiß identifiziert sich K. Koch nicht unkritisch mit H. Gunkels Ausführungen, doch erweckt seine Darstellung den Eindruck, daß grundsätzlich auch ihr gegenüber die hier vorgetragenen Einwände gelten. Denn die Verbindung von Formgeschichte im engeren Sinne und Überlieferungsgeschichte, die er (129) befürwortet, läßt nicht eindeutig das gesteckte Ziel erkennen, weil die Bestimmung der Überlieferungsgeschichte etwas unklar bleibt. Scheint so die Aufgabenstellung einerseits zu bescheiden, so dürfte sie andererseits über das hinausgehen, was philologische Arbeit leisten kann, wenn K. Koch (129) hofft: »Der Graben zwischen historischer und christlicher Auslegung der Bibel läßt sich dadurch endlich überbrücken.«

[14] Vgl. die literarisch abgerundete Gestalt der Bücher Hag und Sach 1—8.

V. Anhang:

Die prophetischen Grundworte in rekonstruierter Form (Auswahl)

Vorbemerkung: Die Texte werden in der sich aus der Analyse ergebenden Form ohne Anmerkungen geboten. Eine Akzentuierung nach masoretischen Grundsätzen wäre nicht sinnvoll; ein Athnach steht unterschiedslos an allen Stellen, an denen eine Versgliederung wünschenswert schien.

I. Amos:

1. 1 ₃—*2* ₁₆:

1 3	כֹּה אָמַר יהוה
וְעַל אַרְבָּעָה לֹא אֲשִׁיבֶנּוּ	עַל שְׁלֹשָׁה פִּשְׁעֵי דַמֶּשֶׂק
אֶת הַגִּלְעָד	עַל דּוּשָׁם בַּחֲרֻצוֹת הַבַּרְזֶל
4 וְאָכְלָה אַרְמְנוֹת בֶּן־הֲדָד	וְשִׁלַּחְתִּי אֵשׁ בְּבֵית חֲזָאֵל
5 וְהִכְרַתִּי יוֹשֵׁב מִבִּקְעַת־אָוֶן	וְשָׁבַרְתִּי בְּרִיחַ דַּמֶּשֶׂק
וְגָלוּ עַם־אֲרָם קִירָה	וְתוֹמֵךְ שֵׁבֶט מִבֵּית־עֶדֶן
	אָמַר יהוה
6	כֹּה אָמַר יהוה
וְעַל אַרְבָּעָה לֹא אֲשִׁיבֶנּוּ	עַל שְׁלֹשָׁה פִּשְׁעֵי עַזָּה
לְהַסְגִּיר לֶאֱדוֹם	עַל הַגְלוֹתָם גָּלוּת שְׁלֵמָה
7 וְאָכְלָה אַרְמְנוֹתֶיהָ	וְשִׁלַּחְתִּי אֵשׁ בְּחוֹמַת עַזָּה
וְתוֹמֵךְ שֵׁבֶט מֵאַשְׁקְלוֹן	8 וְהִכְרַתִּי יוֹשֵׁב מֵאַשְׁדּוֹד
וְאָבְדוּ שְׁאֵרִית פְּלִשְׁתִּים	וַהֲשִׁבוֹתִי יָדִי עַל עֶקְרוֹן
	אָמַר יהוה
13	כֹּה אָמַר יהוה
וְעַל אַרְבָּעָה לֹא אֲשִׁיבֶנּוּ	עַל שְׁלֹשָׁה פִּשְׁעֵי בְּנֵי־עַמּוֹן
לְהַרְחִיב אֶת גְּבוּלָם	עַל בִּקְעָם הָרוֹת הַגִּלְעָד
14 וְאָכְלָה אַרְמְנוֹתֶיהָ	וְהִצַּתִּי אֵשׁ בְּחוֹמַת רַבָּה
בְּסַעַר בְּיוֹם סוּפָה	בִּתְרוּעָה בְּיוֹם מִלְחָמָה
15 הוּא וְשָׂרָיו יַחְדָּו	וְהָלַךְ מַלְכָּם בַּגּוֹלָה
	אָמַר יהוה
2 1	כֹּה אָמַר יהוה
וְעַל אַרְבָּעָה לֹא אֲשִׁיבֶנּוּ	עַל שְׁלֹשָׁה פִּשְׁעֵי מוֹאָב
מֶלֶךְ אֱדוֹם לַשִּׂיד	עַל שָׂרְפוֹ עַצְמוֹת
וְאָכְלָה אַרְמְנוֹת הַקְּרִיּוֹת	2 וְשִׁלַּחְתִּי אֵשׁ בְּמוֹאָב
בִּתְרוּעָה בְּקוֹל שׁוֹפָר	וּמֵת בְּשָׁאוֹן מוֹאָב

3	וְהִכְרַתִּי שׁוֹפֵט מִקִּרְבּוֹ
	וְכָל־שָׂרָיו אֶהֱרוֹג עִמּוֹ
	אָמַר יהוה
6	כֹּה אָמַר יהוה
	עַל שְׁלֹשָׁה פִּשְׁעֵי יִשְׂרָאֵל וְעַל אַרְבָּעָה לֹא אֲשִׁיבֶנּוּ
	עַל מִכְרָם בַּכֶּסֶף צַדִּיק וְאֶבְיוֹן בַּעֲבוּר נַעֲלָיִם
7	וְשָׁאֲפוּ בְרֹאשׁ דַּלִּים וְדֶרֶךְ עֲנָוִים יַטּוּ
	וְאִישׁ וְאָבִיו יֵלְכוּ אֶל־הַנַּעֲרָה לְמַעַן חַלֵּל אֶת־שֵׁם קָדְשִׁי
8	וְעַל־בְּגָדִים חֲבֻלִים יַטּוּ אֵצֶל כָּל־מִזְבֵּחַ
	וְיֵין עֲנוּשִׁים יִשְׁתּוּ בֵּית אֱלֹהֵיהֶם
10	וְאָנֹכִי הֶעֱלֵיתִי אֶתְכֶם מֵאֶרֶץ מִצְרָיִם
	וָאוֹלֵךְ אֶתְכֶם בַּמִּדְבָּר אַרְבָּעִים שָׁנָה
	לָרֶשֶׁת אֶת־אֶרֶץ הָאֱמֹרִי . . .
9	אֲשֶׁר כְּגֹבַהּ אֲרָזִים גָּבְהוֹ וְחָסֹן הוּא כָּאַלּוֹנִים
	וָאַשְׁמִיד פִּרְיוֹ מִמַּעַל וְשָׁרָשָׁיו מִתָּחַת
11	וָאָקִים מִבְּנֵיכֶם לִנְבִיאִים וּמִבַּחוּרֵיכֶם לִנְזִרִים
	הַאַף אֵין־זֹאת בְּנֵי יִשְׂרָאֵל
12	וַתַּשְׁקוּ אֶת־הַנְּזִרִים יָיִן וְעַל־הַנְּבִיאִים צִוִּיתֶם לֹא תִנָּבְאוּ
13	הִנֵּה אָנֹכִי מֵעִיק תַּחְתֵּיכֶם כַּאֲשֶׁר תָּעִיק הָעֲגָלָה הַמְלֵאָה־לָהּ עָמִיר
14	וְאָבַד מָנוֹס מִקָּל וְחָזָק לֹא־יְאַמֵּץ כֹּחוֹ
15	וְגִבּוֹר לֹא־יְמַלֵּט נַפְשׁוֹ וְתֹפֵשׂ הַקֶּשֶׁת לֹא יַעֲמֹד
	וְקַל בְּרַגְלָיו לֹא־יְמַלֵּט וְרֹכֵב הַסּוּס לֹא יְמַלֵּט
16	וְאַמִּיץ לִבּוֹ בַּגִּבּוֹרִים עָרוֹם יָנוּס בַּיּוֹם הַהוּא
	נְאֻם יהוה:

2. 3 9-11:

9	הַשְׁמִיעוּ עַל־אַרְמְנוֹת בְּאַשְׁדּוֹד וְעַל־אַרְמְנוֹת בְּאֶרֶץ מִצְרָיִם
	וְאִמְרוּ הֵאָסְפוּ עַל־הָרֵי שֹׁמְרוֹן
	וּרְאוּ מְהוּמֹת רַבּוֹת בְּתוֹכָהּ וַעֲשׁוּקִים בְּקִרְבָּהּ
10	וְלֹא יָדְעוּ עֲשׂוֹת נְכֹחָה הָאוֹצְרִים חָמָס וָשֹׁד
11	לָכֵן כֹּה אָמַר יהוה צַר יְסֹבֵב הָאָרֶץ
	וְהוֹרִד מִמֵּךְ עֻזֵּךְ וְנָבֹזּוּ אַרְמְנוֹתָיִךְ

3. 3 13-15:

13	שִׁמְעוּ וְהָעִידוּ בְּבֵית יַעֲקֹב
14	כִּי בְּיוֹם פָּקְדִי פִּשְׁעֵי יִשְׂרָאֵל
	וּפָקַדְתִּי קַרְנוֹת הַמִּזְבֵּחַ וְנָפְלוּ לָאָרֶץ
15	וְהִכֵּיתִי בֵית־הַחֹרֶף עַל־בֵּית הַקָּיִץ
	וְאָבְדוּ בָתֵּי הַשֵּׁן וְסָפוּ בָתִּים רַבִּים
	נְאֻם יהוה

4. 4 *4-12:*

	4
בֹּאוּ בֵית־אֵל וּפִשְׁעוּ — הַגִּלְגָּל וְהַרְבּוּ לִפְשֹׁעַ	4
וְהָבִיאוּ לַבֹּקֶר זִבְחֵיכֶם — לִשְׁלֹשֶׁת יָמִים מַעְשְׂרֹתֵיכֶם	
וְקַטֵּר מֵחָמֵץ תּוֹדָה — וְקִרְאוּ נְדָבוֹת הַשְׁמִיעוּ	5
כִּי כֵן אֲהַבְתֶּם בְּנֵי יִשְׂרָאֵל — נְאֻם יהוה	
וְגַם־אֲנִי נָתַתִּי לָכֶם — נִקְיוֹן שִׁנַּיִם בְּכָל־עָרֵיכֶם	6
וְחֹסֶר לֶחֶם בְּכֹל מְקוֹמֹתֵיכֶם — וְלֹא שַׁבְתֶּם עָדַי	
נְאֻם יהוה	
מָנַעְתִּי מִכֶּם אֶת־הַגֶּשֶׁם — בְּעוֹד שְׁלֹשָׁה חֳדָשִׁים לַקָּצִיר	7
(וְלֹא אַמְטִיר עַל־אֲדָמָה וַתִּיבַשׁ)	
וְלֹא שַׁבְתֶּם עָדַי — נְאֻם יהוה	8
הִכֵּיתִי אֶתְכֶם בַּשִּׁדָּפוֹן וּבַיֵּרָקוֹן — הֶחֱרַבְתִּי גַנּוֹתֵיכֶם וְכַרְמֵיכֶם	9
וּתְאֵנֵיכֶם וְזֵיתֵיכֶם יֹאכַל הַגָּזָם	
וְלֹא שַׁבְתֶּם עָדַי — נְאֻם יהוה	
שִׁלַּחְתִּי בָכֶם דֶּבֶר — הָרַגְתִּי בַחֶרֶב בַּחוּרֵיכֶם	10
וָאַעֲלֶה בְּאַפְּכֶם — בָּאֵשׁ מַחֲנֵיכֶם	
וְלֹא שַׁבְתֶּם עָדַי — נְאֻם יהוה	
הָפַכְתִּי בָכֶם כְּמַהְפֵּכַת אֱלֹהִים — סְדֹם וַעֲמֹרָה	11
וַתִּהְיוּ כְּאוּד מֻצָּל מִשְּׂרֵפָה	
וְלֹא שַׁבְתֶּם עָדַי — נְאֻם יהוה	
לָכֵן כֹּה אֶעֱשֶׂה־לְּךָ יִשְׂרָאֵל ...	12

5. 5 *4-6. 14-15:*

כֹּה אָמַר יהוה לְבֵית יִשְׂרָאֵל — דִּרְשׁוּנִי וִחְיוּ	4
וְאַל תִּדְרְשׁוּ בֵּית־אֵל — וְהַגִּלְגָּל לֹא תָבֹאוּ	5
כִּי הַגִּלְגָּל גָּלֹה יִגְלֶה — וּבֵית־אֵל יִהְיֶה לְאָוֶן	
דִּרְשׁוּ אֶת־יהוה וִחְיוּ — פֶּן יִצְלַח אֵשׁ	6
וְאָכְלָה וְאֵין מְכַבֶּה — לְבֵית יוֹסֵף	
דִּרְשׁוּ טוֹב וְאַל־רָע — לְמַעַן תִּחְיוּ	14
וִיהִי־כֵן יהוה אִתְּכֶם — כַּאֲשֶׁר אֲמַרְתֶּם	
שִׂנְאוּ־רָע וְאֶהֱבוּ־טוֹב וְהַצִּיגוּ — בַּשַּׁעַר מִשְׁפָּט	15
אוּלַי יֶחֱנַן יהוה — שְׁאֵרִית יוֹסֵף:	

6. 5 *12. 16-17:*

כִּי יָדַעְתִּי רַבִּים פִּשְׁעֵיכֶם — וַעֲצֻמִים חַטֹּאתֵיכֶם	12
צֹרְרֵי צַדִּיק לֹקְחֵי כֹפֶר — וְאֶבְיוֹנִים בַּשַּׁעַר הִטּוּ	
לָכֵן כֹּה אָמַר יהוה — בְּכָל־רְחֹבוֹת מִסְפֵּד	16
וְקָרְאוּ אִכָּר אֶל־אֵבֶל — וּבְכָל־חוּצוֹת יֹאמְרוּ הוֹ־הוֹ	17
וּבְכָל־כְּרָמִים מִסְפֵּד כִּי־אֶעֱבֹר בְּקִרְבֶּךָ — וְאֶל־מִסְפֵּד יוֹדְעֵי נֶהִי	
אָמַר יהוה:	

7. 6 1-7:

1	הוֹי הַשַּׁאֲנַנִּים בְּצִיּוֹן — וְהַבֹּטְחִים בְּהַר שֹׁמְרוֹן
	הַנְּקֻבִים רֵאשִׁית הַגּוֹיִם — וּבָאוּ אֲלֵיהֶם בֵּית־יִשְׂרָאֵל
3	הַמְנַדִּים לְיוֹם רָע — וּמַגִּשִׁים שֶׁבֶר בְּחָמָס
4	הַשֹּׁכְבִים עַל־מִטּוֹת שֵׁן — וּסְרֻחִים עַל עַרְשׂוֹתָם
	וְאֹכְלִים כָּרִים מִצֹּאן — וַעֲגָלִים מִתּוֹךְ מַרְבֵּק
5	הַפֹּרְטִים עַל־פִּי הַנָּבֶל — חָשְׁבוּ לָהֶם כְּלֵי־שִׁיר
6	הַשֹּׁתִים בְּמִזְרְקֵי יַיִן — וְרֵאשִׁית שְׁמָנִים יִמְשָׁחוּ
	וְלֹא נֶחְלוּ עַל־שֵׁבֶר יוֹסֵף
7	לָכֵן עַתָּה יִגְלוּ בְּרֹאשׁ גֹּלִים — וְסָר מִרְזַח סְרוּחִים׃

8. 7 1-8 **8** 1-2:

	כֹּה הִרְאַנִי יהוה
	וְהִנֵּה יוֹצֵר גֹּבַי — בִּתְחִלַּת עֲלוֹת הַלָּקֶשׁ
	לֶאֱכוֹל אֶת־עֵשֶׂב הָאָרֶץ — וַיְהִי הוּא מְכַלֶּה
	וָאֹמַר אֲדֹנָי יהוה סְלַח־נָא — מִי יָקוּם יַעֲקֹב כִּי קָטֹן הוּא
	נִחַם יהוה עַל־זֹאת — לֹא תִהְיֶה אָמַר יהוה
4	כֹּה הִרְאַנִי יהוה
	וְהִנֵּה קֹרֵא לָרִב בָּאֵשׁ — וַתֹּאכַל אֶת־תְּהוֹם רַבָּה
	וָאֹמַר אֲדֹנָי יהוה חֲדַל־נָא — מִי יָקוּם יַעֲקֹב כִּי קָטֹן הוּא
	נִחַם יהוה עַל־זֹאת — גַּם־הִיא לֹא תִהְיֶה אָמַר יהוה
7	כֹּה הִרְאַנִי יהוה
	וְהִנֵּה נִצָּב עַל־חוֹמַת אֲנָךְ — וּבְיָדוֹ אֲנָךְ
	וַיֹּאמֶר יהוה אֵלַי — מָה־אַתָּה רֹאֶה עָמוֹס
	וָאֹמַר אֲנָךְ — וַיֹּאמֶר יהוה
	הִנְנִי שָׂם אֲנָךְ — בְּקֶרֶב עַמִּי יִשְׂרָאֵל
	לֹא אוֹסִיף עוֹד — עֲבוֹר לוֹ
8 1	כֹּה הִרְאַנִי יהוה
	וְהִנֵּה כְּלוּב קָיִץ — וַיֹּאמֶר מָה־אַתָּה — רֹאֶה עָמוֹס
	וָאֹמַר כְּלוּב קָיִץ — וַיֹּאמֶר יהוה אֵלַי
	בָּא הַקֵּץ — אֶל־עַמִּי יִשְׂרָאֵל
	לֹא אוֹסִיף עוֹד — עֲבוֹר לוֹ׃

II. Micha:

1. 1 2-9:

2	שִׁמְעוּ עַמִּים כֻּלָּם — הַקְשִׁיבִי אֶרֶץ וּמְלֹאָהּ
	וִיהִי יהוה בָּכֶם לְעֵד — אֲדֹנָי מֵהֵיכַל קָדְשׁוֹ
3	כִּי־הִנֵּה יהוה יֹצֵא מִמְּקוֹמוֹ — וְיָרַד וְדָרַךְ עַל־בָּמֳתֵי אָרֶץ
4	וְנָמַסּוּ הֶהָרִים תַּחְתָּיו — וְהָעֲמָקִים יִתְבַּקָּעוּ
	כַּדּוֹנַג מִפְּנֵי הָאֵשׁ — כְּמַיִם מֻגָּרִים בְּמוֹרָד
5	בְּפֶשַׁע יַעֲקֹב כָּל־זֹאת — וּבְחַטֹּאת בֵּית יִשְׂרָאֵל

לְמַטָּעֵי כָרֶם   וְשַׂמְתִּי שֹׁמְרוֹן לַשָּׂדֶה   6
וִיסֹדֶיהָ אֲגַלֶּה   וְהִגַּרְתִּי לַגַּי אֲבָנֶיהָ
וְכָל־אֲשָׁרֶיהָ יִשָּׂרְפוּ בָאֵשׁ   וְכָל פְּסִילֶיהָ יֻכַּתּוּ   7
וְעַד־אֶתְנַן זוֹנָה יָשׁוּבוּ   כִּי מֵאֶתְנַן זוֹנָה קִבָּצָה
אֵילְכָה שׁוֹלָל וְעָרוֹם   עַל־זֹאת אֶסְפְּדָה וְאֵילִילָה   8
וְאֵבֶל כִּבְנוֹת יַעֲנָה   אֶעֱשֶׂה מִסְפֵּד כַּתַּנִּים
כִּי־בָאָה עַד־יְהוּדָה   כִּי אֲנוּשָׁה מַכּוֹתֶהָ   9
עַד יְרוּשָׁלֶָם: נָגַע עַד־שַׁעַר עַמִּי

2. 1 10-16:

בָּכוֹ תִּבְכּוּ   בְּגַת אַל־תַּגִּידוּ   10
עָפָר הִתְפַּלָּשִׁי   בְּבֵית לְעַפְרָה
יוֹשֶׁבֶת שָׁפִיר   עִבְרִי לָכֶם   11
יוֹשֶׁבֶת צַאֲנָן   עֶרְיָה לֹא־יָצְאָה
יִקַּח מֵעֶמְדָּתוֹ   מִסְפַּד בֵּית הָאֵצֶל
יוֹשֶׁבֶת מָרוֹת   כִּי־יָחַלָה לְטוֹב   12
לְשַׁעַר יְרוּשָׁלֵָם   כִּי־יָרַד רָע מֵאֵת יהוה   13
יוֹשֶׁבֶת לָכִישׁ   רְתֹם הַמֶּרְכָּבָה לָרֶכֶשׁ
אֶל מוֹרֶשֶׁת גַּת   לָכֵן נִתְּנוּ שִׁלּוּחִים   14
לְמַלְכֵי יִשְׂרָאֵל   בָּתֵּי אַכְזִיב לְאַכְזָב
יוֹשֶׁבֶת מָרֵשָׁה   עֹד הַיֹּרֵשׁ אָבִי לָךְ   15
כְּבוֹד יִשְׂרָאֵל   עַד־עֲדֻלָּם יָבוֹא
עַל־בְּנֵי תַּעֲנוּגָיִךְ   קָרְחִי וָגֹזִּי   16
כִּי גָלוּ מִמֵּךְ:   הַרְחִבִי קָרְחָתֵךְ כַּנֶּשֶׁר

3. 2 1-5:

עַל מִשְׁכְּבוֹתָם   הוֹי חֹשְׁבֵי אָוֶן   1
כִּי יֶשׁ־לְאֵל יָדָם   בְּאוֹר הַבֹּקֶר יַעֲשׂוּהָ
וּבָתִּים וְנָשָׂאוּ   וְחָמְדוּ שָׂדוֹת וְגָזָלוּ   2
אִישׁ וְנַחֲלָתוֹ   וְעָשְׁקוּ גֶּבֶר וּבֵיתוֹ
עַל הַמִּשְׁפָּחָה הַזֹּאת   לָכֵן כֹּה אָמַר יהוה   3
אֲשֶׁר לֹא־תָמִישׁוּמִצַּוְּארֹתֵיכֶם   הִנְנִי חֹשֵׁב רָעָה
כִּי עֵת רָעָה הִיא   וְלֹא תֵלְכוּ רוֹמָה
וְנָהָה נְהִי וְאָמַר   וְיִשָּׂא עֲלֵיכֶם מָשָׁל   4
שָׁדוֹד נְשַׁדֻּנוּ   חֶלֶק עַמִּי יָמַד
שָׂדֵינוּ יְחַלֵּק   אֵיךְ יָמִשׁ לְשׁוֹבֵב
מַשְׁלִיךְ חֶבֶל בְּקַהַל יהוה: לָכֵן לֹא־יִהְיֶה לָךְ   5

4. 2 6-11:

לֹא יַטִּפוּ לָאֵלֶּה   אַל־תַּטִּף יַטִּיפוּן   6
הֶאָמוּר בֵּית יַעֲקֹב   7   הֲלֹא יִסַּג כְּלִמּוֹת
אִם אֵלֶּה מַעֲלָלָיו   הֲקָצַר רוּחַ יהוה
עִמּוֹ יִשְׂרָאֵל   הֲלֹא דְבָרַי יֵיטִיבוּ

8	וְאַתֶּם לְעַמִּי כְאוֹיֵב	יְקוֹמֵם שְׁבִי מִלְחָמָה
	מִמּוּל אֶדֶר תַּפְשִׁיטוּן	מַעֲבְרִים בֶּטַח
9	נְשֵׁי עַמִּי תְּגָרְשׁוּן	מִבֵּית תַּעֲנוּגֶיהֶם/ן
	מֵעַל עֹלְלִים תִּקְחוּ	הֲדָרִי לְעוֹלָם
10	בַּעֲבוּר ... תְּחַבְּלוּ	חֶבֶל נִמְרָץ
11	לוּ־אִישׁ הָלַךְ	רוּחַ וָשֶׁקֶר
	כִּזֵּב אַטִּף לְךָ	לַיַּיִן וְלַשֵּׁכָר
	וְהָיָה מַטִּיף	הָעָם הַזֶּה:

5. 6 9-15:

9	קוֹל יהוה לָעִיר יִקְרָא	שִׁמְעוּ מַטֶּה וּמִי־יְעָדָהּ הָעִיר
10	הַאֶצְרֶת אֹצְרוֹת רֶשַׁע	וְאֵיפַת רָזוֹן וְעוּמָה
11	הַאֶזְכֶּה בְמֹאזְנֵי רֶשַׁע	וּבְכִיס אַבְנֵי מִרְמָה
12	אֲשֶׁר עֲשִׁירֶיהָ מָלְאוּ חָמָס	וְיֹשְׁבֶיהָ דִּבְּרוּ שֶׁקֶר
13	וְגַם־אֲנִי הֶחֱלֵיתִי הַכּוֹתֶךָ	הַשְׁמֵם עַל־חַטֹּאתֶךָ
14	אַתָּה תֹאכַל וְלֹא תִשְׂבָּע	וְיֶשְׁחֲךָ בְּקִרְבֶּךָ
15	אַתָּה תִזְרַע וְלֹא תִקְצוֹר	וְתִסַּג וְלֹא תַפְלִיט
	אַתָּה תִדְרֹךְ־זַיִת וְלֹא־תָסוּךְ שֶׁמֶן	וְתִירוֹשׁ וְלֹא־תִשְׁתֶּה־יָיִן:

III. Hosea:

1. 2 16f. 19:

16	הִנֵּה אָנֹכִי מְפַתֶּיהָ	וְהֹלַכְתִּיהָ הַמִּדְבָּר	וְדִבַּרְתִּי עַל לִבָּהּ
17	וְנָתַתִּי לָהּ אֶת־כְּרָמֶיהָ מִשָּׁם וְאֶת־עֵמֶק עָכוֹר לְפֶתַח תִּקְוָה		
	וְעָנְתָה שָּׁמָּה כִּימֵי נְעוּרֶיהָ וּכְיוֹם עֲלֹתָהּ מֵאֶרֶץ־מִצְרָיִם		
19	וַהֲסִרֹתִי אֶת־שְׁמוֹת הַבְּעָלִים מִפִּיהָ וְלֹא־יִזָּכְרוּ עוֹד בִּשְׁמָם:		

2. 2 18. 21-22:

18	תִּקְרְאִי אִישִׁי וְלֹא תִקְרְאִי־לִי עוֹד בַּעְלִי
21	וְאֵרַשְׂתִּיךְ לִי לְעוֹלָם וְאֵרַשְׂתִּיךְ לִי בְּצֶדֶק וּבְמִשְׁפָּט וּבְחֶסֶד וּבְרַחֲמִים
22	וְאֵרַשְׂתִּיךְ לִי בֶּאֱמוּנָה וְיָדַעַתְּ אֶת־יהוה:

3. 2 20. 23-25:

20	וְכָרַתִּי לָהֶם בְּרִית
	עִם־חַיַּת הַשָּׂדֶה וְעִם־עוֹף הַשָּׁמַיִם וְרֶמֶשׂ הָאֲדָמָה
	וְקֶשֶׁת וְחֶרֶב וּמִלְחָמָה אֶשְׁבּוֹר מִן־הָאָרֶץ וְהִשְׁכַּבְתִּים לָבֶטַח
23	כִּי אֲנִי אֶעֱנֶה אֶת־הַשָּׁמַיִם וְהֵם יַעֲנוּ אֶת־הָאָרֶץ
24	וְהָאָרֶץ תַּעֲנֶה אֶת־הַדָּגָן וְאֶת־הַתִּירוֹשׁ וְאֶת־הַיִּצְהָר
	וְהֵם יַעֲנוּ אֶת־יִזְרְעֶאל 25 וּזְרַעְתִּיהָ לִי בָּאָרֶץ
	וְרִחַמְתִּי אֶת־לֹא רֻחָמָה וְאָמַרְתִּי לְלֹא־עַמִּי
	עַמִּי אַתָּה וְהוּא יֹאמַר אֱלֹהָי:

4. 4 16-19:

16	כִּי כְּפָרָה סֹרֵרָה	סָרַר יִשְׂרָאֵל
17	חֲבוּר עֲצַבִּים	אֶפְרַיִם הַנַּח־לוֹ

הַזְנֵה הִזְנוּ		סָרוּ סֹבְאָם
קָלוֹן מָגִנֶּהָ		אָהֲבוּ הֵבוּ
וְיֵבֹשׁוּ מִזִּבְחוֹתָם:	אוֹתָם בִּכְנָפֶיהָ	צָרַר רוּחַ

18
19

5. 6 7-10:

שָׁם בָּגְדוּ בִי	בְּאָדָם עָבְרוּ בְרִית
עֲקֻבָּה מִדָּם	גִּלְעָד קִרְיַת פֹּעֲלֵי־אָוֶן
חֶבֶר כֹּהֲנִים	יְחַכּוּ כְאִישׁ גְּדוּדִים
כִּי זִמָּה עָשׂוּ	דֶּרֶךְ יְרַצְּחוּ שֶׁכְמָה
שָׁמָּה לְאֶפְרָיִם:	בְּבֵית יִשְׂרָאֵל רָאִיתִי שַׁעֲרוּרִיָּה

7
8
9
10

6. 7 3-7:

וּבְכַחֲשֵׁיהֶם שָׂרִים	בְּרָעָתָם יְשַׂמְּחוּ מֶלֶךְ
כְּמוֹ תַנּוּר בֹּעֵרָים	כֻּלָּם מְנָאֲפִים
מִלּוּשׁ בָּצֵק עַד־חֻמְצָתוֹ	אֹפֶה יִשְׁבֹּת מֵעִיר
חֲמַת מִיָּיִן	יוֹם מַלְכֵּנוּ הֶחֱלוּ שָׂרִים
כִּי קֵרְבוּ בְאָרְבָּם	מָשַׁךְ יָדוֹ אֶת־לֹצְצִים
בֹּקֶר הוּא בֹּעֵר כְּאֵשׁ לֶהָבָה	כָּל־הַלַּיְלָה יָשֵׁן אֹפֵהֶם
וְאָכְלוּ אֶת־שֹׁפְטֵיהֶם	כֻּלָּם יֵחַמּוּ כַתַּנּוּר
אֵין־קֹרֵא בָהֶם אֵלָי:	כָּל־מַלְכֵיהֶם נָפָלוּ

3
4
5
6
7

7. 7 13-16:

שֹׁד לָהֶם כִּי פָשְׁעוּ בִי		אוֹי לָהֶם כִּי־נָדְדוּ מִמֶּנִּי
עָלַי כְּזָבִים	וְהֵמָּה דִּבְּרוּ	וְאָנֹכִי אֶפְדֵּם
	אֵלַי בְּלִבָּם	וְלֹא זָעֲקוּ
יִתְגּוֹדָדוּ יָסוּרוּ־בִי		עַל־דָּגָן וְתִירוֹשׁ
וְאֵלַי יַחַשְׁבוּ רָע		וַאֲנִי חִנַּקְתִּי זְרוֹעֹתָם
הָיוּ כְּקֶשֶׁת רְמִיָּה		יָשׁוּבוּ וְלֹא אֵלִי
מִזַּעַם לְשׁוֹנָם בְּאֶרֶץ מִצְרָיִם:		יִפְּלוּ בַחֶרֶב שָׂרֵיהֶם

13
14
15
16

8. 8 7-10:

וְסוּפָתָה יִקְצֹרוּ	כִּי רוּחַ יִזְרָעוּ
בְּלִי יַעֲשֶׂה קֶמַח	קָמָה אֵין לַצֶּמַח
זָרִים יִבְלָעֻהוּ	אוּלַי יַעֲשֶׂה
עַתָּה הָיוּ בַגּוֹיִם	נִבְלַע יִשְׂרָאֵל
כִּי הֵמָּה עָלוּ אַשּׁוּר	כִּכְלִי אֵין חֵפֶץ־בּוֹ
הִתְנוּ אֲהָבִים	פֶּרֶא בוֹדֵד־לוֹ אֶפְרָיִם
עַתָּה אֲקַבְּצֵם	גַּם כִּי־יִתְנוּ בַגּוֹיִם
מֶלֶךְ וְשָׂרִים:	וַיָּחֵלּוּ מְעָט מִמַּשָּׂא

7
8
9
10

9. 9 7b-8:

מְשֻׁגָּע אִישׁ־הָרוּחַ	אֱוִיל הַנָּבִיא
וְרֹב הַמַּשְׂטֵמָה	עַל רֹב עֲוֹנְךָ

7

18*

צֹפֶה אֶפְרַיִם	עַמּוֹ אֶל הַנָּבִיא
פַּח יָקוֹשׁ עַל כָּל־דְּרָכָיו	מַשְׂטֵמָה בְּבֵית אֱלֹהִים:

10. 9 10. 13a. 15:

כַּעֲנָבִים בַּמִּדְבָּר	מָצָאתִי יִשְׂרָאֵל
כְּבִכּוּרָה בִתְאֵנָה	רָאִיתִי אֲבוֹתֵיכֶם
הֵמָּה בָאוּ	בַּעַל־פְּעוֹר מְאַהֲבָם
אֶפְרַיִם כַּאֲשֶׁר רָאִיתִי לִי	צוֹר שְׁתוּלָה בְּנָוֶה
כָּל־רָעָתָם בַּגִּלְגָּל	כִּי־שָׁם שְׂנֵאתִים
עַל רֹעַ־מַעַלְלֵיהֶם מִבֵּיתִי אֲגָרְשֵׁם	לֹא אוֹסִף אַהֲבָתָם:

11. 9 11. 16. 12. 13b-14:

אֶפְרַיִם כָּעוֹף יִתְעוֹפֵף כְּבוֹדָם	מִלֵּדָה וּמִבֶּטֶן וּמֵהֵרָיוֹן
הֻכָּה אֶפְרַיִם שָׁרְשָׁם יָבֵשׁ	פְּרִי בַל יַעֲשׂוּן
גַּם־כִּי יֵלֵדוּן וְהֵמַתִּי	מַחֲמַדֵּי בִטְנָם
כִּי אִם־יְגַדְּלוּ אֶת־בְּנֵיהֶם	וְשִׁכַּלְתִּים מֵאָדָם
כִּי־גַם אוֹי לָהֶם	בְּשׂוּרִי מֵהֶם
אֶפְרַיִם לְהוֹצִיא	אֶל־הֹרֵג בָּנָיו
תֵּן לָהֶם יהוה	מַה תִּתֵּן
תֵּן לָהֶם רֶחֶם מַשְׁכִּיל	וְשָׁדַיִם צֹמְקִים:

12. 9 15b. 17:

כָּל־שָׂרֵיהֶם סֹרְרִים	יִמְאָסֵם אֱלֹהָי
כִּי לֹא שָׁמְעוּ לוֹ	וְיִהְיוּ נֹדְדִים בַּגּוֹיִם:

13. 10 9-10:

מִימֵי הַגִּבְעָה	חָטָאתָ יִשְׂרָאֵל	אֲשַׁם עַמִּי
הֲלֹא תַשִּׂיגֵם	בַּגִּבְעָה מִלְחָמָה	
עַל־בְּנֵי־עַוְלָה	הֲבֵאתִי וְאֶסְּרֵם:	

14. 10 11-13:

אֶפְרַיִם עֶגְלָה מְלֻמָּדָה	אֹהַבְתִּי לָדוּשׁ	
וַאֲנִי עָבַרְתִּי עַל	עַל־טוּב צַוָּארָהּ	
אַרְכִּיב אֶפְרַיִם יַחֲרוֹשׁ	יְשַׂדֶּד־לוֹ יַעֲקֹב	
זִרְעוּ לָכֶם לִצְדָקָה	קִצְרוּ לְפִי־חֶסֶד	
חֲרַשְׁתֶּם רֶשַׁע	עוֹלָתָה קְצַרְתֶּם	אֲכַלְתֶּם פְּרִי־כָחַשׁ:

15. 11 1-6:

כִּי נַעַר יִשְׂרָאֵל וָאֹהֲבֵהוּ	וּמִמִּצְרַיִם קָרָאתִי לִבְנִי
קָרְאוּ לָהֶם	כֵּן הָלְכוּ מִפָּנֵי
הֵם לַבְּעָלִים יְזַבֵּחוּ	וְלַפְּסִילִים יְקַטֵּרוּן
וְאָנֹכִי הִרְגַּלְתִּי לְאֶפְרַיִם	אֶקָּחֵם עַל־זְרוֹעֹתָי
אֶמְשְׁכֵם בַּעֲבֹתוֹת אַהֲבָה	וָאֶהְיֶה לָהֶם כְּמֵרִים עֹל

וָאֵט אֲלֵיהֶם וָאוֹכִילֵם   וְלֹא יָדְעוּ כִּי רְפָאתִים 3b
יָשׁוּב אֶפְרַיִם מִצְרַיִם   וְאַשּׁוּר הוּא מַלְכּוֹ 5
כִּי מֵאֵן לָשׁוּב 6 וְחָלָה   חֶרֶב בְּעָרָיו
וְכִלְּתָה בַּדָּיו וְאָכְלָה   מִמֹּעֲצוֹתֵיהֶם:

16. 11 7:

עַמִּי הֵלָאַנִי   לִמְשׁוּבָתוֹ יוֹאֵל
עֹל יִקְרָאֵהוּ   וְיַחַד לֹא אֲרַחֵם:

17. 12 1-2:

סְבָבֻנִי בְכַחַשׁ אֶפְרַיִם   וּבְמִרְמָה בֵּית יִשְׂרָאֵל 1
עֹד רָד עַמִּי אֵלִי   עִם־קָדֹשׁ מֵאָן אֱמָנֶה
אֶפְרַיִם רֹעֶה רוּחַ   וְרֹדֵף קָדִים 2
כָּל־הַיּוֹם כָּזָב   וָשֹׁד יַרְבֶּה
וּבְרִית עִם־אַשּׁוּר יִכְרֹתוּ   וְשֶׁמֶן לְמִצְרַיִם יוּבָלוּ:

18. 12 3-5. 8-10:

רִיב לַיהוה עִם־יִשְׂרָאֵל   לִפְקֹד עַל־יַעֲקֹב כִּדְרָכָיו 3
כְּמַעֲלָלָיו יָשִׁיב לוֹ
בַּבֶּטֶן עָקַב אֶת־אָחִיו   וּבְאוֹנוֹ שָׂרָה אֶת־אֱלֹהִים 4
בָּכָה וַיִּתְחַנֶּן־לוֹ   בֵּית־אָוֶן יִמְצָאֶנּוּ   וְשָׁם יְדַבֵּר עִמּוֹ 5
כְּנַעַן בְּיָדוֹ   מֹאזְנֵי מִרְמָה   לַעֲשֹׁק אָהֵב 8
וַיֹּאמֶר אֶפְרַיִם   אַךְ עָשַׁרְתִּי   מָצָאתִי אוֹן־לִי 9
כָּל־יְגִיעַי   לֹא יִמְצְאוּ־לִי   עָוֹן אֲשֶׁר חֵטְא
וְאָנֹכִי יהוה אֱלֹהֶיךָ   מֵאֶרֶץ מִצְרָיִם 10
עֹד אוֹשִׁיבְךָ בָאֳהָלִים   כִּימֵי מוֹעֵד:

19. 12 11. 12. 15:

דִּבַּרְתִּי עַל הַנְּבִיאִים   וְאָנֹכִי חָזוֹן הִרְבֵּיתִי
וּבְיַד הַנְּבִיאִים אֲדַמֶּה
אִם גִּלְעָד אָוֶן   אַךְ שָׁוְא הָיוּ בַּגִּלְגָּל 12
שְׁוָרִים זִבֵּחוּ   גַּם מִזְבְּחוֹתָם כְּגַלִּים   עַל תַּלְמֵי שָׂדָי
הִכְעִיס אֶפְרַיִם תַּמְרוּרִים   וְדָמָיו עָלָיו יִטּוֹשׁ 15
וְחֶרְפָּתוֹ יָשִׁיב לוֹ אֲדֹנָיו:

Literaturverzeichnis

G. W. Ahlström, Hammoraeh lisdaqah in Joel 2 23. Vortrag beim 6. Internationalen Kongreß für das Studium des AT., Rom 16. 4. 1968.

A. Alt, Das Königtum in den Reichen Israel und Juda. KS. 2 (1953), 116—134.

—, Hosea 5 8—6 6. Ein Krieg und seine Folgen in prophetischer Beleuchtung. KS. 2 (1953), 163—187.

—, Die Heimat des Deuteronomiums. KS. 2 (1953), 250—275.

—, Der Stadtstaat Samaria. KS. 3 (1959), 258—302.

—, Der Anteil des Königstums an der sozialen Entwicklung in den Reichen Israel und Juda. KS. 3 (1959), 348—372.

S. Amsler, Amos. Commentaire de l'AT. XI a, 160—291. 1965.

J. Aro, Die akkadischen Infinitiv-Konstruktionen. Studia Orientalia 26, 1961.

E. Auerbach, Die große Überarbeitung der biblischen Bücher. VT Suppl. 1 (1953), 1—10.

W. Bacher, Die exegetische Terminologie der jüdischen Traditionsliteratur. 1. Teil: Die bibelexegetische Terminologie der Tannaiten. 1899, Nachdruck 1965.

D. Barthélemy, Redécouverte d'un chaînon manquant de l'histoire de la Septante. RB 60 (1953), 18—29.

—, Les devanciers d'Aquila. Première publication intégrale du texte des fragments du Dodékaprophéton. VT Suppl. 10 (1953).

W. Graf v. Baudissin, Kyrios als Gottesname im Judentum und seine Stelle in der Religionsgeschichte. Hrsg. O. Eißfeldt, Teil 1—4. 1929 (benutzt Bd. 1).

E. Baumann, ידע und seine Derivate. ZAW 28 (1908), 22—41. 110—143.

—, שוב שבות. Eine exegetische Untersuchung. ZAW 47 (1929), 17—44.

—, »Wissen um Gott« bei Hosea als Urform von Theologie? EvTh 15 (1955), 416—425.

F. Baumgärtel, Art. Bibelkritik I. AT. RGG[3] I (1957), 1184—1187.

G. Beer—R. Meyer, Hebräische Grammatik. Bd. 1—3, 1952—1960[2] = BM.

— R. Meyer, Hebr. Grammatik Bd. 1 entspr. BM. Bd. 1, 1966[3].

J. Begrich, Die priesterliche Tora. BZAW 66 (1936), 63—88.

—, Berit. Ein Beitrag zur Erfassung einer alttestamentlichen Denkform. ZAW 60 (1944), 1—11.

H. Bengtson, Syrien in der Perserzeit. In: Fischer Weltgeschichte V, hrsg. H. Bengtson, Kap. 19, 371ff.

A. Bentzen, Daniel. HAT 1, 19 (1952).

E. Bickerman, From Ezra to the Last of the Maccabees. 1962 (Teil 1 entspr.: The Historical Foundation of Postbiblical Judaism. 1949).

Biblia Hebraica ed. R. Kittel. 1937[3]. 7. Aufl. erweitert von A. Alt, O. Eißfeldt ≙ [12]1961 = BHK.

F. Blass—A. Debrunner, Grammatik des neutestamentlichen Griechisch. 1961[11].

Malke Blechmann, Das Buch Amos in Talmud und Midrasch. Diss. Würzburg o. J. (1933).

H. J. Boecker, Redeformen des israelitischen Rechtslebens. WMANT 14 (1964).

F. Böttcher, Neue exegetisch-kritische Ährenlese zum Alten Testament. II 1864, 291—207.

R. Borger, Die Inschriften Asarhaddons, Königs von Assyrien. 1956.

—, Babylonisch-assyrische Lesestücke. Bd. 1—3 1963 = BAL.

—, Handbuch der Keilschriftliteratur. Bd. 1: Repertorium der sumerischen und akkadischen Texte. 1967 = HKL.

C. Brockelmann, Hebräische Syntax. 1956.

—, Arabische Grammatik. 1962[15], besorgt von M. Fleischhammer = A. G.

M. Buber, Der Glaube der Propheten. 1950.

M. Buber—F. Rosenzweig, Bücher der Kündung. O. J. (1958).

K. Budde, Eine folgenschwere Redaktion des Zwölfprophetenbuches. ZAW 39 (1922), 218—229.

F. Buhl, Einige textkritische Bemerkungen zu den Kleinen Propheten. ZAW 5 (1885), 179—184.

—, Kanon und Text des Alten Testaments. 1891.

R. Bultmann, Ursprung und Sinn der Typologie als hermeneutischer Methode. ThLZ 75 (1950), 205—212.

—, Die Geschichte der synoptischen Tradition. 1967[7].

E. Cannawurf, The Authenticity of Micah 4 1-4. VT 13 (1963), 26—33.

K. J. Cathcart, Notes on Micah 5 4-5. Biblica 49 (1968), 511—514.

H. Cazelles, Histoire et géographie en Michée IV 6-13. Fourth Congress of Jewish Stud. Papers I (1967), 87—89.

B. S. Childs, Deuteronomic Formulae of the Exodus Traditions. In: Hebr. Wortforschg. FS. W. Baumgartner 80. VT Suppl. 16 (1967), 30—39.

M. Tullius Cicero, De oratore libri tres. rec. A. S. Wilkins, Ciceronis Rhetorica, 1902.

C. Colpe, Das Phänomen der nachchristlichen Religion in Mythos und Messianismus. NZSTh 9 (1967), 42—87.

A. Cowley, Aramaic Papyri of the 5th Century B. C. 1923.

G. Dalman, Arbeit und Sitte in Palästina. Bd. II (5) 1932, Bd. IV (7) 1935 = AuS.

—, Grammatik des Jüdisch-Palästinischen Aramäisch. (1905[2]) Nachdruck 1960 = GJPA.

F. Delitzsch, Die Lese- und Schreibfehler im Alten Testament . . . 1920.

K. Deller, šmn bll (Hosea 12 2). Additional Evidence. Biblica 46 (1965), 349—352.

A. Deimel, S. J., Pantheon Babyloniacum. Nomina deorum e textibus cuneiformibus excerpta et ordine alphabetico distributa. 1914.

—, Šumerisches Lexikon. Bd. 1—4 = ŠL.
> Bd. 4, 1 (1950) = Pantheon Babyloniacum.
> 4, 2 (1950) + Planetarium Babyloniacum von P. Gössmann OP.
> Bd. 1—4 1927 ff.

A. Deissler, Micha 6 1-8. Der Rechtsstreit Jahwes mit Israel um das rechte Bundesverhältnis. TThZ 68 (1959), 229—234.

E. L. Dietrich, שׁוּב שְׁבוּת. Die endzeitliche Wiederherstellung bei den Propheten. BZAW 40 (1925).

F. Dingermann, Massora-Septuaginta der Kleinen Propheten. Diss. Würzburg 1948 ungedr.

H. Donner, Die soziale Botschaft der Propheten. OrAnt. 2 (1963), 229—245.

—, Israel unter den Völkern. Die Stellung der klassischen Propheten des 8. Jahrhunderts v. Chr. zur Außenpolitik der Könige von Israel und Juda. VT Suppl. 11 (1964).

H. Donner—W. Röllig, Kanaanäische und aramäische Inschriften. Bd. 1—3 1966 bis
   1969² = KAI.

G. R. Driver, Linguistic and Textual Problems. Minor Prophets. JTS 39 (1938), 260—273.
   393—405.

—, Glosses in the Hebrew Text of the Old Testament. Orientalia et Biblica Lovaniensia 1
   (1957), 123—161.

B. Duhm, Das Buch Jesaja übers. und erklärt. HKAT 3, 1 (1922)⁴.

—, Israels Propheten. 1916.

A. B. Ehrlich, Randglossen zur hebräischen Bibel. Bd. 5: Ezechiel und die Kleinen
   Propheten. 1912.

O. Eißfeldt, Einleitung in das Alte Testament . . . 1964³.

I. Elbogen, Der jüdische Gottesdienst in seiner geschichtlichen Entwicklung. Nachdruck 1967.

K. Elliger, Ein Zeugnis aus der jüdischen Gemeinde im Alexanderjahr 332 v. Chr.
   ZAW 62 (1949/50), 63—115.

—, Eine verkannte Kunstform bei Hosea. ZAW 69 (1957), 151—160.

—, Das Buch der zwölf Kleinen Propheten. Nah.-Mal. ATD 25, 2 (1967⁶).

Eusebius, Das Onomastikon der biblischen Ortsnamen, ed. A. Klostermann. GCS III, 1
   (1904).

H. Ewald, Die Propheten des Alten Bundes. 3 Bde. 1867—1868².

F. C. Fensham, The Covenant-Idea in the Book of Hosea. Studies in the Books of
   Hosea and Amos. Papers read at 7th and 8th meetings of OuTWP (1964—65),
   35—49.

R. Fey, Amos und Jesaja. Abhängigkeit und Eigenständigkeit des Jesaja. WMANT 12
   (1963).

J. Fichtner, Art. Propheten II B. Seit Amos. RGG³ V (1961), 618—627.

F. Field, Origenis Hexaplorum quae supersunt . . . fragmenta. 2 Bde. 1875.

W. Foerster, Art. κύριος D. »Herr im Spätjudentum.« ThWB III (1938), 1081—85.

G. Fohrer, Die Glossen im Buche Ezechiel. ZAW 63 (1951), 33—53.

—, Einleitung in das Alte Testament = Sellin—Fohrer 1965¹⁰.

K. Galling, Die Erwählungstraditionen Israels. BZAW 48 (1928).

T. H. Gaster, Notes on the Minor Prophets. JTS 38 (1937), 163—165.

H. Gese, Die hebräischen Bibelhandschriften zum Dodekapropheton nach der Varian-
   tensammlung des Kennicott. ZAW 69 (1957), 55—69.

—, Kleine Beiträge zum Verständnis des Amosbuches. VT 12 (1962), 417—438.

W. Gesenius—E. Kautzsch, Hebräische Grammatik = GK. 1889²⁵, zitiert nach der
   Signifikation von 1909²⁸.

W. Gesenius—F. Buhl, Hebräisches und Aramäisches Wörterbuch über das AT. 1915¹⁷,
   unveränd. 1962.

N. Glueck, Das Wort ḥesed im alttestamentlichen Sprachgebrauche als menschliche
   und göttliche gemeinschaftsgemäße Verhaltensweise. BZAW 47 (1927).

P. Gössmann vgl. bei A. Deimel.

E. M. Good, Hosea and the Jacob Tradition. VT 16 (1966), 137—151.

—, The Composition of Hosea. Svensk exegetisk Årsbok 31 (1966), 21—63.

L. Goppelt, Typos. Die typologische Deutung des Alten Testaments im Neuen. 1939,
   Nachdr. 1966.

C. H. Gordon, Ugaritic Textbook. 1965 = UT.

H. Gottlieb, Amos und Jerusalem. VT 17 (1967), 430—463.

H. Graetz, Geschichte der Israeliten vom Tode des Königs Salomo . . . bis zum Tode des Judas Makkabi. Bd. II, 2 Vom babylonischen Exile (586) bis zum Tode des Judas Makkabi (160). O. J.[3].

—, Emendationes in plerosque Sacrae Scripturae V. T. libros. Nach dem Tode des Verf. hrsg. von W. Bacher. II. 1893.

G. B. Gray, A Critical and Exegetical Commentary to the Book of Isaiah 1—39. ICC (1949).

H. Greßmann, Die älteste Geschichtsschreibung und Prophetie Israels (von Samuel bis Amos u. Hosea). SAT 2, 1 (1910).

—, Der Messias. 1929.

K. J. Grimm, Euphemistic Liturgical Appendixes in the Old Testament. 1901.

E. Groß, Art. Midrasch. RGG[3] IV (1960), 940—941.

H. Grotius, Annotata ad Vetus Testamentum. II 1644.

A. Gudeman, Grundriß der Geschichte der klassischen Philologie. 1909[2], Nachdruck 1967.

L. Gulkowitsch, Die Bildung von Abstraktbegriffen in der hebräischen Sprachgeschichte. 1931.

H. Gunkel, Der Micha-Schluß. ZS 2 (1924), 145—178.

—, Die israelitische Literatur. In: Kultur der Gegenwart I, 7. 1922. Nachdruck 1963 (eigene Seitenzählung, hier zugrundegelegt).

—, Art. Glosse. RGG[2] II (1928), 1250.

R. Hanhart, Die Heiligen des Höchsten. In: Hebr. Wortforschg. FS. W. Baumgartner 80. VT Suppl. 16 (1967), 90—101.

—, Drei Studien zum Judentum. ThEx-NF 140 (1967).

W. R. Harper, A Critical and Exegetical Commentary on Amos and Hosea. ICC 1960[5].

E. Hatch—H. A. Redpath, A Concordance to the Septuagint. 3 Bde. 1897, Nachdr. 1954 = H—R. bzw. H—R. Suppl.

A. Heidel, The Babylonian Genesis. The Story of Creation. 1951[2].

J. Hempel, Die althebräische Literatur und ihr hellenistisch-jüdisches Nachleben. Handb. d. Literaturwiss. 22 (1930).

R. Hentschke, Die Stellung der vorexilischen Schriftpropheten zum Kultus. BZAW 75 (1957).

S. Herrmann, Die prophetischen Heilserwartungen im Alten Testament. BWANT 85 (1965).

H. W. Hertzberg, Die Nachgeschichte alttestamentlicher Texte innerhalb des AT. BZAW 66 (1936), 110—121.

F. Hesse, Art. Typologie I. Im AT. RGG[3] VI (1962), 1094f.

F. Hitzig, Die zwölf Kleinen Propheten. (1863) 4. Auflage besorgt von H. Steiner, Kurzgef. exeg. Hdb. zum AT. 1 (1881).

G. Hölscher, Die Profeten. 1914.

W. L. Holladay, «On every high hill and under every green tree.» VT 11 (1961), 170—176.

—, Chiasmus, the Key to Hosea XII 3-6 VT 16 (1966), 52—64.

F. Horst, Die Doxologien im Amosbuch. 1929. ThB 12 (1961), 155—166 (Seitenz. nach ThB).

— vgl. zu Th. H. Robinson.

E. Jacob, Osée. Commentaire de l'AT. XI a, 9—98. 1965.

E. Jenni, Faktitiv und Kausativ von אבד »zugrundegehen«. In: Hebr. Wortforschg. FS. W. Baumgartner 80. VT Suppl. 16 (1967), 143—157.

E. Jenni, Das hebräische Pi'el. Syntaktisch-semasiologische Untersuchung einer Verbalform im Alten Testament. 1968.

A. Jepsen, Erwägungen zum Dodekapropheton. ZAW 56 (1938), 85—100; 57 (1939),
242—255; 61 (1945/8), 95—114.

—, Zur Chronologie der Könige von Israel und Juda. in: A. Jepsen—R. Hanhart,
Untersuchungen zur isr.-jüd. Chronologie. BZAW 88 (1964), 5—48.

G. Jeremias, Der Lehrer der Gerechtigkeit. SUNT 2 (1963).

Flavius Josephus, De Judaeorum vetustate sive contra Apionem libri II, rec. B. Niese,
F. J. Opera V. 1889.

S. Jozaki, The Secondary Passages of the Book of Amos. Kwansei Gakuin Univ.
Annual Stud. 4 (1956), 27—100.

P. Kahle, Die im August 1952 entdeckte Lederrolle mit dem griechischen Text der
kleinen Propheten und das Problem der Septuaginta. ThLZ 79 (1954), 81—94.

O. Kaiser, Der Prophet Jesaja, Kap. 1—12. ATD 17 (1963²)

A. Kaminka, Studien zur Septuaginta an der Hand der zwölf kleinen Prophetenbücher.
Schriften der Ges. zur Förderung der Wissensch. d. Judentums 33 (1928).

A. S. Kapelrud, Eschatology in the Book of Micah. VT 11 (1961), 392—405.

C. F. Keil, Die zwölf kleinen Propheten. KD 3, 4 (1888³).

A. Klostermann vgl. zu Eusebius.

K. Koch, Was ist Formgeschichte? Neue Wege der Bibelexegese. 1967².

L. Koehler, Die hebräische Rechtsgemeinde. In: Der hebr. Mensch (1953), 143—171.

L. Koehler—W. Baumgartner, Lexicon in Veteris Testamenti Libros. 1953 = KBL.

K. Kohler—M. Rosenberg, Der Targum zur Chronik. Jüd. Zeitschr. für Wiss. u. Leben 8
(1870), 72—80. 135—163. 263—278.

F. X. Kugler, S. J., Entwicklung der Babylonischen Planetenkunde von ihren Anfängen
bis auf Christus. 1907.

A. Kuschke, Art. Gilgal. RGG³ II (1958), 1577f.

E. Kutsch, Art. Beerseba. RGG³ I (1957), 956f.

C. J. Labuschagne, The Similes in the Book of Hosea. Studies on the Books of Hosea
a. Amos. Papers read at 7th and 8th meetings of OuTWP (1964/5), 64—76.

P. Lamarche, Zacharie 9—14. Structure littéraire et Messianisme. Diss. Pont. Inst.
Bibl. 1960.

W. G. Lambert, Ancestors, Authors and Canonicity. JCS 11 (1957), 1—14.

—, Enūma Eliš. The Babylonian Epic of Creation. Cuneiform text est. by W. G. L.
and copied out by S. B. Parker. 1967.

H. Lausberg, Handbuch der literarischen Rhetorik. Eine Grundlegung der Literatur-
wissenschaft. 2 Bde. 1960.

J. Leipoldt—S. Morenz, Heilige Schriften. Betrachtungen zur Religionsgeschichte der
antiken Mittelmeerwelt. 1953.

T. Lescow, Das Geburtsmotiv in den messianischen Weissagungen. ZAW 79 (1967),
172—207.

H. G. Liddell—R. Scott, A Greek-English Lexicon. A New Ed. rev. by H. S. Jones
with the assistance of R. McKenzie 1940⁹ (≙ 1961) = L & Sc.

G. Lisowsky, Konkordanz zum hebräischen Alten Testament. 1958 = L.

E. Lohse, Die Texte aus Qumran. Hebräisch und deutsch. Mit masoretischer Punktation, Übersetzung, Einführung, Anmerkungen. 1964.

H. M. Lutz, Jahwe, Jerusalem und die Völker. Zur Vorgeschichte von Sach. 12 1-8
und 14 1-5. WMANT 27 (1968).

V. Maag, Text, Wortschatz und Begriffswelt des Buches Amos. 1951.

—, Art. Amos. RGG³ I (1957), 328—330. — Amosbuch, ebd., 330—331.

F. Maass, Von den Ursprüngen der rabbinischen Schriftauslegung. ZThK 52 (1955), 129—161.

S. Mandelkern, Veteris Testamenti Concordantiae Hebraicae atque Chaldaicae ... 1955 (1937² entsprechend).

K. Marti, Das Buch Jesaja. KHC-AT 10 (1900).

—, Das Dodekapropheton. KHC 13 (1904).

D. J. McCarthy, Hosea 12 2: Covenant by oil. VT 14 (1964), 215—221.

B. J. van der Merwe, A few remarks on the religious terminology in Amos and Hosea. St. on the Book of Hos. and Am. Papers read at 7th a. 8th meetings of OuTWP (1964/5), 143—152.

—, Echoes from the teaching of Hosea in Is. 40—55. Ebd., 90—99.

R. Meyer, Aspekt und Tempuslehre im althebräischen Verbalsystem. OLZ 59 (1964), 117—126.

— vgl. G. Beer—R. Meyer.

—, Art. Micha. RGG³ IV (1960), 929. — Michabuch, ebd. 929—931.

H. P. Müller, Prophetie und Apokalyptik bei Joel. Theologia Viatorum 10 (1965/6), 231—52.

K. W. Neubauer, Erwägungen zu Am. 5 4-15. ZAW 78 (1966), 292—316.

F. Nötscher, Zwölfprophetenbuch oder Kleine Propheten. Echter-Bibel 4 (1954²).

E. Norden, Die antike Kunstprosa vom 6. Jh. v. Chr. bis in die Zeit der Renaissance. 2 Bde. 1958⁵ als Nachdr. von 1909² mit d. Nachträgen von 1915³.

M. Noth, Geschichte Israels. 1959⁴ = G. I.

—, Die Welt des Alten Testaments. Einführung in die Grenzgebiete der alttestamentl. Wiss. 1962⁴.

—, Überlieferungsgeschichte des Pentateuch. 1949. Nachdr. o. J.

—, Überlieferungsgeschichtliche Studien I. 1957².

—, David und Israel in 2 Sam 7. 1957. ThB 6 (1960²), 334—345.

—, Die Heiligen des Höchsten. 1955. ThB 6 (1960²), 274—290.

—, Jerusalem und die israelitische Tradition. 1950. ThB 6 (1960²), 172—187.

W. Nowack, Die kleinen Propheten übersetzt und erklärt. HKAT III, 3 (1922³).

H. S. Nyberg, Studien zum Hoseabuch. Zugleich ein Beitrag zur Klärung des Problems der alttestamentlichen Textkritik. Uppsala Universitets Årsskrift 1935: 6.

Eva Osswald, Urform und Auslegung im masoretischen Amostext. Ein Beitrag zur Kritik an der neueren traditionsgeschichtlichen Methode. Diss. Jena 1951, nach dem Referat ThLZ 80 (1955), 179.

F. Overbeck, Über die Anfänge der patristischen Literatur. HZ 48 (1882) 417—472, zit. nach (neue Seitenz.) Nachdr. 1966.

C. von Orelli, Die zwölf kleinen Propheten. SZ 5, 2 (1908³).

O. Plöger, Art. Hosea und Hoseabuch. RGG³ III (1959), 454—457.

—, Theokratie und Eschatologie. 1962².

G. Quell, Art. κύριος C. Der at.liche Gottesname. ThWB III (1938), 1056—1080.

G. von Rad, Theologie des Alten Testaments. I 1961³. II 1960 = ThAT.

B. Reicke, Liturgical Traditions in Micah 7. Harvard ThR 60 (1967), 349—367.

Erica Reiner, Šurpu. A Collection of Sumerian and Akkadian Incantations. AfO B 11 (1958).

B. Renaud, Structure et Attaches littéraires de Michée IV—V. Cahiers de la RB 2 (1964).

R. Rendtorff, Priesterliche Kulttheologie und prophetische Kultpolemik. ThLZ 81 (1956), 339—342.

H. Graf v. Reventlow, Das Amt des Propheten bei Amos. FRLANT 80 (1962).

G. Richter, Erläuterungen zu dunklen Stellen in den Kleinen Propheten. BFChTh 18, 3/4 (1914).

W. Richter, Zu den »Richtern Israels«. ZAW 77 (1969), 40—72.

H. W. Robinson, The Hebrew Conception of Corporate Personality. BZAW 66 (1936), 49—96.

Th. H. Robinson—F. Horst, Die zwölf Kleinen Propheten. (R.: Hos—Mi, H.: Nah—Mal) HAT 14 (1964³).

E. Rohland, Die Bedeutung der Erwählungstraditionen Israels für die Eschatologie der at.lichen Prophetie. Diss. Heidelberg 1956.

L. Rost, Israel bei den Propheten. BWANT IV, 19 (1937).

H. H. Rowley, The Biblical Doctrine of Election. 1950.

W. Rudolph, Hosea. KAT 13, 1 (1966).

V. Scheil, Une saison de fouilles à Sippar. 1902.

W. H. Schmidt, Die deuteronomistische Redaktion des Amosbuches. ZAW 77 (1965), 168—193.

W. Schottroff, Gedenken im Alten Orient und im Alten Testament. Die Wurzel ZĀKAR im semitischen Sprachkreis. WMANT 15 (1964).

E. Schrader, Assyrisch-Biblisches. 1. Kewan und Sakkuth (Amos 5 26). ThStK 47 (1874), 324—335.

—, Die Keilinschriften und das Alte Testament. 1903³, neu bearb. von H. Zimmern u. H. Winckler = KAT.

E. Schürer, Geschichte des jüdischen Volkes im Zeitalter Jesu Christi. III 1908³/⁴.

S. J. Schwantes, Note on Amos 4 2b. ZAW 79 (1967), 83f.

I. L. Seeligmann, Voraussetzungen der Midraschexegese. VT Suppl. 1 (1953), 150—181.

—, Zur Terminologie für das Gerichtsverfahren im Wortschatz des biblischen Hebräisch. In: Hebr. Wortforschg. FS. W. Baumgartner 80. VT Suppl. 16 (1967), 251—278.

S. Segert, Zur Bedeutung des Wortes nōqēd. ebd. VT Suppl. 16 (1967), 279—283.

E. Sellin, Das Zwölfprophetenbuch übersetzt und erklärt. KAT 12, 1—2. (1929—1930²/³).

A. van Selms, Hosea and Canticles. Stud. on the Books of Hosea and Amos. Papers read at 7th and 8th meetings of OuTWP. (1964/5), 85—89.

—, The Southern Kingdom in Hosea. Ebd., 100—111.

—, Isaac in Amos. Ebd., 157—165.

Septuaginta, ed. A. Rahlfs. 2 Bde. o. J.⁶ (erstmalig 1935).

Septuaginta, Vetus Testamentum Graecum Auctoritate Societatis Litterarum Gottingensis ed. Vol. XIII. Duodecim Prophetae. Ed. J. Ziegler. 1943 = J. Ziegler. — Vol. XIV. Isaias. Ed. J. Ziegler, 1939.

H. Shachter, Hebrew-English Dictionary. O. J.

J. A. Sint, Pseudonymität im Altertum. Ihre Formen und ihre Gründe. Commentationes Aenipontanae 15 (1960).

R. Smend, Das Nein des Amos. EvTh 8 (1963), 404—423.

—, Nachkritische Schriftauslegung. In: Parrhesia. FS. K. Barth 80. 1966, 215—237.

J. M. P. Smith—W. H. Ward—J. A. Bewer, A Critical and Exegetical Commentary on Micah, Zephaniah, Nahum, Habakkuk, Obadiah, and Joel. ICC (1948[3]).

M. Smith, Das Judentum in Palästina während der Perserzeit. In: Fischer-Weltgeschichte V, hrsg. H. Bengtson, Kap. 18, 356f.

W. von Soden, Grundriß der Akkadischen Grammatik. 1952 = GAG.

—, Akkadisches Handwörterbuch. 1959 ff. (bisher bis Lfg. 9 (1969) — *pessû(m)* = AHw.

E. A. Speiser, Note on Amos 5 26. BASOR 108 (1947), 5f.

A. Sperber, The Bible in Aramaic — Based on Old Manuscripts and Printed Texts. III. The Latter Prophets According to Targum Jonathan. 1962.

B. Stade, Bemerkungen über das Buch Micha. ZAW 1 (1881), 161—172.

H. Steiner vgl. zu F. Hitzig.

H. L. Strack, Einleitung in Talmud und Midrasch. 1921[5].

Targum vgl. zu Sperber.

R. Tournay, Rez. zu H. W. Wolff, Hosea. RB 69 (1962), 271—274.

N. Turner, An Index to Aquila. by the late J. Reider completed and revised by N. T. VT Suppl. 12 (1966) = T.

R. de Vaux, O. P., Les institutions de l'Ancien Testament. Bd. 1 1961[2].

P. Vielhauer, Ein Weg zur neutestamentlichen Christologie? Prüfung der Thesen F. Hahns. EvTh 25 (1965), 24—72.

P. Volz, Studien zum Text des Jeremia. BWANT 25 (1920).

Vulgata, Bibliorum Sacrorum iuxta Vulgatam Clementinam nova editio, breviario perp. et concordantiis aucta . . . curavit A. Gramatica. 1959.

G. Wanke, Die Zionstheologie der Korachiten in ihrem traditionsgeschichtlichen Zusammenhang. BZAW 97 (1966).

A. Weiser, Das Buch der zwölf Kleinen Propheten. Die Propheten Hos, Jl, Am, Ob, Jn, Mi. ATD 24, 1 (1949).

—, Art. Jakob. RGG[3] III (1959), 517—520.

M. Weiss, Methodologisches über die Behandlung der Metapher, dargelegt an Am 1 2. ThZ 23 (1967), 1—25.

J. Wellhausen, Israelitische und Jüdische Geschichte. 1921[8].

—, Prolegomena zur Geschichte Israels. 1927[8].

—, Die kleinen Propheten übersetzt und erklärt. 1963[4] ($\triangleq$ 3. Aufl.).

C. Westermann, Micha 5 1-3. In: G. Eichholz, Herr, tue meine Lippen auf. V 1961[2], 54—59.

—, Grundformen prophetischer Rede. B. EvTh 31 (1960).

H. Wildberger, Die Völkerwallfahrt zum Zion. VT 7 (1957), 62—81.

—, Art. Jeremia. RGG[3] III (1959), 581—584.

—, Jesaja. BK—AT 10 (1965ff.) bis Lfg. 3 bis Jer 6 13 (1968).

J. T Willis, On the Text of Micah 2 1aα-β. Biblica 48 (1967) 534—541.

—, ממך לי יצא in Micah 5 1. JQR 58 (1968), 317—322.

—, The Structure of Micah 3—5 and the function of Micah 5 9-14 in the Book. ZAW 81 (1969), 191—214.

—, The Authenticity and Meaning of Micah 5 9-14. ZAW 81 (1969), 353—368.

H. Winckler, Zum Alten Testament. Altorientalische Forsch. 1, 2 (1894), 192—196.

R. E. Wolfe, The Editing of the Book of the Twelve. ZAW 53 (1935), 90—129.

H. W. Wolff, Das Zitat im Prophetenspruch. 1937. ThB 22 (1964), 36—129.

—, Der große Jesreeltag. Methodologische Erwägungen zur Auslegung einer alttestamentlichen Perikope. EvTh 12 (1952/3), 78—104.

H. W. Wolff, Erkenntnis Gottes im Alten Testament. EvTh 15 (1955), 426—431.

—, Hoseas geistige Heimat. ThLZ 81 (1956), 83—94.

—, Dodekapropheton 1. Hosea. BK—AT 14, 1 (1965²).

—, Dodekapropheton 5. Joel. BK—AT 14, 5 (1963).

—, Amos' geistige Heimat. WMANT 18 (1964).

—, Dodekapropheton 6. Amos (1. Lfg. bis 2, 16) BK—AT 14, 6 (1967). Inzwischen vollständig.

G. E. Wright, Erwählung I. Im AT. RGG³ II (1958), 610—612.

J. Ziegler, Die Einheit der Septuaginta zum Zwölfprophetenbuch. Beilage zum VVz. der Staatl. Akademie zu Braunsberg im WS. 1934/5.

—, Die Hilfe Gottes »am Morgen«. BBB 1 (1950), 281—288.

— vgl. zu Septuaginta.

W. Zimmerli, Zur Sprache Tritojesajas. FS. L. Köhler 70. STU 20, 3/4 (1950), 110—122.

—, Ezechiel. BK—AT 13 (1955ff.) bis Lfg. 15 bis Ez. 48, 29 (1968). Inzwischen vollständig.

—, Das Gesetz und die Propheten. Zum Verständnis des Alten Testaments. 1963.

—, Ich bin Jahwe. In: Geschichte und Altes Testament. FS. A. Alt 70. BHTh 16 (1953), 179—209.

—, Das Wort des göttlichen Selbsterweises (Erweiswort), eine prophetische Gattung. In: Mélanges bibliques für A. Robert (1955), 154—164.

H. Zimmern, Beiträge zur Kenntnis der Babylonischen Religion. Ass. Bibl. 12 (1901).

— vgl. zu E. Schrader.

M. S. Zuckermandel, (ed.) Tosephta nach den Hss. Erfurt und Wien. 1880.

L. Zunz, Die gottesdienstlichen Vorträge der Juden historisch entwickelt . . . 1832, hrsg. N. Brüll 1892².

Beihefte
zur Zeitschrift für die alttestamentliche Wissenschaft

Herausgegeben von GEORG FOHRER

Zuletzt erschienen:

Yariḫ und Nikkal und der Preis der Kuṭarāt-Göttinnen. Ein kultisch-magischer Text aus Ras Schamra. Von W. HERRMANN. X, 48 Seiten. Mit 1 Tafel. 1968. DM 18,— (Heft 106)

The Samaritan Chronicle No. II (or: Sepher Ha-Yamim) From Josua to Nebuchadnezzar. By J. MACDONALD. VIII, 227, 93 Seiten. 1969. Ganzleinen DM 70,— (Heft 107)

The Problem of Etiological Narrative in the Old Testament. By B. O. LONG. VIII, 94 Seiten. 1968. Ganzleinen DM 24,— (Heft 108)

Ursprünge und Strukturen alttestamentlicher Eschatologie. Von H.-P. MÜLLER. XII, 232 Seiten. 1969. Ganzleinen DM 46,— (Heft 109)

Mose. Überlieferung und Geschichte. Von H. SCHMID. VIII, 113 Seiten. 1968. Ganzleinen DM 32,— (Heft 110)

The Prophetic Word of Hosea. A Morphological Study. By M. J. BUSS. XIV, 142 Seiten. 1969. Ganzleinen DM 46,— (Heft 111)

Text und Textform im hebräischen Sirach. Untersuchungen zur Textgeschichte und Textkritik der hebräischen Sirachfragmente aus der Kairoer Geniza. Von H. P. RÜGER. VIII, 117 Seiten. 1970. Ganzleinen DM 46,— (Heft 112)

Die Wurzel schalom im Alten Testament. Von W. EISENBEIS. XVI, 367 Seiten. 1969. Ganzleinen DM 80,— (Heft 113)

Das Todesrecht im Alten Testament. Studien zur Rechtsform der Mot-Jumat-Sätze. Von H. SCHULZ. X, 208 Seiten. 1969. Ganzleinen DM 42,— (Heft 114)

Studien zur alttestamentlichen Theologie und Geschichte (1949—1966). Von G. FOHRER. X, 371 Seiten. 1969. Ganzleinen DM 74,— (Heft 115)

Prophet und Tradition. Versuch einer Problemstellung. Von M. L. HENRY. X, 77 Seiten. 1970. Ganzleinen DM 22,— (Heft 116)

Die Psalmen: Stilistische Verfahren und Aufbau. Mit besonderer Berücksichtigung von Ps 1—41. Von N. H. RIDDERBOS. Aus dem Holländischen von K. E. MITTRING. Etwa 320 Seiten. 1971. Im Druck (Heft 117)

Strukturen und Figuren im Kult von Jerusalem. Studien zur altorientalischen, vor- und frühisraelitischen Religion. Von F. STOLZ. XI, 235 Seiten. 1970. Ganzleinen DM 58,— (Heft 118)

Geschichtliche Rückblicke und Motive in der Prophetie des Amos, Hosea und Jesaja. Von J. VOLLMER. X, 217 Seiten. 1970. Ganzleinen DM 62,— (Heft 119)

Die Priesterschrift von Numeri 1, 1 bis 10, 10 — literarkritisch und traditionsgeschichtlich untersucht. Von D. KELLERMANN, VI, 168 Seiten. 1970. Ganzleinen DM 48,— (Heft 120)

Ezechiel und Deuterojesaja. Berührungen in der Heilserwartung der beiden großen Exilspropheten. Von D. BALTZER. XX, 193 Seiten. 1971. Ganzleinen DM 58,— (Heft 121)

Untersuchungen zur sogenannten Baruchschrift. Von GUNTHER WANKE. XII, 156 Seiten. 1971. Ganzleinen DM 42,— (Heft 122)

Prophetic Conflict. Its Effect Upon Israelite Religion. Von JAMES L. CRENSHAW. XVI, 134 Seiten. 1971. Ganzleinen DM 54,— (Heft 124)

W DE G

Walter de Gruyter · Berlin · New York

Hebräisches und aramäisches Wörterbuch
zum Alten Testament

Herausgegeben von GEORG FOHRER
in Gemeinschaft mit HANS WERNER HOFFMANN, FRIEDRICH HUBER, JOCHEN VOLLMER
und GUNTER WANKE

Groß-Oktav. XII, 332 Seiten. 1971. Ganzleinen DM 28,—

Darbietung und übersichtliche Anordnung des gesamten Wortbestands des Alten Testaments
mit deutscher Übersetzung, auch der Namen. Unter bewußtem Verzicht auf einen umfangreichen philologischen Apparat und die Angabe paralleler Wurzeln in anderen semitischen
Sprachen werden die Grundbedeutungen, wichtigsten Ableitungen und Sonderbedeutungen
— teilweise mit Stellenangaben — aufgeführt.

CHANOCH ALBECK

Einführung in die Mischna

Groß-Oktav. VIII, 493 Seiten. 1971. Ganzleinen DM 68,—

(Studia Judaica, Forschungen zur Wissenschaft des Judentums. Band VI.
Herausgegeben von E. L. EHRLICH, Basel)

Quellenmäßig belegte Darstellung der Entwicklung des Mischna-Werkes aus den Deutungen
des Schrifttextes und den sonstigen mündlich tradierten Lehren — Redigierung der Gesamt-
Kompilation aus zahlreichen Einzelaufzeichnungen — Kurzbiographien der Mischna-Lehrer
— Exkurse zur Mischna-Sprache, Verzeichnisse ihrer spezifischen Worte, Erläuterungen der
Grundbegriffe — Die bedeutendsten Kommentare — Einzeluntersuchungen wissenschaft-
licher Streitfragen.

HANS GERHARD KIPPENBERG

Garizim und Synagoge
Traditionsgeschichtliche Untersuchungen
zur samaritanischen Religion der aramäischen Periode

Oktav. XIV, 374 Seiten. 1971. Ganzleinen DM 88,—

(Religionsgeschichtliche Versuche und Vorarbeiten. Band 30.
Herausgegeben von WALTER BURKERT und CARSTEN COLPE)

Erstmals wird versucht, eine Religionsgeschichte der samaritanischen Gemeinde zwischen
dem 2. Jahrhundert vor und dem 4. Jahrhundert nach Christus durch Auswertung antiker
Nachrichten und Analyse des aramäischen Schrifttums der Samaritaner zu schreiben.

W
DE
G

Walter de Gruyter · Berlin · New York